Revista de Direito Tributário

112

MALHEIROS EDITORES

Revista de Direito Tributário

Publicada sob os auspícios do
Instituto Geraldo Ataliba — IDEPE — Instituto Internacional de Direito Público e Empresarial
Presidente: Prof. Aires Barreto

ISS 0102-7956

REVISTA DE DIREITO TRIBUTÁRIO
publicação trimestral de
MALHEIROS EDITORES LTDA.
Rua Paes de Araújo, 29, 17º andar - conj. 171
CEP: 04531-940 - São Paulo, SP
Tel. (11) 3078-7205
Fax. (11) 3168-5495
Diretor Responsável: Álvaro Malheiros
Diretora: Suzana Fleury Malheiros

Assinaturas e comercialização:
CATAVENTO DISTRIBUIDORA
DE LIVROS S.A.
Rua Conselheiro Ramalho, 928
CEP 01325-000 - São Paulo - SP
Tel. (11) 3289-0811 – Fax. (11) 3251-3756
Supervisão Gráfica: Vânia Lúcia Amato
Composição: *Scripta*
Impressão: Paym Gráfica e Editora Ltda.

SUMÁRIO

CADERNOS DE DIREITO TRIBUTÁRIO

REGRAS TÉCNICAS OU PROCEDIMENTAIS NO DIREITO TRIBUTÁRIO.......... 7
– Paulo de Barros Carvalho

VARIAÇÕES EM TORNO DA LEGALIDADE DA TRIBUTAÇÃO.......................... 14
– Sacha Calmon Navarro Coelho

LOS INCENTIVOS FISCALES Y OTRAS MEDIDAS FINANCIERAS DE ESTÍMULO A LA ECONOMÍA EN ÉPOCAS DE CRISIS: LAS SOLUCIONES ADOPTADAS POR ESPAÑA.. 36
– Jaime Aneiros Pereira

SUJEIÇÃO PASSIVA TRIBUTÁRIA: DOS PRECURSORES DO DIREITO TRIBUTÁRIO BRASILEIRO ATÉ A EDIÇÃO DO CTN 54
– Renato Lopes Becho

AS PRESUNÇÕES DE DIREITO PÚBLICO 74
– Florence Haret

SUBSTITUIÇÃO TRIBUTÁRIA E REPETIÇÃO DO INDÉBITO: LEGITIMIDADE PROCESSUAL.. 82
– Marcelo de Lima Castro Diniz

INCONSTITUCIONALIDADE DA EXECUÇÃO DE CONTRIBUIÇÕES PREVIDENCIÁRIAS PELA JUSTIÇA DO TRABALHO.................................... 92
– Fabiana Del Padre Tomé

ESTUDOS E COMENTÁRIOS

NÃO CUMULATIVIDADE DO PIS/PASEP E DA COFINS: IMPLICAÇÕES DA NATUREZA JURÍDICA DO CRÉDITO FISCAL NO REGIME DE APURAÇÃO DO IRPJ E DA CSLL.. 101
– Solon Sehn

AS IMPLICAÇÕES DO RECURSO ESPECIAL 1.104.900-ES E A RESPONSABILIDADE TRIBUTÁRIA DO ADMINISTRADOR....................... 117
– Potira Ferreira Brito de Macêdo

A EXECUÇÃO FISCAL TRIBUTÁRIA E O PARCELAMENTO JUDICIAL DO ART. 745-A DO CPC 137
– Luiz Gustavo Santana de Carvalho

IMPOSSIBILIDADE DE REPETIÇÃO QUANDO OCORRE A TREDESTINAÇÃO DAS CONTRIBUIÇÕES SOCIAIS 143
– Fernando Gomes Favacho

A IMPOSSIBILIDADE DA INTERPRETAÇÃO ECONÔMICA DO FATO JURÍDICO TRIBUTÁRIO 156
– Giovani Hermínio Tomé

A RETENÇÃO DO ISS SOBRE SERVIÇO DE MONITORAMENTO EM SÃO PAULO: UMA ANÁLISE DO DISCURSO NORMATIVO 165
– Rodrigo Antonio da Rocha Frota

A INCONSTITUCIONALIDADE DA TAXA DE SERVIÇOS ADMINISTRATIVOS COBRADA PELA SUFRAMA 170
– Paulo Victor Vieira da Rocha

ISS E NÃO INCIDÊNCIA SOBRE REEMBOLSOS DE DESPESAS 181
– Ana Amélia Pereira Tormin Ramos

SANÇÃO PELO DESCUMPRIMENTO DOS DEVERES INSTRUMENTAIS NAS IMUNIDADES, ISENÇÕES, ANISTIA E REMISSÃO 188
– Andréia Fogaça Maricato

A TRANSCENDÊNCIA DA PENA DE PERDIMENTO DE AUTOMÓVEL OBJETO DE *LEASING* FINANCEIRO APLICADA À INFRAÇÃO COMETIDA POR ARRENDATÁRIO 202
– Rafhael Wasserman

Revista de Direito Tributário

CADERNOS DE DIREITO TRIBUTÁRIO

Fundador: Rubens Gomes de Sousa (†)

CADERNOS DE DIREITO TRIBUTÁRIO

REGRAS TÉCNICAS OU PROCEDIMENTAIS NO DIREITO TRIBUTÁRIO

PAULO DE BARROS CARVALHO

Professor Emérito e Titular de Direito Tributário da PUC/SP e da USP. Membro da Academia Brasileira de Filosofia. Coordenador-Geral do Programa de Pós-Graduação da PUC/SP. Chefe do Departamento Econômico e Financeiro da USP.

1. Direito e linguagem. 2. Tipos jurídicos normativos segundo o pensamento de Gregório Robles. 3. Sobre as regras jurídicas e o procedimento no direito. 4. Regras técnicas ou procedimentais no direito tributário.

1. Direito e linguagem

Dentro de uma análise semiótica do sistema jurídico, o conhecimento de toda e qualquer manifestação de linguagem normativa pede a investigação de seus três planos fundamentais: a sintaxe, a semântica e a pragmática. O campo sintático é formado pelo relacionamento que as normas – símbolos linguísticos – mantêm entre si, sem qualquer alusão ao mundo exterior ao sistema. O semântico diz respeito às ligações dos símbolos com os objetos significados, as quais, tratando-se da linguagem jurídica, são os modos de referência à realidade: qualificar fatos para alterar normativamente a conduta. E o pragmático é tecido pelas formas segundo as quais os utentes da linguagem a empregam na comunidade do discurso e na comunidade social para motivar comportamentos.

O direito, como sistema de objetivações que projeta as formas pretendidas para a interação social, manifesta-se invariavelmente pela linguagem, seja ela escrita ou não escrita, pouco importa. Sistema de signos utilizado para a comunicação, a linguagem jurídica assume, desde logo, a função de conteúdos prescritivos voltados para o setor específico das condutas intersubjetivas. Travar contato com a linguagem do direito, portanto, é o ponto de partida, inafastável, incisivo, para o conhecimento das estruturas mesmas do fenômeno jurídico, assunto este que sempre chamou atenção ao Prof. Gregório Robles e que o motivou a escrever sua obra *El Derecho como Texto: Cuatros Estudios de Teoría Comunicacional del Derecho*.[1] A assertiva, aliás, não

1. 2ª ed. Civitas, 2006.

escapa a ninguém que trate da matéria jurídica. Nenhuma pessoa lograria construir o ato hermenêutico, oferecendo sentido ao produto legislado, sem iniciar seu trabalho pelo plano da expressão ou da literalidade textual, suporte físico das significações do direito. Daí a extraordinária importância da teoria comunicacional e da semiótica, como teorias gerais dos atos de fala e dos signos em si mesmos considerados em toda e qualquer linguagem, ensinamentos responsáveis pelas radicais transformações dos costumes da comunidade jurídica, no mundo contemporâneo.

2. Tipos jurídicos normativos segundo o pensamento de Gregório Robles

A norma jurídica tem sido, muitas vezes, o ponto de referência para importantes construções interpretativas do direito. Torna-se difícil compreender, por isso mesmo, o papel de pouco relevo que algumas propostas cognoscentes de grande envergadura lhe atribuem. Devo esclarecer, contudo, que a visão normativa a que me refiro não pretende assumir caráter absoluto que a levaria, certamente, ao "normativismo", entendido o termo como algo excessivo, que se coloca logo em franca competição com outros esquemas de compreensão, afastando iniciativas epistemológicas que se dirigem aos diferentes setores de que se compõe o fenômeno. A teoria da norma de que falo há de cingir-se à manifestação do deôntico, em sua unidade monádica, no seu arcabouço lógico, mas também em sua projeção semântica e em sua dimensão pragmática, examinando a norma por dentro, num enfoque intranormativo, e por fora, numa tomada extranormativa, norma com norma, na sua multiplicidade finita, porém indeterminada.

É justamente a partir dessa concepção normativa que localizaremos as regras técnicas em um enfoque pragmático do tema, distinguindo na mensagem legislada as ações reguladas e os sujeitos para quem a norma se dirige. Penso ter sido Gregório Robles Morchón aquele que, com maior profundidade e clareza, discorreu sobre o assunto. O autor espanhol, na sua concepção do Direito como fenômeno comunicacional, oferece sugestiva classificação dos enunciados jurídico-prescritivos, distinguindo-os em *normas indiretas e normas diretas da ação*.[2] As primeiras não tratariam diretamente da ação, limitando-se a instituir elementos do sistema prévios à regulação direta. Estipulam as condições dentro das quais há de ocorrer ou há de ser regulada a ação. Implantam os elementos espaciais e temporais do sistema, assim como os sujeitos e suas capacidades ou competências. O verbo *ser* é seu modo de expressão, daí o chamá-las *normas ônticas*. Agrega, a título de exemplo, *Madrid es la capital de España*. As normas desse tipo não regulam diretamente a ação, limitando-se a firmar seus pressupostos.

Já as *normas diretas* contemplam determinada ação, tomada em sua concepção genuína. Convém observar que Robles não equipara *ação* e *conduta*. Esta última será *ação*, sempre que caracterizada pela incidência de um *dever*. Inexistindo *dever*, não há falar-se em *conduta*. O conceito de *ação* é, portanto, semanticamente mais extenso.

As normas diretas diferenciam-se, *funcional e linguisticamente*, em três tipos: a) *normas procedimentais*, marcadas, como foi dito, pela presença do núcleo verbal *ter-que*, exprimem uma *necessidade convencional*, não um imperativo natural ou lógico. Criam todos os tipos de ação relevantes para o sistema, tanto as lícitas, como as ilícitas. Não proíbem nem autorizam as ações, simplesmente dizem em que consistem. Por exemplo, que há de fazer o sujeito para cometer homicídio ou que passos há de seguir o juiz para que sua sentença seja válida; b) *normas potestativas*, expressas mediante o verbo *poder* (*können*), não como mera possibilidade de levar a

2. Entre várias obras, vale a pena conferir *El Derecho como Texto*, 2ª ed., Madri, Thomson-Civitas, pp. 42 e ss.

cabo a ação, mas como autorização dada ao sujeito para realizá-la. A norma potestativa determina o campo das ações lícitas que alguém pode efetivar. Transmite o *poder*, em sentido forte, não equivalendo aqui ao *poder* contido nas normas atribuidoras de capacidades ou de competências; c) e por último, as *normas deônticas*, significa dizer, as que estabelecem os *deveres*. São normas diretas que cumprem a função de estipular exigências aos sujeitos da ação, manifestando-se, naturalmente, pelo verbo *dever* (*sollen*). Lembra Gregório Robles que a ação, tomada por esse ângulo, se transforma em *conduta*, motivo pelo qual pode ser definida como aquela que exige determinada *conduta* ou a que estabelece o dever de observá-la.

3. Sobre as regras jurídicas e o procedimento no direito

Ao falarmos em *normas procedimentais*, como aquelas com o núcleo verbal *ter-que*, verificamos desde logo a sua condição técnica. Cabe, todavia, fazer um breve alerta no sentido de que em toda norma haverá sempre um procedimento, razão pela qual devemos antes de enunciar sobre as regras técnicas, objeto deste estudo, falar sobre a condição procedimental no direito como um todo.

Sabemos que a compreensão de qualquer figura jurídica fica mais nítida quando refletimos sobre a convergência das palavras "norma", "procedimento" e "ato", tomadas como aspectos semânticos do mesmo objeto. E dessa linha não destoam as teorias que observam o direito como um grande procedimento ou, dito de outro modo, como um sistema constituído por unidades normativas que dispõem, uma a uma, sobre os diversos procedimentos que os utentes da ordem jurídica devem percorrer para fins de fazer valer seus direitos e cumprir os respectivos deveres. Nesse pensar, direitos e deveres nada mais são que procedimentos ou o resultado destes. Logo, em referida óptica, de acepção mais ampla, o procedimento é o ordenamento como um todo, visto da inteireza de sua organização global ou na individualidade de suas estruturas normativas.

Ora, nessa toada, importa dizer que *norma, procedimento e ato são momentos significativos de uma e somente uma realidade*. O *ato é, sempre, o resultado de um procedimento* e que tanto *ato* quanto *procedimento* hão de estar, invariavelmente, previstos em normas do direito posto. Aliás, como soe acontecer, a construção jurídica não destoa das situações comuns da existência de que participamos. Pensemos num bolo cuidadosamente preparado para ser servido como sobremesa. Há uma receita, formulada por escrito ou passada de pessoas para pessoas pelos múltiplos canais por onde flui a cultura. Eis aí a norma, no caso, não positivada pelo direito, mas fixando um conjunto de providências, como a previsão de quantidades de substâncias, misturadas segundo certas proporções e maneiras específicas, e obedecendo a uma ordem sequencial, tudo realizado em determinadas condições de temperatura e pressão, procedimento que há de ser percorrido para que, encerrado o processo, apareça, como resultado, o produto final, no nosso exemplo, o bolo.

Se transpusermos o raciocínio para a região das entidades jurídicas, direcionando-o ao campo que nos interessa, podemos aludir a conceitos tributários variados, como "tributo", "lançamento", "decadência", dentre outros, todos podendo ser concebidos como norma, procedimento ou ato. Norma, no singular, para reduzir as complexidades de referência aos vários dispositivos que regulam o desdobramento procedimental para a produção do ato (i); procedimento, como a sucessão de atos praticados pela autoridade competente, na forma da lei (ii); e ato, como o resultado da atividade desenvolvida no curso do procedimento (iii). Isto significa afirmar que são semanticamente válidos os três ângulos de análise. Assim, exemplificando, tanto será "lançamento" a norma do art. 142 do Código Tributário Nacional brasileiro, como a atividade dos agentes administrativos, desenvolvida na conformidade daquele preceito, como o documento que a atesta, por eles assinado, com a ciência do destinatário. A prevalência de qualquer das três acepções dependerá do interesse protocolar de quem se ocupe do assunto. Uma coisa, porém, deve ficar bem clara: *não pode haver ato de lançamento sem que o procedimento tenha sido implementado.* Da mesma forma, não haverá ato nem procedimento sem que uma regra do direito positivo estabeleça os termos das respectivas configurações.

Sobre "ato", utilizado neste texto como sinônimo de "ação", na linha do sentido admitido a esta palavra pelo Prof. Gregório Robles, algumas ponderações se tornam oportunas. Vemo-lo como a significação de um movimento ou de um plexo deles, mas enquanto unidade de sentido que os tem por referente. *O movimento é, digamos assim, o suporte físico da significação.* Gregório Robles serve-se do exemplo, já conhecido, de alguém que levanta o braço. Como interpretar esse gesto que pressupõe comandos cerebrais, mobilização de ossos, músculos e nervos, sendo, portanto, algo complexo? Será que significa chamar um táxi ou saudar alguém que passa? Mas, pode ser, também, um aceno de despedida. De que modo decidir? A despeito de tratar-se do mesmo fenômeno psicofísico, cada opção representa um ato diferente, pois os sentidos são diversos. E o filósofo espanhol acrescenta que sem movimentos inexiste ação. Entretanto, "movimentos" na sua dimensão ampla: exteriores ou interiores. O puro ato de pensamento constitui movimento, contudo de caráter interno, porque não se manifesta exteriormente. Lembremo-nos de que os atos meramente internos não têm relevância para o direito, todavia sim para a moral ou para a religião. Do ato puro de pensamento só tem consciência o sujeito pensante, o que também sucede com outros tipos de atos internos, como desejar, fantasiar, recordar, sentir, perceber, imaginar, ter a intenção etc. Ao dizer que os atos internos não ingressam na esfera de preocupação do direito, saliento que os eventos são objetos de percepção, permanecendo no âmbito da subjetividade de cada qual, até que, mediante a linguagem, venham a ser transmitidos para terceiros, no contexto social.

Por outro lado, continua aquele autor,[3] há também atos que são meramente externos, sem abrigar elementos internos, como acontece com os atos reflexos, ou aqueles outros que uma pessoa realiza dormindo ou em estado de hipnose, ou ainda em todas aquelas situações em que o sujeito "não é dono de seus atos".

Quanto às normas, são enunciados de teor prescritivo que se projetam sobre a região material das condutas intersubjetivas, para disciplina-las, implementando os valores que a sociedade pretende ver realizados e, com isso, possibilitando o convívio social. As normas qualificam pessoas, situações e coisas, mas, fique bem estabelecido, com o objetivo precípuo de regular os comportamentos inter-humanos. Daí por que não se possa dizer, em linguagem científica, que as normas incidam sobre objetos do mundo circunstante ao ser humano. É impropriedade, e grave, o asseverar que há normas que incidem sobre bens móveis ou imóveis, fungíveis ou infungíveis. Mesmo sobre pessoas isoladamente consideradas. A regra que dá o direito ao nome, por exemplo, não percute sobre o indivíduo da comunidade social, mas qualifica-o dessa maneira para que possa ingressar em relações jurídicas com os demais participantes da coletividade. Adicione-se a essas notas a circunstância de que todo o espaço social está coberto por normas jurídicas, de tal sorte que, se algo refugir a esse domínio, certamente não poderá ser levado em conta como dado jurídico. Dito de maneira mais lacônica e objetiva, no direito, toda a vida

3. Gregório Morchon, *Teoría del Derecho (Fundamentos de Teoría Comunicacional del Derecho)*, Madri, Civitas, 1998.

social, excluídas as manifestações meramente subjetivas, está contida na projeção semântica do sistema de normas.

Agora, "procedimento" é termo com outras projeções semânticas. Aliás, cumpre advertir, tanto a legislação como a doutrina brasileira utilizam a voz "procedimento" em duas acepções bem distintas: (1) "procedimento" como conjunto ordenado de atos administrativos e termos que evoluem, unitariamente, para a consecução de ato específico, que é sua finalidade (exemplos: procedimento administrativo tributário, procedimento de consulta, procedimento de licitação etc.); e (2) "procedimento" como qualquer atividade físico-material e intelectual para a produção de ato jurídico administrativo (exemplo: o funcionário, verificando o quadramento do fato à norma, redige breve autorização, num ato jurídico administrativo isolado). O significado que, para mim, melhor retrata que seja *procedimento* é quando se aproxima do sentido de "atividade", i.e., que supõe pluralidade de atos, com habitualidade ou sem habitualidade, organizada no modo de conjuntos ou mediante ações desconexas, que se repetem irrefletidamente, escapando de nossas possibilidades de captação mental. Essa movimentação, que chamaremos de "mera atividade", não interessa para a demarcação semiológica da figura procedimental, pois o *procedimento é sempre desenvolvido e caminha na direção de um objetivo adredemente estipulado. Não tem, em si mesmo, sentido unitário, como o ato, contudo se preordena para obtê-lo*. Isso não quer dizer que não se lhe possa atribuir nome (procedimento de adoção, de licitação, de "lançamento"). Também não se apresenta como mero punhado de ações em desnexo, sem vínculos associativos que possam denunciar seus fins. Pelo contrário, ali onde houver procedimento haverá sucessão organizada de ações, praticadas sequencialmente, com o escopo de atingir determinado resultado, de tal modo que é possível promover a decomposição analítica do todo, tendo em vista o exame pormenorizado de ato específico que, por qualquer razão, venha a nos interessar.

Outro elemento importante para a compreensão da atividade procedimental é o tempo. A cronologia faz parte integrante da noção de procedimento, a tal ponto que, se não detectamos a presença do fator temporal, intrometido entre os atos, estaremos diante de ações simultâneas destituídas de sentido enquanto categoria definida de atuosidade. Intercalo, aqui, uma observação relevante. É claro que o ato somente pode realizar-se em precisas condições de espaço e de tempo. O que pretendo significar, entretanto, é que no caso do procedimento, além do desdobrar-se no tempo, que é algo próprio desse tipo de atividade, o fluxo temporal se interpõe na sucessão organizada das ações praticadas, o que não ocorre com os atos. Há o tempo *interno*, digamos assim, e o tempo *externo*, que marca a duração do procedimento, vale dizer, seu início e seu término, que se dá com o aparecimento de qualquer um dos resultados previstos.

Justamente observando esse lado dinâmico do direito, que leva em nota a sucessão dos atos para se alcançar determinado fim, a ordem prescritiva como um todo pode ser observada como um *grande procedimento*, ou melhor, um *grande processo* comunicacional. Certo é que o sistema jurídico, sendo objeto cultural, é valor e, nessa linha, busca atingir específicas finalidades geralmente representadas na expressão *paz social*. Esse sentido mais amplo do procedimento, contudo, não ajuda a localizar as diferentes formas procedimentais supracitadas, em que o ordenamento se apresenta como um modo metalinguístico, uma vez que o código fala dele mesmo, prescrevendo um método determinado de ser procedimento dentro do direito.

Todo procedimento jurídico, em quaisquer de seus sentidos – mais ou menos amplo – é linguagem prescritiva em função metalinguística. Elucidemos: a *linguagem* que opera na *função metalinguística*, segundo Jakobson, focaliza o código, ou seja, o próprio discurso em que se situa. Nela, antecipa o emissor as interrogações do destinatário, explicitando fragmentos do discurso que lhe pareceriam desconhecidos ou absurdos aos ouvidos ou aos olhos do interlocutor. Antes que o receptor interrompa a locução para formular perguntas, aquele que fala ou escreve esclarece o trecho, oferecendo informações adicionais a respeito. Há metalinguagem, mas no interior do discurso.

A função metalinguística, assim versada por Jakobson, pressupõe um único código e, dentro dele, dois níveis de linguagem convivendo na mesma sequência contextual. Difere, portanto, daquelas circunstâncias em que linguagem-objeto e metalinguagem aparecem em momentos distintos e, muitas vezes, elaboradas por sujeitos diferentes. Basta essa lembrança para divisarmos que a expressão não é unívoca: contempla a situação em que o emissor fala da sua própria fala, num único contexto; assim como todas as manifestações de linguagem que se ocupam de falar sobre outras linguagens, seja do mesmo autor ou de autores diferentes. Estipulemos aqui, para efeito do desenvolvimento dos nossos estudos, que a função metalinguística acontece sempre no interior de um único código, promovida por um só emissor.

A totalidade dos procedimentos no direito, portanto, é linguagem em função metalinguística na medida em que, pressupondo um único código (a ordem prescritiva), antecipa-se às interrogações de seus destinatários, mostrando, ato por ato, o caminho procedimental a ser percorrido. É nessa linha mais restritiva do procedimento que vêm à tona as regras técnicas sobre que agora empreendemos o exame mais minucioso.

4. Regras técnicas ou procedimentais no direito

Reavivemos em nossa memória que a expressão *linguagem jurídica*, reduzida semanticamente ao universo do direito positivo, ainda assim pode sugerir outras significações, entre elas: a) o conjunto dos signos normativos; b) a maneira de utilizar tais entidades no processo de positivação; e c) a esfera dos procedimentos próprios dos discursos jurídicos. É a propósito da segunda acepção, vale dizer, do plexo dos modos e expedientes que o legislador utiliza para compor a disciplina das condutas intersubjetivas, que pretendo aduzir considerações, identificando a categoria das chamadas *regras procedimentais* (*que não deixam de ser regras técnicas*), tão frequentes nos textos prescritivos do direito. Em outros setores da comunicação social, as regras técnicas são apropriações que o homem promove no território das relações de causalidade física ou natural, fazendo surgir liames de meio e fim. Nos seus ímpetos de dominação, o ser humano, conhecedor dos laços de causa e efeito, emprega-os para obter certos resultados, abrindo espaço ao aparecimento de sequências bem caracterizadas e que são tidas como imprescindíveis para a obtenção das finalidades anunciadas.

A Teoria Geral do Direito tem tratado dessas unidades normativas no quadro das chamadas *regras procedimentais*, como forma de pôr, criar ou constituir as figuras jurídicas que pretende sejam instituídas. Se refletirmos bem, a celebração de um ato qualquer reclama o preenchimento de requisitos, a satisfação de expedientes sem os quais o acontecimento não se verifica no mundo do Direito. A própria configuração do instituto depende do implemento dessas providências, por mais simples que possa parecer a iniciativa. Ninguém realiza ato administrativo sem que satisfaça as condições mínimas para sua expedição. Da mesma forma, é inconcebível pensar no reconhecimento de conduta juridicamente qualificada sem que o agente tenha percorrido o chamado *iter procedimental*, feixe das condições básicas para o surgimento da figura. Tais regras são enunciados prescritivos que operam com o núcleo lógico *ter-*

-que (*müssem*), modalizado pelo operador deôntico, manifestação do comando volitivo de quem insere a norma no sistema. Assinale-se, contudo, que o *dever-ser* (*sollen*) atua aqui como conectivo-de-conectivo (*functor de functor*), pois a regra técnico-procedimental (chamemos assim) está estruturada internamente com o *ter-que*.

Em termos normativos, podemos conceituá-la como proposição prescritiva de estrutura hipotética que imputa à determinada condição jurídica do suposto – ser ou ter direito subjetivo a – determinado tipo de procedimento a ser rigorosamente cumprido. É, pois, norma de estrutura que se volta aos agentes atribuídos de competência, regulando os atos, em seus tempos, a serem executados para o alcance de determinado fim. Nessa toada, as regras técnicas encontram-se em todos os planos legislativos, desde o Texto Maior às normas de caráter secundário.

No plano da Constituição, tomemos o princípio da estrita legalidade. Trata-se de diretriz axiológica que vem acrescer os rigores procedimentais em matéria de tributo, dizendo mais do que isso: estabelece que a lei adventícia traga, no seu bojo, os elementos descritores do fato jurídico e os dados prescritores da relação obrigacional. Esse *plus* caracteriza a tipicidade tributária.

Outras são as regras jurídicas atinentes à *não cumulatividade* (tomo aqui "regras" como equivalente nominal de "normas"). Essas e a legalidade são da categoria das *normas procedimentais*. E, se quisermos aproximar a lente para aumentar o rigor da análise, podemos referi-las como *metaprocedimentais*, uma vez que instituem medidas para constituir um procedimento. Se a *não cumulatividade* for considerada como sequência procedimental, claro está que as normas que orientam a formação do procedimento serão regras de sobrenível procedimental, quer dizer, normas sobre normas de procedimento ou ainda normas procedimentais de segundo grau. Aliás, fenômeno jurídico semelhante ocorre com as regras que estipulam o *contraditório, a ampla defesa etc.* É preciso assinalar que, na qualidade de regras procedimentais, não parece apropriado aludir-se a *sanção*, tratando-se de mero descumprimento dos requisitos estabelecidos. Simplesmente, o processo não avança, tornando-se impossível a obtenção das finalidades pensadas pelo legislador.

O ser procedimento é estrutura que se organiza para atingir uma finalidade e *fim nada mais é do que um valor, enquanto tomado como razão de ser da conduta* (Miguel Reale). Ora, sabemos que a *não cumulatividade* se propõe alcançar sérios objetivos concernentes à boa distribuição da carga impositiva, procurando implantar, nesse sentido, ideais de justiça tributária. Entre seus propósitos estão presentes outras consequências (valores), que a recomendam para certos tipos de gravame, porém não para todos. Sendo como for, todavia, ainda que o fim não venha a ser obtido, pois o julgamento dos valores depende de nossa subjetividade, o procedimento se sustenta como figura jurídica do sistema, ocupando a posição de comando constitucional da ordem dos princípios, assim proclamado pela jurisprudência e reconhecido pela doutrina. A *não cumulatividade* transita com grande frequência nos discursos jurídicos da experiência brasileira, sendo amplamente discutida nos círculos especializados.

Eis aí uma breve incursão no tema das regras técnicas, tópico de muita utilidade e importância no direito atual. Mais uma vez, as bases exegéticas se vêem fortalecidas com as contribuições fecundas da teoria da linguagem, sem a qual não teríamos instrumentos para enunciar sobre tema tão relevante como o tratado neste artigo.

CADERNOS DE DIREITO TRIBUTÁRIO

VARIAÇÕES EM TORNO DA LEGALIDADE DA TRIBUTAÇÃO

SACHA CALMON NAVARRO COELHO

Professor Titular de Direito Tributário da UFRJ (Faculdade Nacional de Direito). Doutor em Direito Público pela UFMG. Presidente da ABDF. Coordenador do Curso de Pós-Graduação em Direito Tributário da Faculdade de Direito Milton Campos.

1. As delegações legislativas e o princípio da legalidade da tributação. 2. A crônica do princípio da legalidade material no Brasil. 3. Interpretação e princípio da legalidade – Interpretação econômica – Evasão fiscal e elisão – Distinções. 4. O princípio formal da legalidade da tributação e as medidas provisórias.

1. As delegações legislativas e o princípio da legalidade da tributação

A permissão constitucional para a União alterar as alíquotas do Imposto de Importação, do de Exportação, do IPI e do ISOF insere-se na temática das *delegações de poderes*, expressa na CF.

Nos regimes parlamentares em que o parlamento governa através do gabinete, resta a salvo o arquiprincípio da legalidade da tributação.

No presidencialismo se nos afigura demasiada a licença concedida ao Executivo pela Constituição de 1988. Vá lá que os impostos de importação e exportação figurassem livres de constrição. São impostos de barreira. O Executivo precisa de mão ágil para evitar *dumpings* ou desabastecimentos causados pela intercadência ou disparidade de preços nos mercados interno e externo. A licença à legalidade e à anterioridade na espécie é tradicional, e quase todos os países atuam livremente neste campo. Quanto ao IPI e ao ISOF que são inseridos na *produção industrial* e no *mercado financeiro*, o Congresso Nacional abdicou de tarefas que lhe são caras, deixando os contribuintes entregues às improvisações do Executivo. Sem controle congressual e sem anterioridade, as alíquotas são, a um só tempo, instrumentos de política fiscal e fator de inquietação para os contribuintes pela ligeireza das alterações permitidas, que podem prejudicar o planejamento empresarial. As regras deveriam ser fixas ao menos por um ano. Cuide o Executivo de ter juízo, e o Legislativo, de emitir os "limites e as condições" da *delegação*. O dispositivo que a autoriza é não autoexecutável por ter eficácia limitada. Sem condição e limites, não pode o Executivo operar a delegação.

2. A crônica do princípio da legalidade material no Brasil

A doutrina brasileira sobre o tema, talvez por atravessar, desde 1964 até 1988, um longo período de predomínio do Executivo federal, é das mais vastas em qualidade e quantidade. Os juristas do Brasil, como em nenhum outro lugar, escreveram páginas fulgurantes sobre o princípio da legalidade da tributação, aprofundando-o e dele extraindo todas as consequências possíveis. A produção dos mestres é inumerável. Nomes ilustres construíram, pode-se assim dizer, uma escola que, se não fora a língua portuguesa, teria hoje renome internacional. Somos uma ilha de fala culta num arquipélago cujos idiomas são o inglês, o alemão, o espanhol, o francês e o italiano.

Na pena desta plêiade de lidadores do Direito Tributário, o princípio da legalidade de tributação mereceu lugar de destaque. Por todos, de citar excertos de Alberto Pinheiro Xavier, pelo tratamento rigoroso que imprimiu à matéria, levando-a para o campo da *tipificação*, uma das consequências vitais do princípio da legalidade da tributação,[1] em que pese ser o tipo coisa diversa do *conceito fechado*, como demonstrado por Misabel Derzi.

"Os tipos tributários nos seus contornos essenciais não podem, assim, ser criados pelo costume ou por regulamentos, mas apenas por lei (p. 71).

"(...).

"Se o tipo tributário exprime, assim, uma especificação do conceito de imposto, cada tipo, por si, deve conter todos os elementos que caracterizam aquele mesmo conceito. Encarando a realidade de um ponto de vista normativístico, que o mesmo é dizer, partindo da norma para a vida, dir-se-á que o objeto da tipificação são os 'elementos essenciais' do tributo enumerados no art. 97 do Código Tributário Nacional (p. 72).

"(...).

"A questão atrás colocada exige, decerto, resposta inequivocadamente afirmativa. Os tipos legais de tributos contêm em si os elementos indispensáveis ou necessários à tributação e já vimos a regra do *numerus clausus*. Os tipos legais de imposto encerram em si os elementos suficientes à tributação: é, vê-lo-emos em detalhe, o princípio do exclusivismo.

"Por via deste princípio, os tipos legais de tributo contêm uma descrição completa dos elementos necessários à tributação. E, se é verdade que só os fatos previstos na lei desencadeiam efeitos tributários, em não menor verdade se afirmará que bastam esses mesmos fatos para o referido desencadear, com exclusão de quaisquer outros (e daí a designação por princípio do exclusivismo). Quer dizer: cada tipo tributário contém uma valoração definitiva das situações jurídicas que são seu objeto, para certos fins" (p. 89).

3. Interpretação e princípio da legalidade – Interpretação econômica – Evasão fiscal e elisão – Distinções

O princípio da legalidade da tributação, como estatuído no Brasil, obsta a utilização da chamada *interpretação econômica* pelo aplicador, mormente por parte do Estado-Administração, cuja função é a de aplicar a lei aos casos concretos, de ofício. O que se diz entremostrou-se nas citas que vimos de expor de Alberto Pinheiro Xavier, *retro*. Inobstante, é oportuno avançar um pouco mais no trato da matéria. Para logo não existe nenhuma interpretação econômica, toda interpretação é jurídica. O Direito, alfim, opera pela *jurisdicização do fático*, como diria Pontes de Miranda. Ora, uma vez jurisdicizado o real, isto é, uma vez que um fato é posto no programa da lei, a interpretação que dele se possa fazer só pode ser uma interpretação jurídica. Equipole dizer que, em Direito Tributário, inexiste técnica interpretativa diversa das usualmente conhecidas. Entre outros, Ives Gandra, Sampaio Dória, Pinheiro Xavier, Geraldo Ataliba e Ruy Barbosa Nogueira, este último bem afeiçoado ao Direito alemão, onde o assunto foi intensa-

1. Alberto Pinheiro Xavier, *Os Princípios da Legalidade e da Tipicidade da Tributação*, Ed. RT, 1978.

mente discutido, têm se esforçado permanentemente na demonstração da inocuidade da chamada interpretação econômica, muito defendida pelos Fiscos para dilargar indevidamente a tributação através de uma "compreensão econômica" dos fatos jurígenos. Todavia, a resenha mais didática que conhecemos é de Gilberto de Ulhôa Canto, cuja escolha para ilustrar estes comentários carrega em seu prol o fato de ter sido ele um dos coautores intelectuais do Código Tributário Nacional, onde, nos arts. 109 e 110, muita gente desavisada enxerga a entronização, entre nós, da interpretação econômica, objeto, aliás, de um ensaio muito esclarecedor do Prof. Johnson Barbosa Nogueira, da Universidade Federal da Bahia.[2]

Com a palavra, Ulhôa Canto:[3]

"No Brasil vários autores têm criticado a teoria da 'interpretação econômica'. Alfredo Augusto Becker, além de versá-la longamente na sua *Teoria Geral do Direito Tributário*, editada pela Saraiva, em 1963, sobre ela elaborou uma pequena monografia, que ele mesmo fez imprimir em Porto Alegre, no ano de 1965, com o título *A Interpretação das Leis Tributárias e a Teoria do Abuso das Formas Jurídicas e da Relevância do Conteúdo Econômico*. Na última de suas duas obras, Alfredo Becker recorda que, a partir de 1919, a corrente liderada por Enno Becker prevaleceu até na lei (a RAO), expandiu-se muito, entrando em declínio a partir de 1945, quando começou a ser eliminada dos textos legais germânicos toda reminiscência do nazismo. Na sua versão inicial, dizia a RAO:

"'§ 4º. Na interpretação das leis fiscais deve-se ter em conta a sua finalidade, o seu significado econômico e a evolução das circunstâncias' (a tradução foi tomada do texto de Alfredo Becker).

"Em 1934, na Lei de Adaptação Tributária, a Alemanha introduziu o 'princípio da prevalência da ideologia política' sobre o direito, ao declarar:

"'§ 1º. Normas tributárias:

"'1) As leis fiscais devem ser interpretadas segundo as concepções gerais do nacional-socialismo.

"'2) Para isto deve-se ter em conta a opinião geral, a finalidade e significado econômico das leis tributárias e a evolução das circunstâncias.

"'3) O mesmo vale para os fatos.

"'(...)' (tradução constante da obra citada de Alfredo Becker).

"Conforme, no segundo dos dois citados trabalhos, registra Alfredo Becker, o próprio Enno Becker afirmou (no seu artigo "Accentramento e sviluppo del diritto tributario tedesco", in *Rivista di Diritto Finanziario e Scienza delle Finanze*, 1937, p. 161) que a regra da observância das concepções gerais do nacional-socialismo 'foi posta em lugar bem visível como guia condutor, esperando-se que ela informe e anime toda a aplicação do direito e jurisprudência'. É fácil, portanto, projetar para trás, no tempo, até o ano de 1919, quando expedida a RAO, a vocação totalitária de Enno Becker.

"Na formulação da conhecida teoria chamada de 'abuso de formas' a RAO já estipulara que:

"'§ 5º. A obrigação do imposto não pode ser evitada ou diminuída mediante o abuso das formas e das possibilidades de adaptação do direito civil' (tradução de Alfredo Becker).

"Texto que na StAnpG foi correspondendo da seguinte maneira:

"'6 – Abuso do Direito

"'1) A obrigação tributária não pode ser evitada nem reduzida por abuso de for-

2. Johnson Barbosa Nogueira, *A Interpretação Econômica do Direito Tributário*, Resenha Tributária, 1982. De mencionar, ainda, editada pela Saraiva, a coletânea organizada por Geraldo Ataliba sob o título *Interpretação no Direito Tributário*, com a participação do Professor italiano Dino Jarach, depois radicado na Argentina, e também a editada pela Resenha Tributária, coordenada por Ives Gandra, sobre elisão e evasão fiscais.

3. Gilberto de Ulhôa Canto, in *Cadernos de Pesquisas Tributárias*, vol. 13, Resenha Tributária, pp. 13 e ss. e 17 e ss.

mas, nem pela interpretação abusiva das possibilidades formais do direito privado.

"'2) Em caso de abuso, os impostos devem ser cobrados conforme uma interpretação legal adequada aos efeitos, situação e fatos econômicos'.

"A evolução das teorias que acabamos de mencionar operou um efeito retrógrado na cultura jurídica, por força da distorção que elas provocaram no entendimento de que o Direito proclama, dos princípios fundamentais da tributação, como atividade rigorosamente vinculada.

"O CTN é muito claro a respeito:

"'Art. 109. Os princípios gerais de direito privado utilizam-se para pesquisa da definição, do conteúdo e do alcance de seus institutos, conceitos e formas, mas não para definição dos respectivos efeitos tributários.

"'Art. 110. A lei tributária não pode alterar a definição, o conteúdo e o alcance de institutos, conceitos e formas de direito privado, utilizados, expressa ou implicitamente, pela Constituição Federal, pelas Constituições dos Estados, ou pelas Leis Orgânicas do Distrito Federal ou dos Municípios, para definir ou limitar competências tributárias.

"'(...).

"'Art. 118. A definição legal do fato gerador é interpretada abstraindo-se:

"'I – da validade jurídica dos atos efetivamente praticados pelos contribuintes, responsáveis, ou terceiros, bem como da natureza do seu objeto ou dos seus efeitos;

"'II – dos efeitos dos fatos efetivamente ocorridos'.

"Dos textos acima transcritos infere-se que: os princípios gerais de Direito Privado prevalecem para a pesquisa da definição, do conteúdo e do alcance dos institutos de Direito Privado, de tal sorte que ao aludir a tais institutos sem lhes dar definições próprias para efeitos fiscais (sujeito à limitação do art. 118), o legislador tributário ou o aplicador ou intérprete da lei tributária deverá ater-se ao significado desses princípios como formulados no Direito Privado, mas não para definir os efeitos tributários de tais princípios; exemplo: se a lei tributária é silente na matéria, e apenas alude, como elemento de conexão ou de gênese de obrigação ou efeito tributário a 'titularidade dominial' prevalece, para caracterizar a situação que ele definiu, o conceito privatístico de titularidade dominial. Mas, sob a ressalva da observância das regras definidoras de competência impositiva referida no art. 110 do CTN, pode o legislador tributário tirar efeitos fiscais de um princípio de Direito Tributário que equipare determinadas situações à titularidade dominial.

"Absurdo é, ao que penso, dizer que para efeitos tributários pode ser abusivo o recurso a formas de Direito Privado que neste são legítimas, pois a abusividade não decorre de prescrição de lei alguma, senão, e apenas, da convicção de algum agente da Administração Pública ou de magistrado de que o legislador teria querido dizer, ao expedir a lei, muito mais do que ele efetivamente disse. É claro que a realidade econômica se apresenta como pressuposto lógico relevante dos tributos, mas só é presente na obrigação tributária se tiver sido 'jurisdicizado' pela lei, dado o princípio da legalidade."

Bilac Pinto, em *Estudos de Direito Público*,[4] já asseverara, ele, que foi Ministro do Supremo Tribunal brasileiro:

"A admissão da tese de que as autoridades fiscais podem opor uma apreciação econômica à definição legal do fato gerador ou que lhes é facultado eleger, por meio de critérios econômicos subjetivos, um devedor do imposto diverso daquele a quem a lei atribui a obrigação de pagar o tributo, equivale a esvaziar o princípio da legalidade do seu conteúdo.

"A substituição do critério jurídico, que é objetivo e seguro pelo do conteúdo

4. Bilac Pinto, *Estudos de Direito Público*, Rio de Janeiro, Forense, 1953, pp. 56 e ss., *apud* Ulhôa Canto, ob. cit.

econômico do fato gerador implica trocar o princípio da legalidade por cânones de insegurança e de arbítrio, incompatíveis com o sistema constitucional brasileiro" (p. 74).

Em suma, o princípio da legalidade da tributação, porque na lei estão todos os elementos estruturais do tributo, oferece resistência até a "interpretação extensiva" sem falar em analogia, esta expressamente vedada no CTN. O legislador *pode*, é verdade, equiparar institutos e sacar efeitos tributários específicos ao *fazer a lei*. Mas é o próprio programa da lei que está em foco, sem nenhuma "interpretação econômica". Não será, pois, caso de interpretação, mas de legislação (princípio da legalidade).

A propósito, em espécie em que o Fisco queria equiparar um contrato de *leasing* (arrendamento mercantil, como é denominado em nosso Direito) a uma compra e venda a prestações, para o fim de majorar a tributação pelo imposto de renda, tivemos a oportunidade de lavrar julgado sobre o tema quando fomos juiz.

Nesta sentença, que pedimos licença para transcrever parcialmente, fizemos algumas considerações sobre: (a) os arts. 109 e 110 do CTN; (b) a periculosidade da interpretação econômica; (c) uma sistematização das várias formas de se evitar a tributação, com esforço em critérios já estudados por Sampaio Dória e Pinheiro Xavier, profundos conhecedores, como Ulhôa Canto, da teoria da evasão e da elisão.

"(...).

"À guisa de intróito, para bem vincar a posição do juízo, não tenho a menor dúvida quanto ao fato de estarem as empresas de *leasing* e suas contratantes tirando as vantagens econômicas e fiscais possíveis da insuficiente regração da espécie. Todavia, penso que as lacunas da lei, os *loopholes*, como dizem os americanos, só devem ser suprimidos pela lei para o bem de todos. Ainda que alguns estejam levando vantagem, é preferível manter o princípio da legalidade do que estender ao Administrador poderes que amanhã se tornariam muito difíceis de controlar, além de impor ao Judiciário, como poder revisor do ato administrativo, a obrigação de estar a verificar, caso a caso, a razoabilidade fiscal dos contratos. Haveria neste caso, grandes divérbios, pois cada juiz julgaria com o seu próprio subjetivismo as situações e os interesses dos justiçáveis.

"De qualquer modo, sou de opinião que o agir da Ré, esforçada na 'interpretação econômica' dos fatos tributáveis não encontra respaldo em lei. O art. 109 do CTN, que muitos imaginam justificar a chamada interpretação econômica, em verdade, não chega a tanto, se conjugado com o art. 110, que se lhe segue, e o § 1º do art. 108, proibitivo do uso da analogia para deduzir tributo não previsto em lei, a seguir transcritos:

"'Art. 108. (...).

"'(...).

"'§ 1º. O emprego da analogia não poderá resultar na exigência de tributo não previsto em lei.

"'(...).

"'Art. 109. Os princípios gerais de direito privado utilizam-se para pesquisa da definição, do conteúdo e do alcance de seus institutos, conceitos e formas, mas não para definição dos respectivos efeitos tributários.

"'Art. 110. A lei tributária não pode alterar a definição, o conteúdo e o alcance de institutos, conceitos e formas de direito privado, utilizados, expressa ou implicitamente, pela Constituição Federal, pelas Constituições dos Estados, ou pelas Leis Orgânicas do Distrito Federal ou dos Municípios, para definir ou limitar competências tributárias'.

"De notar que o art. 109 dá ao legislador o poder de atribuir efeitos tributários próprios pelas vias do raciocínio tipológico, analógico e presuntivo, aos princípios, conceitos e formas de Direito Privado, inclusive os contratos. É *lex legum* ou lei sobre como fazer leis, no dizer de Pontes de Miranda, e não autorização dada ao administrador ou ao juiz para livremente interpretarem situações jurídicas e contratos, visando sempre o interesse do Fisco."

A assertiva é comprovada por Aliomar Baleeiro, cuja autoridade merece respeito:

"Combinado com o art. 109, o art. 110 faz prevalecer o império do Direito Privado – Civil ou Comercial – quanto à definição, conteúdo e o alcance dos institutos, conceitos e formas daquele direito, sem prejuízo de o Direito Tributário modificar-lhes os efeitos fiscais. Por ex., a solidariedade, a compensação, o pagamento, a mora, a quitação, a consignação, a remissão etc. podem ter efeitos tributários diversos. A quitação fiscal, p. ex. é dada sob a ressalva implícita do crédito fiscal (cf. CTN, art. 158). Para maior clareza da regra interpretativa, o CTN declara que a inalterabilidade das definições, conteúdo e alcance dos institutos, conceitos e formas do Direito Privado é estabelecida para resguardá-lo no que interessa à competência tributária. O texto acotovela o pleonasmo para dizer que as 'definições' e limites dessa competência, quando estatuídos à luz de Direito Privado, serão as deste, nem mais nem menos. A primitiva redação do Projeto Aranha – R. G. Sousa, art. 76, parágrafo único, depois de revisto pela Comissão, posta em contraste com o atual art. 110, é também fecunda: 'A lei tributária poderá modificar expressamente a definição, conteúdo e alcance próprios dos institutos, concedidos e formas, a que se refere este artigo, salvo quando expressa ou implicitamente utilizados na Constituição etc.'. E a Comissão justifica-se: 'Admite o art. 76 (do projeto revisto) o emprego dos princípios gerais do Direito Privado apenas em sua esfera própria, que é a interpretação dos institutos, conceitos e formas daquele Direito, a que faça referência a legislação tributária. Mas, ressalva, no parágrafo único, a possibilidade de definição própria aos efeitos fiscais' ('Trabalhos da Comissão Especial do CTN', cit., p. 183)" (in *Direito Tributário Brasileiro*, 10ª ed., Rio de Janeiro, Forense, pp. 444-445).

Outro não é o pensamento de Antônio Roberto Sampaio Dória (*Elisão e Evasão Fiscal*, São Paulo, Lael, 1971, p. 60):

"Primeiramente, a estrita legalidade dos tributos é cânone de natureza constitucional (Constituição Federal, art. 153, § 29). Ora, se o legislador prefere, para instituir a tributação, a terminologia jurídico-formal à indicação do conteúdo econômico, como pode o aplicador da lei, salvo se se transmudar em seu Autor, inverter tal prioridade? Hensel, escrevendo aliás sobre o sistema onde se originou essa teoria de livre indagação do direito feriu percucientemente aquele aspecto: *Neppure una violazione di una legge imperativa si verifica, in generale, nell'elusione dell'imposta. Il comando – tu devi pagare delle imposte – é sempre condizionato dalla frase: se tu realizzi la fattispecie legale (non: se tu miri ad un determinatto affecto economici).*"

Além disso, inexiste no plano da legislação ordinária do Brasil, preceito equivalente ao do Código alemão (admitida fosse, para argumentar, a constitucionalidade de tal dispositivo em face do aludido art. 153, § 29, da Constituição Federal). O único dispositivo de direito positivo, cuja inspiração se pode filiar à doutrina germânica em exame é o art. 109, do Código Tributário Nacional ao estatuir: "Os princípios gerais de direito privado utilizam-se para pesquisa da definição, do conteúdo e do alcance de seus institutos, conceitos e formas, mas não para definição dos respectivos efeitos tributários".

Implementa essa norma genérica, em um desdobramento específico, o disposto em seguida no art. 110 do mesmo Código: "A lei tributária não pode alterar a definição, o conteúdo e o alcance de institutos, conceitos e formas de direito privado utilizados, expressa ou implicitamente, pela Constituição Federal, pelas Constituições dos Estados, ou pelas Leis Orgânicas do Distrito Federal ou dos Municípios, para definir ou limitar competências tributárias".

Diante desses dispositivos, parece inegável que o legislador brasileiro teve como pressuposto, em sua formulação, duas considerações fundamentais:

(a) a lei tributária visa, precipuamente, ao conteúdo ou efeitos econômicos do fato tributável, e não à sua exteriorização formal; e

(b) sendo autônomo, o direito tributário pode, em princípio, alterar as categorias de direito privado, de que se serve, para atuação mais eficaz de suas normas.

Vale dizer, o legislador brasileiro aceitou as premissas da teoria da prevalência econômica consagrada no Código alemão (cuja exatidão, aliás, não se pode realmente negar), mas opôs sérias restrições à admissibilidade de todas as consequências dela extraídas. Especialmente opôs a reserva de que a assemelhação das situações econômicas idênticas para fins de tributação idêntica deve partir sempre do legislador, ao expressamente desprezar a diversidade de formas jurídicas sob que se apresentam, e nunca do aplicador da lei.

É como dissemos, o Direito Tributário admite a atribuição de efeitos fiscais aos institutos de Direito Privado, porém por lei, nunca por interpretação livre da Administração.

In casu, remarque-se que a lei fiscal não prevê prestações iguais para todo o *leasing*, não as exige e até não quis fazê-lo. O Fisco é que por ato administrativo, pretende o contrário, dizendo que não há *leasing*, mas compra e venda.

A origem da chamada "interpretação econômica" dá-se na Alemanha e na Itália, neste último país impulsionada pela Escola de Pavia, tendo à testa Griziotti. No país tedesco o seu corifeu parece ter sido Enno Becker, inspirador em 1919 do *Reischsabgabenordnung* (Ordenação Tributária do Império). Procurava-se com a sua utilização evitar que os contribuintes burlassem o pagamento dos tributos a partir das formas e fórmulas de Direito Privado. Dino Jarach noticia ecos, inclusive no *commom law*. Segundo relata, a Suprema Corte dos Estados Unidos no caso *Higgins vs. Smith* (1940) teria dito que os planos dos contribuintes não se pode permitir que prevaleçam sobre a legislação na determinação do tempo e do modo da tributação. Em inglês: "to hold otherwise would permit the schemes of tax payers to supersede legislation in the determination of time and manner of taxation" (Dino Jarach, *El Hecho Imponible*, p. 68, nota 86).

Para ilustrar as razões dessa escola vou citar um exemplo fático relatado por Amílcar de Araújo Falcão muito parecido com a situação dos autos, pois até certo ponto, tratava-se de uma espécie tosca de *leasing*; um seu protótipo *avant la lettre*. Eis o caso como descrito por A. de Araújo Falcão (ob. cit., p. 31):

"Quando se encara o problema da evasão é que bem evidente aparece a pertinência dessas noções. Merkl dá um exemplo muito interessante de fato que ocorreu na Alemanha. Um indivíduo, para reduzir a incidência do imposto de vendas, alugou por anos um automóvel a preço altíssimo e incomum, obrigando-se o pretenso locatário a fazer as despesas de conservação e ficando com o direito de, no fim de algum tempo, ser-lhe o carro vendido a baixo preço. A operação é inegavelmente, do ponto de vista econômico, uma venda, ainda que assuma a forma jurídica de locação."

Aduz o Autor citado que diante desse caso muitos juristas, entre eles Merkl, se posicionaram no sentido de que a Administração podia descaracterizá-lo para aplicar a lei do imposto.

Para os epígonos da escola da "interpretação econômica" ou da "interpretação funcional" ou ainda da "consideração econômica dos fatos geradores" a razão de ser do método está em evitar que os particulares façam um negócio jurídico – não tributado ou menos oneroso do ponto de vista fiscal – por outro, tributado ou mais oneroso em termos fiscais. Noutro giro, o objetivo da interpretação econômica seria o de impedir o uso das fórmulas de Direito Privado para elidir no todo ou em parte a tributação, como no caso citado da locação com opção de compra pelo valor residual em lugar de uma venda a prestações ou a prazo. Nesse caso a *intentio facti* seria vender; a *intentio juris* (formal), alugar.

No caso vertente, o Autor celebrou, de fato e de direito, um contrato de *leasing*, pondo-se de acordo com a legislação fiscal regente da espécie, a qual não obriga a uniformidade das prestações, deixando as partes pactuarem livremente neste aspecto.

O Fisco pensando aplicar a interpretação econômica intenta descaracterizar o negócio, supondo que há, na intenção das partes, compra e venda e não arrendamento mercantil (aspecto jurídico-formal). Para o Fisco, o negócio real é a compra e venda mercantil a prazo (*intentio facti*). O *leasing* é negócio jurídico indireto (*intentio juris*). A sua escolha teria sido feita para obter vantagens fiscais. Ao meu sentir, utiliza equivocadamente a interpretação econômica. Não estou me referindo ao método, em si, o qual, entre nós, colide com o cânon constitucional da legalidade. É a própria situação de fato que não foi bem enquadrada pelo Fisco.

Para bem situar o equívoco impõe-se sistematizar a temática da evasão fiscal, matéria pouco debatida no Brasil. Pois bem, mesclando os critérios de Sampaio Dória (*Elisão e Evasão Fiscal*, São Paulo) e de Alberto Pinheiro Xavier (*O Negócio Indireto em Direito Fiscal*, Lisboa).

Segundo estes autores a evasão por omissão é imprópria quando, por exemplo, não se pratica o fato gerador para não se ter que pagar o tributo (deixar de alienar bens para fugir do imposto sobre lucro imobiliário, *v.g.*, ou, ainda, inércia para obter rendas suplementares que aumentariam o patamar do IR progressivo). Enquadram-se ainda no conceito de evasão omissiva imprópria os casos de "transferência econômica do encargo fiscal" (deslocamento do peso fiscal do contribuinte *de jure* para o contribuinte de fato) mediante determinações contratuais ou legais através dos fenômenos da repercussão, absorção ou difusão. A evasão omissiva própria ocorre quando:

(a) intencionalmente o contribuinte omite dados, informações e procedimentos que causam a oclusão, a diminuição ou o retardamento do cumprimento do dever tributário (sonegação), e,

(b) não intencionalmente o contribuinte obtém os mesmos resultados por ignorar a lei ou o dever fiscal. As duas espécies se diferenciam pela presença do dolo específico na primeira e pela sua inexistência na segunda. A evasão comissiva ilícita dá-se nas hipóteses de fraude, simulação e conluio, que são ações unilaterais ou bilaterais voltadas ao escopo de alterar a realidade com o fito de não pagar o tributo ou retardar o seu pagamento (falsificação de documentos, notas fiscais, valores, negócios etc.). A evasão comissiva lícita, finalmente, também chamada de economia fiscal ou, ainda, elisão fiscal, ocorreria quando o agente, visando certo resultado econômico, buscasse por instrumentos sempre lícitos, fórmula negocial alternativa e menos onerosa do ponto de vista fiscal, aproveitando-se de legislação não proibitiva ou não equiparadora de formas ou fórmulas de Direito Privado (redução legal das formas ao resultado econômico).

A disciplina da elisão fiscal comporta, ainda, uma última diferenciação. Temos:

(a) elisão induzida, quando a própria lei deseja o comportamento do contribuinte, por razões extrafiscais. São exemplos a isenção por 10 anos do IR para os lucros das indústrias que se instalem no Norte-Nordeste do Brasil e a celebração de negócios em zonas francas ou com compradores do exterior (imunidades ou isenções do *export-drive*) e

(b) elisão por lacuna, quando a lei, sendo lacunosa, deixa buracos nas malhas da imposição, devidamente aproveitadas pelos contribuintes. A verdadeira elisão fiscal é esta, por apresentar questionamentos jurídicos e éticos na sua avaliação. Baseia-se na premissa de que se o legislador não a quis, como na elisão fiscal induzida pela lei, pelo menos não a vedou expressamente, quando podia tê-lo feito (princípio da legalidade). Este princípio, no particular, abriga duas conotações relevantes.

A primeira é a de que o contribuinte, observada a lei, não está obrigado a adotar a solução fiscal e jurídica mais onerosa para o seu negócio, pelo contrário, está eticamente liberado para buscar a menos onerosa, até porque sendo o regime econômico considerado de livre iniciativa e de assunção de responsabilidades, prevalece a tese de minimização dos custos e da maximização dos resultados.

A segunda conotação do princípio da legalidade no particular reside no aforismo de que ninguém está obrigado a fazer ou deixar de fazer alguma coisa senão em virtude de lei, de resto preceito constitucional e, pois, dominante.

Feitas estas observações, necessárias ao quadramento da espécie *in examen*, resta saber se o comportamento do Autor caracteriza um caso de evasão comissiva ilícita (fraude à lei mediante simulação de negócio jurídico por conluio) ou prefigura uma hipótese de evasão lícita ou elisão fiscal por lacuna da lei, tirando-se desse exame as consequências jurídicas pertinentes ao desate da *quaestio juris*, em reforço das razões de decidir até aqui explanadas, com espeque no princípio da legalidade, obstaculizador da interpretação econômica no Direito Tributário brasileiro contemporâneo.

Tanto na evasão comissiva ilícita como na elisão fiscal existe uma ação do contribuinte, intencional, com o objetivo de não pagar ou pagar tributo a menor. As diferencia: (a) a natureza dos meios empregados. Na evasão ilícita os meios são sempre ilícitos (haverá fraude ou simulação de fato, documento ou ato jurídico. Quando mais de um agente participar dar-se-á o conluio). Na elisão os meios são sempre lícitos porque não vedados pelo legislador; (b) também, o momento da utilização desses meios. Na evasão ilícita a distorção da realidade ocorre no momento em que ocorre o fato jurígeno-tributário (fato gerador) ou após a sua ocorrência. Na elisão, a utilização dos meios ocorre antes da realização do fato jurígeno-tributário ou como aventa Sampaio Dória, antes que se exteriorize a hipótese de incidência tributária, pois, opcionalmente, o negócio revestirá a forma jurídica alternativa não descrita na lei como pressuposto de incidência ou pelo menos revestirá a forma menos onerosa (ob. cit., p. 33). Neste ponto, a doutrina nacional e peregrina coincide. Hensel (*Diritto Tributario*, Milão, 1956, p. 148, nota 164, *apud* Dória), leciona: "Il che distingue l'elusione dell imposta dalla frode fiscale; in quest'ultimo caso si tratta di un inadempimento (colpevole) della pretesa tributaria già validamente sorta atraverso la realizzazione della fattispecie, mentre nell'elusione si impedisce il sorgere della pretesa tributaria evitando la fattispecie legale".

Rubens Gomes de Sousa, conciso e cioso, concorda (*Compêndio de Legislação Tributária*, 3ª ed., Rio de Janeiro, 1960, p. 113): "(...) o único critério seguro (para distinguir a fraude da elisão) é verificar se os atos praticados pelo contribuinte, para evitar, retardar ou reduzir o pagamento de um tributo foram praticados antes ou depois da ocorrência do respectivo fato gerador: na primeira hipótese, trata-se de evasão; na segunda trata-se de fraude fiscal".

No Direito norte-americano dá-se o mesmo, como avaliza George Altman ("Recent developments in income tax avoidance", *Illinois Law Rev.*, vol. 29, 1934, p. 154, *apud* Ulhôa Canto).

"Tax avoidance ordinally is not a cure, but a prevention. It is the prevention of that situation from arising which is the basis of the tax."

Narciso Amorós, de um país que adota, pela influência germânica, a chamada interpretação econômica, posto que de maneira mais razoável, averba ("La Elusión y la Evasión Tributaria", *Rev. de Derecho Financiero y de Hacienda Pública*, vol. 15, 1965, pp. 573-84).

"A elisão para nós é não entrar na relação fiscal. A evasão é sair dela. Exige, portanto, estar dentro, haver estado ou podido estar em algum momento."

Dito isto, verifica-se que *sub specie juris* o Autor escolheu deliberadamente fazer um contrato de *leasing* em lugar de um contrato de compra a prazo, em prestações, sabendo que o primeiro, do ponto de vista fiscal, lhe seria mais vantajoso. Por suposto, do ponto de vista econômico se equivaleriam ou o arrendamento mercantil lhe seria, também, mais vantajoso. Por outro lado, o legislador fiscal, no caso o Conselho Monetário Nacional e o Bacen, não equiparou o arrendamento mercantil à compra e venda, na hipótese de concentração de valor nas primeiras prestações do *leasing*, demonstrando com isso, até por ter se manifestado expressamente a este respeito, que quer a lei desta maneira, ou seja, não vedando e pois permitindo dita concentração.

O comportamento da Autora, portanto, reveste-se das características da elisão reconhecidas pela doutrina pátria e peregrina e nenhuma censura jurisdicional cabe fazer-lhe.

Dita sentença, Gilberto de Ulhôa Canto enriqueceu-a com comentários oportunos e ensinamentos que merecem ser transcritos:

"A sentença é respeitável e merecedora de elogio. Seu Autor, o ilustre juiz e professor – *omissis* – versa sobre um tema que – não sei por que – encontra frequentemente inibição dos magistrados que os impede de assumir uma posição clara com pleno apóio na melhor doutrina num país como o nosso, em que prevalece o princípio da legalidade estrita em matéria tributária embutido num sistema de direito positivo 'fechado', que em matéria de direitos subjetivos não permite qualquer margem de discrição à autoridade no trato com o indivíduo.

"Sei que há um bem relevante a preservar através da aplicação da regra de isonomia, e em seu nome o que a justiça indica é que pessoas em situações econômicas iguais paguem impostos iguais; daí, com propriedades e acertos muitos afirmaram que na aplicação das leis tributárias deve-se ter em vista o conteúdo econômico das situações, fatos ou negócios, pois é sempre a ele que a vontade da lei ou do legislador visa.

"Esquecem os que assim pensam que há outro princípio também importante e de incidência muito mais ampla, que é o da certeza das relações jurídicas, máxime daquelas que se estabelecem com prescindência da manifestação da vontade das partes, porque resultam da própria lei.

"Um erro grave que no trato das questões tributárias se comete com lastimável frequência é buscar na lei uma amplitude de aplicação que do seu teor não se infere. A título de lhes dar interpretação 'funcional', compatível com a 'realidade econômica', e outras expressões vazias de conteúdo, certas autoridades lançam-se com enorme açodamento na interpretação dos textos, como se eles tivessem, sempre, de ser interpretados. Na verdade, a lei deve ser lida, e entendida como se depreende do seu contexto. A interpretação é um processo gnoseológico de maior complexidade, que somente cabe quando (a) no seu texto não se encontre, de modo claro e conclusivo, um comando da norma, (b) quando aquilo que deflui da mera leitura torna a regra legal inaplicável porque contra as leis da natureza, (c) quando um dispositivo de lei aparenta, pela leitura, uma determinação que se choca com a de outro artigo da mesma lei, ou (d) quando a disciplina que ela estabelece na sua expressão vocabular é contrária ao sistema de direito positivo em que se insere. Fora desses casos, não há que interpretar a norma, e muito menos para descobrir nas suas palavras uma ordem que ela não formula.

"Se, ocorrendo alguma das situações mencionadas no parágrafo anterior, for necessário interpretar a lei, então isso deve ser feito com o emprego de todos os métodos exegéticos normalmente adotados e acolhidos pela teoria geral do Direito, como o sistemático, o histórico, e o teleológico, do qual a dita 'interpretação econômica' seria espécie. Mas, não há por que procurar num texto já suficientemente claro o que ele não diz, só porque na opinião do intérprete ele deveria ter dito. Os princípios da isonomia e da certeza das relações jurídicas, com ênfase na estrita legalidade do tributo, todos eles muito bem expressos na Constituição vigente, devem ser respeitados de modo que se harmonize, e não como se um tivesse de sobrepor-se ao outro e afastar-lhe a incidência.

"A diferença entre evasão e elisão, com os sentidos vocabulares que a sentença lhes dá, começa a ser feita a partir das constatações precedentes. Sendo *ex lege*, a obrigação tributária principal somente pode resultar da norma (não é por outro motivo que se a designa *ex lege*), como está claramente dito na Constituição em mais de um lugar (art. 5º, II, e art. 150, I) e no Código Tributário Nacional (Lei n. 5.172, de 25.10.1966 – CTN, art. 97). Nenhum contribuinte tem obrigação de pagar imposto que a lei não prevê, ou maior do que por ela previsto; isso, porque em o fazendo, além de sofrer lesão patrimonial sem justa causa, estaria coadjuvando na infração à ordem constitucional. Uma primeira verificação a fazer consiste, pois, em apurar se a conduta do contribuinte que o leva a não pagar imposto, pagar menor imposto ou pagar imposto mais tarde, importa em violação de direito da Fazenda Pública, ou seja, contrapõe-se a um comando legal que o torne obrigado ao tributo evitado, reduzido ou cuja satisfação é retardada.

"É por isso que o contribuinte tem o direito de alterar os passos da sua vida, dos seus negócios, atos e patrimônio, visando apenas a evitar ou economizar tributos, e não mais do que isso, desde que o faça sem violar o direito da Fazenda Pública, o que quer dizer que a liberdade de conduta existe antes que se materialize, em relação a ele, o fato gerador previsto pela hipótese legal de incidência. É que antes do fato gerador ele não é contribuinte, a Fazenda não tem direito algum a opor à sua conduta. É claro que, para estar nessa posição de livre escolha o contribuinte não poderá, por outro lado, violar qualquer norma legal. Por exemplo, se ele arruma seus negócios antes de surgir para ele o fato gerador, mas pratica ato jurídico simulado, é evidente que a Fazenda Pública não pode ter a concretização de seu direito ao aperfeiçoamento do fato gerador obstado por aquele negócio, pois como terceiro goza de proteção legal contra os efeitos do ato viciado. Do mesmo modo, se o contribuinte age antes do fato gerador mas infringe norma legal ao concretizar sua ação, como falsificando documento ou sonegando, pratica ato a que já estava obrigado antes mesmo do fato gerador, sua conduta será qualificada como evasão, e não como elisão.

"Na busca desordenada de fundamento para definir a conduta do contribuinte como evasão, é comum ver-se a Fazenda Pública pretender que certos atos tenham sido por ele praticados com simulação, porque o seu objetivo único ou principal foi evitar ou reduzir ônus tributários. Trata-se de um erro palmar, pois no direito positivo brasileiro os casos de simulação acham-se definidos no art. 102 do Código Civil[5] num *numerus clausus*, sem que dentre eles figure o ânimo de evitar imposto. O que, de resto, nem seria admissível num sistema jurídico não causalista, que somente se refere à causa nos dois únicos casos mencionados no art. 90, em que ela é expressa como razão determinante ou como condição do ato. A rigor, a vontade de não pagar imposto nem seria causa, podendo caracterizar quando muito um motivo (ver meu estudo sobre a causa da obrigação tributária, em *Temas de Direito Tributário*, 2º vol., Ed. Alba, 1964, pp. 286 e ss., para melhor elucidação deste aspecto).

5. No Código Civil de 2002, o art. 102, acima citado, corresponde ao art. 167 e o art. 90, ao art. 140. É preciso dizer, ainda, que permanecemos num sistema jurídico não causalista; contudo, o novo CCB somente se refere à causa em um único caso mencionado pelo art. 140 do mesmo Código Civil, em que ela é expressa como razão determinante.

"Muito bem analisada a hipótese pelo douto e brilhante prolator da sentença sob comentário, não teve ele hesitação em enfrentar a controvérsia sem rodeios, para admitir, altaneiramente, a tese de que o contribuinte tem o direito de escolher, entre dois caminhos, o que lhe seja menos oneroso tributariamente. Vários autores insuspeitos o reconheceram, em pronunciamentos que mencionei em trabalho recente (minha colaboração para o simpósio sobre elisão e evasão fiscal, publicado, com outras, no 13º volume dos *Cadernos de Pesquisas Tributárias*, ed. da Resenha Tributária e do Centro de Estudos de Extensão Universitária, 1 e ss.), com Camille Rosier (*les redevables qui ont plusieurs moyens légaux pour arriver au même résultat, ont la faculté de choisir celui qui donne ouverture aux cotisations les moins élevées*) e Jerome Hellerstein (*Every taxpayer has a legal and moral right to pay no more tax than Congress requires of him under the law of the land*). Note-se que o segundo Autor citado escreveu nos Estados Unidos, país cujo sistema de direito positivo é 'aberto', sendo a conduta das autoridades e dos julgadores pautada por *standards* legais e não por disciplina legislativa minuciosa e taxativa como é o nosso caso.

"Se não prosperar a orientação seguida na sentença em exame, pode-se facilmente chegar, em prazo não muito longo, a uma verdadeira tirania tributária. A sede de receita em todos os níveis políticos de poder, numa conjuntura como a atual em que se combinam, tragicamente, a falta de desprendimento e espírito público em todas as faixas de atividades com uma desorganização econômica total do país, está desde logo mostrando que todos eles se preparam para organizar uma verdadeira depredação fiscal dos contribuintes, aos quais os recursos financeiros estarão sendo tomados opressiva e irracionalmente, num fluxo cada vez mais alarmante de intervenção do Estado.

"(...).

"Que Deus conserve o ilustre magistrado tão lúcido e tão corajoso como ele foi nesta sentença. E que o seu exemplo seja seguido com ampla generalidade, pois, até eu, que sempre fui conservador e tolerante com o Fisco, estou convencido de que é necessário detê-lo, enquanto ainda há tempo e decisão. Longe de mim pretender, nesta breve nota, lançar os contribuintes contra ele, pois não tenho apreço pelo 'Poujadismo'. Não favoreço a sonegação nem as outras formas de ilícito tributário. O que eu reclamo é a fiel observância da lei, esta sim, o instrumento próprio de que o Estado deve servir-se para assegurar o atendimento de suas necessidades e obtenção de meios para cumprir suas funções coletivas. A lei, fiel à Constituição e à legislação dela complementar, esta sim, é que pode e deve vincular os contribuintes; que ela seja feita com clareza, e nela se diga tudo que as pessoas são obrigadas a fazer ou deixar de fazer, sem esse absurdo vezo de se invocar a sua vontade ou o seu espírito, porque lei não tem uma nem outra coisa, quem as tem, ambas, é apenas o Homem."

Pensamos ser esta a mais meditada análise sobre o tema.

O art. 116 jamais versou regra de interpretação/aplicação específica (norma de reconhecimento, segundo Hart), senão que cuidava do aspecto temporal dos fatos jurígenos tributários, distinguindo-os em duas espécies: os constituídos de situações de fato, que ocorreriam desde o momento em que se verificassem as circunstâncias materiais que lhes eram próprias, e os constituídos de situações jurídicas, normalmente atos jurídicos bilaterais ou negócios jurídicos (contratos) que ocorriam segundo os *termos do direito aplicável*. É que os negócios jurídicos comportam condições, ora suspensivas, ora resolutivas.

De ver agora a redação do art. 116 e seus incisos.

"Art. 116. Salvo disposição de lei em contrário, considera-se ocorrido o fato gerador e existentes os seus efeitos:

"I – tratando-se de situação de fato, desde o momento em que se verifiquem as circunstâncias materiais necessárias a que produza os efeitos que normalmente lhe são próprios;

"II – tratando-se de situação jurídica, desde o momento em que esteja definitivamente constituída, nos termos de direito aplicável."

Os fatos jurígenos ou geradores de obrigações tributárias podem ser fatos jurídicos já regulados noutro ramo do Direito e podem ser fatos da vida valorados pela lei tributária. No primeiro caso, podemos citar o fato gerador do imposto sobre heranças e doações, com a abertura da sucessão pela morte do *de cujus*, e o instituto da doação, já regulados pelo Direito das Sucessões e dos contratos, ou, ainda, o fato gerador do imposto sobre a transmissão de bens imóveis por natureza ou acessão física e de direitos a eles relativos, tais como o usufruto e a enfiteuse, matérias fartamente reguladas pelo Direito das Coisas. No segundo caso, podemos citar o fato gerador do imposto sobre ganhos de capital, simples fato econômico a que a lei atribui relevância jurídica. O CTN, ao regular o momento em que se considera ocorrido o fato gerador e, pois, nascida a obrigação tributária e seu correlativo crédito, distingue esses dois tipos de fatos jurígenos com o fito de resguardar a prática das condições dos atos jurídicos aderidas a negócios eleitos como geradores de impostos (as condições suspensivas e resolutivas previstas no Código Civil). Diga-se, para logo, que a sede desse assunto reporta-se ao aspecto temporal dos fatos geradores, cuja arquitetura vimos de ver ao tratarmos da norma tributária. O inciso I diz que se considera ocorrido o fato gerador, tratando-se de situação de fato, desde o momento em que se verifiquem as circunstâncias materiais necessárias a que produza os efeitos que normalmente lhe são próprios.

A problemática ora tangida aplica-se tão somente aos fatos geradores dos impostos gerais ou especiais. As taxas, as contribuições sinalagmáticas e as contribuições de melhoria, por isso que seus fatos geradores implicam, necessariamente, atuações do Estado, não se prestam a ser exigidas a partir de "negócios jurídicos condicionais", só possíveis entre contratantes. O fato gerador das taxas é a prestação aos contribuintes de serviços de utilidades e de polícia, que sejam específicos e divisíveis, isto é, que possam ser medidos e atribuídos a uma pessoa em particular. O fato gerador das contribuições de melhoria é a realização, pelo Poder Público, de obras de interesse coletivo que causem benefícios ou valorizações em imóveis de proprietários particulares. Em ambos os casos, temos *fatos do Estado*, atuações deste, incompatíveis com as condições que aderem aos negócios jurídicos (atos jurídicos bilaterais ou contratos).

Ocorreu que a Lei Complementar n. 104, de 10 de janeiro de 2001, adicionou um parágrafo ao art. 116, visando racionalizar os procedimentos administrativos que viessem a ser instaurados em razão de "abuso de formas do Direito Privado" mediante simulações relativas (dissimulações). Este parágrafo não cuida de uma regra específica de interpretação, mas de procedimentos a serem observados pelos agentes fiscais competentes (norma técnica segundo a nossa tipologia). Por essa precisa razão, agregou-se dito parágrafo ao art. 116, eis que os fatos jurígenos-tributários montados sobre *negócios jurídicos* são obviamente os que se prestam a sofrer as solércias das dissimulações contratuais evasivas (simulações relativas).

No particular, sob o ponto de vista material, o novel parágrafo não inovou a ordem jurídica, apenas explicitou o que já se sabia; ou seja, o étimo *simulação* comporta duas modalidades, a absoluta e a relativa. Esta última, contudo, é mais frequente. Quis, então, o legislador, realçá-la ao tempo em que delegou à lei a função de organizar os procedimentos de desconsideração dos atos e negócios dissimulados.

Até este ponto, repetimos, nenhuma censura merece o legislador da Lei Complementar n. 104/2001, mesmo porque antes do parágrafo por ele adicionado à disciplina do art. 116, tanto o CTN quanto a doutrina admitiam, com a maior tranquilidade, que as condutas dos sujeitos passivos das obrigações tributárias eivadas de dolo sonegatório, fraudes materiais e simulações (absolutas ou relativas) constituam atos ilícitos, passíveis de repressão administrativa *ex officio*. O desastre se deu com a Medida Provisória n. 66, não convertida, fazendo as vezes de lei ordinária requerida pelo parágrafo único do art. 116.

A regulamentação do art. 116, parágrafo único, do CTN (lei complementar que é, *ratione materiae*), apresenta-se manifestamente inconstitucional, violentando as estruturas e categorias fundamentais do Direito Constitucional Tributário. Usando as categorias da teoria geral das normas jurídicas, cabe dizer que a Medida Provisória reguladora está em desacordo com os seus fundamentos de validez: a Constituição e a Lei Complementar.

Ora, o dolo, a fraude, a simulação, na verdade, já eram objeto de reprimenda administrativa; basta ver a redação dos artigos do CTN a seguir transcritos:

"Art. 149. O lançamento é efetuado e revisto de ofício pela autoridade administrativa nos seguintes casos:

"(...).

"VI – quando se comprove ação ou omissão do sujeito passivo, ou de terceiro legalmente obrigado, que dê lugar à aplicação de penalidade pecuniária;

"VII – quando se comprove que o sujeito passivo, ou terceiro em benefício daquele, agiu com dolo, fraude ou simulação;

"(...).

"Art. 150. O lançamento por homologação, que ocorre quanto aos tributos cuja legislação atribua ao sujeito passivo o dever de antecipar o pagamento sem prévio exame da autoridade administrativa, opera-se pelo ato em que a referida autoridade, tomando conhecimento da atividade assim exercida pelo obrigado, expressamente a homologa.

"(...).

"§ 4º. Se a lei não fixar prazo à homologação, será ele de 5 (cinco) anos, a contar da ocorrência do fato gerador; expirado esse prazo sem que a Fazenda Pública se tenha pronunciado, considera-se homologado o lançamento e definitivamente extinto o crédito, salvo se comprovada a ocorrência de dolo, fraude ou simulação."

"Art. 154. Salvo disposição de lei em contrário, a moratória somente abrange os créditos definitivamente constituídos à data da lei ou do despacho que a conceder, ou cujo lançamento já tenha sido iniciado àquela data por ato regularmente notificado ao sujeito passivo.

"Parágrafo único. A moratória não aproveita aos casos de dolo, fraude ou simulação do sujeito passivo ou do terceiro em benefício daquele."

Em três pontos cruciais: lançamento e revisão do lançamento, decadência em caso de tributo recolhido sem prévio exame da autoridade administrativa e na hipótese de pagamento parcelado ou moratória após declaração de dívida do contribuinte, o CTN reafirma o desvalor do dolo (sonegação), da fraude e da simulação e autoriza a ação de ofício da autoridade administrativa.

A esta altura pergunta-se o porquê do art. 116, parágrafo único, do CTN, já que o étimo *simulação*, juridicamente falando, abrange a simulação absoluta e a simulação relativa, também conhecida por dissimulação. A resposta é simples. É que a simulação relativa ou dissimulação, diferentemente da absoluta, diz respeito à adoção abusiva das formas negociais de Direito Privado, utilizadas, muita vez, para ocultar um negócio real tributado ou menos tributado que o negócio aparente.

A dissimulação, portanto, diz respeito ao abuso das formas de Direito Privado, de envolta com os fatos geradores conceituais. Damos já um exemplo. A adoção de um negócio jurídico de sociedade (aparente) para ocultar uma compra e venda de uma fazenda somente para aproveitar a imunidade da colação de bens imóveis ao capital de sociedade. Desfeito (distrato) o contrato de sociedade, o sócio que entra com dinheiro sai com terras, e o outro, com o dinheiro. Precisamente por isso que os sócios podem desfazer a sociedade um mês depois (dissimulação) ou 10 anos depois (não dissimulação), será sempre preciso discutir, através de um processo especialíssimo, se há ou não dissimulação quando os particulares utilizam as formas alternativas de Direito Privado. É um processo para coibir a evasão e não a elisão lícita, que esta só pode ser vetada por lei (equiparação do negócio elisivo ao fato gerador tipificado). O fato gerador supletivo ou *special rule*, no dizer do *common law*, já fora examinado por Amílcar de Araújo Falcão em meados do século XX. Até aí andou bem o CTN (art. 116, parágrafo único).

A expressão *dissimulação* tem conceito preciso no Direito Privado e, como tal, deve ser recebida juridicamente pelo Direito Tributário, como prescreve, de resto, a Lei Complementar n. 95, a respeito das normas de interpretação do Direito Positivo.

Acontece que a medida provisória, ao regular *os procedimentos pedidos* pelo parágrafo único do art. 116 do CTN para a aferição, caso por caso, da existência ou não de negócios jurídicos dissimulados (simulação relativa), a tanto não se limitou e lançou o dardo além da meta em dois pontos cruciais. No primeiro ponto, temos uma inconstitucionalidade material. No segundo, uma inconstitucionalidade formal.

→ Disse que a palavra *dissimulação* não significa nem dolo, nem fraude, nem simulação, ou seja, alterou, por conta própria, conceito pensado pelo legislador da Lei Complementar n. 104 (*minus dixit*), ao mesmo tempo em que criou normas gerais de interpretação da lei tributária, matéria reservada à lei complementar da Constituição, *tanto que o parágrafo único do art. 116 surdiu no CTN por obra de lei complementar*, que só ela pode alterá-lo explícita ou implicitamente. Assim, inventou conceitos outros de interpretação da lei tributária, norma geral tributária, matéria de lei complementar, endereçados – o que é pior – somente ao aplicador administrativo, quais sejam os conceitos de falta de propósito negocial (*business purpose*) e *abuso de forma jurídica*, inexistentes em nosso ordenamento, quer se mire a Constituição, quer se aviste a lei complementar, a quem a Lei Maior atribui o papel de estipular normas gerais de interpretação específicas, próprias, além das aplicáveis ao Direito em geral.

Inconstitucionalidade material insanável. *A uma*, porque ao legislador ordinário falece competência para tratar de tema expressamente reservado à lei complementar tributária, como veremos ao tratar do peculiar relacionamento entre leis complementares e leis ordinárias, em razão das matérias. Regras sobre interpretação e conceito de defeito de ato ou negócio jurídico (dissimulação) para fins de tributação são matérias sob reserva de lei complementar. *A duas*, porque agride os princípios constitucionais da separação dos Poderes, da legalidade formal e material, da tipicidade ou exaustão conceitual, da livre iniciativa e da negativa de analogia, corolário da aplicação da lei tributária, segundo o princípio da estrita legalidade e da atuação da administração vinculada à lei, nunca *praeter legem*.

→ O art. 62, § 1º, III, da Constituição Federal proíbe que matéria objeto de lei complementar possa ser regulada por medida provisória. Na medida em que o foi, temos, como consequência, uma inconstitucionalidade formal inescusável.

Parece-nos que ao considerar um *negócio de cobertura* encobridor de outro, o real, a MP, nesta parte, equiparou o *abuso de forma à dissimulação*, no que andou bem, mas querendo fazer o mal. Em real verdade, *abuso de forma* e *dissimulação* dão no mesmo. Agora a MP n. 66 acrescenta força à sinonímia. São iguais a *dissimulação* o *abuso de forma* e a *fraude à lei*, caso contrário estaríamos em face do impensável, a tributação do não ser. Seria desconsiderar um único negócio existente para aplicar, por analogia imprópria, o regime jurídico típico de um negócio qualquer, ao alvedrio do agente fiscal, incumbido de aplicar, nunca de criar, a legislação tributária. Quanto ao *business purpose*, é ele uma contradição nos termos, porquanto diminuir a carga fiscal é dever do empresário. Se a carga fiscal é sufocante sobre a mão-de-obra, bem posso "terceirizar" partes da minha atividade. Será isso falta de propósito negocial ou fraude à lei? No mais, as palavras da MP, no ponto, são vazias, ambíguas e polissêmicas. A Medida Provisória n. 66, logo em seguida, fala em negócio dissimulado (art. 14, § 2º). Como poderá haver dissimulação sem que haja simulação? Por outro lado, haverá propósito negocial sempre que a forma adotada seja menos complexa e menos onerosa? Ademais, o conceito utilizado de abuso de direito é teratológico e predica a interpretação econômica, pura e simples, contra o princípio da legalidade.

A atividade lícita do contribuinte visando economizar impostos não pode ser considerada ilícita através de artifícios legais. Klaus Tipke,[6] a quem se irroga o malfeito de preconizar a interpretação analógica, diz-nos com toda clareza:

"(...) *Los contribuyentes pueden evitar el deber tributario mediante la elusión fiscal, el fraude a la ley tributaria o la defraudación tributaria.*

"*No es contraria a la ley la actuación de quien no realiza el hecho imponible y evita así el nacimiento de la obligación tributaria. Toda persona puede organizar su actividad con vistas al menor pago de impuestos posible. La elusión fiscal consciente y planificada es una modalidad legal de resistencia fiscal. No es inmoral. Esto se reconoce probablemente en todos los Estados de Derecho que respetan la libertad.*

"*A estos efectos es irrelevante si el contribuyente no realiza el hecho imponible mediante su conducta fáctica (por ejemplo, no trabaja para no obtener renta, o no fuma) o si encuentra con ayuda de su asesor una configuración jurídica que permite eludir o reducir el impuesto. D. Schneider no sólo no considera inmorales estas operaciones, sino que las juzga 'éticamente necesarias' como medida formativa para el legislador. Nos alegraríamos extraordinariamente si el método de enseñanza y educación propugnado por D. Schneider resultara eficaz. No obstante, el legislador no ha mostrado hasta ahora capacidad de aprender y formarse. Al contrario, las leyes se complican progresivamente mediante las reformas y añadidos para privar de sustrato jurídico a quienes realizan conductas elusivas legales pero no deseadas por el legislador* (...)" (grifos nossos).

Tipke está certíssimo, viu longe. O legislador, e só ele, é responsável pela lei e pela qualidade da lei. As lacunas e imperfeições da lei, os negócios jurídicos indiretos, a elisão ou elusão lícita, somente podem ser, quando possível, colmatados ou equiparados pelo legislador, o que implica aplicar a vários negócios jurídicos o regime de um outro adrede tipificado. O legislador isso pode, com temperamentos, não o agente fiscal como dispõe o art. 109 do CTN em harmonia com o art. 108 do mesmo, que damos transcritos:

"Art. 108. Na ausência de disposição expressa, a autoridade competente para aplicar a legislação tributária utilizará sucessivamente, na ordem indicada:

"I – a analogia;

"II – os princípios gerais de direito tributário;

"III – os princípios gerais de direito público;

"IV – a equidade.

"§ 1º. O emprego da analogia não poderá resultar na exigência de tributo não previsto em lei.

6. Klaus Tipke, *Moral Tributaria del Estado y de los Contribuyentes*, Marcial Pons, 2000, pp. 110-111.

"§ 2º. O emprego da equidade não poderá resultar na dispensa do pagamento de tributo devido."

"Art. 109. Os princípios gerais de direito privado utilizam-se para pesquisa da definição, do conteúdo e do alcance de seus institutos, conceitos e formas, mas não para definição dos respectivos efeitos tributários."

Ambos os artigos vigentes fazem coro com a Constituição e encontram nela seus fundamentos de validez: os princípios da legalidade (formal e material), da separação dos Poderes, da legalidade, já agora dos atos da administração *secundum legem*, e da liberdade negocial, como contraponto.

São estes artigos que devem ser considerados, pois encontram na Constituição os seus fundamentos de validez. O art. 14 da Medida Provisória n. 66/2002 deve ser considerado em desarmonia com o CTN e a Constituição, pelos motivos já expostos. No entanto, resta algo a dizer, qual seja, a diferença entre norma geral antielisiva (*general rule*) e norma específica antielisiva (*special rule*). Ambas visam a coibir o uso, jamais o abuso, das formas jurídicas alternativas oferecidas pelo Direito Privado. A evasão está no campo da ilicitude (dolo, fraude, dissimulação ou abuso de formas). A elisão está no campo da licitude. Pois bem, a norma específica antielisiva tem de ser, para ter legitimidade: (a) razoável; (b) proporcional; (c) prévia; (d) não punitiva; (e) legislada; (f) dizer expressamente que regime jurídico-tributário deve se aplicar ao negócio elidido, caso por caso. E, mais, se usar presunções, estas serão sempre relativas para suportar a prova em contrário. Nestes termos será legítima, preservando-se a legalidade, a segurança e a certeza do direito. A regra geral antielisiva não é regra, a rigor, de interpretação, nem antielisiva, mas *regra de competência*, segundo a nossa terminologia, para que o aplicador *ex officio* da lei dela se afaste, podendo, *a posteriori*, escolher segundo os vagos critérios do *business purpose* e do abuso de forma jurídica, da "fraude à lei fiscal", que regime tributário deve ser utilizado para o ato ou negócio jurídico já praticado, ferindo profundamente a legalidade, a liberdade, a segurança e a certeza do direito. É incompatível com o nosso sistema jurídico em todos os aspectos. De nossa parte, devotamos a ela desprezo, por significar um regresso ao arbítrio que vigorava há trezentos anos atrás. É como se voltássemos ao tempo das monarquias absolutas ou, mais recentemente, aos regimes fascistas, nazistas, integristas e fundamentalistas.

Em boa hora, ao apreciar a MP n. 66/2002, o Congresso Nacional, seguindo as orientações dos relatores, exerceu o controle jurídico interno e rejeitou *in totum* a parte da medida provisória que cuidava da regulamentação da impropriamente chamada norma geral antielisiva. Esta regulamentação, portanto, inexiste. O art. 116, seu parágrafo único, continua não autoaplicável, eis que as normas procedimentais nele previstas foram rejeitadas juntamente com os conceitos de falta de propósito negocial e de abuso de forma jurídica. Por cautela, ficam os nossos comentários a título de ilustração da matéria.

4. O princípio formal da legalidade da tributação e as medidas provisórias

Na Carta de 1967 era permitido ao chefe do Executivo editar decretos com força de lei sobre finanças públicas, inclusive normas tributárias, segurança nacional, criação e extinção de cargos públicos. A Constituição de 1988 eliminou o decreto-lei. Criou, a seu turno, o instituto da medida provisória, vazada nos seguintes termos:

"Art. 84. Compete privativamente ao Presidente da República:

"(...).

"XXVI – editar medidas provisórias com força de lei, nos termos do art. 62;

"(...).

"Art. 62. Em caso de relevância e urgência, o Presidente da República poderá adotar medidas provisórias, com força de lei, devendo submetê-las de imediato ao Congresso Nacional (*Redação dada pela Emenda Constitucional n. 32, de 2001*).

"§ 1º. É vedada a edição de medidas provisórias sobre matéria (*Incluído pela Emenda Constitucional n. 32, de 2001*):

"I – relativa a (*Incluído pela Emenda Constitucional n. 32, de 2001*):

"a) nacionalidade, cidadania, direitos políticos, partidos políticos e direito eleitoral (*Incluído pela Emenda Constitucional n. 32, de 2001*);

"b) direito penal, processual penal e processual civil (*Incluído pela Emenda Constitucional n. 32, de 2001*);

"c) organização do Poder Judiciário e do Ministério Público, a carreira e a garantia de seus membros (*Incluído pela Emenda Constitucional n. 32, de 2001*);

"d) planos plurianuais, diretrizes orçamentárias, orçamento e créditos adicionais e suplementares, ressalvado o previsto no art. 167, § 3º (*Incluído pela Emenda Constitucional n. 32, de 2001*);

"II – que vise a detenção ou sequestro de bens, de poupança popular ou qualquer outro ativo financeiro (*Incluído pela Emenda Constitucional n. 32, de 2001*);

"III – reservada a lei complementar (*Incluído pela Emenda Constitucional n. 32, de 2001*);

"IV – já disciplinada em projeto de lei aprovado pelo Congresso Nacional e pendente de sanção ou veto do Presidente da República (*Incluído pela Emenda Constitucional n. 32, de 2001*).

"§ 2º. Medida provisória que implique instituição ou majoração de impostos, exceto os previstos nos arts. 153, I, II, IV, V, e 154, II, só produzirá efeitos no exercício financeiro seguinte se houver sido convertida em lei até o último dia daquele em que foi editada (*Incluído pela Emenda Constitucional n. 32, de 2001*).

"§ 3º. As medidas provisórias, ressalvado o disposto nos §§ 11 e 12 perderão eficácia, desde a edição, se não forem convertidas em lei no prazo de sessenta dias, prorrogável, nos termos do § 7º, uma vez por igual período, devendo o Congresso Nacional disciplinar, por decreto legislativo, as relações jurídicas delas decorrentes (*Incluído pela Emenda Constitucional n. 32, de 2001*).

"§ 4º. O prazo a que se refere o § 3º contar-se-á da publicação da medida provisória, suspendendo-se durante os períodos de recesso do Congresso Nacional (*Incluído pela Emenda Constitucional n. 32, de 2001*).

"§ 5º. A deliberação de cada uma das Casas do Congresso Nacional sobre o mérito das medidas provisórias dependerá de juízo prévio sobre o atendimento de seus pressupostos constitucionais (*Incluído pela Emenda Constitucional n. 32, de 2001*).

"§ 6º. Se a medida provisória não for apreciada em até quarenta e cinco dias contados de sua publicação, entrará em regime de urgência, subsequentemente, em cada uma das Casas do Congresso Nacional, ficando sobrestadas, até que se ultime a votação, todas as demais deliberações legislativas da Casa em que estiver tramitando (*Incluído pela Emenda Constitucional n. 32, de 2001*).

"§ 7º. Prorrogar-se-á uma única vez por igual período a vigência de medida provisória que, no prazo de sessenta dias, contado de sua publicação, não tiver a sua votação encerrada nas duas Casas do Congresso Nacional (*Incluído pela Emenda Constitucional n. 32, de 2001*).

"§ 8º. As medidas provisórias terão sua votação iniciada na Câmara dos Deputados (*Incluído pela Emenda Constitucional n. 32, de 2001*).

"§ 9º. Caberá à comissão mista de Deputados e Senadores examinar as medidas provisórias e sobre elas emitir parecer, antes de serem apreciadas, em sessão separada, pelo plenário de cada uma das Casas do Congresso Nacional (*Incluído pela Emenda Constitucional n. 32, de 2001*).

"§ 10. É vedada a reedição, na mesma sessão legislativa, de medida provisória que tenha sido rejeitada ou que tenha perdido sua eficácia por decurso de prazo (*Incluído pela Emenda Constitucional n. 32, de 2001*).

"§ 11. Não editado o decreto legislativo a que se refere o § 3º até sessenta dias após a rejeição ou perda de eficácia de medida provisória, as relações jurídicas constituídas e decorrentes de atos praticados durante sua vigência conservar-se-ão por ela regidas (*Incluído pela Emenda Constitucional n. 32, de 2001*).

"§ 12. Aprovado projeto de lei de conversão alterando o texto original da medida provisória, esta manter-se-á integralmente em vigor até que seja sancionado ou vetado o projeto (*Incluído pela Emenda Constitucional n. 32, de 2001*)."

Os pressupostos da medida provisória não são banais, exige-se *urgência e relevância*, a que for irrelevante e carecer de urgência não passa. O juízo de admissibilidade é do Congresso Nacional, constituindo-se em um *a priori* à consideração do mérito. Não sendo caso de medida provisória, o assunto transforma-se em projeto de lei.

Exatamente os pressupostos de *urgência e relevância* excluem um rol de matérias do âmbito das medidas provisórias, e somente a prática do regime sedimentará o instituto, que julgamos necessário em um Estado Democrático de Direito. É que certas situações o requisitam, sob pena de paralisação do Executivo em face de condições difíceis.

Pois bem, com espeque na relevância e na urgência é que deduzimos o cabimento de medidas provisórias em sede de tributação em apenas dois casos, *estando em recesso o Congresso Nacional*. Friso: estando em recesso o Congresso Nacional, poderia se cogitar no uso de medidas provisórias para: (a) criação de impostos extraordinários de guerra; (b) instituição de empréstimos compulsórios de emergência (guerra, sua iminência e calamidade pública). Sim, porque para os compulsórios prevê a Constituição lei complementar e para os extraordinários, lei federal, leis que podem ser aprovadas em regime de urgência, através de vários instrumentos regimentais. Contudo, após a edição da EC n. 32/2001 nem mesmo os empréstimos compulsórios poderia se cogitar o uso das medidas provisórias, pois se trata de matéria reservada a lei complementar (art. 62, § 1º, III).

Destarte, nosso entendimento é que os casos de urgência, em matéria tributária, já possuem os mecanismos arrolados no Texto Constitucional:

(a) Os empréstimos compulsórios de emergência em caso de calamidade pública ou de guerra externa ou de sua iminência e, por suposto, os impostos extraordinários sob o mesmo fundamento, *estão liberados do princípio da anterioridade* e, pois, pela urgência de que se revestem, *vigoram de imediato*.

(b) As contribuições sociais destinadas ao custeio da Seguridade Social (art. 195, CF) cobram eficácia em 90 dias, desnecessário esperar o ano vindouro para serem cobradas (urgência de recursos para o sistema previdenciário).

(c) Naqueles impostos ligados ao mercado externo, importação e exportação, e às políticas industrial e financeira, IPI e ISOF, a Constituição permitiu ao Executivo alterar-lhes as alíquotas para cima e para baixo, *sem lei*, vigorando a alteração de imediato (exceção à legalidade e à anterioridade e, com exceção do IPI, exceção também ao prazo nonagesimal).

Quantos mais casos de urgência ou relevância em sede de tributação existem? Nenhum a justificar medida provisória. Certo, porque o que a tributação exige é *planejamento prévio, não surpresa, duração das regras*. Eis aí um campo infenso às situações de urgência. Os casos que exigiam a suspensão das *grandes garantias do contribuinte* foram devidamente sistematizados pelo constituinte.

A Constituição nos dá com uma mão o que com outra tira. O Direito inadmite regras antitéticas, o que prevê são regras de atenuação. O Direito Tributário é regido por princípios de contenção. Neste campo, os grandes princípios pleiteiam:

(a) legalidade (lei formal e material). Medida provisória não é lei;

(b) não surpresa. A medida provisória surpreende os contribuintes.

Ex positis, às luzes de uma interpretação sistêmica da Constituição, não cabe medida provisória em matéria tributária, salvo nas exceções delineadas, que ora a afastam, ora a toleram, excepcionalmente, como visto. Por último, o argumento político. Faria senso uma Constituição democrática que promoveu o controle congressual em níveis jamais vistos, em substituição a uma Carta outorgada, de cunho ditatorial, que consagrava a hipertrofia do Executivo, extinguir o decreto-lei para criar instrumento ainda mais abrangente, em matéria tão sensível como a tributária? De certo que não, a toda evidência.

A Professora Misabel de Abreu Machado Derzi averbou:[7]

"Movimentos contrários, diametralmente opostos, surgem límpidos e indiscutíveis da Constituição. Medidas provisórias, convertidas em lei, são leis que gozam de eficácia antecipada à própria existência e, claro, à publicação. Lei ordinária ou complementar, instituidora ou majoradora de tributo, embora aprovada pelo Poder Legislativo, sancionada e publicada, tem sua eficácia e aplicabilidade, automaticamente adiadas.

"Por que tão profunda distinção nesses processos constitucionais, por que diferença tão radical na operatividade desses atos normativos?

"A causa reside exatamente nos pressupostos de relevância e urgência que legitimam a utilização, pelo Presidente da República, das medidas provisórias. Relevância e urgência são importantes conceitos que explicam:

"A) A antecipação da eficácia e da aplicabilidade da lei, em que se hão de converter as medidas provisórias, a momento prévio ao de sua existência;

"B) A eficácia imediata, desde a edição, como necessária e essencial propriedade das medidas provisórias;

"C) A inexistência de qualquer discricionariedade para o chefe do Poder Executivo, o qual não tem a faculdade de adiar a eficácia e a aplicabilidade das medidas provisórias para data posterior à sua edição, quer para o exercício subsequente, quer para o momento da regulamentação. Ou se dão, no caso concreto, a relevância e a urgência, cabendo, sendo próprio e adequado, o uso das medidas provisórias, ou não;

"D) A antinomia existente entre o princípio da anterioridade e as medidas provisórias, uma insolúvel contradição.

"Assim, as leis ordinárias ou complementares, que instituem ou majoram tributo, têm a eficácia e a aplicabilidade adiadas, por força do princípio da anterioridade. Medidas provisórias, em razão da relevância e da urgência, têm necessariamente sua eficácia e aplicabilidade antecipadas à existência da lei em que se hão de converter, por imperativo constitucional.

"É evidente que o adiamento da eficácia provocado pelo princípio da anterioridade, como regra geral no Direito Tributário, é o resultado da primazia da segurança jurídica. Do ponto de vista axiológico, prevaleceu, nos desígnios constitucionais, a necessidade de previsão, de conhecimento antecipado e antecipatório, de planejamento dos encargos fiscais, sobre o imediatismo das medidas provisórias.

"Instituir tributo ou aumentar tributo já existente não é urgente, nem tampouco relevante para a Constituição, que, em tais casos, determina seja observado o princípio da anterioridade.

"Dessa forma, temos uma primeira delimitação, posta na Constituição, às ex-

7. Conferência em São Paulo, 1991.

pressões, aparentemente abertas, relevância e urgência. Trata-se de uma delimitação negativa que permite afirmar não ser, de modo algum urgente ou relevante, criar tributo novo ou majorar aqueles já existentes."

A lei em sentido formal e material exige, em sede tributária, como na penal, a absoluta indelegabilidade da função legislativa, salvo nos casos expressos na própria Constituição. Na CF de 1988, as exceções ao princípio da legalidade e da anterioridade, por razões de urgência e relevância, estão expressamente previstas. Assim, os impostos de importação, exportação, IPI e ISOF podem ter suas alíquotas alteradas por ato administrativo que entram a viger de imediato. O imposto extraordinário de guerra e os empréstimos compulsórios emergenciais estão libertos da anterioridade. Vigoram de pronto. As contribuições previdenciárias observam lapso de 90 dias e logo produzem eficácia, desnecessitando de observar o princípio da anterioridade. Afora ditas exceções, os *demais tributos* estão sujeitados *à legalidade e à anterioridade*. Mas o princípio da legalidade vai além e proíbe a *delegação*, pois de nada adiantaria, já descontadas as exceções, a Constituição reservar à lei o trato de determinada matéria se, depois, o *legislador*, fazendo dela *tábula rasa, delegasse* o seu manejo ao administrador. Seria o dito pelo não dito. A Constituição obriga o legislador a consentir a tributação. A competência legislativa em sede de tributação é *indelegável*. Esta é a razão pela qual, ocorrendo a delegação, surge a eiva de inconstitucionalidade. Ora, indelegável a competência legislativa para manejar tributos conforme a Lei Maior, o uso de medida provisória na espécie caracteriza *invasão de competência*, intolerada pela Constituição. O Judiciário, todavia, contemporiza, concilia.

Estivemos a prever para as medidas provisórias o mesmo destino do decreto-lei no regime anterior (Constituição de 1967). O STF acabou por referendar o entendimento de que o decreto-lei podia instituir tributo, mas devia obedecer ao princípio da anterioridade. Equiparou o decreto-lei à lei e submeteu-o ao princípio da anterioridade, que é um princípio sobre a eficácia das leis fiscais, retirando ao decreto-lei a eficácia imediata que lhe era ínsita quando veiculava outras matérias que não a tributária.

Agora, a medida provisória, também, é de imediata eficácia. Todavia, o próprio Executivo, bem como o Judiciário, estão se convencendo de que, em matéria tributária, deve-se observar o princípio da anterioridade em geral ou o intertempo de 90 (noventa) dias, específico das contribuições sociais do art. 195 da CF.

Com isto, em matéria tributária, a medida provisória perde a virtude da eficácia imediata. Noutro giro, torna-se um simples mecanismo de *iniciativa de lei* pelo Poder Executivo em razão de seu peculiar processo legislativo.

Prescrições legais atribuindo ao ministro da Fazenda fixar alíquotas de impostos ou outros elementos estruturais de quaisquer tributos, bem como delegações de igual jaez em prol de órgãos administrativos ou colegiados – tais os casos das assembleias de Estados para erguer convênios do ICMS e do Conselho Monetário Nacional (CMN) – são radicalmente inconstitucionais. Não se dispõe o indisponível. Claro que aqueles tributos excepcionados expressamente pela superlei poderão ser manejados pelo Executivo. Mas, nesses casos, a exceção é constitucional.

O TRF da 1ª Região averbou:

"Ementa. *Tributário. Previdenciário. Contribuição para o custeio da Seguridade Social. Servidor público civil ativo da União. Medida Provisória n. 560, de 26 de julho de 1994.*

"I – A medida provisória só tem validade por trinta dias, pois findo esse prazo, se não for convertida em lei, perde sua eficácia. Perdendo sua eficácia, não pode uma nova medida convalidar os atos praticados na vigência da medida anterior. *Se-*

ria o morto sendo ressuscitado. Logo, tem caráter provisório, e, tendo essa característica, não pode aumentar alíquota.

"II – As contribuições sociais, nos termos do § 6º do art. 195 da Constituição Federal só podem ser exigidas após decorridos noventa dias da publicação da lei. *Da lei e não da medida provisória (Mudança do entendimento do Relator)*.

"III – A cobrança da contribuição para previdência social em alíquota acima de seis por cento do servidor público, como previsto na Medida Provisória n. 560, de 16 de julho de 1994 e reeditada trinta e três vezes, só pode ser exigida após decorrido o prazo de noventa dias da conversão da medida provisória em lei.

"IV – 'Na ontologia e na teleologia da Constituição, a medida provisória, ao se degradar em desmedida provisória, audaciosamente afronta a Constituição e ultraja a Instituição' (Ulysses Guimarães, em pronunciamento na Câmara dos Deputados, em 1991)" (3ª T., AMS 96.01.43369-4-DF, Rel. Juiz Tourinho Neto, unânime, *DJ*-2 2.5.1997, pp. 29.885-6).

Infelizmente, o Poder Judiciário não seguir tal linha e vem admitindo, sem critérios objetivos, a tratativa da matéria tributária. Adicionalmente, é preciso lembrar que a Emenda Constitucional 32/2001 criou novos obstáculos, conforme consta do § 2º do art. 62 ("Medida provisória que implique instituição ou majoração de impostos, exceto os previstos nos arts. 153, I, II, IV, V, e 154, II, só produzirá efeitos no exercício financeiro seguinte se houver sido convertida em lei até o último dia daquele em que foi editada"), para veicular matéria tributária por medida provisória, exigindo – além dos princípios da não surpresa já arrolados – que a medida seja convertida em lei antes de findo o exercício para somente valer no exercício seguinte (exceção novamente ao II, IE, IPI, IOC e IEG). Lamenta-se, apenas que o dispositivo tenha citado apenas os impostos e não tributos. Como entendemos que – como dito anteriormente – sempre que a hipótese expressar um ato do contribuinte e não do Estado estaremos diante de impostos, classificamos tributos *PIS, COFINS, CSLL* como impostos, portanto, sujeitos à restrição do § 2º do art. 62 do Texto Constitucional. Apenas deixamos a ressalva de que poderá o Supremo Tribunal Federal interpretar o dispositivo de forma restritiva e literal, deixando mais um espaço aberto para a progressão da carga tributária concentrada nas chamadas *contribuições*, tendo em vista o número limitado de restrições a elas impostas.

CADERNOS DE DIREITO TRIBUTÁRIO

LOS INCENTIVOS FISCALES Y OTRAS MEDIDAS FINANCIERAS DE ESTÍMULO A LA ECONOMÍA EN ÉPOCAS DE CRISIS: LAS SOLUCIONES ADOPTADAS POR ESPAÑA*

JAIME ANEIROS PEREIRA
Profesor de Derecho Financiero y Tributario de la Universidad de Vigo.

1. Introducción: aspectos económicos y jurídicos. 2. El contexto europeo y nacional de las medidas de estímulo. 3. El sistema tributario español ante la crisis económica: 3.1 La aplicación de instrumentos ya vigentes en el Derecho Tributario español para facilitar la liquidez de las empresas: 3.1.1 El uso del criterio de caja; 3.1.2 La deducibilidad de los importes no cobrados; 3.1.3 Los pagos fraccionados sobre el beneficio del periodo; 3.1.4 La reducción del plazo para modificar la base imponible del IVA en los supuestos de impago; 3.1.5 El sistema de devolución mensual en el IVA; 3.1.6 El aplazamiento y fraccionamiento de las deudas tributarias; 3.2 Los incentivos fiscales para las empresas: 3.2.1 El tipo reducido por mantenimiento de empleo en el Impuesto sobre Sociedades; 3.2.2 La reducción del rendimiento neto para los empresarios que sean personas físicas; 3.2.3 La libertad de amortización. 4. Los incentivos fiscales para la recuperación del sector inmobiliario y de la construcción: 4.1 La deducción por realización de obras en la vivienda habitual; 4.2 El tipo reducido en el IVA para los materiales de construcción. 5. Los incentivos fiscales para un nuevo modelo de crecimiento económico. 6. Conclusiones.

1. Introducción: aspectos económicos y jurídicos

La crisis financiera y económica, iniciada con las hipotecas *subprime* en Estados Unidos y extendida por el resto del mundo, ha hecho reaparecer el debate sobre el papel del sistema tributario como incentivador de la actividad económica, así como la importancia del gasto público. Es así que el Derecho Financiero, entendido como lo define el profesor Ferreiro, esto es, como "aquella rama del Derecho que estudia las normas que regulan la obtención, la administración y el gasto del dinero público",[1] ha vuelto a ocupar un papel central en estos últimos años.

* Este trabajo se enmarca en los Proyectos de Investigación: "La armonización de la base imponible en el Impuesto sobre Sociedades" (DER2008-4905), que financia el Ministerio de Ciencia e Innovación, y: "A harmonización da base imponible no Imposto sobre Sociedades" (INCITE09 399 264 PR), financiado por la Consellería de Economía e Industria de la Xunta de Galicia.

1. Vid. J. J. Ferreiro Lapatza, *Curso de Derecho Financiero Español. Instituciones*, Madrid, Marcial Pons, 2006, p. 35.

En último término, se está dando importancia al Estado pues es necesario contar con un Estado fuerte, con unas finanzas públicas sólidas y con instrumentos de planificación de la actividad de las empresas y de las familias, así como con mecanismos de reacción frente a las épocas de crisis.

Desde los primeros momentos, las reuniones de los gobiernos de los países con las economías más influyentes pusieron énfasis en adoptar medidas de reactivación económica y de regulación, ambas impulsadas por el G-20 y desarrolladas en el seno de la Unión Europea y de los respectivos países miembros. Se ha pretendido, así, una especie de respuesta coordinada a la crisis que pretende alcanzar tres objetivos básicos: estabilizar los mercados financieros, frenar la recesión económica y la destrucción de empleo. Las cumbres del G-20 han establecido criterios comunes para adoptar políticas de estímulo de la economía; proporcionar liquidez a las empresas; incrementar el volumen de depósitos garantizados por los Estados; abordar la apertura de los mercados crediticios; y asegurar que las Instituciones Financieras Internacionales estén en condiciones de proporcionar apoyos a la economía mundial y, en particular, a los países más afectados por la crisis.

Las reuniones de los gobiernos de los países con las economías más influyentes pusieron énfasis en adoptar medidas de estímulo fiscal, incluyendo en este término tanto un mayor gasto público como medidas impositivas,[2] para fomentar la reactivación económica.[3] La imprecisión terminológica del calificativo fiscal, que comprende en esa visión también al gasto público, no hace otra cosa, sin embargo, que poner de manifiesto la inevitable interconexión de ambas medidas.[4] En definitiva, también se han adoptado una serie de medidas de regulación – entre las que se pueden incluir las dirigidas a erradicar los paraísos fiscales[5] –, en materia de gasto público y en materia impositiva.[6]

Estas últimas ocupan la parte más importante de las medidas adoptadas pues algunos prestigiosos economistas señalan la importancia de utilizar estos instrumentos para reactivar la economía. Así, señala Krugman que no es buen momento para la austeridad fiscal sino que lo deseable es gastar ahora y pensar en ahorrar más tarde.[7] Ello se debe a la lógica de que ahorrar en el gasto público puede amenazar la re-

2. Keynes nos había enseñado ya la importancia del gasto público en situaciones de crisis económica y su importancia como reactivador económico o como fórmula con la que evitar la caída de determinados sectores. En esta línea también se insertan destacados economistas como Stiglitz o Kgrugman. Vid., entre otros lugares, P. Krugman, "La hora de la política fiscal", *El País*, 19 de octubre de 2008.

3. Las tres cumbres del G-20 – noviembre de 2008, abril y septiembre de 2009 – han establecido directrices para establecer políticas de estímulo de la economía, proporcionar liquidez a las empresas, incrementar el volumen de depósitos garantizados por los Estados, abordar la apertura de los mercados crediticios y asegurar que las Instituciones Financieras Internacionales estén en condiciones de proporcionar apoyos a la economía mundial.

4. A. Cayón Galiardo, "Veintisiete medidas tributarias ante la crisis y un régimen especial (SOCIMI)", *RTT*, n. 87, p. 10 señala que "ambas posiciones – se refiere a la necesidad de incentivos fiscales y al mayor gasto público – no se nos aparezcan de forma excluyente".

5. Vid. J. M. Calderón Carrero, "Blanqueo de capitales, paraísos fiscales y sistema tributario", *Noticias de la Unión Europea*, n. 299, 2009, pp. 19 y ss. donde se pone de manifiesto que la tendencia a luchar contra el blanqueo de capitales por iniciativa del G-20 ha llevado a la adopción de medidas en este sentido. Igualmente, vid. F. Vega Borrego, "La progresiva eliminación de los paraísos fiscales", *El Cronista*, junio de 2010, pp. 18 y ss.

6. P. A. Samuelson y W. D. Norhaus, *Economía*, Madrid, McGraw Hill, 1993, p. 361. Ha sido necesario volver a plantearse la pregunta con la que estos profesores iniciaban una de sus lecciones: "¿cómo influyen los gobiernos en la economía?". La respuesta sigue estando en los tres grandes instrumentos que poseen los Estados modernos: los impuestos, el gasto público y la regulación.

7. P. Krugman, *New York Times News Service*, 2010 y su traducción española en *El País* de 27 de junio de 2010. Dicho de forma más gráfica: "gasten ahora que la economía sigue deprimida; ahorren luego, una vez que se haya recuperado".

cuperación económica y la posibilidad de que se obtengan ingresos fiscales. Con todo, se trata de una cuestión no exenta de cierto matiz ideológico pues mientras los liberales defienden una bajada de impuestos con una paralela reducción del gasto público, la izquierda defiende la importancia recaudatoria de los impuestos y de la reasignación a través del gasto público.

En Europa, tras unos primeros momentos de esfuerzo fiscal – mayores gastos presupuestarios e introducción de incentivos fiscales –, los distintos gobiernos están aprobando planes de reducción del gasto público. Así, en España comenzamos a observar el cambio de ciclo mediante una reducción del gasto y un aumento de los ingresos con medidas como el aumento de uno o dos puntos porcentuales de la tributación de las rentas del capital – que pasan de tributar al 19% ó al 21% en función de que superen los 6.000€ – y la subida de, también, uno o dos puntos de los tipos impositivos en el IVA – que pasa a tener unos tipos del 4%, 8% ó 18% –, medidas todas ellas que van dirigidas a equilibrar las finanzas públicas y, de forma indirecta, a asimilarnos al resto de países de la UE.

En este último sentido, debe tenerse en cuenta que según la Comisión Europea, la presión fiscal en España era, en 2006, de un 36.5%, lo que suponía un 0.6% menos que la media aritmética de la Europa de los veintisiete y que el diferencial se encontraba en que los impuestos indirectos se encontraban un 1.5% por debajo del resto. En España, al igual que en otros países europeos,[8] se observa una tendencia a la bajada de los tipos impositivos en el Impuesto sobre Sociedades. Así, el tipo aplicable al régimen general del impuesto ha pasado del 35% en 2006 al 30% en el año 2008 y en los siguientes. Por su parte, el tipo de gravamen aplicable a las PYMEs o entidades de reducida dimensión, aquéllas con una cifra de negocios inferior a ocho millones de euros, ha experimentado una reducción de cinco puntos porcentuales en 2007, pasando del 30% al 25% para los primeros 120.202,41€ de la base imponible y manteniendo para el exceso el tipo general.

En la imposición sobre el beneficio de las sociedades se observa una tendencia hacia la bajada de los tipos impositivos situándose en una media del 26% en los países europeos de la Unión si no tenemos en cuenta las últimas incorporaciones. En cambio, la imposición indirecta ha ido subiendo progresivamente. El tipo del IVA era uno de los más bajos de toda la Unión Europea y con la elevación de los tipos, con efectos desde el 1 de julio de 2010, se tiende a que exista una menor diferencia y, obviamente, a corregir el descenso en la recaudación pues de los casi cincuenta y seis mil millones de euros recaudados en el año 2007, se pasó a los poco más de treinta y tres mil quinientos millones de euros en el año 2009.[9] De todos modos, se observan diferencias notables en los países miembros en materia de impuestos directos, que son los que permiten una mayor redistribución. Así, en los nuevos países miembros de la Unión Europea se observa un peso distinto de los impuestos directos frente al que ocupan en la antigua Europa de los quince. En éstos se observa un intento de equilibrio entre la recaudación por impuestos directos, indirectos y cotizaciones sociales,[10] mientras que en los nuevos miembros se aprecian sistemas de *flat tax*, con tipos en torno al veinte por ciento, en la imposición directa. Así, puede decirse que el tipo impositivo más alto – 59% – lo posee Dinamarca en la imposición personal sobre la renta, mientras que Rumanía posee el más bajo – 16%.

Como puede apreciarse, el tributo cumple una importante misión en los ac-

8. C. Elschner y W. Vanborren, *Corporate Effective Tax Rates in an Enlarged European Union*, Taxation Papers, Doc 2009-8152, 2009.

9. Según el Instituto Nacional de Estadística, en el año 2009 se recaudaron 33.573,2 millones de euros y, en el año 2007, 55.849,3 millones de euros.

10. *Taxation Trends in Europe*, Eurostat, 2008, p. 6.

tuales Estados sociales y democráticos de Derecho pues, por una parte, la función típica es la de la consecución de los recursos necesarios para realizar gastos por parte de los entes públicos. Este es el sentido del artículo 31 de la Constitución española cuando señala que "todos contribuirán al sostenimiento de los gastos públicos mediante un sistema tributario justo inspirado en los principios de de igualdad y progresividad que, en ningún caso, tendrá alcance confiscatorio". Pero, por otra parte, también hay que señalar que es un importante instrumento de política económica y para la consecución de otros fines. Así lo reconoce la Ley 58/2003, de 17 de diciembre, General Tributaria (LGT), cuyo artículo 2.1 señala que "los tributos, además de ser medios para obtener los recursos necesarios para el sostenimiento de los gastos públicos, podrán servir como instrumentos de la política económica general y atender a la realización de los principios y fines contenidos en la Constitución".

Así, junto con la finalidad recaudatoria típica pueden servir como instrumentos de política económica para, entre otras finalidades, luchar contra el desempleo y la inflación, así como para lograr el crecimiento económico. Estos objetivos, no obstante, no son fáciles de alcanzar en las actuales economías pues dependen de la actuación de otros países y de los condicionantes derivados de los procesos de integración supranacional como sucede en el caso de la Unión Europea. El tributo también puede ser utilizado para alcanzar otros derechos, bienes jurídicos y valores constitucionales distintos de la consecución de los recursos necesarios para satisfacer el gasto público. Es este el ámbito de la extrafiscalidad, en sentido estricto, y puede actuar tanto mediante tributos con esa finalidad o mediante medidas concretas en los elementos esenciales del tributo como pueden ser las exenciones, las deducciones o tipos reducidos. Ahora bien, la utilización extrafiscal de un tributo no es libre sino que está sujeta a límites. Como ha señalado Pita Grandal,[11] "cuando hablamos de la finalidad fiscal o extrafiscal de los tributos nos situamos en el terreno de la concepción de esta categoría jurídica" pues de lo que se trata de determinar es si el fin del tributo es el "sostenimiento de los gastos públicos" o si, por el contrario, además de esta finalidad se pueden pretender alcanzar fines de política económica.

Como ya se ha señalado, esta finalidad ha sido admitida por la LGT española que ha venido a recoger lo que la doctrina[12] y el Tribunal Constitucional español habían admitido ya.[13] En cualquier caso, esta otra finalidad de los tributos está sometida a límites. Estos son, en esencia, el respeto a la capacidad económica y la relación con los valores constitucionales.[14] Dicho de

11. "Sistema tributario y medio ambiente", en *Estudios en Memoria de Ramón Valdés Costa*, Montevideo, Fundación de Cultura Universitaria, 1999, p. 585.

12. En la doctrina española, Albiñana introdujo la división de los impuestos en financieros o de ordenamiento. Vid. "Los impuestos de ordenamiento económico", *Hacienda Pública Española*, n. 71, 1981, pp. 17 y ss. En este sentido enlaza con la concepción dualista de Gerloff que distinguía entre impuestos financieros e impuestos de ordenamiento. La controversia sobre la admisión de una finalidad no recaudatoria en los tributos motivó que la doctrina, a la hora de definir el tributo, no incluyese el fin entre sus características y se limitase a señalar que éste tiene por objeto financiar los gastos públicos o bien omitir cualquier referencia sobre este extremo. Sobre esta cuestión, vid. R. Valdés Costa, *Curso de Derecho Tributario*, 2ª ed., Depalma, Temis, Marcial Pons, pp. 75 a 78 y J. J. Ferreiro Lapatza, "La definición de tributo", *Revista Latinoamericana de Derecho Tributario*, n. 3, Madrid, Marcial Pons, 1997, pp. 155 y ss.

13. La Sentencia del Tribunal Constitucional (STC) 27/1981, de 20 de julio, comenzó admitiendo un uso ponderado del sistema tributario para atender a fines de política económica, pero posteriormente fue asentándose la doctrina de que "constitucionalmente nada cabe objetar a que, en general, a los tributos pueda asignárseles una finalidad extrafiscal". Entre otras, puede verse esta doctrina en la STC 186/1993, de 7 de junio y 168/2004, de 6 de octubre, precedidas por las SSTC 37/1987, de 26 de marzo, 197/1992, de 19 de noviembre; 194/2000, de 19 de julio; 276/2000, de 16 de noviembre y la 289/2000, de 30 de noviembre.

14. "Sistema tributario y medio ambiente", en VV.AA., *Estudios en Memoria de Ramón Valdés Cos-*

otra manera, debe tratarse de objetivos recogidos en nuestra norma fundamental, entre los que desatacan los principios rectores de la política social y económica, y debe respetarse el principio de capacidad económica. Estos son los parámetros fundamentales con los que enjuiciar una medida de este tipo, teniendo en cuenta, como dice Soler Roch, que "no se trata de ver si los principios materiales de ordenación del tributo deben ceder ante una medidas de fomento (...)",[15] sino de analizar las medidas concretas a la luz de la capacidad económica, la progresividad o la igualdad.

2. El contexto europeo y nacional de las medidas de estímulo

El enorme riesgo que pesaba sobre el sistema financiero en el inicio de la crisis centró los esfuerzos de los Estados en la adopción de medidas de política monetaria y en el apoyo a las entidades crediticias. En la UE se pusieron en marcha actuaciones para frenar el deterioro de la confianza de las empresas y consumidores en el sistema financiero. El ECOFIN del 6 y 7 de octubre de 2008 acordó incrementar el importe mínimo garantizado de sus Fondos de Garantía de Depósitos hasta los 50.000€. Más tarde, el Consejo del Eurogrupo puso en marcha un programa de garantías estatales para la emisión de deuda bancaria. El objetivo era favorecer la financiación a medio plazo de las entidades en un momento en el que los mercados mayoristas se encontraban atenazados. En esta reunión también se establecieron los términos de provisión de recursos públicos para recapitalizar entidades financieras y para hacer frente al deterioro de sus activos. El Gobierno español acordó incrementar las coberturas ofrecidas por los Fondos de Garantía de Depósitos hasta los 100.000€ por titular y entidad financiera. Se puso en marcha un programa de avales de emisiones de deuda a medio plazo de las entidades financieras residentes en España y se autorizó al Ministerio de Economía y Hacienda a recapitalizar entidades en situación de dificultad financiera. Como medida adicional, se estableció un Fondo para la Adquisición de Activos Financieros (FAAF), con el objeto de facilitar liquidez a las entidades de crédito. Estas medidas no han tenido incidencia alguna en las arcas públicas o, dicho de otro modo, en el gasto público pues, tanto en Fondo de Adquisición de Activos Financieros como los avales del Tesoro, generan también ingresos públicos.

La reforma regulatoria tiene como uno de sus principales elementos el garantizar la solvencia de las entidades y en asegurar que la actividad crediticia pueda apoyar la recuperación económica. Por ello, se aprobó el Fondo de Reestructuración Ordenada Bancaria (FROB) que dispone de una dotación inicial de 9.000 millones y tiene por objeto apoyar la concentración del sector bancario y recibir apoyo financiero a través de los Fondos de Garantía de Depósitos, que pueden ser financiados en parte por el FROB. Éste también puede ser utilizado para apoyar procesos de fusión de entidades que pretendan fortalecer sus recursos propios a largo plazo, adquiriendo para ello participaciones preferentes de forma temporal.

En este ámbito y próximo al del gasto público, también puede citarse la ampliación de los instrumentos y recursos financieros del Instituto de Crédito Oficial (ICO) con el objetivo de favorecer la liquidez de las empresas pues, por ejemplo, se estableció la posibilidad de financiar el capital circulante de las empresas, el IVA, los activos de segunda mano, vehículos hasta un determinado límite y la adquisición de empresas. En esta misma línea, se permitió que

ta, Montevideo, Fundación de Cultura Universitaria, 1999, p. 587. Es conocida, también, la doctrina de nuestro Tribunal Constitucional sobre los límites que debe respetar un impuesto extrafiscal. Vid., por todas, las SSTC 37/1987, de 26 de marzo y 186/1993.

15. M. T. Soler Roch, *Incentivos a la Inversión y Justicia Tributaria*, Madrid, Civitas, 1983, p. 106.

empresas y trabajadores autónomos liquidar sus derechos de cobro frente a los Ayuntamientos con cargo a una línea de avales del ICO. Además, se creó la figura del *facilitador financiero* para canalizar las solicitudes de crédito de PYMEs y autónomos.

Los cambios en la regulación también pretenden conseguir otros objetivos que nada tienen que ver con la crisis económica sino con la trasposición de determinadas normas comunitarias como la Directiva 2006/123/CE del Parlamento Europeo y del Consejo, de 12 de diciembre de 2006, relativa a los servicios en el mercado interior y el conjunto de Directivas que afectan al Impuesto sobre el Valor Añadido en las operaciones intracomunitarias como son la Directiva 2008/8/CE que modifica las reglas de localización de los servicios, la Directiva 2008/9/CE que desarrolla el sistema de devolución del IVA soportado en otro Estado de la Unión Europea y, por último, la Directiva 2008/117/CE, de 16 de diciembre de 2008, por la que se modifica la Directiva 2006/112/CE, relativa al sistema común del impuesto sobre el valor añadido, a fin de combatir el fraude fiscal vinculado a las operaciones intracomunitarias.

En esta línea paralela también se enmarca la política de eliminación de los paraísos fiscales. Las reuniones del G-20 han apoyado las actividades de la OCDE para bloquear la operatividad de este tipo de territorios. Una de las primeras medidas adoptadas en las primeras reuniones fue la de hacer pública una lista de países no cooperantes. Ello ha llevado a que se celebren Convenios internacionales para evitar la doble imposición y el fraude, así como que se firmasen una serie de Acuerdos Internacionales de intercambio de información. Son estos instrumentos los que permiten poner en marcha el intercambio de información entre Administraciones tributarias.[16] No obstante, estas actuaciones no tienen unos efectos jurídicos ni económicos inmediatos pues, en unos casos todavía no han entrado en vigor y, en otros, los efectos en el incremento de la recaudación dependen de las inspecciones fiscales realizadas o de las normas antiparaíso de cada Estado. Como puede observarse, estas medidas tienden a evitar las fugas de los sistemas fiscales y a lograr un mayor volumen de ingresos tributarios. Este efecto es cada vez más relevante por la existencia de un buen número de normas antiparaíso y por la paulatina desaparición de paraísos fiscales al estar aumentando los países o territorios interesados en cumplir con los estándares internacionales de transparencia e intercambio de información. Ello es relevante, en el caso español, para considerar que un territorio deja de tener la consideración de paraíso fiscal[17] pero todo dependerá de que se cumpla efectivamente el acuerdo.

En materia financiera, la Unión Europea también ha establecido criterios comunes en materia de gasto público mediante el Plan Europeo de Recuperación Económica (PERE), aprobado por el Consejo Europeo de diciembre de 2008. Este plan contemplaba una serie de fondos, aproximadamente 200.000 millones de euros, y una serie de actuaciones impulsadas por la Comisión Europea para recuperar la actividad e incrementar la competitividad de las economías europeas. El Consejo acordó, también, unas directrices comunes para los planes de estímulo de los Estados miembros. Así, las medidas de apoyo a la demanda debían de ser transitorias y centrarse en sectores importantes afectados por la

16. Vid. A. Ribes Ribes, *Convenios para Evitar la Doble Imposición Internacional: Interpretación, Procedimiento Amistoso y Arbitraje*, Madrid, Edersa, 2000.

17. El Real Decreto 1.080/1991, de 5 de julio tiene una relación de países considerados paraísos fiscales de la que han quedado excluidos, al firmar acuerdos internacionales de acuerdo con lo señalado en el artículo 2 del Real Decreto 116/2003, como las Antillas holandesas, Aruba, Emiratos Árabes, Jamaica y Malta. Por otra parte, la Ley 36/2006, de 17 de diciembre de Prevención del Fraude Fiscal ha ampliado el concepto de paraíso fiscal al incluir otros como el de territorio de escasa o nula tributación.

crisis, e impulsar la actividad económica pero sin descuidar la estabilidad presupuestaria en el medio plazo.[18] En España tenemos muestras, durante estos últimos años de la importancia de las medidas de gasto público para frenar la caída del sector del automóvil o del sector de la construcción y permitir un ajuste paulatino. No puede decirse lo mismo, en cambio, de la devolución de cuatrocientos euros a los contribuyentes que no genera más aporte para la colectividad que el de obtención de un ingreso puntual. La opción por el gasto público se debe a que es comúnmente aceptado que el efecto estimulador del gasto es superior al del uso del sistema tributario porque, con éste, una parte del incremento de la renta disponible será destinado al ahorro, mientras que el gasto público afecta íntegramente a la demanda agregada.

En efecto, la finalidad del aumento del gasto público consiste en realizar una política anticíclica de impulso de la demanda a través del gasto público, evitando que la disminución de los ingresos públicos por la ralentización económica suponga una reducción equivalente del gasto, aunque sin olvidar la necesidad de mantener unas finanzas públicas sólidas, aspecto éste que está tomando fuerza durante este año 2010. Para desarrollar esta política de incentivo de la economía a través de las partidas presupuestarias, se adoptó el Plan Español para el Estímulo de la Economía y el Empleo, o "Plan E", que contiene una serie de medidas en materia de gasto público e inversiones destinadas, principalmente, a las empresas y a los particulares. No obstante, también se incluyen algunas medidas fiscales y que tienden a incrementar la liquidez de las empresas mediante la reforma de los pagos fraccionados en el Impuesto sobre Sociedades, la regulación de los aplazamientos y desarrollando el sistema de devolución mensual, en la línea con lo ya previsto por las Directivas comunitarias.

Con todo, debe señalarse que la política fiscal, y con ella el Derecho Tributario, ha vuelto a cobrar protagonismo debido a las medidas adoptadas para reactivar la situación económica por la insuficiencia de la política monetaria para dar una respuesta rápida y adecuada.[19] Los países de la Unión Europea adoptaron una serie de medidas que pasan desde una bajada de impuestos hasta, precisamente, todo lo contrario – subidas de impuestos – pasando por determinados incentivos fiscales a la inversión, al empleo o a determinadas regiones.[20] Interesa destacar los límites fijados para las medidas fiscales nacionales pues un importante límite a la soberanía fiscal de los Estados miembros de la Unión Europea lo constituye, además del respeto a las libertades comunitarias,[21] la prohibición de ayudas de Estado.[22]

Debe tenerse en cuenta que se prohíben, en el ámbito comunitario, las disposiciones fiscales de los Estados Miembros que obstaculizan la libre circulación de personas, de servicios y de capitales sancionan la actividad transnacional de las

18. Vid. M. Fehling, "La reacción de los Estados europeos frente a la crisis y el Derecho europeo de ayudas públicas", *El Cronista*, marzo de 2010, p. 8. Para este autor, las medidas adoptadas se han centrado en la promoción de la demanda en sectores concretos – *v.gr.* automóviles –, recapitalización de entidades financieras, salvamento de entidades financieras, recapitalización de las PYMEs y ayudas de salvamento concretas.

19. Vid., entre otros lugares, P. Krugman, "La hora de la política fiscal", *El País*, 19.10.2008.

20. C. Elschner y W. Vanborren, *Corporate Effective Tax Rates in an Enlarged European Union*, Taxation Papers, Doc 2009-8152, 2009.

21. Vid. J. de Juan Casadevall, *El Principio de No Discriminación Fiscal como Instrumento de Armonización Negativa*, Cizur Menor, Aranzadi-Thompson Reuters, 2010, pp. 95 y ss. en donde se desarrolla el contenido de las libertades comunitarias y su situación actual. Igualmente, vid. M. C. Barreiro Carril, "National Tax Sovereingty a EC fundamental freedoms: the impact of tax obstacles on the internal market", *Intertax*, vol. 38, 2010, pp. 105 y ss.

22. Villar Ezqurra y Herrera Molina se han referido a la normativa relativa a las ayudas de Estado como motor indirecto de la armonización fiscal ("Ayudas fiscales y Derecho Comunitario: un ejemplo

empresas sin que se eliminen desde la Unión Europea. Por otra parte, el artículo 107 del Tratado de Funcionamiento de la Unión Europea (TFUE) que recoge lo señalado, con anterioridad, por los artículos 86, 87 y 88 del TCE, prohíbe las ayudas de Estado.[23] En la legislación comunitaria se consideran ayudas de Estado varios tipos de medidas. En un primer bloque se incluyen las subvenciones, los tipos de interés reducidos y algunas exenciones fiscales. Un segundo grupo lo constituyen las ayudas en forma de participaciones de capital estatales y, finalmente, un tercer grupo podría estar formado por préstamos a bajo tipo de interés y moratorias fiscales.[24] Así, son incompatibles con el mercado común las ayudas otorgadas por los Estados miembros o mediante fondos estatales que falseen, bajo cualquier forma, la competencia y favorezcan a determinadas empresas o producciones. El Tribunal de Justicia de la Unión Europea, por su parte, considera que el concepto de ayuda de Estado incluye no únicamente prestaciones positivas, sino cualquier intervención que contribuya a una minoración en las cargas fiscales de la empresa que la colocan en una posición más favorable en el mercado. Debido a esta prohibición, alguna norma tributaria española ha tenido que ser reformulada pues la Comisión la consideraba como ayuda de Estado.[25]

Este régimen supone que la Comisión europea tiene la obligación de examinar permanentemente, junto con cada Estado miembro, los regímenes de ayudas existentes en su territorio nacional y proponer las medidas apropiadas que exija el desarrollo progresivo o el funcionamiento del mercado común.[26] Así pues, los sistemas fiscales nacionales no son enteramente libres de establecer medidas que puedan favorecer a las empresas sino que, en muchas ocasiones, se encuentran con los férreos límites derivados de la posibilidad de distorsionar la competencia.

Uno de los ámbitos en los que se han permitido las ayudas es el de las Pequeñas Y Medianas Empresas (PYME). Como es sabido, este tipo de empresas constituyen uno de los principales motores de la economía y a menudo se enfrentan a problemas derivados de su tamaño o de su dificultad de acceso a determinados bienes. Así, se contempla la posibilidad de establecer ayudas que se refieren a la creación de empresas, de acceso al crédito, de adquisición de bienes de equipo, de favorecimiento del empleo, de compensación de costes derivados de la pequeña estructura, de expansión o de innovación. En este último sector, el Reglamento incluye exenciones para una serie de medidas, como ayudas a proyectos de I+D y de apoyo a empresas jóvenes e innovadoras. Otro de los posibles ámbitos de ayuda automática es el de la protección del medio ambiente. También se permite la

de armonización fiscal negativa", en VV.AA., *Estudios de Derecho Financiero y Tributario en Homenaje al Profesor Calvo Ortega*, t. II, Valladolid, Lex Nova, 2005, p. 2.448). Sobre las ayudas de Estado y las normas tributarias, así como la jurisprudencia del TJCE en esta materia, puede verse A. J. Martín Jiménez y J. M. Calderón Carrero, *Imposición Directa y No Discriminación Comunitaria*, Madrid, Edersa, 2000, pp. 192-207. También los trabajos de L. M. Muleiro Parada, "Las medidas fiscales selectivas adoptadas por los entes territoriales autónomos", en VV.AA., *La Financiación Autonómica en los Estatutos de Autonomía*, Madrid, Marcial Pons, 2008, pp. 293 y ss.; "La autonomía del País Vasco y Gibraltar para reducir el tipo de gravamen del Impuesto sobre Sociedades", pendiente de publicación en el Forum Fiscal de Guipúzcoa; "El *Tonnage Tax* en el Impuesto sobre Sociedades", *RCT-EF*, n. 313, 2009, pp. 103 y ss.

23. En esta materia, deben tenerse en cuenta el Reglamento 1998/2006/CE de la Comisión, de 15 de diciembre de 2006 y el Reglamento (CE) n. 800/2008 de la Comisión de 6 de agosto de 2008.

24. C. Calderón Patier y Á. González Lorente, "Las ayudas de Estado en la legislación de la Unión Europea como restricción a la política fiscal de los Estados miembros", *CT*, n. 115, 2005, p. 68.

25. B. Pérez Bernabeu, "La consideración por la comisión como ayuda de Estado del régimen de amortización del fondo de comercio previsto en el artículo 12.5 LIS", *CT*, n. 4, 2010, pp. 19 y ss.

26. S. Moreno González, "Tendencias recientes de la jurisprudencia comunitaria en materia de ayudas de Estado de naturaleza tributaria", *Cívitas-REDF*, n. 132, 2006, pp. 872-877.

concesión de un número importante de medidas de ayuda para luchar frente al cambio climático. Estas medidas pueden ser de ayuda a la inversión en ahorro energético o en fuentes de energía renovables, para adquirir vehículos respetuosos con el medio ambiente o a través de deducciones fiscales de tipo medioambiental.

3. El sistema tributario español ante la crisis económica

3.1 La aplicación de instrumentos ya vigentes en el Derecho Tributario español para facilitar la liquidez de las empresas

Uno de los problemas al que han tenido que enfrentarse las empresas es el de la falta de fondos propios, e incluso de concesión ajena, con los que cumplir las obligaciones de pago derivadas de la ley o de los contratos firmados. Algunos países de nuestro entorno han adoptado medidas para favorecer que las empresas, sobre todo las de menor tamaño, cuenten con recursos propios.

A continuación analizaremos algunas de las medidas existentes o de reciente incorporación al ordenamiento español para favorecer la liquidez de las empresas.

3.1.1 El uso del criterio de caja

Una de las medidas ya existentes en nuestro ordenamiento es la posibilidad de utilizar el criterio de caja en lugar del criterio del devengo. Ello supone que los ingresos y los gastos se computan cuando físicamente entran o salen del patrimonio del sujeto y no cuando nace el derecho a percibirlos o la obligación de satisfacerlos. Esta alternativa, prevista en el artículo 19 del Texto Refundido de la Ley del Impuesto sobre Sociedades (TRLIS), tiene como ventaja el actuar con los flujos monetarios existentes en las cuentas de la entidad y evitar los problemas que pueden derivar de los retrasos en los pagos de los clientes.

3.1.2 La deducibilidad de los importes no cobrados

El artículo 12.2 del TRLIS admite la deducibilidad de las pérdidas por deterioro de los créditos derivados de posibles insolvencias de deudores si en el momento del devengo del impuesto, es decir cuando finaliza el ejercicio social, se da alguna de las situaciones que contempla el precepto. Entre ellas se encuentran casos en los que está pendiente una resolución judicial como sucede con el procesamiento por alzamiento de bienes, el concurso del deudor o que se haya reclamado judicialmente o por vía arbitral el cumplimiento de las obligaciones pero, también, que hayan transcurrido más de seis meses desde el vencimiento de la obligación. No se permite la deducción, en cambio y ex artículo 13 del TRLIS, de las posibles devoluciones de mercancías. En consecuencia, los impagados pueden ser objeto de deducción si se cumple alguno de los supuestos señalados y, entre ellos, el del transcurso de un determinado plazo de tiempo – seis meses. Quizás pueda discutirse lo acertado o no del plazo señalado pero no existe en Derecho español una regulación de los tiempos de pago más allá de la pactada en el contrato.

3.1.3 Los pagos fraccionados sobre el beneficio del periodo

Las sociedades están obligadas a realizar pagos fraccionados del Impuesto sobre Sociedades. El artículo 45 del TRLIS contempla la regla general en materia de pagos fraccionados y consiste en tomar como base la cuota del periodo impositivo anterior – cuota íntegra del último período impositivo cuyo plazo reglamentario de declaración estuviese vencido el primer día de los 20 naturales de los meses de abril, octubre y diciembre. Ello puede suponer que, en momentos de recesión como los vividos, tenga que realizarse el pago de una obligación a cuenta que tiene como referencia los beneficios de, normalmente, el año anterior y no el del año en curso. Por ello, se estableció como segunda posibilidad, a opción del contribuyente, la de determinar el importe de los pagos fraccionados sobre la base del periodo de los tres, nueve u once meses del año natural. De este modo, se tiene en cuenta la verdadera situación de la empresa y no la vivida en periodos anteriores.

3.1.4 La reducción del plazo para modificar la base imponible del IVA en los supuestos de impago

El artículo 80, apartado cuatro de la Ley 37/1992, de 28 de diciembre, del Impuesto sobre el Valor Añadido (IVA), prevé la posibilidad de reducir la base imponible cuando los créditos correspondientes a las cuotas repercutidas por las operaciones gravadas sean total o parcialmente incobrables, señalando que se reúne esta condición si se dan las cinco circunstancias que enumera.

La primera se refiere a que haya transcurrido un año desde el devengo del Impuesto repercutido sin que se haya obtenido el cobro de todo o parte del crédito derivado del mismo. En cambio, el citado plazo será – tal y como se ha anticipado – de seis meses cuando el titular del derecho de crédito cuya base imponible se pretende reducir sea un empresario o profesional cuyo volumen de operaciones no hubiese excedido durante el año natural inmediato anterior de 6.010.121,04€. Por lo tanto, las empresas con una facturación menor se van a beneficiar de la reducción del plazo que debe transcurrir entre la puesta a disposición del bien o desde la prestación del servicio. De todos modos, debe hacerse notar que el concepto de entidad de reducida dimensión, fijado fundamentalmente sobre la base de la facturación o cifra de negocios, se está modulando en función de diversas circunstancias: aplicación del tipo reducido en el IS, aplicación del incentivo fiscal por mantenimiento del empleo o del plazo a transcurrir para poder modificar la base imponible. La segunda circunstancia, que se refiere a la plasmación probatoria de la circunstancia anterior, se refiere a que el incobrado haya quedado reflejado en los Libros-Registro.

Por lo que se refiere al destinatario de la operación, y en tercer lugar, se requiere que el destinatario de la operación actúe en la condición de empresario o profesional, o, en otro caso, que la base imponible sea superior a 300€.

La cuarta condición necesaria para poder modificar la base imponible se refiere a que el sujeto pasivo haya instado su cobro mediante reclamación judicial al deudor o por medio de requerimiento notarial. Es aquí donde se aprecia ahora una diferencia de tratamiento entre el impuesto directo que grava el beneficio y este impuesto pues, mientras en el Impuesto sobre Sociedades sólo se requiere el transcurso de un determinado plazo de tiempo, en el IVA es necesaria la intimación al deudor. Bien es cierto que es suficiente el requerimiento notarial y no la interposición de una demanda pero hubiera sido preferible reducir las condiciones de este requisito formal.

Desde el 14 de abril de 2010, los plazos que deben transcurrir para poder instar la modificación de la base imponible desde el devengo del Impuesto, sin obtener el cobro, son de un año o, tratándose de acreedores cuyo volumen de operaciones no hubiese excedido durante el año natural inmediato anterior de 6.010.121,04€, de 6 meses. Transcurridos dichos plazos respectivamente, la modificación deberá efectuarse en el plazo de los tres meses siguientes conforme a lo establecido reglamentariamente.

3.1.5 El sistema de devolución mensual en el IVA

Hasta el 1 de enero de 2009, se permitía la solicitud de devoluciones al final de cada período de liquidación a un grupo reducido de sujetos pasivos – *v.gr.* grandes empresas, exportadores. En el resto de los casos, las devoluciones quedaban diferidas hasta la presentación de la autoliquidación correspondiente al último trimestre del año. Desde la citada fecha, se mantiene el sistema tradicional y se permite que los contribuyentes opten por la devolución mensual. Ello se realiza mediante la nueva redacción del artículo 116 de la LIVA que establece, después de la modificación realizada por la Ley 4/2008, que "*los sujetos pasivos podrán optar por solicitar la devolución del saldo a su favor existente al término de cada período de liquidación conforme a las condiciones, términos, requisitos y procedimiento que se establezcan reglamentariamente", añadiendo que el periodo de liquidación coincidirá con el mes natural.*

Esta opción pretende evitar el coste financiero que representa el diferimiento de la percepción de las devoluciones derivadas de la aplicación del impuesto. Por ello, se amplía su ámbito subjetivo de aplicación pues se elimina el límite que permitía la aplicación de este sistema a los sujetos que realizaban exportaciones y se permite su aplicación con independencia de la naturaleza de sus operaciones y del volumen de éstas.

La agilización en la obtención de las devoluciones también se logra mediante el establecimiento de la obligación de presentar las declaraciones del impuesto por vía telemática y con periodicidad mensual. De este modo, se trata de reducir el tiempo que transcurre desde la solicitud y la obtención de la devolución, algo que mejora la situación financiera de las pequeñas empresas y de los sujetos que vayan a iniciar una actividad económica.

Por lo que se refiere a los requisitos sustantivos para el disfrute de este régimen, éstos consisten, básicamente, en estar al corriente en el cumplimiento de las obligaciones tributarias y no estar incursos en una causa de exclusión del nuevo registro de devolución mensual.

3.1.6 El aplazamiento y fraccionamiento de las deudas tributarias

Otra de las medidas que puede ser utilizada para solucionar una situación de iliquidez temporal es la del aplazamiento o fraccionamiento del pago de un tributo. De hecho, es la medida que se contempla por nuestro ordenamiento, artículo 65 de la Ley General Tributaria, para resolver aquellos supuestos en los que existen dificultades transitorias de tesorería que impiden hacer frente al pago de los tributos.

El aplazamiento o el fraccionamiento de deudas tributarias necesita, para ser concedido, que se garantice el pago de la deuda cuya postergación se solicita. La exigencia de ciertas garantías, la no admisibilidad de umbrales liberatorios de tal obligación o la existencia de rígidos criterios administrativos pueden dificultar o, incluso, privar a los contribuyentes de esa posibilidad legal especialmente útil en momentos de dificultades meramente transitorias de hacer frente al pago de los tributos. Estos inconvenientes han tratado de ser paliados mediante el establecimiento de la cuantía de 18.000€ como cifra que excluye la aportación de una garantía – aval, hipoteca, prenda u otras.[27]

3.2 Los incentivos fiscales para las empresas

El legislador español ha aprobado una serie de medidas que pretenden estimular el mantenimiento del empleo. Para su disfrute se establece una condición y ésta no es otra que el mantenimiento del empleo. Cumplida esa condición, puede aplicarse alguna de las figuras que analizaremos a continuación. La constatación de que, en algunos casos, el descenso de la actividad económica se ha utilizado para reducir las plantillas de las empresas, ha motivado la elección es esta condición. El impacto re-

27. La Orden EHA/1030/2009, de 23 de abril elevó la cuantía para la que no es necesario aportar garantía de 6.000 a 18.000€.

caudatorio que pueden tener las medidas aplicadas por los empleadores, se ven compensadas con la ampliación o mantenimiento de la base de contribuyentes del impuesto personal que grava las rentas de las personas físicas y, también, de las cotizaciones al sistema público de Seguridad Social además de por otros efectos sociales y económicos.

3.2.1 El tipo reducido por mantenimiento de empleo en el Impuesto sobre Sociedades

La Ley de Presupuestos Generales del Estado para 2010 – Ley 26/2009, de 23 de diciembre – introdujo este incentivo para aquellas sociedades que mantengan o incrementen plantilla.[28] Ello se realiza mediante la introducción de una Disposición adicional duodécima en el TRLIS, que lleva por título "Tipo de gravamen reducido en el Impuesto sobre Sociedades por mantenimiento o creación de empleo". Su previsión debe valorarse positivamente pues la situación de recesión económica necesita del establecimiento de determinadas medidas de estímulo a comportamientos que, en este caso, no son otros que mantener la plantilla de las empresas pese a la bajada de la actividad económica. La condición del mantenimiento del empleo para el disfrute del beneficio fiscal, debe juzgarse positivamente para, por una parte, lograr la protección de uno de los valores constitucionales – el derecho al trabajo – y para fomentar la búsqueda de estrategias empresariales dirigidas a la consecución de un mayor volumen de actividad, a la vez que demuestran un mayor comportamiento solidario en época de descenso generalizado de la facturación de las empresas. El tipo reducido se podrá aplicar por aquellos sujetos pasivos del Impuesto sobre Sociedades que tributen al tipo general. De este modo, si se cumplen las condiciones, las pequeñas y medianas empresas podrán reducir aún más su tributación, pasando del 25% al 20%.

La aplicación se condiciona, en primer lugar, a que la entidad tenga una cifra de negocios inferior a 5 millones de euros.[29] Esta magnitud – el importe neto de la cifra de negocios[30] – se determina teniendo en cuenta lo establecido en el artículo 108.3 del TRLIS.[31] El segundo de los requisitos que se establece es el del número de empleados. La nueva Disposición establece que la plantilla media de la empresa debe ser inferior a 25 trabajadores. El tercero de los requisitos que establece la Disposición Adicional es que se mantenga el empleo de la sociedad. Para que se cumpla esta condición se requiere, además, que la plantilla media en el periodo impositivo no sea inferior a la de los doce meses anteriores al periodo impositivo que se inicie a partir del 1 de enero de 2009. Se trata, por tanto, de una doble condición.

Si se cumplen los requisitos señalados con anterioridad, cuestión que habrá que determinar en cada uno de los periodos impositivos, el contribuyente tiene el derecho a aplicar la escala de gravamen que introduce la nueva Disposición Adicional. Para ello, hay que distinguir dos

28. Sobre esta cuestión ya nos hemos pronunciado en el trabajo "El nuevo incentivo para el mantenimiento del empleo: el tipo de gravamen del 20% en el Impuesto sobre Sociedades", *CT*, n. 1, 2010, pp. 5 y ss.

29. Este importe de la cifra de negocios fue el establecido como umbral por la Ley de Medidas Fiscales, Administrativas y de Orden Social para 2002.

30. Como señala A. Cayón Galiardo, "Las PYMEs en el Impuesto sobre Sociedades", *RTT*, n. 36, 1997, p. 21 en el importe neto de la cifra de negocios es necesario incluir algunas partidas y excluir otras. El artículo 35.2. del Código de Comercio establece que "la cifra de negocios comprenderá los importes de la venta de los productos y de la prestación de servicios u otros ingresos correspondientes a las actividades ordinarias de la empresa, deducidas las bonificaciones y demás reducciones sobre las ventas así como el Impuesto sobre el Valor Añadido, y otros impuestos directamente relacionados con la mencionada cifra de negocios, que deban ser objeto de repercusión".

31. La Consulta de 17.1.2007 (V0088-07) concreta la aplicación de esta cifra en el caso de las sociedades familiares. Véase, también la de 9.6.2009 (V1360-09)

partes en la base imponible: la que no excede de 120.202,41€ y la que supera este importe. A la primera parte se le aplica un tipo del 20 por ciento y la cantidad que excede de dicho umbral tributará al tipo que proceda de acuerdo con el artículo 28 ó 114 del TRLIS.

3.2.2 La reducción del rendimiento neto para los empresarios que sean personas físicas

El incentivo anterior se aplica también a las personas físicas que realizan actividades económicas.[32] *La disposición adicional vigésimo séptima* de la Ley *35/2006* del Impuesto – añadida por el artículo 72 de la Ley de Presupuestos generales del Estado para 2010 –, establece para titulares de actividades económicas cuya cifra de negocios para el *conjunto de actividades que realicen sea inferior a cinco millones de euros en cada periodo y tengan una plantilla media inferior a 25 empleados, una reducción* del 20% sobre el rendimiento neto positivo declarado siempre que mantengan o creen empleo en dicho ejercicio. Esta reducción se aplica sobre el rendimiento neto positivo declarado previamente minorado, en su caso, por la reducción por rendimientos generados en más de dos años u obtenidos de forma notoriamente irregular en el tiempo y por la reducción por el ejercicio de determinadas actividades económicas (artículo 32.2 LIRPF).

Ello supone, por tanto, un importante incentivo y una medida de atenuación de la carga impositiva para las sociedades, los autónomos y empresarios individuales que en los ejercicios 2009, 2010 y 2011 mantengan o creen empleo, algo que puede verse favorecido por la reforma laboral.

3.2.3 La libertad de amortización

Otra de las medidas que se han utilizado como incentivo en el caso de las actividades económicas es la libertad de amortización con mantenimiento de empleo. La disposición adicional Undécima del TRLIS, añadida por la Ley 4/2008, de 23 de diciembre, establece la libertad de amortización de las inversiones, incluyendo el leasing si se dan determinados requisitos, en elementos nuevos del inmovilizado material y de las inversiones inmobiliarias afectas a actividades económicas. Para ello es necesario que los bienes sean puestos a disposición del contribuyente en los períodos impositivos iniciados en 2009 a 2012, así como que, durante los veinticuatro meses siguientes al inicio del período impositivo en que los elementos adquiridos entren en funcionamiento, la plantilla media total del empresario se mantenga respecto de la plantilla media de los doce meses anteriores. La libertad de amortización con mantenimiento de empleo es aplicable exclusivamente a activos del inmovilizado material e inversiones inmobiliarias que tengan, en ambos casos, la consideración de nuevos. La aplicación está condicionada a que la plantilla media total computada en los veinticuatro meses posteriores a la fecha de inicio del período impositivo en el que el elemento adquirido entre en funcionamiento se mantenga respecto de la plantilla media de los doce meses anteriores a dicha fecha.

Este incentivo, al igual que sucede con la reducción del tipo de gravamen, también se aplica a las personas físicas, de acuerdo con el artículo 28.1 de la LIRPF.

4. Los incentivos fiscales para la recuperación del sector inmobiliario y de la construcción

Uno de los sectores que ha sido señalado como el causante de buena parte de

32. Como señala R. I. Fernández López, *La Determinación de la Base Imponible de la Pequeña y Mediana Empresa en el Impuesto sobre la Renta de las Personas Físicas*, Madrid, Marcial Pons, 2001, p. 32 se observa un "importante grado de coordinación entre las normas del IRPF y las del Impuesto sobre Sociedades a los efectos de gravar de modo unívoco los rendimientos empresariales".

los problemas económicos de la recesión sufrida a finales de esta primera década del siglo XXI fue, precisamente, el sector de la construcción. La necesidad de un ajuste en este sector no excluye la debida atención al mismo y la razón de ello es el elevado número de puestos de trabajo, directos e indirectos, que genera. Quizás por ello, y aprovechando también la oportunidad que brindan las Directivas comunitarias relativas a los servicios de gran intensidad de mano de obra,[33] se ha establecido un doble incentivo para la rehabilitación de viviendas: una deducción en el IRPF y unos tipos reducidos en el IVA.

4.1 La deducción por realización de obras en la vivienda habitual

El Decreto Ley 6/2010 ha creado una nueva deducción en la LIRPF, mediante la Disposición Adicional Vigésimo Novena, por la realización de obras de mejora en la vivienda habitual. Para tener derecho a su disfrute, se requiere el cumplimiento de dos requisitos objetivos relativos a la capacidad económica del beneficiario y al tipo de obras, respectivamente. Así, por lo que se refiere al primero de ellos, debe de tratarse de contribuyentes con una base imponible inferior a 53.007,20€ anuales. Para garantizar una mayor adecuación a la capacidad económica del contribuyente, se limita – a su vez – la base máxima anual de esta deducción.[34] En cuanto al segundo aspecto, las obras tienen que dedicarse a la mejora de la eficiencia energética, la higiene, salud y protección del medio ambiente, la utilización de energías renovables, la seguridad y la estanqueidad, y en particular la sustitución de las instalaciones de electricidad, agua, gas u otros suministros, o favorezcan la accesibilidad al edificio o las viviendas.[35] Igualmente, generan este derecho las obras de instalación de infraestructuras de telecomunicación que permitan el acceso a Internet y a servicios de televisión digital en la vivienda habitual del contribuyente.

La cuantía de la deducción es del 10% de las cantidades satisfechas desde la entrada en vigor del Real Decreto-ley 6/2010 hasta el 31 de diciembre de 2012 por las obras realizadas durante dicho período en la vivienda habitual o en el edificio en la que ésta se encuentre.[36] Esta deducción incorpora dos requisitos adicionales que pretenden evitar la desviación de la finalidad perseguida con ella y, en cierta medida, el fraude. Por un lado, se excluye de su ámbito objetivo a las obras que se realicen en plazas de garaje, jardines, parques, piscinas e instalaciones deportivas y otros elementos análogos. Por otro, se establece una medida indirecta para facilitar el origen y destino, pero sobre todo la cuantía, de los fondos pues no tiene que tratarse de un pago en efectivo sino que la base de esta deducción estará constituida por las cantidades satisfechas, mediante tarjeta de crédito o débito, transferencia bancaria, cheque nominativo o ingreso en cuentas en entidades de crédito, a las personas o entidades que realicen tales obras.

33. Vid. Directiva 1999/85/CE del Consejo, de 22.10.1999, que modifica la Directiva 77/388/CE en lo que se refiere a la posibilidad de aplicar, con carácter experimental, un tipo reducido de IVA sobre los servicios que requieren mucha mano de obra; Directiva 2006/18/CE del Consejo, de 14.2.2006, por la que se modifica la Directiva 77/388/CE en lo que se refiere a los tipos reducidos del impuesto sobre el valor añadido.

34. Así, cuando la base imponible sea igual o inferior a 33.007,20€ anuales, será de 4.000€ anuales. Y cuando la base imponible esté comprendida entre 33.007,20 y 53.007,20€ anuales, la magnitud a tener en cuenta será 4.000€ menos el resultado de multiplicar por 0,2 la diferencia entre la base imponible y 33.007,20€ anuales.

35. Real Decreto 2.066/2008, de 12 de diciembre, por el que se regula el Plan Estatal de Vivienda y Rehabilitación 2009-2012.

36. Las cantidades satisfechas en el ejercicio no deducidas por exceder de la base máxima anual de deducción podrán deducirse, con el mismo límite, en los cuatro ejercicios siguientes. En ningún caso, la base acumulada de la deducción correspondiente a los períodos impositivos en que ésta sea de aplicación podrá exceder de 12.000€ por vivienda habitual.

4.2 El tipo reducido en el IVA para los materiales de construcción

El segundo incentivo que comentábamos se refiere a la aplicación del tipo reducido del IVA, el del 7%, a las obras de rehabilitación. Debe señalarse que esta regulación estará vigente pese a la subida de tipos del impuesto que se produce desde el 1 de julio de 2010 pues el Decreto Ley 6/2010 la contempla "con efectos desde la entrada en vigor de este Real Decreto-ley y vigencia hasta el 31 de diciembre de 2012". Existe rehabilitación si se cumple una situación objetiva y otra económica. La rehabilitación existe si se trata de reconstruir una edificación y esta circunstancia la entiende producida la Ley cuando más del 50% del coste total del proyecto se corresponda con obras de consolidación o tratamiento de elementos estructurales, fachadas o cubiertas o con obras análogas o conexas a las de rehabilitación.[37] Por lo que se refiere a la cuantía de las obras, se requiere que el coste total de las obras a que se refiera el proyecto exceda del 25% del precio de adquisición de la edificación, si se hubiese efectuado aquélla durante los dos años inmediatamente anteriores al inicio de las obras, o del valor de mercado que tuviera la edificación o parte de la misma en el momento de dicho de las obras.

La aplicación del tipo reducido se condiciona a tres requisitos. El primero de ellos, de carácter subjetivo, se refiere a la condición de destinatario de las obras de rehabilitación pues debe de tratarse de una persona física que realiza obras en su vivienda particular. Esta cuestión, de acuerdo con el artículo 26 del Reglamento del impuesto, tiene que acreditarse mediante una declaración escrita del destinatario. Por lo tanto, se excluye la rehabilitación de oficinas o inmuebles análogos de empresarios o profesionales aunque no inmuebles de titularidad de comunidades de propietarios.

El segundo de los requisitos es que no se trate de obras a realizar en inmuebles en construcción o de reciente finalización pues se establece un requisito temporal que consiste en que "la construcción o rehabilitación de la vivienda a que se refieren las obras haya concluido al menos dos años antes del inicio de estas últimas".

Finalmente, los materiales empleados deben adquirirse por el destinatario de las obras ya que el tercero de los requisitos se refiere a que la persona que realice las obras no aporte materiales para su ejecución o, en el caso de que los aporte, su coste no exceda del 33% de la base imponible de la operación.

5. Los incentivos fiscales para un nuevo modelo de crecimiento económico

Uno de los motores del cambio de modelo económico pueden ser las nuevas tecnologías y las actividades de desarrollo tecnológico. La mayoría de los países europeos han adoptado incentivos fiscales y ello se encuentra en el marco de la estrategia de Lisboa, aprobada en el año 2000, que pretende hacer de la Unión Europea uno de los espacios económicos más competitivos del mundo y con pleno empleo. Algunos países europeos, como Bélgica, Holanda, Irlanda, han adoptado incentivos para, por una parte, permitir la deducción de los gastos sufridos en el desarrollo de la actividad y, por otra, favorecer la tributación de los beneficios obtenidos con la comercialización de los activos creados.[38]

Los efectos que se pueden conseguir con estas medidas son positivos ya que suponen el empleo y generación de puestos de trabajo cualificados, así como la potenciación de actividades accesorias y com-

37. El legislador utiliza lo que Siota Álvarez denomina una "cláusula legal de analogía" para incluir a ciertas obras dentro del concepto de rehabilitación. Sobre esta técnica, vid. *Analogía e Interpretación en el Derecho Tributario*, Madrid, Marcial Pons, 2010, pp. 114 y ss.

38. Vid. A. Den Rijn, "European R&D and IP tax regimes: a comparative study", *Intertax*, vol. 36, n. 11, 2008, pp. 502 y ss.

plementarias que también generan empleo. También merecen ser destacados los incentivos en materia ambiental puesto que contribuyen a lograr un crecimiento más respetuoso con el medio ambiente.

En este sentido, debe tenerse en cuenta que el artículo 23 de la Ley del Impuesto sobre Sociedades contempla una reducción del 50% para determinadas rentas.[39] El ámbito objetivo de la medida comprende los ingresos que proceden de la cesión del derecho de uso o explotación de patentes, dibujos, modelos, planos, fórmulas o procedimientos secretos y derechos sobre informaciones relativas a experiencias industriales, comerciales o científicas. El beneficio está exclusivamente ligado a la propiedad industrial y se excluyen los ingresos procedentes de la cesión del derecho de uso o de explotación de marcas, obras literarias, artísticas o científicas, incluidas las películas cinematográficas, de derechos personales susceptibles de cesión, como los derechos de imagen, de programas informáticos, equipos industriales, comerciales o científicos. En cuanto a los requisitos para el disfrute del beneficio fiscal, se necesita que, además de que los ingresos procedan de la propiedad industrial señalada, se cumplan cinco circunstancias. En primer lugar, que la entidad cedente haya creado los activos objeto de cesión. Se trata de beneficiar a las sociedades residentes en territorio español y, en este sentido, atraer al territorio español a entidades residentes en otras jurisdicciones fiscales. En segundo lugar, que el cesionario utilice los derechos de uso o de explotación en el desarrollo de una actividad económica y que los resultados de esa utilización no se materialicen en la entrega de bienes o prestación de servicios por el cesionario que generen gastos fiscalmente deducibles en la entidad cedente, siempre que, en este último caso, dicha entidad esté vinculada con el cesionario. La finalidad de este requisito es, por un lado, incentivar la creación de propiedad industrial directamente aplicable a procesos productivos y, por otro, evitar el fraude. Por otra parte, se contiene una previsión expresa para las operaciones entre entidades vinculadas que consiste en que se excluye del ámbito de aplicación de la medida a aquellos supuestos en los que la cesión se realiza a una entidad vinculada con la que se realizan operaciones comerciales. En tercer lugar, que el cesionario no resida en un país o territorio de nula tributación o considerado como paraíso fiscal. Se trata de una norma antiparaíso que se enmarca en la lucha contra este tipo de territorios. En cuarto lugar, cuando un mismo contrato de cesión incluya prestaciones accesorias de servicios, deberá diferenciarse en dicho contrato la contraprestación correspondiente a los mismos. La frecuencia con la que se pactan este tipo de servicios y la remuneración única de los mismos, obliga a incluir esta referencia ya que el beneficio va ligado a los ingresos procedentes de la cesión de la propiedad industrial y no a actividades de asesoramiento o de prestación de asistencia técnica. Finalmente que la entidad disponga de los registros contables necesarios para poder determinar los ingresos y gastos, directos e indirectos, correspondientes a los activos objeto de cesión. Por lo tanto, es necesario individualizar los ingresos procedentes de la propiedad industrial y poder acreditarlos ante una posible comprobación de la Administración.

Cumplidos estos requisitos, la medida consiste en una reducción del 50 por 100 de los ingresos procedentes de la cesión de la propiedad industrial incluida en el ámbito objetivo de la medida, a los efectos de su inclusión en la base imponible del impuesto. Con todo, se establece que no se aplicará esta reducción a partir del periodo impositivo en el que los ingresos obtenidos con derecho a reducción superen seis veces el coste del activo.

Además de esa medida, también hay que señalar que el artículo 35 del TRLIS contempla deducciones en la cuota del Im-

39. Asunto n. 480/2007.

puesto sobre Sociedades para las actividades de investigación, desarrollo e innovación tecnológica. Estas medidas, que ya estaban previstas con anterioridad, fueron objeto de mejora y ampliación a través de la Ley 4/2008, de 23 de diciembre. Esta deducción se aplica de igual manera con independencia de que esas actividades se efectúen en España, en cualquier Estado miembro de la Unión Europea o del Espacio Económico Europeo.

El concepto de I+D en la legislación española comprende una definición general y una serie de supuestos concretos. Así, el artículo 35 del TRLIS señala que estamos ante estas actividades cuando se realice una "*indagación original planificada que persiga descubrir nuevos conocimientos y una superior comprensión en el ámbito científico y tecnológico, y desarrollo a la aplicación de los resultados de la investigación o de cualquier otro tipo de conocimiento científico para la fabricación de nuevos materiales o productos o para el diseño de nuevos procesos o sistemas de producción, así como para la mejora tecnológica sustancial de materiales, productos, procesos o sistemas preexistentes". En cuanto a los supuestos concretos, se incluye a los planos, esquemas o diseños de nuevos productos, así como la creación de un primer prototipo no comercializable o la elaboración de un muestrario para el lanzamiento de nuevos productos, la concepción de software avanzado.*

La deducción asciende al 30% del *importe de los gastos de investigación y desarrollo y, en su caso, por las inversiones en elementos de inmovilizado material e intangible excluidos los inmuebles y terrenos. Dicho porcentaje se incrementa al 50% para los gastos que sean superiores a la media de los efectuados en los dos años anteriores. En cambio, el porcentaje es del 10% para las inversiones en elementos de inmovilizado material e intangible, excluidos los inmuebles y terrenos, siempre que estén afectos exclusivamente a las actividades de investigación y desarrollo.*

Por lo que se refiere a las actividades de innovación tecnológica, se contempla la deducción del 10% de los gastos realizados en el periodo impositivo. Para ello, tiene que tratarse de *actuaciones cuyo resultado sea un avance tecnológico en la obtención de nuevos productos, considerándose tales los que difieran sustancialmente de los ya existentes, o procesos de producción o mejoras sustanciales de los ya existentes. Al igual que sucedía en el caso anterior, esta actividad incluirá la materialización de los nuevos productos o procesos en un plano, esquema o diseño, la creación de un primer prototipo no comercializable, los proyectos de demostración inicial o proyectos piloto. Se incluyen también resultados concretos en algunos sectores pues el precepto se refiere a los muestrarios textiles, de la industria del calzado, del curtido, de la marroquinería, del juguete, del mueble y de la madera, siempre que no puedan convertirse o utilizarse para aplicaciones industriales o para su explotación comercial.*

Por último, debe señalarse que el artículo 39 del TRLIS contempla una deducción para las inversiones realizadas en bienes del activo material destinadas a la protección del medio ambiente. Debe tratarse de instalaciones que eviten la contaminación atmosférica procedente de instalaciones industriales, contra la contaminación de aguas superficiales, subterráneas y marinas. También se incluyen las inversiones para la reducción, recuperación o tratamiento de residuos industriales.

Estas inversiones darán derecho a practicar una deducción en la cuota íntegra del 10% de las cantidades que estén incluidas en programas, convenios o acuerdos con la Administración competente en materia medioambiental. La deducción prevista en el apartado anterior será del 12% en el supuesto de adquisición de nuevos vehículos industriales o comerciales de transporte por carretera.

También se incluyen en el ámbito de la deducción el aprovechamiento de la energía proveniente del sol para su transformación en calor o electricidad; el aprovechamiento, como combustible, de residuos sólidos urbanos o de biomasa procedente de residuos de industrias agrícolas y forestales, de residuos agrícolas y forestales y de cultivos energéticos para su transformación en calor o electricidad; tratamiento de residuos biodegradables procedentes de explotaciones ganaderas, de estaciones depuradoras de aguas residuales, de efluentes industriales o de residuos sólidos urbanos para su transformación en biogás; tratamiento de productos agrícolas, forestales o aceites usados para su transformación en biocarburantes (bioetanol o biodiésel).

6. Conclusiones

El papel del Estado y de los ingresos y gastos públicos ve multiplicada su importancia en situaciones de crisis económica pues una adecuada política de gasto público puede paliar los efectos de la crisis y a incentivar la salida de la recesión. La ventaja del uso de los gastos públicos se centra en que sus efectos son más inmediatos y permite una mejor selección de los destinatarios.

Además, el sistema tributario puede ser no sólo un instrumento recaudatorio sino que puede ayudar a conseguir determinados fines de política económica o social. La existencia de un sistema tributario justo y respetuoso con los postulados de capacidad económica, igualdad y progresividad es uno de los objetivos que establece la Constitución española. Así, la finalidad del sistema tributario consistirá, principalmente, en obtener los recursos con los que sufragar los gastos en educación, en sanidad pública, en protección social, en políticas de igualdad o en infraestructuras pero también puede utilizarse para conseguir una mejor reasignación de la renta desde el punto de vista de la solidaridad o para conseguir la efectividad de ciertos derechos sociales – empleo, vivienda, progreso social y económico.

Es en esta situación en la que aparece el papel de los incentivos fiscales como instrumentos que contribuyen a la reactivación económica. En España, se encuentran condicionados por el respeto a los principios constitucionales y a la prohibición de las ayudas de Estado. Superados estos filtros, recibirán una valoración positiva si no consisten en una mera rebaja de impuestos sino si contribuyen también al beneficio de otros colectivos distintos de su beneficiario. Así, merece una valoración positiva el establecimiento de un incentivo fiscal por mantenimiento del empleo puesto que la reducción en la recaudación del impuesto que grava al contribuyente que lo aplica, se verá compensado por el pago de los impuestos y de las cotizaciones sociales por los trabajadores, además de lo que ello supone como medida de cohesión social. Igualmente, los estímulos puntuales a la rehabilitación de viviendas contribuyen a paliar el descenso en las ventas de los distribuidores de los materiales y a las empresas dedicadas a la rehabilitación. En otros casos, como pueden ser los incentivos a la investigación y desarrollo o a la protección del medio ambiente, pretenden un cambio de modelo productivo y pueden contribuir a la reactivación económica mediante el inicio de nuevas actividades alejadas de los tradicionales sistemas productivos. La mayoría de estas medidas quizás deban de ser de carácter coyuntural y proporcionados a los fines que se pretenden alcanzar a medio y largo plazo. Además, las medidas adoptadas deben estar condicionadas a la consecución de determinados objetivos y no a una mera rebaja fiscal pues una rebaja de impuestos no suele ir acompañada, por sí misma, de un incremento de la producción o de consecución de valores constitucionales. Por ello, resulta esencial un adecuado diseño de las medidas fiscales que se aprueban con la finalidad de incentivar la economía o de reactivar determinados sectores productivos, así como de canalizar la actuación del sector privado.

CADERNOS DE DIREITO TRIBUTÁRIO

SUJEIÇÃO PASSIVA TRIBUTÁRIA: DOS PRECURSORES DO DIREITO TRIBUTÁRIO BRASILEIRO ATÉ A EDIÇÃO DO CTN

RENATO LOPES BECHO

Bacharel em Direito pela UFMG. Especialista em Cooperativismo pela UNISINOS/RS. Mestre, Doutor e Professor de Direito Tributário na PUC/SP. Livre-Docente em Direito Tributário pela USP. Juiz Federal em São Paulo/SP.

I – Colocação do tema. II – Breve nota sobre o trabalho científico. III – A sujeição passiva tributária na ciência das finanças. IV – A sujeição passiva tributária para os primeiros tributaristas: IV.1 – Alfredo Augusto Becker; IV.2 – Rubens Gomes de Sousa; IV.3 – Amílcar de Araújo Falcão. V – A repercussão da doutrina na legislação. VI – À guisa de conclusão.

I – Colocação do tema

A sujeição passiva tributária ocupa um lugar de destaque nos estudos do direito tributário. Quer seja na *teoria do fato gerador*, quer seja na *teoria da regra matriz tributária*, a sujeição passiva verifica a classe das pessoas que estão obrigadas a desembolsar dinheiro em prol da manutenção do Estado. Modernamente, a filosofia do direito tributário de inclinação humanista, que procura aplicar a doutrina dos direitos humanos na tributação, destaca o sujeito passivo a tal ponto que almeja vê-lo no centro do direito tributário, no lugar em que hoje vemos o tributo. No Código Tributário Nacional, a sujeição passiva está o capítulo IV do título dedicado à Obrigação Tributária (arts. 121 a 138).

No presente estudo, buscamos saber o que era ensinado a respeito do sujeito passivo antes da edição da Lei n. 5.172, de 25 de outubro de 1966 (que, posteriormente, recebeu o título de *Código Tributário Nacional*). Em outros termos, almejamos saber como era apresentada a sujeição passiva tributária nos primórdios do direito tributário. Como os Autores precursores e clássicos – aqueles cujas obras resistiram ao passar dos anos e das leis – viam o emaranhado de institutos jurídicos e de classes de pessoas que poderiam ser compelidas a recolher os tributos? É da visão desses Autores que trata o presente estudo. Além disso, almejamos saber qual a influência dos ensinamentos desses Autores na elaboração do Código Tributário Nacional. Para tanto, após a exposição da doutrina, faremos um cotejo entre o que os Autores ensinavam e o que veio a ser disciplinado pelo legislador.

Ao voltarmos nossa atenção para a dogmática anterior ao CTN, pretendemos conhecer um pouco o ambiente em que a codificação foi elaborada, o que poderá trazer luzes para a compreensão dos textos legais que hoje regem a matéria.

II – Breve nota sobre o trabalho científico

Toda ciência é uma construção de gerações. A produção científica atual, em qualquer das áreas, é capaz de avançar nos estudos e descobrir novas tecnologias por laborar sobre os avanços alcançados pelas gerações passadas. Nenhuma sociedade tem que reinventar a roda. Desde que organizou a transmissão do conhecimento, o homem elabora sua contribuição – notadamente se sua função maior for somente repassar o que aprendeu – sobre o que a geração anterior construiu e deixou como legado. E, assim, o conhecimento humano atual avança sobre bases que remontam aos primórdios da civilização.

Extraímos essa evidente lição de Susan Haack, quando a filósofa anotou:

"Cada investigador, na mais mundana das investigações cotidianas, depende de outros; de outro modo, cada qual teria que começar o quebra-cabeça sozinho e desde o início. A investigação científico-natural não é uma exceção; de fato, é assim uma vez mais: o trabalho, cooperativo e competitivo, de uma vasta comunidade intergeracional de investigadores, uma empresa profunda e inevitavelmente social."[1]

Acreditamos que a assertiva vale, igualmente, para a investigação científico-cultural. A construção sobre bases herdadas não é privilégio das ciências naturais. A identificação de que o trabalho científico (incluindo o jurídico) é uma construção de gerações é elementar, mas por vezes parece ser negada por alguns pensadores, que supõem ser possível elaborar suas teorias sem o respaldo – ainda que crítico – e a consideração do que lhe foi repassado. Não é o que pretendemos fazer.

É pensando nesse compromisso científico com a geração passada que nos vemos motivados a estudar os Autores aqui citados. O corte metodológico feito foi na edição do Código Tributário Nacional. Trabalhamos sobre os escritos produzidos antes de 1966. Com isso, procuraremos saber como os juristas viam a sujeição passiva antes do CTN. Queremos saber, principalmente, qual a influência dessa doutrina na elaboração do Código e o que do antigo pensamento perdura até hoje.

III – A sujeição passiva tributária na ciência das finanças

Inicialmente, colhemos algumas informações dogmáticas na *ciência das finanças*, disciplina que antecedeu o direito tributário e que fazia parte mais da política do que do direito ou da economia. Como será demonstrado no momento oportuno, muitas considerações dessa época, quando a tributação era vista dentro da política, ainda influenciam algumas correntes de pensamento no direito tributário brasileiro atual.

Provavelmente era comum, na ciência das finanças, não abrir um capítulo próprio para estudar a sujeição passiva tributária. Todavia, dentro de outros tópicos, é possível extrair-se referências ainda úteis. Foi assim com Alberto Deodato, em obra tradicional à época e que recebeu diversas edições. Da parte em que o Autor ensinava as técnicas e os efeitos dos impostos, tiramos a seguinte explicação, ilustrativa para a *repercussão* dos tributos:

1. "Esperando una respuesta: el desordenado proceso de buscar la verdad", in *Ciencia, Sociedad y Cultura: Ensayos Escogidos*, trad. para o castelhano de Edison Otero Bello, Santiago, Universidad Diego Portales, 2008, pp. 24-25. O texto citado é uma tradução livre, nossa. No original consta: "Cada investigador, en la más mundana de las investigaciones cotidianas, depende de otros; de otro modo, cada cual tendría que empezar el crucigrama solo y desde el inicio. La investigación científico-natural no es una excepción; de hecho, es así aun más – el trabajo, cooperativo y competitivo, de una vasta comunidad intergeneracional de investigadores, una empresa profunda e inevitablemente social".

"A *repercussão* é o fenômeno pelo qual aquele sobre quem o imposto deve recair, segundo a lei, que é o contribuinte de jure, e que faz, apenas, o adiantamento do imposto, descarrega, em todo ou em parte, o peso do mesmo sobre outrem. A *traslação* é o processo de transferência consecutiva do imposto do contribuinte *de jure* para o contribuinte de fato. Assim, o imposto é assentado sobre o fabricante de farinha de trigo, que é José, contribuinte *de jure*, o dono do moinho. José, entretanto, adianta, apenas, o imposto. Traslada-o sobre Pedro, que é o dono da padaria. Pedro sobre Antônio, que é consumidor. Esse processo de José a Antônio é a traslação. A traslação, porém, não pode ser infinita.

"Passará a um certo indivíduo ou negócio que não poderá trasladar e que pagará o ônus. Sobre esse último indivíduo, que será o contribuinte de fato, sobre quem repercutiu o imposto, se dará o que se chama a *incidência do imposto*. Com a incidência termina a traslação."[2]

Apesar de Deodato ter procurado distinguir entre *repercussão* e *traslação*, sendo o primeiro um fenômeno e o segundo um processo, não nos parece claro existirem as duas figuras distintas. Pelas lições que nos foram repassadas, ficamos com a impressão de tratarem, na realidade, de um único fato: a transferência do custo do tributo na cadeia que vai do produtor ao consumidor. O fato de que Deodato oferece apenas um exemplo quando ensina sobre a repercussão e a traslação somente reforça a aparência de serem dois rótulos para um mesmo conteúdo.

De qualquer forma, havendo dois mecanismos (repercussão e traslação) ou somente um (repercussão/traslação), o fato é que a sistemática de repasse de custos fiscais para o preço de produtos e serviços continua existindo naturalmente e não deveria interessar ao direito. É dizer: a sistemática de repasse do custo fiscal não deveria ser disciplinada pelo legislador. Quando esse interfere em procedimentos econômicos que tais (o que engloba a inflação), acaba por gerar distorções mercadológicas de difícil solução jurídica. Por vezes, empresas podem fechar e pessoas podem ser levadas a situações de penúria pela intervenção legislativa desastrosa. Todavia, do ponto de vista do direito, a interferência do legislador nos procedimentos tipicamente econômicos pode criar situações de injustiça, quando o contribuinte "de jure" não encontra meios para provar a repercussão/traslação fiscal.

Mas o ponto de nosso interesse é a pesquisa da sujeição passiva. Quanto a essa, Deodato menciona o contribuinte de direito (*de jure*) e contribuinte de fato, ainda um reflexo da repercussão e da traslação e que não deve despertar o interesse do jurista, exceto se vier a ser disciplinada pelo legislador (como, de fato, acabou ocorrendo, quer pelo art. 166 do CTN, quer pela Emenda Constitucional n. 3, de 1993, que criou a substituição tributária por fato futuro – CF, art. 150, § 7º –, constitucionalizando os efeitos econômicos acima descritos e dando-lhes natureza jurídica).

Finalizando a análise do excerto de Deodato, indicamos que o Autor considerava a incidência do imposto apenas no consumidor final (contribuinte de fato). Pode ser que essa conclusão ainda seja válida para a economia ou para a administração de empresa, mas não é acolhida na ciência do direito tributário, que identifica como contribuinte aquele obrigado a recolher o tributo aos cofres públicos, independentemente de repercutir a incidência ou não.

Em livro dedicado à *ciência das finanças*, identificamos a lição de Aliomar Baleeiro que também prenunciava a dogmática nacional sobre a sujeição passiva. Enquanto cientista das finanças, Baleeiro não abriu um capítulo sobre a sujeição passiva. Mas, no capítulo intitulado *Técnica da Tributação*, na seção *a técnica da arrecadação*, o Autor identificou três téc-

2. *Manual de Ciência das Finanças*, 6ª ed., São Paulo, Saraiva, 1957, pp. 136-137.

nicas principais de arrecadação de tributos, a saber:

"a) o recolhimento direto do contribuinte aos cofres públicos;

"b) retenção ou desconto do tributo por um terceiro, que fica responsável pelo recolhimento às burras públicas;

"c) obrigação, para o contribuinte de adquirir selos ou estampilhas, para aposição à coisa ou documento, e respectiva obliteração."[3]

A primeira referência se mantém até hoje: o contribuinte é aquele que faz o recolhimento direito do tributo aos cofres públicos, conforme adiantado acima. Ao que parece, quando Baleeiro escreveu "recolhimento direto" ele quis se referir ao contribuinte como sendo a pessoa que realiza o fato gerador. Em outras palavras, por realizar o fato econômico que faz surgir o dever de recolher o tributo, o contribuinte cumpre diretamente a obrigação, procedimento que não envolve nenhuma outra pessoa.

Destacamos a segunda hipótese levantada por Baleeiro: a "retenção ou desconto do tributo por terceiro". Nesse item, o Autor estava se referindo, expressamente, à retenção do tributo devido pelo consumidor final, que ficara a cargo do comerciante, assim como a retenção do imposto sobre a renda dos antigos títulos ao portador, como as ações desse tipo que eram emitidas pelas sociedades anônimas. Mas, além disso, explicando o item, Baleeiro se referia à substituição tributária, como o diferimento no recolhimento do tributo devido sobre a produção agrícola, que ficava a cargo da indústria. A redação da letra *b* do excerto transcrito pode, ainda, induzir o leitor para uma compreensão equivocada da *responsabilidade tributária de terceiros* (CTN, arts. 134 e 135), supondo que, em tais dispositivos, existam deveres de retenção e desconto, pelo responsável tributário, de tributos devidos pelo contribuinte. A impossibilidade de cumprimento, pelo contribuinte (art. 134), e a responsabilização pessoal (art. 135) devem afastar a correlação, que não se sustenta interpretativamente.

Todos esses comentários vão demonstrando a formação jurídica para as modalidades de sujeição passiva que atualmente são reconhecidas.

Destacamos a motivação do cientista das finanças para tais casos, qual seja: "Em alguns casos o legislador, para maior eficácia da arrecadação, prefere impor a um terceiro a obrigação de coletar o imposto e recolhê-lo aos cofres públicos".[4] É o prenúncio para a modalidade hoje conhecida como *substituição tributária*. Pela lição de Baleeiro, essa modalidade de sujeição passiva tributária se justificava pela eficácia da arrecadação, máxima ainda hoje aceita por muitos profissionais. Consideramos, entretanto, que ela nos parece razoável para a *ciência das finanças*, mas talvez não se justifique frente ao *direito tributário*, que possui contornos mais estreito e mais nítidos que seu antecedente histórico (notadamente se entendermos que o direito tributário possui laços estreitos com os direitos humanos, podendo ser considerado como a disciplina jurídica que visa proteger o contribuinte frente ao Estado, protegendo-o e equilibrando as fundamentais distinções entre ambos).

Baleeiro, na mesma linha que Deodato, trabalhou com a separação entre contribuinte de fato e contribuinte de direito, afirmando:

"Do ponto de vista econômico, a circunstância de os industriais e comerciantes responderem pelos impostos de vendas e consumo, converte-os em cooperadores do Fisco, atribuindo-lhes o encargo do adiantamento da quantia que, em última análise, vai ser suportada pelo contribuinte de fato. No caso do imposto de vendas, em que o recolhimento é posterior às operações tri-

3. *Uma Introdução à Ciência das Finanças*, vol. I, 2ª ed., rev. e aum., Rio de Janeiro, Forense, 1958, p. 306.

4. Idem, p. 308.

butadas, o contribuinte-de-jure age como coletor e depositário do crédito fiscal.

"Mas, os casos característicos de arrecadação por terceiro são o desconto e a retenção pela fonte pagadora da renda."[5]

Baleeiro também exemplifica com a retenção do Imposto de Renda da Pessoa Física, em que as peculiaridades pessoais do contribuinte são conhecidas e respeitadas pelo Fisco (caso das alíquotas e dos ajustes da base de cálculo de acordo com as características do contribuinte) e com o que hoje conhecemos como substituição tributária por diferimento, exemplificando com a tributação dos produtos agrícolas. Nessa seara, o tributo é cobrado do comprador, o adquirente do produto agrícola, sendo que a situação habitual é o tributo ser cobrado do vendedor. Nessa circunstância, o vendedor não irá agregar o valor do tributo no preço de venda, pois não terá o encargo de recolher a exação.

Por último, Baleeiro se refere à obrigação de o contribuinte adquirir selos e estampilhas. Ela é, sem dúvida, uma técnica de arrecadação, uma forma de recolhimento de tributo, que não altera a sujeição passiva tributária. Em outras palavras, é dizer: não interfere, na conformação da natureza da relação jurídico-tributária, se o contribuinte recolhe o tributo diretamente aos cofres públicos, em dinheiro, mediante um recibo, ou se adquire selos fiscais (como atualmente acontece com o recolhimento de tributo em cartórios de notas), após pagá-los em dinheiro. As formas de pagamento listadas por Baleeiro foram incluídas no Código Tributário Nacional, art. 162.

Como pode ser inferido das citações feitas, a ciência das finanças não trabalhava com muita técnica o tema da sujeição passiva tributária. É um indício ruim, por demonstrar como, na elaboração do Código Tributário Nacional, não havia uma fundamentação teórica avançada sobre esse ponto.

5. Idem, ibidem.

IV – A sujeição passiva tributária para os primeiros tributaristas

A teoria da sujeição passiva tributária começa a ser formada, efetivamente, com os primeiros tributaristas. Trabalharemos, aqui, com três deles: Alfredo Augusto Becker, Rubens Gomes de Sousa e Amílcar de Araújo Falcão, nomes que continuam a influenciar a dogmática jurídico-tributária nacional. As obras consultadas foram escritas antes da edição do Código Tributário Nacional.

Antes deles, tínhamos os Autores da ciência das finanças, notadamente os já estudados, e a doutrina estrangeira, principalmente a europeia. Não iremos buscar os fundamentos desses Autores clássicos. Em outras palavras, é dizer: não trabalharemos com a doutrina europeia do início do século passado. Estamos fazendo, portanto, um outro corte metodológico, não indo além dos Autores mencionados.

A ordem de exposição entre os três tributaristas indicados será feita de acordo com o envolvimento dos Autores com as teorias da ciência das finanças, começando com aquele que nos parece mais próximo a ela. Entretanto, esclarecemos que, durante a exposição doutrinária, iremos apresentando nossas considerações a respeito dos assuntos versados. Não pretendemos apenas apresentar as fontes acadêmicas, mas trabalhar sobre elas, almejando extrair o que nos parece útil para a compreensão da sujeição passiva tributária na atualidade.

IV.1 – Alfredo Augusto Becker

Alfredo Augusto Becker foi um severo crítico da ausência de *atitude mental científica* no direito tributário, insurgindo-se contra a influência de dados não jurídicos que transformavam diversos trabalhos em análises *pseudojurídicas*. Buscando evitar o mesmo erro, ele, contudo, talvez tenha traído seu objetivo ao usar um vocabulário afeito principalmente à medicina, especificamente na parte das ciências médicas que cuida da saúde mental do homem. Apesar de usar um vocabulário não jurídico – e, por vezes, fazer uso de palavras coloquiais ásperas, o que também não é da tradição das ciências jurídicas –, Becker inovou positivamente no estudo do direito tributário, sendo um dos pilares mais profundos do atual direito tributário enquanto disciplina científica.

O Autor aqui analisado fixou suas primeiras premissas a respeito do substituto legal tributário em capítulo dedicado às presunções e ficções jurídicas, no qual fez *conclusões exemplificativas* dos dois mecanismos usados pelo legislador (justamente as presunções e as ficções) primeiro em relação à composição da hipótese de incidência e, em seguida, quanto "ao sujeito passivo da relação jurídica tributária".[6]

Abrindo a conclusão exemplificativa, Becker definiu a sujeição passiva tributária nos seguintes termos:

"Existe substituto legal tributário, toda a vez em que o legislador escolher para sujeito passivo da relação jurídica tributária um outro qualquer indivíduo, em substituição daquele determinado indivíduo de cuja renda ou capital a hipótese de incidência é fato-signo presuntivo."[7]

Em outras palavras, são apresentadas duas categorias de sujeitos passivos: os contribuintes, que são as pessoas que realizam a hipótese de incidência (fato gerador); e os substitutos, que devem recolher o tributo sem terem realizado a hipótese de incidência, ou seja, sem serem os contribuintes.

Em seguida, o Autor apresentou suas conclusões, assim versadas:

"Primeira conclusão: Não existe qualquer relação jurídica entre substituído e o Estado. O substituído não é sujeito passivo da relação jurídica tributária, nem mesmo quando sofre a repercussão jurídica do tributo em virtude do substituto legal tributário exercer o direito de reembolso do tributo ou de sua retenção na fonte.

"Segunda conclusão: Em todos os casos de substituição legal tributária, mesmo naqueles em que o substituto tem perante o substituído o direito de reembolso do tributo ou de sua retenção na fonte, o único sujeito passivo da relação jurídica tributária (o único cuja prestação jurídica reveste-se de natureza tributária) é o substituto (nunca o substituído).

"Terceira conclusão: O substituído não paga 'tributo' ao substituto. A prestação jurídica do substituído que satisfaz o direito (de reembolso ou de retenção na fonte) do substituto, não é de natureza tributária, mas sim de natureza 'privada'.

"Quarta conclusão: Nos países cuja Constituição juridicizou o princípio da capacidade contributiva, o legislador, ao criar o substituto legal tributário, está obrigado a, simultaneamente, criar a repercussão jurídica do tributo sobre o substituído, outorgando ao substituto o direito de reembolso ou de retenção na fonte.

"Entretanto, o substituto legal tributário não poderá esquivar-se à relação jurídica tributária ainda que apresente (no seu caso concreto individual) prova evidente da impossibilidade da repercussão econômica. Para a constitucionalidade da regra jurídica tributária basta a existência da repercussão jurídica."[8]

Após terminar com essas conclusões o capítulo dedicado às presunções e às ficções jurídicas, Becker procurou, em longo capítulo (com 44 páginas) dedicado ao "substituto legal tributário", separar o que era, de um lado, a *ciência das finanças públicas* e a *política fiscal*, e de outro o direito tributário,[9] o que demonstra sua importância na evolução científica. Becker foi desenvolvendo sua teoria procurando retirar os assuntos político-financeiros do universo jurídico.

6. *Teoria Geral do Direito Tributário*, São Paulo, Saraiva, 1963, p. 482.
7. Idem, p. 482.
8. Idem, pp. 482-483.
9. Idem, pp. 484 e ss.

Nós iremos, aqui, procurar estudar minuciosamente o capítulo em que Becker aprofundou suas reflexões que originaram na definição e nas quatro conclusões citadas. Quando elas voltarem, fundamentadas, iremos apresentar nossas considerações a respeito de cada uma delas.

Becker começou afirmando que a incidência econômica do tributo é a "parcela do ônus econômico tributário (ou a sua totalidade) que é suportada *definitivamente* por uma pessoa", enquanto a incidência jurídica do tributo "significa o *nascimento do dever jurídico tributário* que decorre após a incidência da regra jurídica sobre sua hipótese de incidência realizada".[10] A primeira delas já foi mencionada: a teoria da repercussão ou traslação do tributo até alcançar o *contribuinte de fato*. Quanto à incidência jurídica, Becker efetivamente avançou em termos de ciência do direito, para a qual a incidência econômica é, em princípio, irrelevante. A incidência jurídica ocorre como descrita pelo jurista: há uma norma jurídica prevendo que, se acontecido um fato X, dá-se o efeito Y. Realizado o fato X, decorre o nascimento do dever jurídico tributário, ou seja, o efeito Y (a ordem: recolha a quantia estipulada em lei a favor do Estado).

Em seguida, Becker trouxe a distinção entre contribuinte "de fato" – "a pessoa que suporta definitivamente o ônus econômico do tributo" e o contribuinte "de jure", de direito, que "é o *sujeito passivo* da relação jurídica tributária". Aqui também o avanço é significativo. Conforme dito acima, a incidência jurídica significa dizer que, ocorrido o fato X, dá-se o efeito Y, que é a ordem para pagar a quantia estipulada. O contribuinte "de jure" é a pessoa determinada em lei para fazer o pagamento.

Logo após, o Autor distinguir a repercussão econômica do tributo, que ocorre com a transferência do ônus econômico do tributo do contribuinte de direito para o contribuinte de fato, e a repercussão jurídica do tributo, que ocorre quando o legislador autoriza a repercussão econômica, criando uma regra jurídica de repercussão, que pode ser de reembolso ou de retenção. A repercussão jurídica por reembolso ocorre quando "A lei outorga ao contribuinte 'de jure' o direito de receber de uma outra determinada pessoa o reembolso do montante do tributo por ele pago".[11]

Becker exemplifica com a situação do industrial autorizado, pela lei, a acrescentar o valor do tributo no preço de seu produto. Teríamos, nesse caso, duas relações jurídicas: a primeira entre o Fisco e o contribuinte de direito, e a segunda entre o contribuinte de direito e outra pessoa, que será contribuinte de fato apenas se, por sua vez, não puder trasladar o custo do tributo.

Anotamos que essa complexa sistemática de Becker só é possível em uma economia altamente planificada, onde os agentes econômicos sejam rigidamente controlados pelo Estado, notadamente na composição do preço dos produtos e dos serviços. Talvez essa fosse a realidade na década de 1960, quando a lição foi escrita. Mas ela nos parece ser incompatível com a Constituição Federal de 1988, em cujo art. 170 há a proteção da livre iniciativa e da livre concorrência, que não se coadunam facilmente com a autorização – ou sua negativa, pois a afirmação de que o legislador pode autorizar significa dizer que ele pode não autorizar – para a repercussão econômica do tributo.

A outra modalidade jurídica seria a repercussão por retenção na fonte, quando "a lei outorga ao contribuinte 'de jure' o direito de compensar o montante do tributo com o determinado débito que o contribuinte 'de jure' tiver com uma determinada pessoa".[12] Essa assertiva também não se sustenta, em nossa opinião, na atualidade. Vejamos com um exemplo: pelo exposto por Becker, o mesmo industrial seria o contribuinte "de jure" do Imposto sobre a

10. Idem, p. 486.

11. Idem, p. 487.

12. Idem, p. 488.

Renda da Pessoa Física incidente sobre a remuneração do trabalhador. Assim, o industrial (contribuinte "de jure") teria autorização legal para reter na fonte a parcela de IRPJ que deverá recolher ao Fisco quando for pagar o salário dos empregados. Não vemos, na sistemática de retenção de tributos na fonte, que o retentor seja seu contribuinte. Este, para nós, é a pessoa que teve os valores retidos, enquanto aquele que reteve o tributo e deve fazer a transferência do numerário aos cofres públicos é outra figura jurídica, talvez até mesmo não tributária.

Continuando a exploração do trabalho de Becker, o Autor atacou a classificação dos tributos em diretos e indiretos, ainda fundada "no critério da *repercussão econômica* do tributo".[13] De fato, temos que a vetusta separação entre os tributos que não admitem a repercussão econômica (tributos diretos) e aqueles que a admitem (tributos indiretos) não se sustenta diante de um estudo mais aprofundado. Alguns exemplos podem nos auxiliar a compreender a classificação e a crítica a ela. Tomemos o IPTU. Como ele incide sobre a propriedade, será classificado como imposto direto. Afinal, o proprietário não consegue repassar o ônus fiscal que incide sobre o imóvel utilizado como sua residência para nenhuma outra pessoa. Entretanto, se a pessoa física possui um imóvel alugado, podemos considerar que ele transfere o peso do tributo para seu locatário. O IPTU da pessoa física, portanto, pode ser um imposto direto ou um imposto indireto, a depender de circunstâncias que não compõem a relação jurídico-tributária, pois essa envolve apenas os sujeitos ativo e passivo.

Tomemos agora o IPI, que incide sobre produtos industrializados. Quando uma indústria apura o custo de fabricar o bem, deve acrescentar os ônus tributários para poder fixar um valor de venda que lhe garanta lucro. O IPI é, pois, um imposto indireto, considerando que a indústria (pessoa jurídica contribuinte) transferirá seu peso econômico para o consumidor. Todavia, por questões mercadológicas, a indústria poderá ser levada a vender sua produção pelo custo, ou mesmo com prejuízo. Nesse caso, a ciência econômica irá mostrar, para o direito, que o IPI, no caso particular aventado, terá sido um imposto direto, pois o contribuinte não conseguiu repassar seu valor para outra pessoa. Assim, Becker merece nosso apoio ao considerar a distinção como artificial e errada.[14]

Alfredo Augusto Becker fez, como visto, uma longa inserção na ciência das finanças, tentando separá-la do direito tributário. Em algumas exposições, parece-nos que ele foi malsucedido em sua empreitada (ao menos em relação à durabilidade de seus ensinamentos), ainda demonstrando profunda vinculação com a ciência financeira e com a política econômica. Pelo menos é o que nos parece agora. Mas ele aproximou-se da substituição legal tributária pelo caminho logicamente necessário a ser tomado pelo legislador, apresentando o contribuinte (de direito, o único, em realidade, que participa da relação jurídico-tributária) nos seguintes termos:

(a) para a composição da hipótese de incidência da regra jurídica tributária, o legislador escolhe fatos que sejam signos presuntivos de renda ou capital de um determinado indivíduo;

(b) para contribuinte "de jure" (sujeito passivo na relação jurídica tributária), toma aquele determinado indivíduo de cuja renda ou capital a hipótese de incidência é fato-signo presuntivo.[15]

Nesse ponto, o jurista fixou muito bem a separação do jurídico e do não jurídico.

A partir daí, Becker retoma a linha dos argumentos não jurídicos que tanto criticara. Ele mesmo baseou-se no *Princípio da Aceleração da História* (constatado por historiadores) e no *impraticável* (econômi-

13. Idem, p. 488.

14. Idem, p. 489.

15. Idem, pp. 500-501.

co, administrativo ou político). Becker argumenta com o que pensa ser impraticável: diante da complexidade e da variedade nos negócios (consideração econômica e/ou política), não se deve cobrar os tributo dos consumidores. Para estudar esse ponto de vista, o Autor apresenta duas situações como exemplo de substituição tributária: "na relação jurídica do imposto de consumo, o sujeito passivo, teoricamente, deveria ser o consumidor", mas a solução jurídica foi considerar como sujeito passivo o produtor (que recebeu o direito de repercussão *jurídica* por reembolso); e a tributação na fonte, usando como exemplo o imposto de renda sobre o lucro da pessoa jurídica, situação em que o sujeito passivo passou a ser a sociedade, que substituiu o contribuinte (o sócio) e passou a ter *direito de repercussão jurídica mediante retenção na fonte*.[16] Como se observa, Alfredo Becker voltou aos argumentos financeiros, políticos, administrativos e históricos, colocando uma pseudo-autorização legal para a repercussão e para a retenção na fonte. Após esses exemplos, ele definiu:

"Existe substituto legal tributário, toda a vez em que o legislador escolher para sujeito passivo da relação jurídica tributária um outro qualquer indivíduo, em substituição daquele determinado indivíduo de cuja renda ou capital a hipótese de incidência é fato-signo presuntivo."[17]

A definição legal, como se observa, é boa, desde que desprezemos os exemplos do Autor. Ela fixa o seguinte, em outras palavras: deve recolher o tributo a pessoa "cuja renda ou capital a hipótese de incidência é fato-signo presuntivo" de riqueza; se a lei, todavia, determina que outra pessoa será obrigada a recolher o tributo, essa pessoa será o *substituto legal tributário*. A definição nos parece ser, nesses termos, correta.

Em seguida, Becker passa a defender a substituição legal tributária, considerando-a fato normal do direito, fundada, inclusive, no uso da "*ficção*, como processo técnico da arte legislativa".[18] A nosso ver, o que Becker não percebe é que ele comete os mesmos erros que tanto critica: traz, constantemente, argumentos não jurídicos para o debate. Questões históricas, vantagens econômicas do Estado, impossibilidade administrativa (discutível na atualidade, na era da informática), são todos argumentos não jurídicos.

Juridicamente, acreditamos que o intérprete deve verificar: (1) se a norma foi posta pela autoridade competente; (2) se cumpriu o rito previsto, é dizer, se o diploma é o hábil (se emenda constitucional, lei complementar, lei ordinária etc.) e se foi produzido de acordo com o procedimento exigido; e, (3) se, materialmente, está de acordo com a Constituição Federal (respeito aos princípios constitucionais tributários e às demais limitações constitucionais, inclusive as regras de competência). Esses são os argumentos jurídicos. Todavia, há que se fazer uma defesa de Becker: ele produziu seu livro antes da Emenda Constitucional n. 18, de 1965, que organizou o *sistema constitucional tributário*. Antes dela, provavelmente suas lições poderiam ser aceitas. Mas, atualmente, o Autor deve ser lido em seu contexto histórico, o que significa dizer que suas lições não podem ser automaticamente aceitas. Ainda assim, acreditamos que seu trabalho seja valioso. A própria identificação do contribuinte acima citada, como a pessoa que realiza a hipótese de incidência, sendo que essa contém o dado econômico que é fato-signo presuntivo de capacidade contributiva, é plenamente atual.

Com esse esclarecimento, prossigamos no estudo da obra de Alfredo Augusto Becker. Após a definição para substituto legal tributária, Becker faz sete *esclarecimentos*, quais sejam:

1) "O substituto legal tributário é uma *espécie* do gênero contribuinte 'de jure'",

16. Idem, p. 502.
17. Idem, p. 503.
18. Idem, p. 505.

escolhido pelo legislador dentre outra pessoa que não o contribuinte "de jure".[19] Atualmente, entendemos que é melhor afirmar que substituto e contribuinte são espécies de *sujeitos passivos tributários*.

2) A doutrina erra ao dizer que há "substituição tributária quando o contribuinte 'de fato'" é substituído.[20] Becker está certo, pois o direito não tem instrumentos para verificar, sempre, quem é o contribuinte de fato. O que interessa para o direito é a incidência jurídica do tributo.

3) Habitualmente, o legislador "não afasta do plano jurídico-tributário" o substituído. Em seu exemplo, em casos de substituição tributária de Imposto de Renda (pagamento a autônomos), "a lei impõe ao substituído a obrigação de, em sua declaração de renda, oferecer à tributação aquele rendimento que percebera já descontado da retenção na fonte efetuada pelo substituto".[21] Em tais casos, haveria uma única hipótese de incidência e duas regras: uma para o substituto (dever de retenção e de recolhimento aos cofres públicos), outra para o substituído (declarar a renda obtida e o imposto já retido na fonte). Becker está certo em seu terceiro esclarecimento.

4) "O contribuinte 'de fato' nunca tem qualquer relação jurídica com o sujeito ativo (Estado)".[22] Está certo, no contexto histórico em que a lição foi escrita. Atualmente, contudo, o art. 166 do CTN não sustenta o *esclarecimento* feito.

5) Na concessão legal de "direito de reembolso ou retenção na fonte", "esta relação jurídica entre substituto e substituído *não é de natureza tributária*".[23] É prestação jurídica, mas não tributária. Becker pode estar certo. O direito de reembolso é tema para o direito econômico, regido por normas constitucionais próprias (notadamente o art. 170 da CF/1988). Quanto à retenção na fonte, há duas possibilidades interpretativas. Se considerarmos o retentor como sujeito ativo auxiliar,[24] a relação jurídica entre eles será regida pelo direito administrativo. Assim, Becker estará certo. Se, contudo, o retentor for considerado *substituto legal tributário*, a relação será de direito tributário. Nessa hipótese interpretativa, Becker e nós estaremos errados.

6) A repercussão *jurídica* da substituição tributária, ou seja, a autorização legal para o reembolso ou para a retenção "não é elemento essencial à substituição". Correto. Juridicamente, basta ver se a substituição tributária foi fixada pelo legislador competente, nos termos do rito determinado e respeitando o conteúdo constitucional. Eles só serão essenciais "naqueles países cuja Constituição juridicizou o princípio da capacidade contributiva", como ocorreu conosco, pela Constituição Federal de 1988. Assim, mais uma vez Becker está correto: a capacidade contributiva, constitucionalmente juridicizada, funcionará como sendo o controle material da legalidade. "No sistema jurídico onde houver tal regra jurídica constitucional, a inexistência da repercussão jurídica não desfigurará a substituição legal tributária, mas, sim, a tornará juridicamente *inválida* (inconstitucional)".[25] Aqui, temos que distinguir o direito tributário e a ciência das finanças: para o direito tributário, desfigurará a ponto de ser inconstitucional; para a ciência financeira, não desfigurará, pois seus pressupostos não são os constitucionais, mas os fáticos. Becker parece estar, pois, parcialmente certo.

7) "É possível distinguir entre *substituto* legal tributário e *responsável* legal tributário".[26] Becker, mais uma vez, está certo.

19. Idem, p. 505.
20. Idem, p. 506.
21. Idem, pp. 506-507.
22. Idem, p. 507.
23. Idem, pp. 507-508.

24. Foi o que fizemos em nosso *Sujeição Passiva e Responsabilidade Tributária*, São Paulo, Dialética, 2000, pp. 129-130.
25. *Teoria Geral do Direito Tributário*, cit., p. 508.
26. Idem, p. 508.

Para justificar seu sétimo *esclarecimento*, Becker buscou embasamento forte, mais uma vez, na doutrina europeia de sua época. Considerou que, juridicamente, débito e responsabilidade não são distintos – o que é passível de discussão –, asseverando: "O responsável sempre é devedor de débito próprio. *O dever que figura como conteúdo da relação jurídica que vincula o Estado (sujeito ativo) ao responsável legal tributário (sujeito passivo) é dever jurídico* do próprio responsável legal tributário *e não de outra pessoa*".[27]

Para ensinar sobre o responsável legal tributário, Becker primeiro diz quando não há responsabilidade, para depois dizer quando ela existe. Assim, não há responsabilidade:

1º) Quando o Estado pode exigir o tributo de somente uma pessoa. Se há somente um sujeito passivo possível, "a denominação de responsável legal tributário é errônea",[28] pois será, em realidade, substituto legal tributário. O exemplo de Becker é do tabelião de imóveis. Se a lei diz que o tabelião é responsável por recolher o imposto sobre a transmissão da propriedade imobiliária, e ele não realizou a hipótese de incidência (transmissão da propriedade), o tabelião será substituto legal tributário (apesar da lei dizer que é *responsável*). Becker realça, também, que o legislador usa, naquela época – como agora –, indistintamente, substituto e responsável;

2º) Também não há responsável tributário quando o Estado pode exigir, *simultaneamente*, entre duas pessoas (na verdade, nos parece que seja entre mais de uma pessoa). "Toda a vez que houver *solidariedade* jurídico-tributária, inexiste responsabilidade legal tributária". Se o Estado pode exigir do tabelião e do comprador ou do vendedor, o tabelião é substituto legal tributário e não responsável tributário, enquanto o comprador ou o vendedor serão contribuintes.

27. Idem, p. 509.
28. Idem, p. 509.

Anotamos, por oportuno, que o Autor faz referência, diversas vezes, à responsabilidade dos tabeliães. Na atualidade, a responsabilidade tributária de sócios de pessoas jurídicas é, provavelmente, a mais tormentosa.

Mas, focado na responsabilidade dos tabeliães, Alfredo A. Becker demonstra que há uma hipótese de incidência e três regras. A hipótese de incidência foi apresentada como a transmissão do direito real de propriedade. Contudo, pode ser melhor especificar um pouco mais: o registro da transmissão do direito real de propriedade, pois atualmente é aceito, em alguns casos, a transmissão sem o registro. Para Becker, essa hipótese de incidência, envolvendo a responsabilidade do tabelião, é composta por três regras: 1ª) relação jurídica em que o sujeito passivo é o vendedor; 2ª) relação em que o sujeito passivo é o tabelião; 3ª) a extinção de qualquer das regras extingue a outra.

Após valer-se desses exemplos, Becker indica quando há a responsabilidade legal tributária: não satisfeita a prestação tributária por uma pessoa, o Estado tem o direito de cobrar o tributo de outra pessoa. O vendedor deve recolher o imposto; se não o fez, cobra-se do tabelião (responsável tributário). Na segunda regra jurídica (liame entre Fisco e responsável), a hipótese de incidência é uma *omissão* (inadimplência). Essa segunda regra jurídica é *fiduciária*. O responsável tributário não é "contribuinte 'de jure'".

Becker firma, também, que o direito de reembolso ou de retenção não é elemento essencial na responsabilidade tributária.

Após essas breves notas sobre o responsável legal tributário, Becker volta-se novamente para a relação entre substituto e substituído, buscando compreender a relação jurídica entre eles. Começa por afirmar que "A falta de rigor científico no uso de locuções que prostituiu completamente a atitude mental jurídica da doutrina tributária, alcança um dos seus momentos mais confrangedores quando ela procura investigar e explicar o fenômeno da substituição legal tributária".[29]

É possível que Becker estivesse certo, exceto quanto à *prostituição* da dogmática. Não cremos que as confusões e dificuldades no trato da sujeição passiva tributária sejam fundadas em um comprometimento doutrinário em troca de dinheiro, o que a palavra *prostituição* nos leva a crer. E a forma de Becker se expressar, além de não ser científica, não auxiliou os pensadores no trato do tema, antes os afastaram desse Autor. Além disso, o jurista incorreu em diversos equívocos. Ao menos, na atualidade e em nosso ponto de vista. Senão vejamos.

Becker apresentou três conclusões,[30] que são as seguintes:

"Primeira conclusão: Não existe qualquer relação jurídica entre substituído e o Estado. O substituído não é sujeito passivo da relação jurídica tributária, nem mesmo quando sofre a repercussão jurídica do tributo em virtude do substituto legal tributário exercer o direito de reembolso do tributo ou de sua retenção na fonte."[31]

O declarado pelo Autor não é, de fato, o que acontece. O substituído não deixa de ser sujeito passivo do imposto. Tanto é assim que, no caso do Imposto sobre a Renda da Pessoa Física, o sujeito passivo constitucional, o recebedor da renda, declara ao Fisco – portanto ao Estado – os valores retidos pela fonte pagadora da mesma forma como declara os valores que, porventura, tenha recolhido diretamente,[32] como estipula o art. 45 do Código Tributário Nacional. Assim, parece-nos que a primeira conclusão de Becker não é mais sustentável. Prossigamos.

"Segunda conclusão: Em todos os casos de substituição legal tributária, mesmo naqueles em que o substituto tem perante o substituído o direito de reembolso do tributo ou de sua retenção na fonte, o único sujeito passivo da relação jurídica tributária (o único cuja prestação jurídica reveste-se de natureza tributária) é o substituto (nunca o substituído)."[33]

Ao que nos parece, a segunda conclusão de Becker é inaceitável. Há casos de substituição legal tributária em que talvez ocorra o oposto, como no Imposto de Renda da Pessoa Física, em que a relação jurídico-tributária é entre o Fisco e o substituído, gerando dúvida se a relação entre o Estado e o substituto é realmente tributária. A capacidade contributiva que deve ser aferida é, por exemplo, do substituído, não do substituto. Assim também, as características pessoais que interferem na tributação serão as do substituído, e não do substituto. Em outras circunstâncias, provavelmente Becker esteja certo, como na substituição tributária por fato futuro (Constituição Federal de 1988, art. 150, § 7º).

Prossigamos analisando as conclusões de Becker. A próxima recebeu a seguinte redação:

"Terceira conclusão: O substituído não paga 'tributo' ao substituto. A prestação jurídica do substituído que satisfaz o direito (de reembolso ou de retenção na fonte) do substituto, não é de natureza tributária, mas sim de natureza privada."[34]

A terceira conclusão pode estar correta ou não, dependendo da conotação que o intérprete queira dar. Assim, focando a re-

29. Idem, p. 512.

30. Conforme vimos no início deste item, Becker formulou, ao cabo do capítulo dedicado às presunções e ficções, *quatro* conclusões. No capítulo específico para a sujeição passiva tributária, contudo, o método científico de Becker mais uma vez falhou, pois ele elencou *três* conclusões, havendo perfeita coincidência entre as três primeiras de um e de outro capítulo. Quanto à quarta conclusão, que consta das pp. 482-483 de sua *Teoria Geral do Direito Tributário*, ela consta também na p. 508 do mesmo texto. Parece-nos razoável supor que Becker escreveu o capítulo da sujeição passiva antes do capítulo das presunções e ficções jurídicas.

31. *Teoria Geral do Direito Tributário*, cit., p. 513.

32. Denominado atualmente *Carnê-Leão*.

33. *Teoria Geral do Direito Tributário*, cit., p. 513.

34. Idem, p. 513.

lação entre o contribuinte "de direito", como o substituto legal tributário por fato futuro, e o *contribuinte* "de fato" (consumidor final), o pagamento é de preço pelo produto ou pelo serviço. Contudo, a relação apresentada entre a fonte pagadora de salário (substituta tributária) e o trabalhador (contribuinte "de direito" e substituído na relação jurídica) é de natureza tributária. Becker somente estaria certo se estivesse querendo referir-se ao contribuinte "de fato", o que, por seus próprios pressupostos tantas vezes reforçados, não era o caso.

Na sequência, Becker apresenta e critica duas teorias relacionadas ao tema: a de Antonio Pesente, que almejou sem sucesso defender a relevância jurídica do *contribuinte de fato*,[35] e a de Benedetto Cocivera, que afirmou a relação jurídico-tributária entre o substituto tributário e o Estado.[36] Este recebeu, segundo nosso ponto de vista, a crítica de Becker injustamente.

Alfredo Augusto Becker equivocou-se ao dizer que não há relação jurídica entre Estado e substituído. A relação não é só lógica, envolvendo Estado, substituído e substituto, mas principalmente jurídica, interessando ao jurista, que irá compor a norma própria. O Autor se traiu quando disse que a substituição acontece por comodidade do Fisco ou por análises econômicas.[37] É que esses dados pouco importam para a ciência do direito. Para ela, o que vale é a identificação de uma norma constitucional e outra, distinta, mas ligada umbilicalmente àquela, infraconstitucional. Por outro giro verbal, o que nos interessa é identificar, na Constituição Federal, determinados sujeitos passivos tributários e observar que o legislador *escolheu* outras pessoas, colocando-as no polo passivo. Diante disso, o cientista vai verificar a licitude dessa conduta, utilizando para isso os instrumentais que sua ciência lhe disponibiliza.

35. Idem, pp. 517-521.
36. Idem, pp. 521-523.
37. Idem, p. 516.

Queremos deixar claro que rechaçamos todas as declarações que tentam justificar a substituição tributária – e quaisquer temas de sujeição passiva tributária – como sendo facilitador do trabalho do Fisco, como medida de comodidade administrativa ou outras que tais. Esses dados não deveriam interessar à dogmática jurídica, pois são próprios da política de Estado.

IV.2 – Rubens Gomes de Sousa

Contemporâneo de Alfredo Augusto Becker, Rubens Gomes de Sousa ensinava que o *sujeito passivo* ou *devedor* "é a pessoa obrigada a cumprir a prestação que constitui o objeto da obrigação que o sujeito ativo tem o direito de exigir".[38] A partir da distinção entre obrigação tributária principal e acessória, afirmava que "o sujeito passivo da obrigação principal, isto é, o obrigado a pagar o tributo, toma ainda o nome especial de *contribuinte*",[39] lições que posteriormente foram incorporadas ao Código Tributário Nacional, nos arts. 121 e 122.

Demonstrando como na década de 1950 o direito tributário ainda não era reconhecido, Rubens Gomes de Sousa afirmou que existiam três *critérios* possíveis para a identificação de quem era o contribuinte: os critérios territorial, político e econômico. Afastados os dois primeiros, surgia o critério econômico – não o jurídico, como é de se esperar na atualidade – como o melhor para identificar quem deve pagar o tributo. Assim:

"(...) o tributo deve ser cobrado da pessoa que esteja em relação econômica com o ato, fato ou negócio que dá origem à tributação; por outras palavras, o tributo deve ser cobrado da pessoa que tira uma

38. *Compêndio de Legislação Tributária*, edição póstuma, São Paulo, Ed. RT, 1975, p. 91. A 1ª edição é de 1952. Ao que parece, a partir das indicações dadas pelo Autor na "Advertência" a cada uma das edições, a parte indicada não sofreu alteração desde a 1ª edição.
39. Idem, p. 91.

vantagem econômica do ato, fato ou negócio tributado. Quando o tributo seja cobrado nessas condições, dá-se a sujeição passiva direta, que é a hipótese mais comum na prática."[40]

Eis o efeito da ciência das finanças, ainda presente nas lições do tributarista: o contribuinte não é, para Sousa, quem realiza o *fato gerador*, mas quem tem uma *vantagem econômica* no ato, fato ou negócio que será tributado. Evidentemente, a estipulação de quem obtenha "vantagem econômica" é muito mais ampla e subjetiva do que quem "realiza" o fato econômico descrito na regra de competência tributária.

Em seguida, o pioneiro apresenta a sujeição passiva indireta, para os casos em que "o Estado tenha interesse ou necessidade de cobrar o tributo de pessoa diferente" do contribuinte. Nas lições que estamos revisando, Sousa fixava duas modalidades de sujeição indireta: *transferência* e *substituição*. As justificativas, como se infere, continuam a ser as da ciência das finanças: interesse ou necessidade do Estado, não a aplicação de norma jurídica.

A substituição, de acordo com Sousa, "ocorre quando, em virtude de uma disposição expressa de lei, a obrigação tributária *surge desde logo contra uma pessoa diferente*" do contribuinte. Assim, no caso do "imposto de renda sobre dividendos de ações, o sujeito passivo direto é o acionista" mas, por dificuldade ou impossibilidade de cobrança, a lei atribui à sociedade anônima o dever de recolher o tributo, na qualidade de substituto tributário.[41]

Quanto à sujeição passiva indireta por transferência, ela "(...) ocorre quando a obrigação tributária, depois de ter surgido contra uma pessoa determinada (que seria o sujeito passivo direto), entretanto, *em virtude de um fato posterior*, transfere-se para outra pessoa diferente (que será o sujeito passivo indireto)".[42]

Felizmente, o vocábulo *transferência* não é usado por Rubens Gomes de Sousa em seu sentido econômico, mas lhe é dado um sentido jurídico. A *transferência*, como aprendido na lição, não se confunde com o fenômeno financeiro da *repercussão* – estudado pela ciência das finanças –, mas tem significado jurídico: por uma situação fática surgida após o nascimento do crédito tributário, a relação jurídico-tributária é transferida do sujeito passivo direto (contribuinte) para o sujeito passivo indireto. Assim, a transferência de que se cuida não é do dinheiro e nem do custo do tributo. A transferência a que o Autor alude diz respeito à alteração do polo passivo tributário, que passa de uma pessoa a outra.

Segundo Sousa, são três as hipóteses de transferência: a solidariedade, a sucessão e a responsabilidade.

A solidariedade ocorre na "hipótese em que duas ou mais pessoas sejam *simultaneamente* obrigadas pela mesma obrigação" (como na situação em que um imóvel tenha mais de um proprietário).[43] Anotamos, por oportuno, uma inconsistência nessa lição do mestre: a solidariedade, como se observa em seu próprio exemplo, não ocorre – necessariamente – "*em virtude de um fato posterior*", mas pode ser concomitante com o surgimento do fato imponível (fato gerador), que em seu exemplo é *ser proprietário de imóvel*. Deixemos mais claro esse importante aspecto, usando alguns exemplos para melhor compreensão. Imaginemos uma sucessão *causa mortis*, em que os herdeiros sejam o cônjuge sobrevivente e dois filhos do *de cujus*. Essas três pessoas serão solidariamente responsáveis pelo IPTU devido após a abertura da sucessão. Se o óbito ocorreu em 2009, podemos até aceitar que tenha havido um *fato posterior* em relação ao IPTU desse mesmo ano: a obrigação tributária surgiu contra uma pessoa, que posteriormente faleceu e deixou o imóvel como herança para mais de um herdeiro. Toda-

40. Idem, p. 92.
41. Idem, p. 93.
42. Idem, p. 92.

43. Idem, pp. 92-93.

via, imaginemos que o contribuinte, logo no início de 2009, quitou o tributo. Quando começar o novo exercício financeiro, em 2010, o crédito tributário já vai surgir contra os três contribuintes. Aqui haverá solidariedade e não terá havido, em relação ao IPTU de 2010, nenhum fato posterior. Como há mais de um proprietário no ano em que estejamos analisando, o *fato gerador* já terá nascido para mais de uma pessoa, solidariamente obrigada. Assim, podemos afirmar que a solidariedade é um efeito da tributação nas hipóteses em que existam mais de um contribuinte (sujeito passivo direto). Não se trata de *transferência* e nem tampouco de *sujeição passiva indireta*. Há, na solidariedade, *sujeição passiva direta*.

Pode haver solidariedade entre um contribuinte (sujeito passivo direto) e outra pessoa (sujeito passivo indireto), situação em que haverá transferência, mas ela não é necessária.

Como segunda modalidade, para Sousa, a sucessão ocorre diante do "*desaparecimento* do devedor original", quer por morte, quer por transferência entre vivos. No Código Tributário Nacional, a sucessão ocupou os arts. 129 a 133, rotulados de *responsabilidade por sucessão*. Aqui há, realmente, um fato posterior que transfere de uma pessoa para outra o dever de suportar o ônus fiscal. Aqui também não podemos generalizar a afirmação do jurista. Não devemos crer que sempre haverá o *desaparecimento* do devedor original. Basta lembrarmos de uma sucessão entre vivos: uma pessoa vende um automóvel para outra. O antigo proprietário não *desapareceu*, mas terá havido sucessão na relação jurídico-tributária.

Quanto à responsabilidade, ainda na obra pioneira de Rubens Gomes de Sousa, seu Autor assim a explicou:

"(...) é a hipótese em que a lei tributária responsabiliza outra pessoa pelo pagamento do tributo, quando não seja pago pelo sujeito passivo direto. No imposto de Sisa (transmissão de propriedade intervivos), o tabelião é responsável pelo imposto se não providenciar a sua cobrança no ato de passar a escritura."[44]

Ou seja, para Rubens Gomes de Sousa, escrevendo antes da edição do CTN, a responsabilidade tributária é uma punição. Pune-se o responsável pelo contribuinte não ter recolhido o tributo. No exemplo dado, é uma punição ao notário, por não ter observado o cumprimento do dever de pagar o tributo por parte do contribuinte.

Como será observado mais adiante, a consideração de que o responsável deve ser punido pelo fato de o contribuinte não ter recolhido o tributo segue sendo a referência de alguns aplicadores do direito, notadamente os exequentes: quando o contribuinte não paga o tributo, chama-se à lide executiva fiscal o responsável.

Rubens Gomes de Sousa esquematizou a sujeição passiva indireta nos seguintes termos:[45]

Sujeição passiva indireta
- Transferência
  - Solidariedade
  - Sucessão
  - Responsabilidade
- Substituição

Deixamos registrado nossa discordância com parte desse entendimento, principalmente com a consideração de que a solidariedade é uma forma de *sujeição indireta*, pois ela pode acontecer entre contribuintes (sujeição direta). Considerando os reparos que nos parecem devam ser feitos, sugerimos o seguinte esquema, a partir da obra de Rubens Gomes de Sousa:

a) Sujeição passiva direta → Contribuinte

b) Sujeição passiva indireta
- Transferência
  - Sucessão
  - Responsabilidade
- Substituição

Quanto à solidariedade, ela pode ser entre sujeitos passivos diretos, entre sujeito passivo direto e sujeito passivo indireto ou entre sujeitos passivos indiretos.

44. Idem, p. 93.
45. Idem, p. 93.

Feita a ressalva, prossigamos no estudo da sujeição passiva entre os tributaristas clássicos, verificando o último de nossa pesquisa.

IV.3 – Amílcar de Araújo Falcão

Amílcar de Araújo Falcão também escreveu antes da promulgação do Código Tributário Nacional.[46] Baseando-se na doutrina alemã que separa débito e responsabilidade, ele distinguia os sujeitos passivos pelo grau de envolvimento de cada um com a circunstância que faz nascer a obrigação tributária. Para Falcão, alguns são devedores porque realizaram o fato imponível (fato gerador), enquanto outros serão devedores porque a lei assim determina. Nesses termos, a responsabilidade tributária pode ser originária para o contribuinte, que possui o *Schuld* (débito) e o *Haftung* (responsabilidade pelo débito), ou derivada, para os não contribuintes, que possuem apenas o *Haftung*.[47] Em suas palavras:

"O que faz diferir um sujeito passivo de outro é, somente, a modalidade da responsabilidade tributária (*Haftung*) que a cada um diz respeito.

"Esta responsabilidade será originária ou derivada (*Nebenhaftung, Garantiehaftung*).

"O que distingue, precisamente, a primeira modalidade da segunda é que aquela independe de qualquer menção expressa na lei, enquanto a última tem que ser legalmente regulada de modo inequívoco."[48]

Assim, Falcão afirmava que o contribuinte é quem realiza o fato gerador, sendo que sua identificação "incumbe ao intérprete: independe de menção na lei".[49] Se o legislador estipula a incidência tributária sobre a venda, o contribuinte é o vendedor; se o tributo é sobre a compra, o contribuinte é o comprador; se o tributo é sobre a propriedade, o contribuinte é o proprietário. Acreditamos que a sistemática descrita é a melhor, tanto que identificamos a figura do *sujeito passivo constitucional*.[50]

Já em relação aos demais sujeitos passivos (não contribuintes), a responsabilidade é derivada, devendo ser estipulada expressamente pela lei, e "não excluem, pois, o devedor originário". Na responsabilidade derivada, "varia a intensidade desta responsabilidade, podendo ir da solidariedade à substituição completa do contribuinte".[51] Nesse sentido, Falcão passa a expor a distinção entre solidariedade e substituição, notadamente repassando a doutrina estrangeira que discute se o Fisco pode, "uma vez esgotado o patrimônio do substituto ou na impossibilidade de obter deste o tributo, ir haver do substituído sua prestação",[52] pugnando por haver *benefício de ordem* entre eles.

Falcão afirma que a substituição tributária não se confunde com a *repercussão* ou *traslação*, "hipótese esta de caráter econômico e destituída de qualquer relevância jurídica",[53] ponto que foi por nós enfrentando em item precedente.

Falcão define o substituto tributário como "aquele terceiro a quem a lei comete, com exclusividade, o dever de pagar um tributo alheio", aduzindo que essa "é uma figura típica do direito tributário, sem símile em qualquer outro ramo jurídico", exceto, como indica em nota de rodapé, no direito processual.[54]

46. *Introdução ao Direito Tributário*, 6ª ed., rev. e atual. por Flávio Bauer Novelli, Rio de Janeiro, Forense, 1999. A 1ª edição é de 1959, sendo que o Autor faleceu em 1967 (segundo Novelli, em "Nota do atualizador à 3ª edição", na mesma obra, p. IX). Assim, como Falcão faleceu pouco antes da edição do CTN, ele não teve tempo de atualizar seu livro ao Código.

47. Idem, pp. 85 e 86.

48. Idem, pp. 86 e 87.

49. Idem, p. 87.

50. *Sujeição Passiva e Responsabilidade Tributária*, cit., pp. 85 e ss.

51. *Introdução ao Direito Tributário*, cit., p. 87.

52. Idem, p. 88.

53. Idem, p. 89.

54. Idem, p. 90.

Falcão sustenta, ainda, a legitimidade de o contribuinte e o substituto impugnarem processualmente a exigência fiscal, além do direito de regresso desse para aquele. Significa dizer que, sempre que o substituto tributário satisfizer o crédito fiscal, ele poderá cobrar o valor despendido do contribuinte.

V – A repercussão da doutrina na legislação

O Código Tributário Nacional acarretou, em sua época, um notável avanço no direito tributário. O CTN não significou uma consolidação das leis fiscais então vigentes. Ele constituiu efetivamente novas relações jurídicas, postas em novos termos. No plano acadêmico, a repercussão foi o reconhecimento do direito tributário como disciplina da ciência jurídica, autônoma em relação às demais.

De certa forma, os poucos Autores consultados para o presente estudo refletem a baixa produção acadêmica, na especialidade *direito tributário*, existente em meados da década de 1960. Ou, pelo menos, reflete a baixa quantidade de textos que sobreviveram por 50 anos. Todavia, é possível fazermos um cotejo entre o que os Autores citados ensinavam e o que veio a compor o Código Tributário Nacional. Nele localizamos diversos dispositivos que estão relacionados a pontos levantados pela doutrina. Senão vejamos.

O primeiro que desperta nosso interesse é o art. 121, que pretensamente fixa os sujeitos passivos da obrigação de pagar tributos, fazendo-o nos seguintes termos:

"Art. 121. Sujeito passivo da obrigação principal é a pessoa obrigada ao pagamento de tributo ou penalidade pecuniária.

"Parágrafo único. O sujeito passivo da obrigação principal diz-se:

"I – contribuinte, quando tenha relação pessoal e direta com a situação que constitua o respectivo fato gerador;

"II – responsável, quando, sem revestir a condição de contribuinte, sua obrigação decorra de disposição expressa de lei.

"Art. 122. Sujeito passivo da obrigação acessória é a pessoa obrigada às prestações que constituam o seu objeto."

Conforme vimos no início deste estudo, a identificação de que o contribuinte é a pessoa que recolhe o tributo diretamente aos cofres públicos já estava clara para Aliomar Baleeiro, à época da ciência das finanças,[55] e para Alfredo Augusto Becker.[56] Mas a redação legal foi além, estipulando que o contribuinte é quem "tenha relação pessoal e direta" com o fato gerador, que significa mais do que simplesmente ter que recolher o tributo. A relação do contribuinte com o fato gerador, na realidade, antecede ao próprio nascimento da obrigação tributária, e está em consonância com as lições de Rubens Gomes de Sousa[57] e de Amílcar de Araújo Falcão.[58]

O legislador, no CTN, deixou a responsabilidade tributária muito vaga. Em princípio, todo aquele que não for contribuinte, mas que tiver que pagar o tributo, será responsável. O responsável, assim, é identificado por exclusão: aquele que tenha que pagar tributo sem ter relação pessoal e direta com o fato econômico. Essa informação estava em Aliomar Baleeiro,[59] mas foi rechaçada por Alfredo Augusto Becker,[60] que distinguiu entre responsáveis e substitutos.

A responsabilidade do tabelião estava presente nas lições de Becker e de Gomes de Sousa. No Código Tributário Na-

55. *Uma Introdução à Ciência das Finanças*, cit., p. 306.

56. *Teoria Geral do Direito Tributário*, cit., p. 487.

57. *Compêndio de Legislação Tributária*, cit., p. 92.

58. *Introdução ao Direito Tributário*, cit., p. 87.

59. *Uma Introdução à Ciência das Finanças*, cit., p. 306.

60. *Teoria Geral do Direito Tributário*, cit., pp. 508-509.

cional, ela veio prevista no art. 134, mas ao lado de diversas outras pessoas que não exercem relações similares, como a responsabilidade dos pais ou do síndico da massa falida. Nesse ponto, destaca-se, a nosso ver, a obra de Amílcar de Araújo Falcão, notadamente quando esse Autor identifica, na responsabilidade, o aspecto processual,[61] apesar dele ter se referido ao substituto.

Não está claro, até hoje, se o responsável é devedor de débito alheio (responsabilidade fiduciária) ou por débito próprio (responsabilidade como punição).

O legislador não incluiu o substituto legal tributário como a terceira modalidade de sujeição passiva, o que poderia ter feito no parágrafo único do art. 121 do CTN. Essa ausência constitui, para nós, do ponto de vista teórico, uma falha sistêmica. Além de aclarada por Becker, a distinção entre responsáveis e substitutos já estava na obra de Rubens Gomes de Sousa,[62] mas não foi repassada ou não foi aceita pelo legislador.

Uma das modalidades de substituição tributária, o diferimento do tributo já fazia parte dos ensinamentos da ciência das finanças, como se verifica em Aliomar Baleeiro.[63] Ao que nos parece, o diferimento está previsto, no CTN, no art. 128, assim vazado:

"Art. 128. Sem prejuízo do disposto neste capítulo, a lei pode atribuir de modo expresso a responsabilidade pelo crédito tributário a terceira pessoa, vinculada ao fato gerador da respectiva obrigação, excluindo a responsabilidade do contribuinte ou atribuindo-a a este em caráter supletivo do cumprimento total ou parcial da referida obrigação."

Por isso, seria possível que o CTN, no art. 121, estipulasse as três categorias de sujeitos passivos, assim resumidas:

I – contribuinte: a pessoa que tenha relação pessoal e direta com o fato gerador (ou a pessoa que realiza o fato imponível);

II – substituto: aquele que, sem ser o contribuinte, mas que esteja vinculado ao fato gerador, deva recolher o tributo;

III – responsável: aquele que, sem ser o contribuinte e sem ter vinculação com o fato gerador, deva recolher o tributo.

De outra parte, o legislador tratou da solidariedade melhor do que Rubens Gomes de Sousa. O mestre a colocava como uma forma de transferência,[64] enquanto no CTN ela está como um efeito da multiplicidade de sujeitos passivos, além de poder ser determinada em lei, como se confere:

"Art. 124. São solidariamente obrigadas:

"I – as pessoas que tenham interesse comum na situação que constitua o fato gerador da obrigação principal;

"II – as pessoas expressamente designadas por lei.

"Parágrafo único. A solidariedade referida neste artigo não comporta benefício de ordem."

Em realidade, quando há mais de um sujeito passivo (*v.g.* mais de um proprietário do mesmo bem), não há *transferência*. Há solidariedade pura e simples, como observou o legislador. Um ponto positivo na doutrina de Amílcar de Araújo Falcão foi quando ele afirmou que a responsabilidade derivada varia de intensidade, podendo ir da solidariedade até a substituição completa do contribuinte, o que pode ser conferido no CTN, arts. 129 a 137.

Conforme citado no início deste estudo, Aliomar Baleeiro[65] já havia ensinado sobre a retenção de tributos pela fonte pagadora, tema que também mereceu a atenção – provavelmente equivocada – de Alfredo Augusto Becker, conforme apontado

61. *Introdução ao Direito Tributário*, cit., p. 89.

62. *Compêndio de Legislação Tributária*, cit., p. 93.

63. *Uma Introdução à Ciência das Finanças*.

64. *Compêndio de Legislação Tributária*, cit., p. 93.

65. *Uma Introdução à Ciência das Finanças*, cit., p. 308.

anteriormente. No Código Tributário Nacional encontramos uma distinção entre contribuinte e retentor no Imposto sobre a Renda, como se confere:

"Art. 43. O imposto, de competência da União, sobre a renda e proventos de qualquer natureza tem como fato gerador a aquisição da disponibilidade econômica ou jurídica:

"I – de renda, assim entendido o produto do capital, do trabalho ou da combinação de ambos;

"II – de proventos de qualquer natureza, assim entendidos os acréscimos patrimoniais não compreendidos no inciso anterior."

"Art. 45. Contribuinte do imposto é o titular da disponibilidade a que se refere o artigo 43, sem prejuízo de atribuir a lei essa condição ao possuidor, a qualquer título, dos bens produtores de renda ou dos proventos tributáveis.

"Parágrafo único. A lei pode atribuir à fonte pagadora da renda ou dos proventos tributáveis a condição de responsável pelo imposto cuja retenção e recolhimento lhe caibam."

A leitura do texto legal deixa claro que o ensinamento da ciência das finanças estava correto e a sistemática de retenção de tributos ali prevista é, estruturalmente, a mesma até hoje. O legislador tratou melhor esse ponto do que Alfredo Augusto Becker.

O que mais se destaca, a nosso ver, na pesquisa que fizemos, diz respeito à não acolhida, pelo legislador, das incisivas e corretas investidas de Alfredo Augusto Becker contra a substituição tributária relacionada ao contribuinte de fato. O legislador optou por trazer as discussões que já existiam desde a ciência das finanças para o direito tributário, ao estipular que:

"Art. 166. A restituição de tributos que comportem, por sua natureza, transferência do respectivo encargo financeiro somente será feita a quem prove haver assumido o referido encargo, ou, no caso de tê-lo transferido a terceiro, estar por este expressamente autorizado a recebê-la."

Neste artigo, encontramos o efeito da teoria econômica da repercussão/traslação, exposta desde Alberto Deodato. Podemos dizer que há coerência entre a doutrina da ciência das finanças e a decisão legislativa, incluída entre os dispositivos que tratam do pagamento, não do sujeito passivo tributário. Contudo, conforme mencionado anteriormente, o legislador não agiu bem ao disciplinar a matéria econômica na lei fiscal, pois o direito não possui naturalmente os instrumentos de aferição da repercussão/traslação. Além disso, o legislador não preencheu o dispositivo legal (art. 166, citado) com as ferramentas que considerava aptas a comprovar a não transferência do encargo fiscal. Por outro giro verbal, o legislador não fixou como deveria ser a prova da assunção do ônus tributário, deixando uma abertura muito grande para os administradores públicos e para os juízes na análise das provas, o que pode inviabilizar a própria aplicação do dispositivo.

VI – À guisa de conclusão

No presente estudo, almejamos revisar os Autores clássicos – aqueles que escreveram antes da edição do Código Tributário Nacional e cujas obras chegaram até nós, interferindo na dogmática atual – em relação à sujeição passiva tributária.

Após a longa verificação realizada na dogmática, podemos afirmar, à guisa de conclusão, que a sujeição passiva tributária era assunto que não despertava interesse maior na ciência das finanças. Dentre os primeiros tributaristas, destacamos a obra de Alfredo Augusto Becker, altamente preocupado em desgarrar-se dos conceitos financeiros, todavia, sem lograr indiscutível êxito. Depois, Rubens Gomes de Sousa, Autor do anteprojeto que resultou no CTN, que foi mais feliz em sustentar pontos claramente jurídicos, mas cometendo falhas que hoje soam primárias. Por fim, Amílcar de Araújo Falcão desenvolveu uma importante teoria, fundamentando parte da sujeição passiva indireta como elemento tipicamente tributário, mas equiparado ao que existe no direito processual.

Podemos fazer uma correlação parcial entre a doutrina de Rubens Gomes de Sousa e a de Amílcar de Araújo Falcão. O primeiro chama de *sujeição passiva direta* o que para o segundo é *responsabilidade originária*, enquanto a *sujeição passiva indireta* está para a *responsabilidade derivada*.

A maior conclusão que tiramos do estudo realizado, entretanto, é que a sujeição passiva tributária, quer seja a direta, quer seja a indireta, não estava desenvolvida a contento quando da elaboração do CTN. Os Autores citados demonstram as divergências básicas existentes antes de 1966. Com isso, nossa Codificação Tributária reflete muitas das incertezas dogmáticas de sua época, notadamente nos arts. 121, 124, 128 e 166. O Código Tributário merece reparos profundos relacionados à sujeição passiva tributária e, também, no trato jurídico da repercussão econômica do custo dos tributos.

CADERNOS DE DIREITO TRIBUTÁRIO

AS PRESUNÇÕES DE DIREITO PÚBLICO

FLORENCE HARET

Doutora pela Faculdade de Direito do Largo São Francisco, USP. Professora e Pesquisadora do IBET-Instituto Brasileiro de Estudos Tributários. Professora da EPD-Escola Paulista de Direito, da ESPGE-Escola Superior da Procuradoria-Geral do Estado de São Paulo, do Curso de especialização em Direito Tributário na USP. Assistente Acadêmica de Paulo de Barros Carvalho na USP na Graduação nas turmas de Direito Tributário I e II.

1. Presunções como proibições fracas no Estado liberal brasileiro. 2. Presunções sistêmicas como mecanismos de reforço à prescritividade do direito. 3. "Fé pública": necessidade incontornável do Poder Estatal. 4. Palavras finais.

1. Presunções como proibições fracas no Estado liberal brasileiro

Para pensar as presunções no âmbito do direito público, isto é, naquilo que diz sobre as ações do Estado em sociedade, é preciso, antes, conjecturar sobre a própria formação dos modelos estatais que temos hoje.

Pois bem. Nem é preciso dizer que a figura do Estado é uma criação do homem. Era uma imposição necessária para fins de organizar a vida em coletividade. Sua presença se dá nas mais variadas formas, razão pela qual, ao longo da história, o ser humano foi moldando o papel do Estado em sociedade. De início, existia o *estado de natureza* em que a esfera do lícito imperava: tudo é permitido para todos. Percebendo que a liberdade exacerbada de uns prejudicava os direitos de outros, entra em campo o *estado*, em seu sentido entitativo, passando a limitar a ação do homem em benefício do bem-estar social. Contrapondo-se o estado de natureza, no outro extremo encontrava-se o *estado totalitário* que tornava tudo obrigatório. Aqui, a imperatividade se estendia em detrimento da liceidade: tudo é obrigatório. A repressão ao extremo também não foi bem-sucedida, pois criava situações de desigualdade e insatisfação social. Foi assim que se alcançaram as formações intermediárias do *estado civil*: (i) o *estado liberal* em que *tudo é permitido, exceto o que é proibido* e de onde se tira o princípio ontológico do direito particular ou do domínio civil; e o *estado socialista*, no qual *tudo é proibido, exceto o que é permitido*, pensamento ou princípio ontológico do direito do estado ou público. Enquanto no primeiro a liberdade era em função da inexistência de norma (lícito natural), no segundo, estávamos no campo da licitude jurídica, isto é, de onde existia norma que disciplinava o campo do permitido.

Fato é que o Estado brasileiro tem formação *liberal*, isto é, estrutura onde se deixa a máxima extensão à esfera da liceidade em relação àquela da im{peratividade no tocante às atividades do setor privado. Convivem no ordenamento jurídico os princípios ontológicos do direito, em que, para o Estado, *tudo é proibido, exceto o que é permitido em lei*; e, para os particulares, *tudo é permitido, exceto o que é proibido em lei*.[1] São regras que não se encontram expressamente veiculadas no Texto Maior, mas que traduzem uma experiência histórica na constituição do País. São pressupostos do próprio direito que sustentam o *estado liberal brasileiro*, e sendo tão somente preconcebidas, sem lei escrita que lhes dê lembrança, são consideradas proibições fracas para a ordem pública, ou permissões fracas para o privado.

Aliás, um passo que se nos apresenta importante nesse caminho é asseverar que esses princípios são eles mesmos definidores dos próprios regimes jurídicos público e privado: o primeiro, resguardando os interesses do Estado; o segundo, os direitos dos particulares. E, para explicar o que seriam estes, servimo-nos das lições de Tercio Sampaio Ferraz Jr.: "(...) o que define se um interesse é público ou privado não é sua repercussão intensa ou secundária sobre a sociedade, mas o regime que o disciplina. Ou seja, da multiplicidade dos valores sociais em jogo, cabe ao legislador decidir, por meio de validação condicional, quais deles serão reputados como manifestando um interesse público".[2]

Ora, com estas modulações e transportando a ascética jurídica para o campo das presunções, tenho que estas só são admitidas no direito público quando expressamente permitidas em lei, ou melhor, são *proibidas, exceto aquelas legalmente permitidas*. Em outros termos, os princípios ontológicos do direito público impõem ao Estado nacional *vedação fraca* no uso das presunções. Não havendo previsão legal, descabe à autoridade administrativa presumir fatos como bem entender para fins de criar direitos e deveres. Tal situação conferiria ao Executivo poderes de cunho legislativo, habilitando-o a atuar em sociedade tal como legislador, instituindo novos preceitos e novas imposições. Assim sendo, o princípio ontológico do direito público da mesma forma que a divisão dos poderes numa república federada impede o uso das presunções pelo Poder Público para criar direitos e deveres novos quando estas não vierem expressamente em lei.

2. *Presunções sistêmicas como mecanismos de reforço à prescritividade do direito*

Indo além, outra importante reflexão das presunções em âmbito público diz respeito às suas funções sistêmicas. O próprio ordenamento cria determinadas presunções que cumprem relevante papel na manutenção do Estado e na estabilização das relações jurídicas. Maria Rita Ferragut já o mencionara anteriormente, dizendo: "Finalmente, é possível encontrar um número reduzido de presunções criadas não para suprir deficiências probatórias, mas para *preservar o interesse público, a estabilidade do sistema e a segurança das relações sociais*, tais como as presunções de constitucionalidade das leis e certeza e liquidez da dívi-

1. Vem a ponto a síntese de Norberto Bobbio: "Na esfera da regulamentação da autonomia privada vale o postulado de que tudo é permitido, exceto aquilo que é proibido, enquanto na esfera da regulamentação dos órgãos públicos, vale o postulado oposto de que tudo é proibido, exceto aquilo que é expressamente permitido. (...).

"Em caso de lacuna, *se um sistema de imperativos se rege pelo primeiro postulado, resulta que o comportamento não previsto deve ser considerado permitido*; se se rege pelo segundo, o comportamento não previsto deve ser considerado proibido" (Norberto Bobbio, *Teoria Geral do Direito*, São Paulo, Martins Fontes, 2008, p. 112. Grifos nossos).

2. Tercio Sampaio Ferraz Jr., "A relação meio/fim na teoria geral do direito administrativo", *Revista de Direito Público* 61/27-33, São Paulo, Ed. RT, ano XV, jan.-mar./1982.

da inscrita, estas contidas no artigo 204 do Código Tributário Nacional"[3] (grifos nossos).

De fato, o regime do direito público se apoia juridicamente em dois pilares: (a) supremacia do interesse público sobre o privado e (b) indisponibilidade dos interesses públicos. É a partir deles que se justificam determinadas presunções que cumprem o papel de *preservar o interesse público, a estabilidade do sistema* e a *segurança das relações sociais*. E elas são chamadas das mais variadas formas: presunção de constitucionalidade das leis; presunção de validade, de legalidade, de veracidade ou mesmo de legitimidade dos atos jurídicos; presunção de fé pública; presunção de certeza e liquidez da dívida inscrita; entre tantas outras que poderíamos enumerar a título elucidativo. Chamemo-las de presunções *sistêmicas* para simplificar a ideia de que todas funcionam como meio para assegurar um fim ou que exprimem seu valor: a segurança jurídica, o sistema do direito, o interesse público, etc. E é novamente em Tercio Sampaio Ferraz Jr. que buscamos guarida: "*Estas consequências exprimem fins, como a proteção assegurada aos interesses públicos*, aos quais se ligam meios que lhes são pressupostos, como a presunção de veracidade e legitimidade dos atos administrativos, benefícios de prazos em dobro, prazos especiais para prescrição de ações, etc."[4] (grifos nossos).

Pois bem. Diante desse quadro, aliás corriqueiro nos ordenamentos jurídicos, há necessidade premente de ater-se o exegeta a que tais presunções assegurem a exigibilidade dos atos dos Poderes Executivos ou Legislativos, dando a ele efetiva eficácia social. Cabe ao Judiciário, como guardião da justiça, ponderar num segundo momento, e se contestada por quem de direito, a validade desses tipos presuntivos. Portanto, são regras que funcionam para assegurar a certeza e a segurança jurídica do ato do Executivo ou Legislativo, até que, porventura, seja questionada sua validez e, em nome de um sobrevalor – *justiça* –, seja declarada pelo Judiciário sua expulsão do sistema.

Entre outros pontos de relevo, convém destacar ainda que milita para o Judiciário a presunção de validade, de legalidade, de veracidade ou mesmo de legitimidade dos atos jurídicos. Agora, é ele, Poder Judiciário, ao seu modo, que fará a própria revisão de seus atos, ou melhor, de suas decisões, sopesando, em instâncias superiores, a validade das presunções em função de estabilizar o sistema e conferir segurança às relações sociais e jurídicas instituídas por ele mesmo. Em outras palavras, é a ordem posta que dirá a forma de contestar e expulsar ato do Judiciário que tenha sido produzido, por exemplo, por juiz incompetente. E esse é o objetivo dos arts. 112 a 124 do CPC.

Retornemos da digressão para reafirmar a relevância do Poder Judiciário em decidir sobre a validade dessas presunções *sistêmicas*. Segundo Carlos Maximiliano em aprofundado estudo sobre o tema, o Judiciário só deve fazer uso dessa prerrogativa, invalidando a presunção, quando esta violar gravemente ou deixar de aplicar o estatuto básico, como depreendemos do trecho transcrito abaixo:

"366 – III. Todas as presunções militam a favor da validade de um ato legislativo ou executivo; portanto, se a incompetência, a falta de jurisdição ou a inconstitucionalidade, em geral, não estão acima de toda dúvida razoável, interpreta-se e resolve-se pela manutenção do deliberado por qualquer dos três ramos em que se divide o Poder Público. Entre duas exegeses possíveis, prefere-se a que não infirma o ato de autoridade. Oportet ut res plus valeat quam pereat.

"Os tribunais só declaram a inconstitucionalidade de leis quando esta é eviden-

3. Maria Rita Ferragut, *Presunções no Direito Tributário*, São Paulo, Dialética, 2001, p. 81.

4. Tercio Sampaio Ferraz Jr., "A relação meio/fim na teoria geral do direito administrativo", *Revista de Direito Público* 61/27-33, cit.

te, não deixa margem a séria objeção em contrário. Portanto, se, entre duas interpretações mais ou menos defensáveis, entre duas correntes de ideias apoiadas por jurisconsultos de valor, o Congresso adotou uma, o seu ato prevalece. A bem da harmonia e do mútuo respeito que devem reinar entre os poderes federais (ou estaduais), o Judiciário só faz uso da sua prerrogativa quando o Congresso viola claramente ou deixa de aplicar o estatuto básico, e não quando opta apenas por determinada interpretação não de todo desarrazoada.

"367 – IV. Sempre que for possível se fazer demasiada violência às palavras, interpreta-se a linguagem da lei com reservas tais que se torne constitucional a medida que ela institui, ou disciplina.

"(...).

"373 – X. (...) Cumpre ao legislador e ao juiz, ao invés da ânsia de revelar inconstitucionalidades, mostrar solicitude no sentido de enquadrar na letra do texto antigo o instituto moderno."[5]

A despeito de alguns exageros conclusivos do autor, vale ressaltar sua ideia central que nos parece útil para o momento do estudo. Para o civilista, a declaração de invalidade dessas presunções prejudica o papel relevante que elas têm no sistema. Levando às últimas consequências, se forem recorrentemente expulsas da ordem posta, a própria estabilidade do ordenamento e a segurança das relações deixam de ser alcançadas, pois sua validade ou licitude não mais é regra e passa a ser exceção. Logo, harmonizando essas ideias, vê-se imprescindível que a invalidação dos enunciados presuntivos, em função sistêmica, deve permanecer enquanto situações raras. Eis o motivo pelo qual o jurista citado insiste em que o Judiciário tenha ciência disso e pondere, caso a caso, todos os caminhos exegéticos possíveis para atribuir validez à situação jurídica antes de dar o último passo para garantir a inteireza da ordem posta, qual seja: revogação de lei que institui a presunção, no plano geral e abstrato, ou invalidade do ato público e, por consequência, da presunção que milita em seu favor. Assim, defende o autor: *entre duas exegeses possíveis, prefere-se a que não infirma o ato de autoridade.*

Cremos que a teoria de Carlos Maximiliano, que se reduz à regra acima apresentada, só é confirmada quando o valor da regra presuntiva ou os beneficiários que ela traz ao sistema for maior que aquele que, para se fazer prevalecer, prescinde de expulsão de norma presuntiva do sistema. No direito, mais que conflitos de normas, haverá sempre embate de valores, razão pela qual a contranota do eminente professor, em certas situações, exija reparos, uma vez que torna o assunto simplificado demais em face de sua complexidade.

No campo do direito tributário, Suzy Gomes Hoffmann redimensiona o que se deva entender por *presunção de legitimidade em favor do ato administrativo do lançamento*, descrevendo-a da seguinte forma:

"A presunção de legitimidade em favor do ato administrativo do lançamento quer significar que, por ter sido emitido por agente competente, se presume válido, até que seja posto fora do sistema por outra norma.

"Por conseguinte, não é porque o funcionamento do sistema do direito exige a presunção de que todas as normas são válidas até que sejam postas fora do sistema pelos meios competentes, que se pode concluir que o conteúdo dessas normas está em sintonia com as regras do sistema e com os enunciados fáticos a que deve corresponder.

"Além do mais, não pode ser invocado o princípio da supremacia do interesse público ao interesse particular para fortalecer o entendimento de que há a presunção de legitimidade do conteúdo do ato administrativo do lançamento tributário, pois, como visto, o interesse público é pelo cumprimento da lei.

5. Carlos Maximiliano, *Hermenêutica e Aplicação do Direito*, 11ª ed., Rio de Janeiro, Forense, 1991, pp. 306-309 e 311.

"Portanto, se for verificado que no ato de lançamento tributário não se observou o necessário detalhamento do relato do fato, a necessária adequação do fato e da relação jurídica instaurada aos padrões definidos na norma geral e abstrata, não deve prevalecer tal ato, devendo ser expulso do sistema em detrimento do fato de que, da sua manutenção no sistema, poderia advir Receita ao Estado"[6] (grifos nossos).

Bem se vê que, no campo dos tributos, a presunção de legitimidade (do lançamento) nada tem a ver com a desnecessidade de provar o fato jurídico tributário e fazer cumprir os termos da lei. Pelo contrário, à autoridade fiscal cabe motivar seus atos, apresentando todos os meios de provas aptos e necessários para a constituição do fato antecedente da norma exacional. Assim, a ela também incumbe demonstrar a necessária adequação do fato e da relação jurídica instaurada aos padrões definidos na norma geral e abstrata. São atitudes que, juntas, identificam os princípios da tipicidade e da legalidade tributária, ambos cumprindo com a função de fazer efetivar a segurança jurídica em âmbito das relações que envolvem tributos. Portanto, reafirmamos, como corolário inevitável da atividade pública e do princípio ontológico que institui seu regime jurídico, que a legalidade deve estar presente em todas as ações do Poder Público.

3. *"Fé pública": necessidade incontornável do Poder Estatal*

Postulados os conceitos da presunção no direito público de um modo geral, voltemos nossas atenções a um caso presuntivo específico: a *fé pública*. Na história, o conceito de *fé pública* vem acompanhando a formação da estrutura organizacional do Estado. Vê-se que, em todas as nações modernas, a relação administrativa – entre Estado e particular ou entre as entidades daquele entre si – não subsiste sem que se conceda aos entes públicos a vantagem deste instituto. Segundo Ney José de Freitas: "Talvez, como pensam alguns, a nascente da presunção de validade sejam as ordenações do reino, quando surgiu a necessidade de implantar, em nosso país, a estrutura fundamental da Administração Pública. Nessa quadra, sem dúvida, havia a necessidade incontornável de dotar a Administração Pública de determinadas prerrogativas, sem as quais seria difícil, ou impossível, administrar o país. Os documentos públicos, dessa forma, deveriam ser aceitos, inexistindo possibilidade de recusa, notadamente no que se refere aos particulares".[7]

Em verdade, o próprio Supremo Tribunal Federal já se manifestou no sentido de que a *fé pública* está na origem ou na nascente da presunção de validade,[8] a partir da qual se viabilizou a montagem da estrutura fundamental da Administração Pública. *Fé pública* nada mais significa que uma necessidade incontornável da Admi-

6. Suzy Gomes Hoffmann, *Prova no Direito Tributário*, Campinas, Copola, 1999, pp. 179-180.

7. Ney José de Freitas, *Ato Administrativo: Presunção de Validade e a Questão do Ônus da Prova*, Belo Horizonte, Fórum, 2007, pp. 116-117.

8. Veja-se voto do Ministro Carlos Ayres Britto: "Parece-me evidente, como está no voto do douto Ministro Gilmar Mendes – e peço vênia à eminente Ministra Relatora Ellen Gracie –, neste caso, o direito ao contraditório e à ampla defesa é direito que emerge, exsurge elementarmente e, aliás, é o objeto da segurança; o direito líquido e certo reclamado é o de ser ouvido nesse momento da desconstituição de um ato oficial, que vigorou por dezoito anos.

"*A própria Constituição assevera, no art. 19, inciso II, que não se pode 'recusar fé aos documentos públicos'. Essa é uma das matrizes do princípio da presunção de validade dos atos jurídicos*. Nesse caso, o Tribunal de Contas, para desfazer o seu próprio ato, poderia, sim, a qualquer momento, desfazer, mas desde que conferisse à parte privada o direito a contraditório e à ampla defesa.

"Agora, que houve fraude, é evidente que sim. Porém, sobrepaira no Direito aquela ideia tão magnificamente exposta por von Ihering, segundo a qual 'a forma é inimiga do capricho e irmã gêmea da liberdade'. Então, a forma recomendada pela Constituição há de ser observada" (STF, MS 24.268-0-MG, Rel. Gilmar Mendes, *DJU* 17.9.2004, voto do Ministro Carlos Ayres Britto, p. 195. Grifos nossos).

nistração Pública (causa) ou determinada prerrogativa que sustenta o mecanismo do Poder do Estado. Enfim, é um dos atributos que viabiliza a comunicação jurídica do Estado com seus jurisdicionados garantindo a eficácia de suas prescrições. Ela cria os efeitos de estabilidade, de previsibilidade e, consequentemente, de segurança, pressupostos gnoseológicos do direito positivo. É uma recorrência no modo de reconstruir a "realidade" jurídica. Tomamo-la como modelo coerente de captar e constituir o direito ou como técnica que institui uma permanência dentro da própria ordem posta. Ao estabilizar este modo linguageiro de criar realidade, firmado num *crer* e num *fazer crer* do enunciador para o enunciatário, fica estabelecida a previsibilidade reconhecível da própria atuação estatal. Por meio da *fé pública*, toda atitude do Estado adquire *status* de verdade, um *parecer verdadeiro* a que, no caso da Administração Pública, é atribuído tonicidade mais forte.

Vem-nos a talho o exemplo dos registros públicos, demonstração eloquente desse conceito. Sobre o assunto, já na década de 1940, San Tiago Dantas, um dos mais altos renomes do direito brasileiro, ponderava: "Dois princípios regem a organização do registro civil: o princípio da fé pública dos assentos, do qual decorre a consequência acabados de enunciar e o princípio da continuidade dos assentos, o qual diz apenas respeito à técnica dos registros civis".[9]

E continuou: "O efeito fundamental do registro civil é este: Ninguém pode fazer prova em juízo contra os assentos de registro civil; o que nele se diz não se pode atacar por outra prova. Se o registro civil diz que fulano tem 20 anos, não se pode provar, nem com documentos, nem com testemunhas, nem com perícias, nem com indícios, que esse alguém tem 15 ou 16 anos. Se o registro civil diz que fulano é casado, em vão se tentará provar com quaisquer recursos que não o é. Se o Registro Civil diz que alguém já morreu, nem mesmo exibindo a pessoa é possível provar que esse alguém está vivo. O registro cria, por conseguinte, uma presunção a respeito do estado civil das pessoas, não podendo ser atacada por nenhuma outra prova".[10]

O pensamento padece de exageros, razão pela qual, desde já, colocamos parênteses ao excesso do civilista em dizer que o registro não admite prova em contrário. Bem se vê que mesmo as presunções que militam em benefício do registro público podem ser ilididas apresentando-se documento que diga o contrário conforme preceito do art. 4º, II, do CPC. A fé pública apresenta-se sim como presunção relativa, admitindo prova que desconstitua o fato registrado mediante procedimento previsto em lei. Este é também o entendimento de Fabiana Del Padre Tomé: "(...) o documento público faz prova não só de sua formação, mas também dos fatos que o escrivão, o tabelião, ou o funcionário declarar que ocorreram em sua presença (art. 364). Trata-se, todavia, de presunção relativa de veracidade, podendo ser ilidida por outras provas constantes dos autos, de modo que sua falsidade é susceptível de ser declarada judicialmente por meio de ação autônoma (art. 4º, II, do CPC) ou de forma incidental no processo em que o documento foi apresentado".[11]

Feita a ressalva, voltemos ao pensamento de San Tiago Dantas. Observa-se que o que se tem, sim, é o direito criando sua própria realidade por meio da linguagem que ele mesmo escolheu como competente para comunicar seus conteúdos normativos. Isto é, ao registro atribui-se fé pública e, sendo o meio próprio para regular a existência e a vida do cidadão em so-

9. San Tiago Dantas, *Programa de Direito Civil. Parte Geral*, 4ª tir., Rio de Janeiro, Editora Rio, 1979, p. 184.

10. Idem, ibidem, p. 184.

11. Fabiana Del Padre Tomé, *A Prova no Direito Tributário*, São Paulo, Noeses, 2005, p. 112.

ciedade, é dotado de força constitutiva maior do que as outras formas probatórias, sendo muito mais trabalhoso – procedimento mais complexo e demorado – alterar a realidade jurídica que se constituiu por meio do registro público do que nas demais formas em direito admitidas. Deste modo, este institui a figura do cidadão em sociedade.[12]

Pondere-se que o cidadão nada mais é que um *ator* no universo jurídico, uma figura, ou melhor, um figurante instituído na cena enunciativa de uma sociedade. Sua existência, sua função, seu fim ocorrem em face de uma presunção e de acordo com o que regula o direito, que, deste modo, é o enunciado por excelência criador dos sujeitos de direitos e de deveres e firmador dos valores culturais daquela realidade social. A presença da linguagem no direito e seu potencial criativo, portanto, ficam evidenciados neste exemplo.

Surpreendemos, aqui, mais uma contribuição de Paulo de Barros Carvalho, que, pioneira e magistralmente, ressaltou a relação essencial entre direito e linguagem: "É que, muitas vezes, o direito posto não se satisfaz com a linguagem ordinária que utilizamos em nossas comunicações corriqueiras: exige uma forma especial, fazendo adicionar declarações perante autoridades determinadas, requerendo a presença de testemunhas e outros requisitos mais. Justamente o que sucede no caso do nascimento. A linguagem do direito não aceita as comunicações que os pais fazem aos vizinhos, amigos e parentes. Impõe, para que o fato se dê por ocorrido juridicamente, um procedimento específico. Eis a *linguagem do direito positivo* (Ldp) incidindo sobre a *linguagem da realidade social* (Lrs) para produzir uma unidade na *linguagem da facticidade jurídica* (Lfj)".[13]

A *fé pública* integra-se ao fato como fonte que atribui força veredictória ao enunciado factual. Instaura o crer do direito na facticidade jurídica, estabelecendo a previsibilidade reconhecível da própria atividade do Estado.[14] Com este instrumento, a ação estatal se torna possível e exequível, e isso é bastante recorrente em toda a extensão do direito positivado em lei.

A propósito, citemos concisamente o art. 19 da CF/1988 que diz sobre a *fé pública*:

"Art. 19. É vedado à União, aos Estados, ao Distrito Federal e aos Municípios:

"(...).

"II – recusar fé aos documentos públicos."

O estudo deste enunciado se inicia pela sua estrutura composicional, isto é, observa-se o texto dividido em título, capítulo, artigo e inciso. O Título "Organiza-

12. Sobre o assunto, eis a síntese de Roberto Dromi: "Para exercer a cidadania é preciso existir o direito-dever à participação, e neste sentido, a participação cidadã dá forma ao direito dos cidadãos de serem atores nas propostas, no desenho, na implementação e avaliação das políticas públicas. Isto acarreta importantes consequências no plano cívico da ética social" (Roberto Dromi, *Sistema Jurídico e Valores Administrativos*, Porto Alegre, Fabris, 2007, p. 212).

13. Paulo de Barros Carvalho, *Curso de Direito Tributário*, 22ª ed., São Paulo, Saraiva, 2010, p. 426.

14. Neste sentido, um pensamento de Humberto Theodoro Jr. não pode deixar de ser mencionado: "(...) a presunção de veracidade acobertada pela fé pública do oficial só atinge os elementos de formação do ato e a autoria das declarações das partes, e não o conteúdo destas mesmas declarações" (*Curso de Direito Processual Civil*, vol. 1, Rio de Janeiro, Forense, 1998, p. 446). Observa-se que forma e conteúdo são indissociáveis. Mas o que pretende o autor é separar na *fé pública* o enunciado do veículo introdutor (enunciação-enunciada) e a norma introduzida (mensagem ou enunciado-enunciado). Para ele, numa concepção mais restritiva de *fé pública*, a presunção se faz presente tão só na norma introdutora, autenticando os pressupostos ou a legalidade dita formal do ato: (a) autoridade ou agente competente; (b) objeto lícito; (c) procedimento previsto em lei; (d) publicidade; (e) motivo; e (f) finalidade ou objetivo. Temos que, sendo indissociáveis forma e conteúdo, admitindo-se estes somente em termos epistemológicos, a *fé pública*, a nosso ver, é conceito mais abrangente, abraçando tanto veículo introdutor quanto norma introduzida. Nesta temática, admitir a *fé pública* de forma restritiva é desconsiderar a razão pela qual foi colocada no sistema, retirando dela todo o seu conteúdo prático e seus objetivos primordiais no sistema.

ção do Estado" adquire especificidade no capítulo ("I"), que o especifica na seguinte forma: "Da Organização Político-Administrativa". Ora, que tipo de organização do Estado? A "Organização Político-Administrativa". Repisemos que a subdivisão do texto constitucional é indício relevante para se caracterizar o grau de importância que se dá ao texto enunciado. Transportadas essas reflexões à expressão em enfoque – *fé pública* – verifica-se que pela sua própria localização estrutural, no terceiro título da Constituição denominado "Da Organização do Estado", é um conceito que sustenta ou dá embasamento à estrutura do conjunto das instituições que controlam e administram a nação brasileira. Sua relevância está, portanto, bem caracterizada pela simples leitura da composição física do enunciado no Texto Maior da CF/1988.

Em outras palavras, o Estado, país soberano, com estruturas próprias e politicamente organizado, passou a uma redução de conteúdo, e tudo aquilo que vem abaixo do capítulo prescreve apenas o domínio das instituições estatais que se circunscrevem à política e à administração. No que concerne à teoria das classes e dos conjuntos, não se submetem ao conceito de *fé pública* constitucionalmente estabelecida, portanto, as instituições do Legislativo e do Judiciário, uma vez que não estão incluídas na noção de "político-administrativa" que exige a expressão do Capítulo I da Constituição. Isto explicaria, por exemplo, o motivo por que se habilita tanto aos magistrados, em suas sentenças ou acórdãos, quanto aos legisladores, na feição de uma nova lei, a possibilidade de mitigar o efeito e a força da *fé pública* nesses outros enunciados que elaboram.

4. Palavras finais

Sendo assim, as considerações acima expostas armam-se ao propósito de elucidar que, no direito do Estado, as presunções têm um papel todo especial. Cumprem com funções sistêmicas, na medida em que garantem a eficácia dos atos jurídicos do Poder Público até que sejam expulsos pelo sistema pelo Poder Judiciário.

Finalmente, firmemos ainda que as presunções de direito público submetem-se ao regime de direito estatal, qual seja *tudo é proibido, exceto o que é permitido em lei*. Logo, no domínio do direito do Estado, salvo as do tipo sistêmicas que têm um papel próprio no direito, as presunções outras são permitidas apenas quando expressamente autorizadas por lei. Existe uma *vedação fraca* ao Poder Público que proíbe a autoridade administrativa de presumir nos casos não expressamente autorizados pela lei; imposição que se verifica ao analisar em conjunto o princípio ontológico do direito público, assim como os princípios da segurança jurídica, legalidade e tipicidade.

CADERNOS DE DIREITO TRIBUTÁRIO

SUBSTITUIÇÃO TRIBUTÁRIA E REPETIÇÃO DO INDÉBITO: LEGITIMIDADE PROCESSUAL

MARCELO DE LIMA CASTRO DINIZ
Mestre em Direito pela Universidade Estadual de Londrina. Doutorando em Direito Tributário pela PUC/SP. Professor do IBET, PUC/Londrina e Escola da Magistratura do Paraná. Advogado.

1. Introdução. 2. Sujeição passiva tributária. 3. Substituição tributária. 4. Cobrança e pagamento no âmbito da substituição tributária. 5. A regra veiculada pelo art. 166, do CTN. 6. Legitimidade processual em ação de repetição de indébito tributário: 6.1 Legitimidade do substituído; 6.2 Legitimidade do substituto; 6.3 Legitimidade do "contribuinte de fato". 7. Conclusões.

1. Introdução

O pagamento indevido, em relação jurídica sujeita à substituição tributária, gera a indagação de quem tem legitimidade para postular a repetição. Quem tem direito à restituição: a pessoa que tem o dever de satisfazer a prestação tributária, isto é, o *substituto* (responsável), ou o *substituído* (contribuinte), quem de fato experimenta diminuição patrimonial? Há relação jurídica tributária entre *substituto* e *substituído* ou se trata de relação sujeita ao direito privado? E entre *substituído* e Fisco? Qual a natureza do que é pago pelo *substituto* e pelo *substituído*? A norma veiculada pelo art. 166, do CTN, aplica-se à repetição de indébito tributário pago em regime de substituição tributária?

Este trabalho tem por escopo oferecer respostas às referidas indagações, sem qualquer propósito de esgotar o tema.

2. Sujeição passiva tributária

O art. 121 do Código Tributário Nacional prescreve que a sujeição passiva tributária poderá recair sobre o contribuinte ou o responsável. Contribuinte é o sujeito que realiza o fato jurídico tributário, revela capacidade contributiva e é o destinatário constitucional da tributação (*sujeição passiva direta*). Já responsável, o sujeito a quem a lei impõe o dever de satisfazer a prestação tributária, sem se revestir da condição de contribuinte (*sujeição passiva indireta*).

O art. 128, do CTN, dispõe sobre a possibilidade de a lei atribuir ao responsável, a sujeição passiva tributária, em caráter exclusivo ou supletivo: "Art. 128. Sem prejuízo do disposto neste capítulo, a lei pode atribuir de modo expresso a responsabilidade pelo crédito tributário a terceira pessoa, vinculada ao fato gerador da respectiva obrigação, excluindo a responsabilidade do contribuinte ou atribuindo-a a este em caráter supletivo do cumprimento total ou parcial da referida obrigação". Este preceito constitui a matriz infraconstitucional da substituição tributária.

Os sujeitos da relação jurídica tributária, ativo e passivo, nem sempre coincidirão com a pessoa que institui o tributo (*competência tributária*) ou com o beneficiário da receita tributária (*parafiscalidade*) ou com a pessoa que ostenta capacidade para praticar o fato jurídico tributário (*capacidade tributária ativa*), ou ainda a pessoa que realiza o fato jurídico tributário e revela capacidade contributiva (*contribuinte*). Não há simetria entre as mencionadas relações jurídicas:[1] a mera alteração da posição dos sujeitos não determina o regime jurídico aplicável. Há regras e princípios distintos para cada uma dessas situações jurídicas.

A *relação jurídica de repetição de indébito tributário*, oriunda do fato *pagamento ou cobrança indevida de tributo*, não terá, necessariamente, os mesmos sujeitos da relação jurídica tributária. Nem sempre o sujeito passivo da relação jurídica tributária será sujeito ativo da relação jurídica de repetição do indébito tributário.

A relação tributária é jurídica e patrimonial e esses dados fundamentais devem ser considerados para a correta compreensão do tema. Por se tratar de relação jurídica, o direito estabelece seus limites, contornos, sujeitos, objeto e natureza; por ser patrimonial, a relação tributária encerra o dever de entregar soma em dinheiro aos cofres públicos (obrigação tributária principal *ex vi* do art. 113, § 1º, do CTN). Trata-se de relação que, a par de viabilizar a realização de valores constitucionais, significa, sob o prisma subjetivo, *diminuição patrimonial*.

3. *Substituição tributária*

A substituição tributária constitui técnica de arrecadação que visa, precipuamente, à realização do primado da eficiência, consagrado pelo art. 37, da CF. Mas substituição tributária é, acima de tudo, norma jurídica.[2]

A Constituição Federal se reporta à substituição tributária no art. 150, § 7º, como técnica capaz de viabilizar a imposição de obrigação tributária antes da ocorrência do fato jurídico tributário ("fato gerador presumido").

Os enunciados dos arts. 121 e 128, do CTN, conjugados ao art. 150, § 7º, da CF, conferem os contornos da substituição tributária. Sua conformação jurídica é a seguinte: (i) previsão legal; (ii) contribuinte, que será *substituído*; (iii) responsável, que figurará como *substituto*; (iv) direito do *substituto* de descontar e reter o montante devido do *substituído*; (v) dever do *substituto* de repassar o respectivo valor ao sujeito ativo, na forma e prazo estipulados em lei.

A substituição tributária não encerra solidariedade, precisamente porque implica a "substituição" do contribuinte pelo responsável: o dever de cumprir a prestação tributária é cometido ao responsável, em caráter exclusivo ou supletivo.

O regime jurídico é sempre o do *substituído* e não do *substituto*. Nesse sentido, se o *substituído* é titular de imunidade ou isenção tributária, não haverá o dever de satisfazer a prestação pelo *substituto*. Constitui equívoco exaltar a pessoa do *substituto* na substituição tributária, pondo-se o *substituído* em plano inferior. A instituição do tributo tem em mira, sempre, a pessoa do contribuinte (isto é, do *substituído*), pois é dele que o Estado intenta transferir recursos de modo coativo. A substituição tributária não põe o contribuinte em posição extrajurídica, tampouco lhe retira a condição de sujeito de relações jurídicas.

A substituição tributária dá origem a três relações jurídicas: (i) *relação jurídica entre substituído e Fisco*, que tem por ob-

1. "Uma relação é simétrica quando, se ocorre entre 'x' e 'y', também se dá entre 'y' e 'x'. São simétricas as relações: 'casada com', 'vizinho de', 'compatível com', 'paralela a', e muitas outras" (Paulo de Barros Carvalho, *Direito Tributário, Linguagem e Método*, São Paulo, Noeses, 2008, p. 104).

2. *Responsabilidade Tributária e o Código Civil de 2002*, 2ª ed., São Paulo, Noeses, 2009, p. 63.

jeto o dever de pagar importância a título de "tributo" (*R1*); (ii) *relação jurídica entre substituído e substituto*, mediante a qual é assegurado o direito ao desconto e à retenção do valor correspondente ao "tributo" (*R2*); (iii) *relação jurídica entre substituto e Fisco*, que impõe o dever de entregar a importância descontada do substituído, a título de "tributo" (*R3*).

As três relações são regidas pelo direito positivo e, todas, têm natureza tributária,[3] embora a *relação jurídica tributária, em sentido estrito (relação jurídica tributária de primeiro nível)*, vincule apenas o *substituto* e o Fisco (*R3*). Em *R1*, há uma *relação jurídica tributária em sentido amplo* entre *substituído* e sujeito ativo (*relação jurídica tributária de segundo nível*), na medida em que é o *substituído* quem pratica o fato jurídico tributário e revela capacidade contributiva. Já em *R2*, também há uma relação jurídica tributária em sentido amplo entre *substituto* e *substituído* (*relação jurídica tributária de terceiro nível*), visto que é assegurado ao *substituto* descontar ou reter ("cobrar") o montante devido a título de tributo, para posterior repasse ao Fisco.

Enfim, todas essas relações são jurídicas e tributárias, pois disciplinadas pelo direito positivo tributário, que congrega normas sobre instituição, arrecadação e fiscalização de tributos. Negar caráter tributário às mencionadas relações jurídicas implicaria negar relevância à ocorrência do fato jurídico tributário ou à manifestação de capacidade contributiva por parte do substituído ou ainda amesquinhar a atividade de cobrança tributária exercida pelo *substituto* em relação ao *substituído*. Significaria, enfim, negar caráter de tributo àquilo que constitui dever do *substituído* (submeter-se ao desconto e à retenção) e do *substituto* (entregar a soma descontada ao Fisco).

4. Cobrança e pagamento no âmbito da substituição tributária

O exercício da competência tributária e o direito à percepção do tributo por força da relação jurídica tributária pressupõem o direito à cobrança. Sem o direito de cobrar, a Administração Pública seria detentora de um direito vazio de eficácia.

Em razão do primado da indisponibilidade dos bens públicos, a atividade de cobrança constitui um dever, que apenas a lei poderá dispensar sempre dentro dos limites estabelecidos pela lei complementar (art. 141 do CTN). E mais, a atividade administrativa de cobrança de tributos é plenamente vinculada à lei, *ex vi* do art. 3º do CTN. Cobrar tributos é uma atividade (algo dinâmico e procedimental, portanto) que supõe etapas, formas e pluralidade de sujeitos.

Quando o tributo está sujeito à substituição tributária, a atividade de cobrança é compartilhada com o *substituto*: enquanto o Fisco cobra o *substituto*, este tem a prerrogativa de cobrar o *substituído*, mediante desconto e retenção. Luís Cesar Souza de Queiroz[4] afirma que o *substituto* é um verdadeiro "agente arrecadador", pois, por meio da substituição busca-se aprimorar a fiscalização e "agilizar a arrecadação e, consequentemente, acelerar a disponibilidade de recursos". Héctor Villegas[5] o denomina "agente de percepción", assim considerado aquele que está na posição de receber do destinatário legal do tributo (contribuinte/*substituído*) o valor do tributo e depois repassar ao Fisco. Em suma: o Fisco "cobra" do *substituto* e o *substituto* "cobra" do *substituído*.

Pagamento, espécie de extinção da obrigação tributária, também constitui fato complexo no âmbito da substituição tributária. Pagamento supõe diminuição patrimonial, mas também constitui o meio na-

3. Em sentido contrário: Luís Cesar Souza de Queiroz, *Sujeição Passiva Tributária*, Rio de Janeiro, Forense, 1999, pp. 197-201.

4. *Sujeição Passiva Tributária*, p. 200.

5. *Curso de Finanzas, Derecho Financiero y Tributario*, 2ª ed., Buenos Aires, Depalma, p. 230.

tural de cumprimento do dever imposto ao sujeito passivo da relação jurídica tributária. Então, o percurso do pagamento inicia-se com a diminuição patrimonial experimentada pelo *substituído*, mediante retenção ou desconto, e termina com o cumprimento da prestação de dar pelo *substituto*. Diante disso, indaga-se: o que é pago pelo *substituto*? E pelo *substituído*? O *substituído* está pagando "tributo" ("quantia em dinheiro") quando sofre retenção? Ou quem paga tributo ("prestação correspondente ao dever jurídico do sujeito passivo") é o *substituto*, sujeito passivo da relação jurídica tributária? E, finalmente, quem tem direito à repetição dos indébitos?

A Constituição Federal, ao distribuir as competências tributárias entre as pessoas políticas e também indicar, ainda que implicitamente, os virtuais sujeitos passivos tributários, tem por desígnio transferir coativamente patrimônio dos particulares ao Estado, transmutando-o em receita tributária: tributo, para quem o suporta, significa diminuição patrimonial.

O art. 3º, do CTN, ao dispor que tributo é prestação pecuniária compulsória expressa em moeda, e também no art. 113, § 1º, ao enunciar que a obrigação tributária principal "tem por objeto o pagamento de tributo ou penalidade pecuniária e extingue-se juntamente com o crédito dela decorrente", está a indicar que tributo significa transferência de recursos ao Estado por força do exercício de norma de competência tributária e atividade administrativa de cobrança.[6]

A nota essencial consubstanciada em "transferência de recursos ao Estado, a título de tributo", também se faz presente no enunciado do art. 162 do CTN, ao prever que o pagamento do tributo é efetuado em *moeda corrente*, cheque, vale postal, estampilhas e processo mecânico.

Por ai se vê que nem sempre é fácil definir a natureza do que se está pagando ao Estado, tampouco quem é realmente obrigado ao pagamento de "tributo".

As normas sobre cobrança e pagamento devem ser compreendidas e contextualizadas quando o tributo está sujeito à substituição tributária. O vocábulo tributo comporta variados significados e precisamente por isso se torna difícil responder a indagações como quem paga o "tributo" ou quem sofre a "cobrança" do tributo, no regime da substituição tributária.[7] Por conseguinte, torna-se difícil definir quem tem direito à restituição quando o tributo se revela indevido.

A Ministra Eliana Calmon afirma que no caso da contribuição FUNRURAL, "o adquirente não sofre diminuição patrimonial pelo recolhimento da exação, pois separou do pagamento ao produtor rural o valor do tributo" (REsp 961.178-RS).

O Ministro Teori Zavascki entendeu que a contribuição FINSOCIAL, quando sujeita ao regime de substituição tributária em operações com combustíveis, pode ser recuperada pelo substituto tributário, pois foi quem sofreu "o ônus da imposição fiscal" (EREsp 648.288-PE).

Assim, percebe-se que dois fatores são considerados relevantes pela jurisprudência: (i) *diminuição patrimonial experimentada pelo substituído*; (ii) *dever de sa-*

6. "Nas relações tributárias tal tensão é evidente, uma vez que o Estado titulariza o direito de atingir o direito de propriedade do particular, e, em consequência, a liberdade deste, absorvendo compulsoriamente parte de seu patrimônio, devendo, contudo, respeitar uma multiplicidade de normas de proteção ao contribuinte. A esse direito estatal, consubstanciado na supressão de parcela do patrimônio dos sujeitos, para a sustentação das necessidades coletivas, consoante um regime jurídico vinculante, corresponde, evidentemente, um dever, por parte daqueles, de satisfazer tal obrigação, em prol da sociedade" (Regina Helena Costa, *Curso de Direito Tributário*, São Paulo, Saraiva, 2009, p. 4).

7. "a) 'tributo' como quantia em dinheiro; b) 'tributo' como prestação correspondente ao dever jurídico do sujeito passivo; c) 'tributo' como direito subjetivo de que é titular o sujeito ativo; d) 'tributo' como sinônimo de relação jurídica tributária; e) 'tributo' como norma jurídica tributária; f) 'tributo' como norma, fato e relação jurídica" (*Curso de Direito Tributário*, 18ª ed., São Paulo, Saraiva, 2007, p. 19).

tisfazer a prestação tributária a cargo do substituto.

Embora o Fisco tenha relação direta com o *substituto*, o *substituído*, na qualidade de contribuinte, também manterá relação jurídica tanto com o *substituto* quanto com o Fisco. Nesse sentido, o *substituído*, apesar de não ser sujeito passivo da relação jurídica tributária, tem preservada a *obrigação tributária principal*, consubstancia, a teor do art. 113, § 1º, do CTN, no dever de "pagar o tributo", mediante retenção ou desconto a cargo do *substituto* (agente arrecadador), a quem competirá cumprir o dever de entregar a respectiva soma ao Fisco. A dívida é do *substituído*. Mas a responsabilidade é do *substituto*.

Portanto, a *obrigação tributária principal* permanece a cargo do substituído/contribuinte, não obstante o *crédito tributário* deva ser satisfeito pelo substituído.

5. A regra veiculada pelo art. 166, do CTN

A repetição de indébito tributário se sujeita às restrições previstas pelo art. 166 do CTN: "Art. 166. A restituição de tributos que comportem, por sua natureza, transferência do respectivo encargo financeiro somente será feita a quem prove haver assumido referido encargo, ou, no caso de tê-lo transferido a terceiro, estar por este expressamente autorizado a recebê-la".

A jurisprudência do Superior Tribunal de Justiça[8] se direciona no sentido de que tal preceito é válido e se aplica a tributos como ICMS, IPI e, também, ao ISS, pois é o "contribuinte de fato" (adquirente de mercadorias, produtos, serviços) quem arca com o ônus do tributo em razão do repasse efetuado pelo "contribuinte de direito" (comerciante, industrial, prestador de serviços). Já pagamentos indevidos de tributos que não comportem o repasse do encargo financeiro do tributo não se submetem às restrições estabelecidas pelo art. 166 do CTN, como é o caso das contribuições previdenciárias.

A questão é saber se o art. 166, do CTN, também é aplicável em se tratando de pagamento indevido de tributo sujeito à substituição tributária. Antecipamos nosso entendimento de que este enunciado é aplicável *exclusivamente* à restituição de tributos sujeitos à substituição tributária. Não o consideramos válido enquanto regra que limita a restituição de tributos que comportam o mero *repasse financeiro* ao consumidor.

O direito subjetivo à repetição do indébito tributário tem assento no Texto Constitucional, seja no primado que afirma o direito de propriedade e o devido processo legal, seja ainda nos princípios da legalidade e da moralidade.[9] O Código Tributário Nacional veicula regras que viabilizam o direito à repetição, mas não lhe é conferido amesquinhar direito que se funda na Constituição.

O art. 166, do CTN, se reporta à restituição de tributos que, pela sua natureza jurídica, comportem transferência do encargo financeiro. É imprescindível, pois, que, além da relação jurídica tributária (estrito senso), vinculando sujeito ativo e sujeito passivo, haja outra relação jurídica entre sujeito passivo e aquele para quem é transferido o encargo financeiro do tributo. É a possibilidade de "transferência do encargo financeiro do tributo" que confere sentido à relação jurídica entre responsável e contribuinte. Então, quando o art. 166 refere-se à restituição de tributos que comportem, *pela sua natureza*, a transferência do encargo financeiro, não se está aludindo a um fenômeno econômico, mas sim à transferência do ônus fiscal em razão da natureza jurídica do repasse.[10] Há o direito

8. Embargos de Divergência no REsp 168.469-SP, Rel. Ministro José Delgado.

9. Marcelo Fortes de Cerqueira, *Repetição do Indébito Tributário*, São Paulo, Max Limonad, 2000, p. 401.

10. "Torna-se viável admitir a constitucionalidade mediante a conjugação dos referidos preceitos (arts. 166 e 128 do CTN), pois o fenômeno da

de repassar e há o dever de suportar o repasse e é exatamente a relação jurídica daí decorrente que autoriza a aplicação da regra em tela. Hugo de Brito Machado Segundo[11] afirma: "Aplica-se, portanto, o art. 166, do Código Tributário Nacional, não para cercear o acesso ao Judiciário, amesquinhando direitos fundamentais, mas para assegurar esse acesso a quem teve *direito* violado".

Paulo de Barros Carvalho exalta que o art. 166 do CTN deve ser compreendido no contexto do próprio CTN, especialmente nas regras que versam a sujeição passiva tributária e a repetição do indébito tributário: "Assim é que a norma veiculada pelo art. 166, do Código Tributário Nacional, não pode ser aplicada de maneira isolada; há de integrar-se com todas as regras do sistema, sobretudo com as veiculadas pelos arts. 121, 123 e 165, do Código Tributário Nacional. Em nenhuma delas está consignado que o terceiro que arque com o encargo financeiro do tributo possa ser contribuinte. Portanto, só o contribuinte tributário tem direito à repetição de indébito e, via de consequência, só a ele é atribuído legitimidade processual para tal empreendimento".[12]

Passemos à análise de um caso concreto. A contribuição FUNRURAL está sujeita ao regime da substituição tributária, de modo que o adquirente (*substituto*) da produção rural tem o direito subjetivo de cobrar do produtor rural (*substituído*), mediante desconto em documento fiscal, o valor correspondente à contribuição FUNRURAL.

A Lei 8.212/1991, art. 25, incisos I e II, impõe ao produtor rural o dever de contribuir para a seguridade social, na proporção de 2,1% sobre o resultado da comercialização de sua produção. O art. 30, inciso III, comete ao adquirente da produção rural o dever de recolher o FUNRURAL, em regime de substituição tributária: "*Art. 30.* A arrecadação e o recolhimento das contribuições ou de outras importâncias devidas à Seguridade Social obedecem às seguintes normas: (...). III – a empresa adquirente, consumidora ou consignatária ou a cooperativa são obrigadas a recolher a contribuição de que trata o art. 25, até o dia 2 do mês subsequente ao da operação de venda ou consignação da produção, independentemente de estas operações terem sido realizadas diretamente com o produtor ou com intermediário pessoa física, na forma estabelecida em regulamento".

O Ministro Luiz Fux considera o FUNRURAL um "tributo indireto", na medida em que "através da técnica de desconto na nota fiscal do produtor quando da alienação do produto à cooperativa, caracteriza-se como exação indireta (...)" (REsp 498.427-PR).

Embora impropriamente, o art. 30, inciso IV, utiliza o termo "subrogação" para esclarecer que o FUNRURAL está, de fato, submetido ao regime da substituição tributária. O enunciado "a empresa adquirente, consumidora ou consignatária ou a cooperativa ficam subrogadas nas obrigações da pessoa física de que trata a alínea 'a', do inciso V, do art. 12 e do segurado especial pelo cumprimento das obrigações do art. 25, desta Lei (...)", torna evidente que a sujeição passiva tributária é do *substituto*, de modo que, caso não proceda ao desconto do *substituído*, lhe cabe arcar com a contribuição.

repercussão, embora existente, não se apresentaria sob a perspectiva econômica, mas sim estritamente jurídica. Sob o prisma da economia, todos os tributos repercutem, isto é, são repassados para os preços dos produtos, mercadorias, serviços, etc. Mas a repercussão jurídica apenas é viável no regime da substituição tributária, pois o encargo financeiro do tributo é transferido para o substituído (contribuinte) pelo substituto (responsável) por força de lei" (Marcelo de Lima Castro Diniz e Marcelo Magalhães Peixoto, "A regra do art. 166 do Código Tributário Nacional e a sua aplicação à COFINS não cumulativa e ao PIS não cumulativo", in Guilherme Cezaroti (coord.), *Repetição do Indébito Tributário*, São Paulo, Quartier Latin, 2005, p. 293).

11. "Substituição tributária e realidades afins – Legitimidade ativa *ad causam*", in *Revista Dialética de Direito Tributário* 68/66.

12. *Direito Tributário, Linguagem e Método*, p. 583.

O emprego pela legislação tributária de uma expressão típica do direito privado, disciplinada pelo Código Civil, não é capaz de transportar para o âmbito do direito tributário, regras instituídas para reger relações jurídicas privadas. A expressão "subrogação" deve ser compreendida no âmbito da substituição tributária e também com atenção à regra do art. 166, do CTN. Assim, o *substituto* é obrigado a pagar dívida alheia ("subroga-se nas obrigações..."), mas tem o direito de descontar/reembolsar do *substituído*. Mas se isso não aconteceu – isto é, o desconto – e é indevida a contribuição, o substituto subroga-se também no direito à repetição do indébito tributário. A relação entre *substituto* e *substituído* é regida pelo direito tributário, não pelo direito privado.[13]

Ainda que seja predominante o entendimento de que o art. 166, do CTN, seja aplicável apenas a tributos como IPI e ICMS, considerados indiretos para fins econômicos, a Ministra Eliana Calmon considerou-o aplicável ao regime da substituição tributária do PIS e da COFINS em operações de combustível, de modo que "o revendedor de combustível varejista, na condição de substituto tributário, tem legitimidade ativa para pleitear a repetição do indébito tributário, mediante restituição ou compensação, desde que demonstre nos autos que inexistiu o repasse do encargo tributário ao consumidor final" (EDcl no REsp 1.140.408-RJ).

Ao julgar o REsp 737.388-RS, a Ministra Eliana Calmon reitera: "(...) a cooperativa é responsável tributário pelo recolhimento da contribuição para o FUNRURAL sobre a comercialização do produto agrícola, tendo legitimidade tão somente para discutir a legalidade ou constitucionalidade da exigência, mas não para pleitear em nome próprio a restituição ou compensação do tributo, a não ser que atendidos os ditames do art. 166 do CTN".

13. Em sentido contrário: STJ, REsp 572.320-RS, Rel. Ministro Luis Fux.

A aplicação da regra veiculada pelo art. 166 do CTN ao regime da substituição tributária também se justifica para "evitar o enriquecimento sem causa", pondera o Ministro Teori Zavascki, ao julgar o EREsp 648.288-PE. Com efeito, a utilização do princípio do não enriquecimento sem causa demonstra a força da *diminuição patrimonial* como critério hábil a determinar a titularidade do direito à repetição do indébito. Tanto o cânone do *não enriquecimento sem causa* como a regra da *diminuição patrimonial* são manifestações precisas do princípio da equidade a exigir, para determinado caso e para determinada pessoa, uma solução justa, na linha, aliás, do art. 108, inciso IV, do CTN, que fixa a equidade como critério hábil ao preenchimento de lacunas.

Assim, a jurisprudência do STJ estabelece dois critérios que deverão ser observados: (i) *o art. 166 do CTN é aplicável ao regime da substituição tributária*; (ii) *por conseguinte, o repasse ou não do encargo financeiro do tributo (regra da diminuição patrimonial) é que definirá a quem pertence o direito à repetição do indébito.*

Esses critérios se coadunam aos termos da Súmula 546 do STF: "Cabe a restituição do tributo pago indevidamente, quando reconhecido por decisão, que o contribuinte 'de jure' não recuperou do contribuinte 'de facto' o 'quantum respectivo'".

Corolário da incidência do art. 166, do CTN, vislumbra-se várias possibilidades de legitimidade processual para pleitear a repetição de indébitos no regime da substituição tributária, que serão analisadas adiante.

6. Legitimidade processual em ação de repetição de indébito tributário

A sentença proferida em ação de repetição de indébito tributário tem natureza condenatória, mas tem por pressuposto a declaração de inexistência de relação jurídica tributária e também a desconstituição dos pagamentos indevidos. Assim, o autor da demanda deve possuir *título jurídico* que o habilite a tornar-se *credor* da Fazenda Pública, pois a sentença condenatória formará título executivo judicial, apto à execução por quantia certa, sob o rito do art. 730, do CPC. Importante notar que em execução por quantia certa contra a Fazenda Pública, o juiz, com base no título executivo judicial oriundo de sentença condenatória, requisitará o *pagamento* do valor devido.

Já em ação que tenha por objeto apenas a declaração de inexistência de relação jurídica tributária, a sentença não constitui título executivo judicial: não há condenação, tampouco desconstituição. A sentença declaratória veicula norma individual e concreta que tem por função eliminar incerteza jurídica e pronunciar o modo de ser da relação jurídica tributária.

O sujeito passivo tributário, contribuinte ou responsável, será sempre legitimado a promover ação declaratória de inexistência de relação jurídica tributária, eis que é a condição de virtual "devedor" que confere o interesse processual em ver eliminado o estado de incerteza jurídica. No âmbito da substituição tributária, tanto o *substituto*, quanto o *substituído* tem legitimidade para promover ação declaratória de inexistência de relação jurídica: (i) aquele porque é sujeito passivo tributário, isto é, "devedor" perante a Fazenda Pública; (ii) esse porque, não obstante seja substituído, é a pessoa que pratica o fato jurídico tributário, revela capacidade contributiva e em princípio sofrerá diminuição patrimonial em razão de *tributo ex vi* dos arts. 3º e 113, § 1º, do CTN.

Análise precipitada pode conduzir à equivocada conclusão de que a legitimidade ativa para a causa será *sempre* do sujeito passivo da obrigação tributária, em razão da simples inversão das posições: se, na relação jurídica tributária, figura como sujeito passivo (contribuinte ou responsável), então, na relação jurídica de repetição de indébito tributário, será sujeito ativo e, nesse sentido, detentor de título jurídico para tornar-se credor do indébito tributário.

Donaldo Armelin[14] ensina que "a legitimidade é uma qualidade do sujeito aferida em função de ato jurídico, realizado ou a ser praticado", concluindo que "essa qualidade resulta de uma situação jurídica oriunda precipuamente da titularidade de uma relação jurídica ou de uma posição em uma situação de fato, à qual o direito reconhece efeitos jurígenos".

Então, a definição da legitimidade processual está relacionada à(s) relação(ções) jurídica(s) de direito material ou a uma "situação de fato", à qual o direito atribua *efeitos jurídicos*. Mais que isso, a legitimidade processual está *precipuamente* conectada à *titularidade de uma relação jurídica*.

O tema proposto permite – e ao mesmo tempo impõe – a interseção entre direito tributário e direito processual como método de trabalho para solução dos problemas propostos. Com efeito, o art. 3º, do CPC, estabelece que "para propor ou contestar ação é necessário ter interesse e legitimidade", assim como, no art. 5º, está consignado que "ninguém poderá pleitear, em nome próprio, direito alheio, salvo quando autorizado por lei". Assim, se a lei autorizar (*norma de exceção*), é possível que em nome próprio seja postulado direito alheio.

Embora, em princípio, ninguém possa pleitear em nome próprio direito alheio, o art. 166, do CTN, veicula *norma de exceção*, ao permitir que o "contribuinte de direito" possa ser autorizado pelo "contribuinte de fato" a postular a repetição do indébito, desde que tenha havido a transferência do encargo financeiro do tributo.

A substituição tributária implica três relações jurídicas. E essas relações são fortalecidas pela regra prevista pelo art. 166, do CTN, que regula a repetição do indébito quando houver a transferência jurídica do

14. *Legitimidade para Agir no Direito Processual Civil Brasileiro*, São Paulo, Ed. RT, 1979, p. 11.

encargo financeiro do tributo. Depreende-se que são dois os critérios jurídicos para a definição da legitimidade ativa para a ação de repetição de indébito: (i) *relação jurídica (título jurídico)*; e (ii) *diminuição patrimonial*.

O dado da "diminuição patrimonial" ou "dano" foi considerado relevante pela Corte Suprema da Argentina para negar o direito à restituição do indébito ao "agente de percepción del tributo", isto é, ao substituto tributário. Também se considerou relevante o fato de que o fato jurídico tributário não foi produzido pelo "agente de percepción del tributo" (exibidor cinematográfico), mas sim pelo contribuinte (expectador cinematográfico).[15]

6.1 Legitimidade do substituído

O *substituído* será parte legítima para reivindicar a restituição do indébito quando, na condição de contribuinte em relação jurídica com o Fisco, arcou com o custo do tributo por força de retenção ou desconto efetuado pelo *substituto*. Prevalece a seu favor a *presunção* de que suportou o encargo do tributo. Basta que produza prova de que houve retenção de valor devido a título de tributo. Isso é o suficiente para o direito à repetição. Convém registrar que o art. 165, inciso I, do CTN, assegura o direito à restituição não apenas àquele que "pagou tributo indevido ou a maior", mas também àquele que sofreu "cobrança de tributo indevido ou a maior".

6.2 Legitimidade do substituto

O *substituto* é o sujeito passivo da relação jurídica tributária, satisfazendo o requisito concernente à existência de título jurídico decorrente de relação jurídica. Mas lhe falta, em princípio, o requisito da diminuição patrimonial, eis que o ônus do tributo é transferido ao *substituído*.

15. Rodolfo R. Spisso, *Tutela Judicial Efectiva en Materia Tributaria*, Buenos Aires, Depalma, 1996, p. 269.

Contudo, a incidência da norma veiculada pelo art. 166, do CTN, ao regime da substituição tributária, permite ao *substituto provar* que arcou com o custo do tributo. E, neste caso, lhe cabe provar que não reteve do *substituído* o valor referente ao tributo. Desse modo, quem sofreu diminuição patrimonial foi o *substituto* e, por isso e também porque o título jurídico decorre das relações jurídicas que mantém com Fisco e *substituto*, é dele a legitimidade para requerer a repetição do indébito. Importante assentar que nesta hipótese, não milita qualquer presunção a favor do *substituto*, impondo-se, por isso, prova suficiente de que arcou com o ônus financeiro do tributo.

Outra situação capaz de conferir legitimidade ao *substituto* é aquela em que restar provado que, embora tenha constado no documento fiscal, a "retenção" do tributo, não ocorreu, de fato, o desconto do montante devido, isto é, o *substituído*, ao receber o preço avençado, o recebeu integralmente, sem qualquer abatimento. Evidente que o *substituto* terá toda a carga da prova.

Ainda, a admissão de que o art. 166, do CTN, é aplicável em se tratando de tributo indevido pago sob regime de substituição tributária, confere outra possibilidade ao *substituto* de pedir a restituição: o *substituto* estará legitimado para postular a repetição dos indébitos quando obtiver autorização expressa do *substituído*.

6.3 Legitimidade do "contribuinte de fato"

O STJ entende que a regra prevista pelo art. 166 do CTN, aplica-se aos chamados "tributos indiretos" (IPI, ICMS, ISS), assim como aos pagamentos indevidos acontecidos em regime de substituição tributária.

A instituição do regime de substituição tributária ao ICMS, IPI e ISS, pode implicar dupla incidência da norma prevista pelo art. 166 do CTN: (i) primeiro, em razão da própria substituição tributária; (ii) segundo, em razão do repasse do montante do tributo ao consumidor final ou "contribuinte de fato".

Ocorrendo pagamento indevido de "tributo indireto" submetido à substituição tributária e tendo havido o repasse do respectivo valor ao "contribuinte de fato", será dele a legitimidade ativa para pedir a repetição do indébito (*regra da diminuição patrimonial*), salvo se houver autorização ao "contribuinte de direito", conforme prevê o art. 166 do CTN.

7. Conclusões

A adequada compreensão da substituição tributária impõe a reconstrução de institutos tradicionais do direito tributário. Pagamento, pagamento indevido, obrigação tributária, crédito tributário e cobrança devem ser compreendidos à luz das regras e princípios que governam a substituição tributária, sem perderem, contudo, sua conformação normativa originária. Ao mesmo tempo, a regra da *diminuição patrimonial* – construída a partir da Constituição Federal – constitui critério seguro para a resposta às indagações propostas.

Nesse sentido, o dever de satisfazer a obrigação tributária permanece em mãos do *substituído*, ainda que seja o *substituto* quem deva cumprir o dever de entregar soma em dinheiro ao Fisco a título de tributo. Conclusão: ambos pagam "tributo", mas a legitimidade será definida a partir do preenchimento do pressuposto da *diminuição patrimonial.*

Entre substituto, substituído e Fisco, vislumbra-se várias relações jurídicas, todas com *caráter tributário*, tornando viável a incidência conjunta das regras veiculadas pelo art. 6º, do CPC, e 166, do CTN, no tocante aos pagamentos indevidos ocorridos em regime de substituição tributária, gerando várias possibilidades de legitimidade ativa em ação de repetição do indébito tributário.

CADERNOS DE DIREITO TRIBUTÁRIO

INCONSTITUCIONALIDADE DA EXECUÇÃO DE CONTRIBUIÇÕES PREVIDENCIÁRIAS PELA JUSTIÇA DO TRABALHO

FABIANA DEL PADRE TOMÉ

Mestre e Doutora em Direito Tributário pela PUC/SP. Professora no Curso de Pós-Graduação *Stricto Sensu* da PUC/SP. Professora nos Cursos de Especialização em Direito Tributário da PUC/SP, IBET e FAAP. Advogada.

1. Introdução. 2. Limites do Poder Reformador e a possibilidade de emendas constitucionais inconstitucionais. 3. Considerações sobre os princípios constitucionais tributários, direitos fundamentais dos contribuintes. 4. Direito ao devido processo legal, ampla defesa e contraditório. 5. A constituição do crédito tributário no ciclo de positivação do direito. 6. Conclusões. Referências bibliográficas.

1. Introdução

As contribuições apresentam natureza jurídica de tributo, submetendo-se aos princípios e às normas gerais de direito tributário.[1] Dentre as modalidades de contribuição, encontramos aquela destinada ao financiamento da previdência social, instituída com suporte no art. 195, I, *a*, e II, da Constituição. Na qualidade de exação tributária, a formalização do respectivo crédito dá-se por uma das formas previstas no Código Tributário Nacional: o contribuinte declara e paga antecipadamente o valor exigido a título de contribuição previdenciária, por meio do chamado "lançamento por homologação"; ou, não o fazendo, a autoridade administrativa efetua o lançamento de ofício.

1. Fabiana Del Padre Tomé, *Contribuições para a Seguridade Social à Luz da Constituição Federal*, pp. 85 e ss.

Com o advento da Emenda Constitucional n. 20/1998, porém, a sistemática de exigência das contribuições previdenciárias sofreu drástica alteração. Essa Emenda Constitucional introduziu o § 3º ao art. 114 da Carta Magna, nos seguintes termos:

"§ 3º. Compete ainda à Justiça do Trabalho executar, de ofício, as contribuições sociais previstas no art. 195, I, *a*, e II, e seus acréscimos legais, decorrentes das sentenças que proferir."

Posteriormente, foi publicada a Emenda Constitucional n. 45/2004, modificando a redação do art. 114 do Texto Maior, a qual, em seu inciso VIII, enunciou a competência da Justiça do Trabalho para executar de ofício as contribuições previdenciárias relativas às sentenças por ela proferidas:

"Art. 114. Compete à Justiça do Trabalho processar e julgar:

"(...)."

"VIII – a execução, de ofício, das contribuições sociais previstas no art. 195, I, *a*, e II, e seus acréscimos legais, decorrentes das sentenças que proferir."

Com suporte na Emenda Constitucional n. 20/1998 foi editada a Lei n. 10.035/2000, alterando algumas disposições da Consolidação das Leis do Trabalho para, com isso, torná-la compatível com a nova disposição constitucional, traçando regras procedimentais da execução no processo trabalhista.

Antes de tais inovações, competia ao juiz do trabalho oficiar ao INSS (órgão naquela ocasião responsável pela fiscalização e arrecadação das contribuições previdenciárias) caso não houvesse o pagamento das contribuições devidas. Cabia ao INSS, portanto, na qualidade de sujeito ativo tributário, constituir os respectivos créditos mediante lançamento tributário e proceder à sua execução perante a Justiça Federal.

Agora, inseridas as modificações legislativas, cabe à Justiça do Trabalho indicar as contribuições devidas em razão das sentenças que proferir, executando-as de ofício nos próprios autos do processo no qual as sentenças foram exaradas.

Convém registrar ainda que, com a publicação da Lei n. 11.457/2007, a competência antes atribuída ao INSS passou a ser da Secretaria da Receita Federal do Brasil. Essa mesma Lei promoveu novas alterações na Consolidação das Leis do Trabalho, adaptando as disposições relativas à execução das contribuições previdenciárias na Justiça do Trabalho.

Feito o breve relato das disposições acerca da execução de contribuições previdenciárias pela Justiça do Trabalho, buscaremos, neste estudo, realizar exame acerca da constitucionalidade do art. 114, VIII, do Texto Supremo. Para tanto, partiremos de noções de Direito Constitucional, analisando os limites do Poder Reformador e, em seguida, dirigiremos nossa atenção aos princípios que devem ser observados quando da cobrança de tributos. De posse de tais dados, estaremos habilitados a tecer conclusões fundamentadas a respeito do assunto.

2. Limites do Poder Reformador e a possibilidade de emendas constitucionais inconstitucionais

Na esteira da lição de José Horácio Meirelles Teixeira,[2] Jorge R. Vanossi[3] e Carlos Mário da Silva Velloso,[4] entendemos que também na etapa de reforma da Constituição existe manifestação do Poder Constituinte, o qual consiste no poder de criar e distribuir as competências supremas do Estado. É o Poder Constituinte Originário, contudo, quem organiza e outorga ao Poder de Reforma competência para efetuar modificações na Constituição da República. Em vista disso, o Poder de Revisão, também denominado Poder Constituinte Derivado, deve observância aos limites impostos pelo Constituinte Originário.

Considerando a existência de duas categorias de Poder Constituinte, quais sejam, originário e derivado, e sabendo-se que enquanto o Poder Constituinte Originário é juridicamente livre, ilimitado e invinculável, o Poder Constituinte Derivado apresenta-se limitado pelo constituinte originário, é necessário efetuarmos atenta análise acerca das limitações impostas ao Poder de Reforma.

A Carta Magna, por ser a Lei Fundamental do Estado, deve possuir certa estabilidade. Por outro lado, é imprescindível estar conjugada a esse atributo a possibilidade de evolução, para que possa adaptar-se à realidade social cambiante sem a necessidade de ser elaborada uma nova Constituição. É preciso, pois, conciliar a estabilidade com a possibilidade de modi-

2. *Curso de Direito Constitucional*, *passim*.

3. "Uma visão atualizada do Poder Constituinte", *passim*.

4. "Reforma constitucional, cláusulas pétreas, especialmente a dos direitos fundamentais, e a reforma tributária", *passim*.

ficação da Lei Maior, a fim de evitar tanto a instabilidade como a imutabilidade constitucional.

Com esse intuito, a Carta Magna autoriza a edição de emendas constitucionais, mas prescreve a imutabilidade de certo tipo de matéria por ela regida. Verifica-se tal fato em virtude de que há, em toda Constituição, princípios ou instituições de sentido permanente, por sua compatibilidade com a história ou o destino do Estado, ou do povo.[5] Nesse sentido, salienta José Horácio Meirelles Teixeira:[6]

"Essas proibições, esse condicionamento da atuação do poder reformador, pela própria Constituição, obedecem, sem dúvida, a fins nitidamente políticos, ou a certas concepções filosóficas da vida política e das finalidades do Estado, da liberdade, dos limites necessários da ação estatal, etc. e dependem, portanto, e em larga margem, da concreta apreciação desses valores, em cada conjuntura histórico-social, pelo órgão constituinte, responsável pela elaboração da Constituição. Essas vedações representam, assim, verdadeiros juízos de valor dos órgãos constituintes, quanto à excelência ou necessidade deste ou daquele tipo de organização política, desta ou daquela limitação concreta à atividade estatal, e daí o intuito de eternizá-los, colocando-os acima das reformas constitucionais."

A reforma constitucional, portanto, está condicionada por princípios fundamentais, isto é, aos valores considerados superiores pela Constituição da República, sendo vedada emenda que venha contra eles atentar.

Essas limitações materiais, consistentes em matérias imodificáveis por meio de reforma constitucional, visto que consideradas permanentes segundo o juízo de valor do Constituinte Originário, são também denominadas "cláusulas pétreas", encontrando-se inscritas no art. 60, § 4º, incisos I a IV, da Carta Magna de 1988, o qual prescreve que "*não será objeto de deliberação a proposta de emenda tendente a abolir*: I – *a forma federativa de Estado*; II – *o voto direto, secreto, universal e periódico*; III – *a separação de Poderes*; IV – *os direitos e garantias individuais*".[7]

A Lei Maior, no dispositivo em questão, porém, não se limita a vedar a incisiva abolição da matéria ali relacionada. O § 4º do art. 60 da Carta Maior proíbe qualquer reforma que afete, ainda que de modo oblíquo, os preceitos que considera basilares do ordenamento constitucional.

Nem sempre é fácil detectar se uma reforma é ou não tendenciosa a abolir qualquer das disposições constitucionais cuja supressão é vedada. E a dificuldade é maior quando o objeto de análise refere-se a direitos e garantias individuais, dada sua extensão e complexidade. O art. 5º da Carta Magna representa importante preceito relativo ao assunto, indicando uma série de direitos individuais. Esse dispositivo, todavia, possui caráter exemplificativo, não excluindo a existência de outros direitos individuais constitucionalmente protegidos, como enunciado expressamente em seu § 2º.

No que diz respeito aos direitos e garantias individuais tributários, observa-se, no capítulo destinado ao Sistema Tributário Nacional, a existência de um rol de direitos e garantias que constituem o chamado "Estatuto dos Contribuintes". Este, segundo Paulo de Barros Carvalho,[8] consiste na "so-

5. Josaphat Marinho, "Reflexões sobre Constituição e Reforma Constitucional", p. 404.

6. *Curso de Direito Constitucional*, p. 153.

7. Cuida registrar que além das limitações materiais explícitas, constantes do art. 60, § 4º, da Constituição, há ainda limitações materiais implícitas. Estas, segundo Nelson de Sousa Sampaio, consistem na titularidade do órgão reformador, titularidade do poder constituinte, processo de emenda constitucional e nas próprias vedações materiais explícitas, que não poderão ser alteradas ou suprimidas em reforma constitucional (*O Poder de Reforma Constitucional*, pp. 102-105).

8. "Estatuto do contribuinte. Direitos, garantias individuais em matéria tributária e limitações constitucionais nas relações entre Fisco e contribuinte", p. 36.

matória, harmônica e organizada, dos mandamentos constitucionais sobre matéria tributária, que, positiva ou negativamente, estipulam direitos, obrigações e deveres do sujeito passivo, diante das pretensões do Estado (aqui utilizado na sua acepção mais ampla e abrangente – 'entidade tributante')". Tais mandamentos, por delimitarem o exercício das competências tributárias das pessoas políticas, vedando o desrespeito aos direitos do contribuinte à liberdade, igualdade, segurança e propriedade, resguardam direitos fundamentais.

Os direitos individuais assegurados constitucionalmente aos contribuintes, relacionados no art. 5º ou em outros dispositivos do Texto Supremo, configuram "cláusulas pétreas". Não podem ser revogados ou ter sua abrangência restringida por emenda constitucional, estando acobertados pela imutabilidade prescrita pelo art. 60, § 4º, IV, da Carta Magna. Qualquer emenda tendente a aboli-los ou a mitigar seus efeitos estará maculada por vício insanável, configurando "emenda constitucional inconstitucional".[9]

3. Considerações sobre os princípios constitucionais tributários, direitos fundamentais dos contribuintes

Os princípios, tomados como normas jurídicas de forte conotação axiológica, podem ser encontrados em quaisquer espécies de textos integrantes do sistema do direito positivo. Há princípios constitucionais, princípios legais e até mesmo princípios infralegais. Os mais importantes, porém, são os constitucionais, visto que hierarquicamente superiores aos demais, dirigindo a aplicação de todas as normas jurídicas, interferindo, inclusive, no exercício das competências constitucionalmente previstas.

No âmbito tributário, os princípios constitucionais assumem especial relevância, configurando preceitos a serem observados pelo legislador infraconstitucional, no momento da criação das normas jurídicas tributárias. A Carta Fundamental traçou minuciosamente o campo e os limites da tributação, erigindo um feixe de princípios constitucionais com o fim de proteger os cidadãos de abusos do Estado na instituição e exigência de tributos.

Vale salientar a inexistência de valores constitucionalmente fixados que permitam que as necessidades do Governo sobreponham-se aos direitos e garantias dos cidadãos. O fato de ser preciso auferir receitas, por exemplo, não tem o condão de legitimar uma lei instituidora de tributo que viole princípio constitucional. Nem mesmo o princípio da supremacia do interesse público ao particular justificaria uma situação como essa, pois conforme elucida Susy Gomes Hoffmann,[10] o referido princípio "indica que a Administração Pública, buscando realizar os fins da sociedade, poderá, sem afrontar os direitos e garantias constitucionalmente assegurados aos cidadãos, usar de poderes e faculdades que lhe são próprias para impor aos cidadãos determinadas condutas, mesmo se a sua anuência". Os poderes do Estado não se mostram ilimitados, devendo respeitar os valores considerados relevantes pelo Texto Maior, ou seja, os princípios constitucionais.

Alguns dos princípios previstos pela Constituição regem todo o ordenamento jurídico, sendo, consequentemente, aplicados ao campo tributário: são os *princípios constitucionais gerais*. Outros, porém, regem especificamente o desempenho da função impositiva de tributos pelas pessoas políticas: são os *princípios constitucionais tri-*

9. Nesse sentido, o STF, no julgamento da ADI 939-7-DF, da qual foi Relator o Ministro Sydney Sanches, ao analisar a Emenda Constitucional n. 3/1993 e a Lei Complementar n. 77/1993, decidiu pela inconstitucionalidade de ambas nos pontos em que violaram "cláusulas pétreas" tributárias.

10. *Teoria da Prova no Direito Tributário*, p. 128.

butários.[11] Entre esses dois subdomínios, dirigiremos nosso estudo para o segundo, e, mais especificamente, para o *princípio do devido processo legal* e seus consectários, como os princípios da *ampla defesa* e do *contraditório*.

4. Direito ao devido processo legal, ampla defesa e contraditório

"*Aos litigantes, em processo judicial ou administrativo, e aos acusados em geral são assegurados o contraditório e ampla defesa, com os meios e recursos a ela inerentes*" – eis a redação do art. 5º, LV, da Constituição da República. Nota-se que ao processo administrativo tributário, entendido como etapa litigiosa do percurso de constituição da obrigação e das sanções tributárias, a Constituição de 1988 determinou a observância dos princípios inerentes ao devido processo legal, confirmando o caráter jurisdicional da composição da lide administrativa. Trata-se de preceito de observância necessária em todos os processos, inclusive nos administrativos tributários. Representa, segundo Manoel de Oliveira Franco Sobrinho,[12] forma de conciliar o interesse público com o direito dos administrados: "a segurança jurídica para os que dependem da Administração através do controle das formas que a lei determinar para que os atos governamentais se legitimem na legalidade".

As garantias do devido processo legal consistem, segundo Agustín Gordillo,[13] (i) no direito de ser ouvido e (ii) no direito de oferecer e produzir provas. Efetuada a aplicação de norma tributária por autoridade pública, deve o destinatário do ato ser cientificado, possibilitando sua defesa. O direito de ser ouvido abrange, ainda, a oportunidade de manifestação sobre as informações, pareceres, decisões, perícias e documentos formulados ou apresentados pelo órgão exator, bem como a necessidade de apreciação de toda a matéria de defesa produzida pelo administrado. Dele decorre o direito à ampla instrução probatória, assegurando a utilização de todos os meios de prova pertinentes à lide administrativa, desde que licitamente produzidos. Nos exatos termos referidos pelo Texto Constitucional, trata-se do direito ao "*contraditório e ampla defesa, com os meios e recursos a ela inerentes*" (art. 5º, LV), os quais constituem condição necessária para a validade do ato e do processo administrativo instalado.

Ensina Ada Pellegrini Grinover[14] que a expressão *devido processo legal* indica o conjunto de garantias processuais a serem asseguradas às partes, legitimando, assim, o próprio processo. Conquanto esse princípio, em um primeiro momento, tenha consistido na mera exigência de respeito à forma procedimental, seu conteúdo, na atualidade, é bem mais abrangente. Segundo Paulo Cesar Conrado,[15] a cláusula *due process of law* apresenta-se bipartida: (i) um de seus aspectos, denominado *substantive due process* ou devido processo legal substantivo, encontra aplicação relativamente ao direito material, exigindo observância, pela lei, aos princípios constitucionais fundamentais; (ii) o *procedural due process*, por seu turno, enfatiza o caráter procedimental do processo, implicando respeito à forma.

Desse princípio, expresso no art. 5º, LIV, da Constituição da República, decorrem, dentre outros, vedação a juízo ou tribunal de exceção, proibição de julgamento do processo por autoridade incompetente, garantia de que o particular não será privado de sua liberdade física ou de seus bens sem o correspondente processo judicial, princípios da ampla defesa e do contraditó-

11. Paulo de Barros Carvalho, *Curso de Direito Tributário*, p. 161.

12. *A Prova Administrativa*, p. 40.

13. "La garantía de defesa como principio de eficacia en el procedimiento administrativo", pp. 16-24.

14. *O Processo em sua Unidade*, p. 60.

15. *Introdução à Teoria Geral do Processo Civil*, p. 73.

rio, exigência de motivação das decisões e publicidade dos julgamentos.

O princípio da ampla defesa, enunciado no art. 5º, LV, do Texto Constitucional, consiste no "*direito à adequada resistência às pretensões adversárias*".[16] O princípio do contraditório, também denominado princípio da audiência bilateral, consiste na prescrição de que ninguém pode ser condenado sem ser ouvido. Esse princípio diz respeito à *oportunidade* da defesa, significando, segundo Odete Medauar,[17] "a faculdade de manifestar o próprio ponto de vista ou argumentos próprios, ante fatos, documentos ou pontos de vista apresentados por outrem".

O contraditório é elemento ínsito à caracterização da processualidade, em que há necessária transmissão de informações e possibilidade de reação a elas. Está intimamente relacionado com o princípio da ampla defesa, por facultar à parte, quando da ciência de fatos a ela desfavoráveis, a apresentação argumentos contrapostos.

Evidencia-se, assim, que o princípio do devido processo legal, previsto no art. 5º, LIV, da Constituição, implica a necessidade de propiciar aos litigantes a oportunidade de manifestação, insurgindo-se contra ato que considere indevido (art. 5º, LV, da Carta Maior). Trata-se de direito fundamental, aplicável a todos os cidadãos, nessa classe incluindo-se os contribuintes.

Como registra Eduardo Bottallo,[18] sendo a atividade de apuração do crédito tributário eminentemente infraconstitucional, deve ser exercida com observância aos procedimentos que resguardam os direitos do contribuinte. Por isso, sempre que emitido ato constitutivo do crédito tributário, assegura-se ao contribuinte o direito de contra ele insurgir-se, mediante impugnações e recursos, constituindo-se o título executivo fiscal somente depois de ultrapassadas essas fases.

5. A constituição do crédito tributário no ciclo de positivação do direito

Quando pensamos no fenômeno da percussão jurídico-tributária, vem-nos à mente a figura de um fato que, subsumindo-se à hipótese normativa tributária, implica o surgimento de vínculo obrigacional. É a fenomenologia da incidência.

Denominamos *positivação do direito* o processo mediante o qual o aplicador, partindo de normas jurídicas de hierarquia superior, produz novas regras, objetivando maior individualização e concretude. Os preceitos de mais elevada hierarquia e, portanto, ponto de partida para o clico de positivação, encontram-se na Constituição da República: são as competências tributárias. Com base nesse fundamento de validade, o legislador produz normas gerais e abstratas, instituidoras dos tributos: são as regras-matrizes de incidência tributária, descrevendo conotativamente, em sua hipótese, fato de possível ocorrência, e prescrevendo, no consequente, a instalação de relação jurídica, cujos traços relaciona. Avançando cada vez mais em direção à disciplina dos comportamentos intersubjetivos, o aplicador do direito veicula norma individual e concreta, relatando o evento ocorrido e, por conseguinte, constituindo o fato jurídico tributário e a correspondente obrigação.

A aplicação da norma geral e abstrata pode ser realizada pelo contribuinte ou por autoridade administrativa. Na primeira hipótese, tem-se o impropriamente denominado *lançamento por homologação*, em que o particular emite a norma individual e concreta, constituindo, ele próprio, sua obrigação tributária, dispensando, portanto, abertura de processo administrativo para fins de legitimação da exigên-

16. Antônio Carlos de Araújo Cintra, Ada Pellegrini Grinover e Cândido Rangel Dinamarco, *Teoria Geral do Processo*, p. 84.
17. *Direito Administrativo Moderno*, p. 199.
18. "Algumas reflexões sobre o processo administrativo tributário e os direitos que lhe cabe assegurar", p. 51.

cia.[19] Por outro lado, quando a obrigação tributária é constituída por ato administrativo, está-se diante do *lançamento tributário*, referido pelo art. 142 do Código Tributário Nacional. Como ato unilateral que é, exige abertura de oportunidade para o contribuinte impugná-lo, oportunizando-se o contraditório e a ampla defesa, inerentes ao devido processo legal. Formalizada a resistência do administrado à pretensão fiscal, tem início o processo administrativo.

Convém registrar, neste ponto, que o Código Tributário Nacional, em nenhum momento, alude à possibilidade de o crédito tributário ser constituído por ato judicial. As Emendas Constitucionais ns. 20/1998 e 45/2004, porém, alteraram a redação do art. 114 do Texto Maior, prescrevendo ao juiz do trabalho a execução de ofício das contribuições previdenciárias decorrentes das sentenças que proferir. Com tal determinação, criou nova modalidade de lançamento: "lançamento por ato do Poder Judiciário"!

O rito procedimental prescrito pela Lei n. 10.035/2000 permite entrever a inexistência de ato administrativo formalizador da obrigação tributária, sendo tal atividade atribuída à Justiça do Trabalho, em relação às contribuições previdenciárias. Vejamos:

(i) tratando-se de sentença líquida ou de homologação de acordo judicial, o julgador executará de ofício as contribuições que entender devidas;

(ii) tendo sido firmado acordo judicial, a decisão homologatória indicará a natureza jurídica das parcelas que este abranger, devendo o sujeito ativo da obrigação tributária ser intimado para manifestar-se caso haja verbas indenizatórias (art. 832, §§ 3º e 4º da CLT);

(iii) sendo as verbas ilíquidas, o contribuinte e a autoridade administrativa deverão ser intimadas para apresentar os cálculos de liquidação da contribuição previdenciária incidente, podendo os cálculos serem feitos, também, pelos órgãos auxiliares da Justiça do Trabalho (art. 879 da CLT). Se os cálculos forem efetuados pelos órgãos auxiliares da Justiça do Trabalho, o juiz deve intimar o sujeito ativo para manifestar-se.

Em todas essas hipóteses, quem dá a palavra final, determinando o valor devido a título de contribuição previdenciária, é o juiz do trabalho. E é em relação a esse valor que se opera a execução de ofício.

Nota-se que a autoridade administrativa, representante do sujeito ativo da obrigação tributária, não efetua o lançamento tributário, mas, tão somente, manifesta-se a respeito dos valores que entende corretos. O ato constitutivo do crédito tributário, todavia, é reservado ao juiz do trabalho, que decidirá sobre os valores devidos a título de contribuição.[20] Tanto é assim que, conforme decisão do Egrégio Tribunal Superior do Trabalho, não pode a autoridade administrativa (sujeito ativo da obrigação tributária) insurgir-se contra os termos do acordo firmado na Justiça do Trabalho, discordando das verbas consideradas indenizatórias e exigindo contribuição previdenciária em relação a elas.[21]

Não há dúvidas de que com essas modificações constitucionais e legais passou a ter-se, no ordenamento, a constituição de créditos tributários pelo Poder Judiciário. Um exame apressado poderia levar à conclusão de que não haveria, nessa inovação, vício algum, já que inexiste óbice constitucional à criação de uma nova modalidade de lançamento ou de constituição de crédito tributário.

19. Isso não impede pedido de revisão do ato produzido pelo contribuinte.

20. Estevão Horvath, "A competência da Justiça do Trabalho, atribuída por emenda constitucional, para executar de ofício contribuições previdenciárias decorrentes das decisões que proferir", p. 77.

21. Proc. TSR-AIRR-1.450/2004-030-15-40.6, Rel. Ministro Emmanoel Pereira, j. 6.11.2007, *DJU* 22.11.2007, p. 516.

No entanto, a alteração na modalidade constitutiva de crédito tributário traz consequências relevantes, interferindo em direitos fundamentais do contribuinte. É que, sendo a constituição do crédito tributário feito de modo unilateral, por sujeito diverso do contribuinte, tem-se por imperativa a abertura de oportunidade para manifestação deste, assegurando-lhe o devido processo legal, com direito ao contraditório e à ampla defesa, como demonstrado por Eduardo Bottallo,[22] em trabalhos pioneiros sobre o assunto. Trata-se de decorrência direta das disposições do art. 5º, LIV e LV, da Constituição.

Com o novo modelo instaurado pelas Emendas Constitucionais ns. 20/1998 e 45/2004, porém, não se tem a abertura do contraditório e da ampla defesa em relação ao contribuinte, em manifesta violação aos princípios do devido processo legal, da ampla defesa e do contraditório. Após constituído o crédito tributário, mediante decisão do juiz do trabalho, este é encaminhado à execução, processada na própria Justiça do Trabalho, sem qualquer oportunidade de insurgência por parte do contribuinte.

6. Conclusões

As Emendas Constitucionais ns. 20/1998 e 45/2004, ao possibilitarem a execução de ofício das contribuições previdenciárias pela Justiça do Trabalho, violaram direitos fundamentais do contribuinte, representados pelos princípios do devido processo legal, da ampla defesa e do contraditório.

Esses direitos são assegurados não apenas em relação à esfera judicial, mas também no que pertine ao âmbito administrativo, conforme se depreende do art. 5º, LIV e LV, da Constituição. Por isso, a formação de título executivo de forma unilateral, para fins de exigência de crédito tributário, exige que se instale o devido processo legal, conferindo-se ao contribuinte o direito à ampla defesa e ao contraditório.

A execução de ofício das contribuições previdenciárias pela Justiça do Trabalho implica constituição do crédito tributário e sua imediata exigência judicial, sem que o contribuinte possa insurgir-se sobre o crédito constituído. Nem mesmo a autoridade administrativa pode efetuar o controle de legalidade desse crédito, já que o julgador o faz independentemente da anuência do Fisco.

Por todo o exposto, conclui-se que o inciso VIII do art. 114 da Constituição da República, tendo sido introduzido por Emenda Constitucional, padece de vício de constitucionalidade, por ofensa aos princípios do devido processo legal, da ampla defesa e do contraditório, os quais configuram direitos individuais dos contribuintes.

22. "Princípios gerais do processo administrativo tributário", pp. 46 e ss.; e *Procedimento Administrativo Tributário, passim.*

Referências bibliográficas

BOTTALLO, Eduardo. *Procedimento Administrativo Tributário.* São Paulo, Ed. RT, 1997.

______. "Princípios gerais do processo administrativo tributário", in *Revista de Direito Tributário*, vol. 1. São Paulo, Ed. RT.

______. "Algumas reflexões sobre o processo administrativo tributário e os direitos que lhe cabe assegurar", in ROCHA, Valdir de Oliveira. *Processo Administrativo Fiscal.* vol. 3. São Paulo, Dialética, 1998.

CARVALHO, Paulo de Barros. *Curso de Direito Tributário.* 21ª ed. São Paulo, Saraiva, 2009.

______. "Estatuto do Contribuinte. Direitos, garantias individuais em matéria tributária e limitações constitucionais nas relações entre Fisco e contribuinte", in *Vox Legis*, vol. 41. São Paulo, 1978.

CINTRA, Antônio Carlos de Araújo, GRINOVER, Ada Pellegrini, e DINAMARCO,

Cândido Rangel. *Teoria Geral do Processo*. 20ª ed. São Paulo, Malheiros Editores, 2004.

CONRADO, Paulo Cesar. *Introdução à Teoria Geral do Processo Civil*. 2ª ed. São Paulo, Max Limonad, 2003.

FRANCO SOBRINHO, Manoel de Oliveira. *A Prova Administrativa*. São Paulo, Saraiva, 1973.

GORDILLO, Agustín. "La garantía de defesa como principio de eficacia en el procedimiento administrativo", in *Revista de Direito Público*, n. 10, 1969.

GRINOVER. *O Processo em sua Unidade*. Rio de Janeiro, Forense, 1980.

HOFFMANN, Susy Gomes. *Teoria da Prova no Direito Tributário*. Campinas, Copola, 1999.

HORVATH, Estevão. "A competência da Justiça do Trabalho, atribuída por emenda constitucional, para executar de ofício contribuições previdenciárias decorrentes das decisões que proferir", in ROCHA, Valdir de Oliveira (coord.). *Grandes Questões Atuais do Direito Tributário*. vol. 6. São Paulo, Dialética, 2002.

MARINHO, Josaphat. "Reflexões sobre Constituição e Reforma Constitucional", in MELLO, Celso Antônio Bandeira de (org.). *Estudos em Homenagem a Geraldo Ataliba*. vol. 2. São Paulo, Malheiros Editores, 1997.

MEDAUAR, Odete. *Direito Administrativo Moderno*. 8ª ed. São Paulo, Ed. RT, 2004.

SAMPAIO, Nelson de Sousa Sampaio. *O Poder de Reforma Constitucional*. 2ª ed. Salvador, Imprensa Oficial, 1954.

TEIXEIRA, José Horácio Meirelles. *Curso de Direito Constitucional*. Org. Maria Garcia. Rio de Janeiro, Forense Universitária, 1991.

TOMÉ, Fabiana Del Padre. *A Prova no Direito Tributário*. 2ª ed. São Paulo, Noeses, 2008.

______. *Contribuições para a Seguridade Social à Luz da Constituição Federal*. Curitiba, Juruá, 2002.

VANOSSI, Jorge R. "Uma visão atualizada do Poder Constituinte", in *Revista de Direito Constitucional e Ciência Política*. Rio de Janeiro, Forense, 1983.

VELLOSO, Carlos Mário da Silva. "Reforma constitucional, cláusulas pétreas, especialmente a dos direitos fundamentais, e a reforma tributária", in MELLO, Celso Antônio Bandeira de (org.). *Estudos em Homenagem a Geraldo Ataliba*. vol. 2. São Paulo, Malheiros Editores, 1997.

ESTUDOS & COMENTÁRIOS

NÃO CUMULATIVIDADE DO PIS/PASEP E DA COFINS: IMPLICAÇÕES DA NATUREZA JURÍDICA DO CRÉDITO FISCAL NO REGIME DE APURAÇÃO DO IRPJ E DA CSLL

SOLON SEHN
Mestre em Direito Tributário pela PUC/SP. Professor do IBET. Advogado.

1. Considerações iniciais. 2. Exegese do art. 195, § 12, da Constituição Federal. 3. Regimes de operacionalização da não cumulatividade. 4. Técnica de não cumulatividade adotada pela Lei n. 10.833/2003. 5. Divergências em torno da natureza jurídica do crédito fiscal. 6. Avaliação crítica: o crédito como subvenção para investimentos. 7. Conclusões.

1. Considerações iniciais

O presente estudo tem por objeto a análise das implicações da natureza jurídica do crédito da não cumulatividade da contribuição ao PIS/PASEP e da COFINS, disciplinadas pelas Leis n. 10.637/2002 e n. 10.833/2003, no regime de apuração do Imposto sobre a Renda da Pessoa Jurídica (IRPJ) e da Contribuição Social sobre o Lucro Líquido (CSLL).

Embora o art. 3º, § 10, da Lei n. 10.833/2003 estabeleça que o crédito "não constitui receita bruta da pessoa jurídica", a administração fazendária restringe a aplicabilidade do dispositivo às próprias contribuições (cf. Ato Declaratório Interpretativo SRF n. 3/2007).[1] Assim, dependendo do regime de contabilização adotado pelo contribuinte, o valor do crédito fica sujeito à incidência do IRPJ e da CSLL, gerando perdas da ordem de até 43,25%,[2] que anulam parte significativa dos efeitos da não cumulatividade.

1. De acordo com o art. 15, II, da Lei n. 10.833/2003, "aplica-se à contribuição para o PIS/PASEP não cumulativa de que trata a Lei n. 10.637, de 30 de dezembro de 2002, o disposto: (...) II – nos incisos VI, VII e IX do *caput* e nos §§ 1º e 10 a 20 do art. 3º desta Lei".

2. Segundo destacam Edison Carlos Fernandes e Ives Gandra Martins, no registro contábil do crédito fiscal a débito de ativo circulante ("PIS/COFINS a Recuperar") e, em contrapartida, a crédito de receita ("Crédito de PIS/COFINS"), há incidência do IRPJ (25%) e da CSLL (9%), além de, novamente, da Contribuição para o PIS (1,65%) e da COFINS (7,6%), o que equivale a uma perda de 43,25% (Edison Carlos Fernandes e Ives Gandra da Silva Martins, *Não Cumulatividade do PIS e da COFINS: Implicações Contábil, Societária e Fiscal*, São Paulo, Quartier Latin, 2007, pp. 12 e ss.).

O tema, para ser adequadamente enfrentado, demanda o estudo prévio do conteúdo jurídico do § 12 do art. 195 da Constituição Federal, dos regimes de operacionalização da não cumulatividade no direito comparado, do método de apuração adotado pela legislação ordinária, bem como dos conceitos de transferência de capital e de subvenção para investimentos na legislação do imposto de renda.

2. *Exegese do art. 195, § 12, da Constituição Federal*

A Emenda Constitucional n. 42/2003 foi demasiadamente tímida ao tratar da não cumulatividade das contribuições para a seguridade social. Perdendo excelente oportunidade para discipliná-la de forma plena, como ocorre em relação ao ICMS e ao IPI,[3] o constituinte derivado limitou-se a prever que a lei definirá os setores de atividade econômica para os quais as contribuições previstas nos incisos I, *b*, e IV, do art. 195, serão não cumulativas (§ 12):

"Art. 195. (...).

"§ 12. A lei definirá os setores de atividade econômica para os quais as contribuições incidentes na forma dos incisos I, *b*, e IV do *caput*, serão não cumulativas."

É certo que preceitos dessa natureza são dotados de *eficácia mínima derrogatória*, de modo que, segundo ensina a doutrina constitucionalista, revogam os atos normativos incompatíveis e vinculam o legislador infraconstitucional futuro:

"(...) as normas constitucionais sempre produzem uma 'eficácia jurídica de vinculação' (decorrente da vinculação dos poderes públicos à Constituição), e, por isso, contam com aptidão para deflagrar, pelo menos, os seguintes resultados: (*i*) revogam (invalidação decorrente de inconstitucionalidade superveniente) os atos normativos em sentido contrário; (*ii*) vinculam o legislador, que não pode dispor de modo oposto ao seu conteúdo (servem como parâmetro para a declaração de inconstitucionalidade do ato contrastante)."[4]

A redação do § 12 do art. 195, entretanto, limita esse efeito concretamente. Isso porque, ao autorizar a adoção da não cumulatividade de forma setorizada, a emenda facultou ao legislador infraconstitucional a escolha dos segmentos em que será aplicável. É possível, assim, sem qualquer violação da norma constitucional, afastar a não cumulatividade para um ou mais setores da economia. Ora, se o legislador pode o mais, que é excluir por completo a aplicabilidade do regime para um determinado segmento, certamente também pode o menos, apenas restringindo o alcance da não cumulatividade.[5] Afinal, em matéria de competência, *cui licet quod est plus, licet utique quod est minus* ("quem pode o mais, pode o menos").

Portanto, o primeiro aspecto a ser considerado no estudo da natureza jurídica do crédito, é que a não cumulatividade das contribuições disciplinadas pelas Leis ns. 10.637/2002 e 10.833/2003, apesar de obrigatória em relação à COFINS, está inserida na esfera de liberdade de conformação legislativa do Congresso Nacional. Este deverá definir os setores em que será aplicada e a amplitude do direito ao crédito.

3. *Regimes de operacionalização da não cumulatividade*

A não cumulatividade – adotada pela primeira vez na França, em 10 de abril de

3. Geraldo Ataliba e Cléber Giardino, "ICM – Abatimento constitucional", *Revista de Direito Tributário* 29-30/116-117.

4. Nesse sentido, cf.: Clèmerson Merlin Clève, *Fiscalização Abstrata de Constitucionalidade no Direito Brasileiro*, 2ª ed., São Paulo, Ed. RT, 2000, pp. 320-321; José Afonso da Silva, *Aplicabilidade das Normas Constitucionais*, 3ª ed., São Paulo, Malheiros Editores, 1998, pp. 76 e ss.; Luís Roberto Barroso, *O Direito Constitucional e a Efetividade de suas Normas: Limites e Possibilidades da Constituição Brasileira*, Rio de Janeiro, Renovar, 1990, p. 110.

5. Em sentido contrário, cf. Pedro Guilherme Accorsi Lunardelli, "Não cumulatividade do PIS e da COFINS. Apropriação de créditos. Definição de critérios jurídicos", *Revista Dialética de Direito Tributário* 180/132-133.

1954, com a criação da *Taxe sur la Valeur Ajoutée* (TVA)[6] – é encontrada em mais de cento e vinte nações,[7] que, por sua vez, empregam os mais diversos regimes de operacionalização.

Em alguns países, vigora o método de adição ou aditivo, no qual o valor agregado é apurado a partir dos gastos relativos à mão-de-obra, matérias-primas, insumos, despesas e da margem de lucro de cada operação. Estes são somados para fins de composição da base de cálculo do tributo (no método direto aditivo) ou considerados individualmente, aplicando-se a alíquota sobre cada um dos gastos em questão (método indireto aditivo).[8] Em outros, emprega-se o método de subtração ou subtrativo, que pode ser do tipo "base sobre base" e "imposto sobre imposto".[9] No primeiro o tributo é calculado apenas sobre o preço líquido da venda, ao passo que, no segundo, a incidência ocorre em relação à venda bruta, abatendo-se, por ocasião do pagamento, o valor do imposto devido na operação anterior.[10]

Também há variações no tocante à amplitude do direito ao crédito ou do regime de apropriação. Alguns ordenamentos – conhecidos como sistemas de crédito físico – permitem apenas a dedução do imposto incidente sobre as operações de aquisição de bens que integram fisicamente o produto objeto da operação seguinte. Outros – sistemas de crédito financeiro – autorizam a dedução do imposto incidente sobre a aquisição de bens de produção que não se incorporam fisicamente ao produto final, desde que necessários à sua produção, tais como os bens destinados ao ativo permanente da empresa contribuinte.[11]

Há ainda o imposto sobre o valor agregado do *tipo produto* ou *produto bruto*, semelhante ao regime do crédito financeiro, que se contrapõe ao do *tipo renda* e o do *tipo consumo*.[12] Nestes, ao contrário do primeiro, é permitida a dedução do im-

6. Bernardo Ribeiro Moraes, "O imposto sobre circulação de mercadorias no Sistema Tributário Nacional", in Ives Gandra Martins (org.), *O Fato Gerador do ICM*, São Paulo, Resenha Tributária/ Centro de Estudos de Extensão Universitária, 1978, *Caderno de Pesquisas Tributárias* 3/41 e ss.; Aliomar Baleeiro, *Uma Introdução à Ciência das Finanças*, 15ª ed., Rio de Janeiro, Forense, 1998, p. 395.

7. Pierre Beltrame, *Introducción a la Fiscalidad en Francia*, Barcelona, Atelier, 2004, p. 127.

8. Como destaca Adolpho Bergamini, o método indireto aditivo "(...) é muito semelhante ao *Método Direto Aditivo*. A única diferença entre eles é que, aqui, aplica-se a alíquota individualmente sobre cada um dos fatores que representam agregação de valor ao produto (mão de obra, matérias-primas, insumos, outras despesas e margem de lucro) e, depois, soma-se o total para se obter o valor do tributo a pagar" (Adolpho Bergamini, "PIS/COFINS não cumulativo: análise jurídica do modelo de não cumulatividade adotado; natureza jurídica dos créditos das contribuições; e teste de constitucionalidade da sistemática", *Revista de Direito Tributário da APET* 21/19, ano VI, mar./2009). Sobre o tema, cf.: Fernandes e Martins, ob. cit., pp. 30 e ss.

9. Adota-se o mesmo entendimento de Alcidez Jorge Costa e de Fabiana Del Padre Tomé, para quem a técnica da subtração se desdobra em "(...) duas variantes: o método de subtração 'base sobre base' e o de 'imposto sobre imposto'" (Fabiana Del Padre Tomé, "Natureza jurídica da 'não cumulatividade' da contribuição ao PIS/PASEP e da COFINS: consequências e aplicabilidade", in Marcelo Magalhães Peixoto e Octavio Campos Fischer (coords.), *PIS-COFINS: Questões Atuais e Polêmicas*, São Paulo, Quartier Latin, 2005, p. 543). Também nessa mesma linha, discorda-se da diferenciação entre o *método indireto subtrativo* e o *método de crédito do tributo*: "Edison Carlos Fernandes (*Mini Reforma Tributária Comentada*, São Paulo, Quartier Latin, 2002/2003, p. 44) refere-se, ainda, ao 'método de crédito do tributo' como espécie diversa de técnica não cumulativa. Segundo o autor, nesse método o valor devido na etapa anterior é registrado como crédito fiscal para ser utilizado na apuração do débito referente à transação corrente, sistemática essa adotada pela Constituição para o IPI e ao ICMS. Não vemos distinção, porém, entre este e o método indireto substrativo" (Tomé, ob. cit., nota 6, p. 543).

10. José Souto Maior Borges, *Lei Complementar Tributária*, São Paulo, Ed. RT, 1975, p. 159. Misabel Abreu Machado Derzi e Sacha Calmon Navarro Coêlho, "A compensação de créditos no ICMS e o princípio da não cumulatividade: o caso da energia elétrica", in Valdir de Oliveira Rocha (coord.), *ICMS: Problemas Jurídicos Atuais*, São Paulo, Dialética, 1996, p. 153.

11. Ibid., p. 159.

12. Hamilton Dias de Souza, "Princípio da não cumulatividade e crédito de ICMS de bens do ativo fixo", *Repertório IOB de Jurisprudência* 11/98, p. 268.

posto incidente sobre os bens instrumentais (necessários e imprescindíveis a produção do bem objeto da operação seguinte), com a diferença de que, enquanto no tipo consumo a dedução do imposto é imediata e integral por ocasião da aquisição, no tipo renda a dedução é limitada temporalmente, na proporção do desgaste ou utilização do bem.[13]

A natureza jurídica do direito ao crédito não é a mesma em todos os regimes de operacionalização. Dependendo da disciplina adotada pelo legislador, pode configurar uma transferência de capital, notadamente nos casos de concessão de crédito presumido ou setorizados. Em alguns casos, caracteriza direito de crédito do contribuinte ou, eventualmente, simples moeda escritural que, sem poder liberatório para obrigações em geral, serve apenas para fins de abatimento do valor do tributo. Também pode constituir um redutor da base de cálculo do crédito tributário, o que afeta a apuração do custo de aquisição ou o próprio valor da despesa dedutível na apuração do resultado do exercício.

Nesse contexto, portanto, o segundo fator determinante para a análise da natureza jurídica do crédito do PIS/PASEP e da COFINS é a técnica de não cumulatividade adotada pelo legislador infraconstitucional. Sem a análise desta e da disciplina legal vigente, mostra-se inviável qualquer afirmação conclusiva acerca do tema, uma vez que não há um modelo predefinido pelo texto constitucional.

4. Técnica de não cumulatividade adotada pela Lei n. 10.833/2003

A técnica de não cumulatividade adotada pela Lei n. 10.833/2003, de acordo com a Exposição de Motivos da Medida Provisória n. 135/2003, corresponde ao "método indireto subtrativo",[14] o que também se aplica ao PIS/PASEP. Este, segundo a doutrina majoritária, equivale ao modelo da "base sobre a base", em função da ausência de vínculo entre as entradas e saídas, ou seja, da independência entre o valor do crédito, o regime de incidência e a alíquota aplicável na operação anterior.[15]

Parece mais adequada, entretanto, a interpretação que identifica no regime jurídico adotado uma modelo atípico, próximo ao do tipo "imposto sobre imposto" ou "tributo sobre tributo",[16] uma vez que o crédito não representa um redutor da base de cálculo, como ocorre no sistema de "base sobre a base", mas da própria obrigação tributária.

Nesse sentido, coloca-se o entendimento de Fabiana Del Padre Tomé, manifestado em estudo específico sobre o tema: "Prescreve o art. 3º, *caput*, das Leis n.

13. João Dácio Rolim e Daniela Couto Martins, "A nova disciplina do aproveitamento do crédito – Transformação do ICMS tipo consumo na modalidade renda?", in Valdir de Oliveira Rocha (coord.), *O ICMS e a LC 102*, São Paulo, Dialética, 2000, pp. 119-120.

14. "7. Por se ter adotado, em relação à não cumulatividade, o método indireto subtrativo, o texto estabelece as situações em que o contribuinte poderá descontar, do valor da contribuição devida, créditos apurados em relação aos bens e serviços adquiridos, custos, despesas e encargos que menciona."

15. Ricardo Lodi Ribeiro, "A não cumulatividade das contribuições incidentes sobre o faturamento na Constituição e nas leis", *RDDT* 111/102 e ss.; Ricardo Lobo Torres, "A não cumulatividade no PIS/COFINS", in Marcelo Magalhães Peixoto e Octavio Campos Fischer (coords.), *PIS-COFINS: Questões Atuais e Polêmicas*, São Paulo, Quartier Latin, 2005, p. 62; Fernandes e Martins, ob. cit., pp. 35 e ss.; Ricardo Mariz de Oliveira, "Aspectos relacionados à 'não cumulatividade' da COFINS e da contribuição ao PIS", in Marcelo Magalhães Peixoto e Octavio Campos Fischer (coords.), *PIS-COFINS: Questões Atuais e Polêmicas*, cit., p. 22. Para este último autor, da forma como se encontra disciplinada na legislação, "não se trata de não cumulatividade propriamente dita, mas, sim, da adoção de uma base de cálculo que toma como ponto de partida a totalidade das receitas para admitir apenas algumas deduções".

16. Tomé, ob. cit., p. 544; Misabel Abreu Machado Derzi e Sacha Calmon Navarro Coêlho, "PIS/COFINS – Regime de crédito – Contratos de longo prazo – Instrução Normativa n. 468/2004 da SRF – Ilegalidade", *Revista Dialética de Direito Tributário* 114/130-131.

10.637/2002 e n. 10.833/2003, que tais créditos serão deduzidos 'do valor apurado na forma do art. 2º' dos respectivos veículos normativos, determinando, com tal prescrição, que somente depois de apurados os valores das contribuições devidas serão descontados os créditos, correspondentes a percentuais das despesas incorridas pelo contribuinte. Eis porque entendemos não terem as comentadas legislações instituído 'redução de base de cálculo', como afirmado por Pedro Guilherme Acoorsi Lunardelli, e sim regra que atinge o objeto do vínculo obrigacional tributário, mediante a geração de créditos a ser compensados com o débito do tributo".[17]

O direito ao crédito, a rigor, decorre de uma norma jurídica autônoma construída a partir dos arts. 3º e ss. das Leis ns. 10.833/2003 e 10.637/2002.[18] Esta que, em seu antecedente, descreve abstratamente os eventos que geram direito ao crédito (hipóteses de creditamento) e, no consequente, uma relação jurídica na qual o contribuinte (sujeito passivo da obrigação tributária) assume a condição de sujeito ativo do direito subjetivo de abater um determinado valor (o crédito apurado no mês ou acumulado de meses anteriores) da importância devida a título de tributo.[19]

O montante do crédito não corresponde necessariamente ao valor do tributo devido na operação anterior. Sua apuração é realizada por presunção legal, independente do destaque em nota fiscal, mediante aplicação da mesma alíquota do tributo sobre a base de creditamento prevista no § 1º do art. 3º das Leis ns. 10.833/2003 e 10.637/2002.[20] Esta, por sua vez, corresponde ao somatório mensal de aquisições, devoluções e encargos de depreciação e de amortização definidos no art. 3º como hipótese de creditamento do tributo, ressalvados os pagamentos de mão-de-obra à pessoa física (§ 2º, I) e os realizados à pessoas jurídicas não domiciliadas no país (§ 3º).

5. Divergências em torno da natureza jurídica do crédito fiscal

O art. 3º, § 10, da Lei n. 10.833/2003 estabelece que "o valor dos créditos apurados de acordo com este artigo não constitui receita bruta da pessoa jurídica, servindo somente para dedução do valor devido da contribuição". Referido dispositivo aplica-se não apenas ao PIS/PASEP[21] e à COFINS, como também em relação ao imposto de renda e à contribuição social sobre o lucro líquido. A hipótese legal é ampla, não havendo razões para restringir a aplicabilidade da regra apenas à próprias contribuições. Do contrário, haveria uma perda do valor do crédito decorrente da incidência do IRPJ e da CSLL, que, conforme o regime de contabilização, pode chegar a 43,25%,[22] anulando parte significativa dos efeitos da não cumulatividade.

A Receita Federal, num primeiro momento, chegou a adotar essa interpretação, consoante se verifica a partir da Solução de Consulta n. 31/2007:

17. Tomé, ob. cit., p. 548.

18. "COFINS: Dado o fato da aquisição de determinados bens, serviços e a realização de certas despesas, deve-ser o direito do contribuinte ao abatimento, do valor do tributo devido, de 7,6% do quantum gasto com referidos bens, serviços e despesas" (Tomé, ob. cit., p. 548).

19. O mesmo, a rigor, também se aplica ao ICMS. Nesse sentido, cf.: Ataliba e Giardino, ob. cit., pp. 119-120; Paulo de Barros Carvalho, "Isenções tributárias do IPI, em face do princípio da não cumulatividade", *Revista Dialética de Direito Tributário* 33/152-153.

20. Há situações, no entanto, em que a alíquota adotada para a apuração do crédito é distinta do padrão de 7,6%, como ocorre nos casos de aquisição para revenda de papel imune a impostos destinado à impressão de periódicos (Lei n. 10.833/2003, art. 3º, § 15), de mercadoria produzida por pessoa jurídica estabelecida na Zona Franca de Manaus (§ 17), dentre outras previstas nos §§ 23 e 24 e na legislação específica.

21. De acordo com o art. 15, II, da Lei n. 10.833/2003, "aplica-se à contribuição para o PIS/PASEP não cumulativa de que trata a Lei n. 10.637, de 30 de dezembro de 2002, o disposto: (...); II – nos incisos VI, VII e IX do *caput* e nos §§ 1º e 10 a 20 do art. 3º desta Lei".

22. Fernandes e Martins, ob. cit., pp. 12 e ss.

"*Ementa*: *Créditos da COFINS e da Contribuição para o PIS/PASEP. Valores não tributáveis*. O valor dos créditos apurados de acordo com o art. 3º da Lei n. 10.833, de 2003, não constitui receita bruta da pessoa jurídica, por força de seu § 10, servindo somente para dedução do valor devido da contribuição. Ou seja, o valor dos créditos da COFINS e da Contribuição para o PIS/PASEP, apurados de acordo com a legislação pertinente, não constituem receita bruta tributável pelo IRPJ. Sendo a escrituração formalmente idônea, bem como a técnica empregada neutra quanto ao resultado tributável, existe ampla liberdade quanto à técnica de escrituração dos créditos relativos ao sistema de não cumulatividade da COFINS e do PIS, eis que se trata de valores não tributáveis para o IRPJ."[23]

Posteriormente, porém, foi editado o Ato Declaratório Interpretativo SRF n. 3, de 29 de marco de 2007, que estabeleceu restrições visando tornar inequívoca a incidência do IRPJ e da CSLL sobre o valor do crédito:

"Art. 1º. O valor dos créditos da Contribuição para o PIS/PASEP e da Contribuição Social para o Financiamento da Seguridade Social (COFINS), apurados no regime não cumulativo não constitui:

"I – receita bruta da pessoa jurídica, servindo somente para dedução do valor devido das referidas contribuições;

"II – hipótese de exclusão do lucro líquido, para fins de apuração do lucro real e da base de cálculo da Contribuição Social sobre o Lucro Líquido (CSLL).

"Parágrafo único. Os créditos de que trata o *caput* não poderão constituir-se simultaneamente em direito de crédito e em custo de aquisição de insumos, mercadorias e ativos permanentes.

"Art. 2º. O procedimento técnico contábil recomendável consiste no registro dos créditos da Contribuição para o PIS/PASEP e da COFINS como ativo fiscal.

"Parágrafo único. Na hipótese de o contribuinte adotar procedimento diverso do previsto no *caput*, o resultado fiscal não poderá ser afetado, inclusive no que se refere à postergação do recolhimento do Imposto de Renda das Pessoas Jurídicas (IRPJ) e da CSLL.

"Art. 3º. É vedado o registro dos créditos da Contribuição para o PIS/PASEP e da COFINS em contrapartida à conta de receita."

O IBRACON (Instituto dos Auditores Independentes do Brasil) recomenda, através da Interpretação Técnica n. 1/2004, a adoção do mesmo regime contábil dos créditos do IPI e do ICMS, ou seja, o registro do crédito como redução do custo ou da despesa do bem adquirido, o que aumenta o lucro, gerando uma perda equivalente a 34%.[24] A maioria da doutrina acompanha esse entendimento, que é compatível com o Ato Declaratório Interpretativo SRF n. 3/2007 e, portanto, oferece menor risco de questionamentos por parte das autoridades fazendárias e de auditorias independentes.[25]

Edison Carlos Fernandes e Ives Gandra da Silva Martins, em sentido contrário, sustentam que o crédito teria natureza jurídica de subvenção para investimento, devendo ser registrado contabilmente como reserva de capital, sujeitas ao disposto no art. 38, § 2º, do Decreto-lei n. 1.598/1977, consolidado no art. 443 do Decreto n. 3.000/1999 (Regulamento do Imposto de Renda):[26]

"Art. 443. Não serão computadas na determinação do lucro real as subvenções

23. Solução de Consulta n. 31, de 23.2.2007. No mesmo sentido, cf.: Soluções de Consulta ns. 54, de 18.2.2008; 107, de 30.5.2007; 273, de 29.8.2006; 458, de 9.11.2005; 215, de 16.8.2005.

24. Fernandes e Martins, ob. cit., pp. 12 e ss.

25. Marcelo Barros, in Marcelo Magalhães Peixoto e Adolpho Bergamini (coords.), *PIS e COFINS na Teoria e na Prática: uma Abordagem Completa dos Regimes Cumulativo e Não Cumulativo*, São Paulo, MP, 2010, pp. 242 e ss.

26. Ibid., pp. 40-41.

para investimento, inclusive mediante isenção ou redução de impostos concedidas como estímulo à implantação ou expansão de empreendimentos econômicos, e as doações, feitas pelo Poder Público, desde que (Decreto-lei n. 1.598, de 1977, art. 38, § 2º, e Decreto-lei n. 1.730, de 1979, art. 1º, inciso VIII):

"I – registradas como reserva de capital que somente poderá ser utilizada para absorver prejuízos ou ser incorporada ao capital social, observado o disposto no art. 545 e seus parágrafos; ou

"II – feitas em cumprimento de obrigação de garantir a exatidão do balanço do contribuinte e utilizadas para absorver superveniências passivas ou insuficiências ativas."

Ricardo Mariz de Oliveira, por sua vez, entende que a contabilização deve ocorrer pelo registro do valor líquido da contribuição, com apuração extracontábil dos créditos.[27] Essa metodologia, inclusive, já foi aceita pela Receita Federal mesmo sob a vigência do Ato Declaratório Interpretativo SRF n. 3/2007:

"O § 10 do art. 3º da Lei n. 10.833, de 2003, não institui, ainda que implicitamente, nenhuma hipótese de exclusão do lucro líquido, para fins de apuração da base tributável da CSLL. Os créditos previstos na legislação da Contribuição Social para o Financiamento da Seguridade Social (COFINS) e da Contribuição para o PIS/PASEP com incidências não cumulativas não poderão se constituir ao mesmo tempo em direito de crédito e em custo dos insumos, mercadorias e ativos permanentes. É vedado o lançamento do direito de crédito da COFINS e da Contribuição para o PIS/PASEP em contrapartida à conta de receita. É facultado ao contribuinte registrar o custo do insumo, mercadoria e ativo permanente sem excluir a parcela recuperável, desde que realize o controle extracontábil do direito de crédito e as despesas com a COFINS e com a Contribuição para o PIS/PASEP sejam apropriadas pelo valor líquido."[28]

O tema ainda é pouco enfrentado nos Tribunais. De maneira geral, tem-se mantido a incidência do IRPJ e da CSLL, como se depreende da leitura dos seguintes arestos dos Tribunais Regionais Federais da 3ª, 4ª e 5ª Região:

"*Direito Constitucional e Tributário – Mandado de segurança – Adequação – CPC, art. 515, § 3º – COFINS e PIS – Regime de não cumulatividade – Lei n. 10.833/2003, art. 3º, § 10 c/c art. 15 – Pretensão de exclusão para fins de IRPJ e de CSSL – Inadmissibilidade – Legitimidade do ADI SRF n. 3/2007.*

"(...).

"III – O dispositivo legal interpretado pelo ADI SRF n. 3/2007 (art. 3º, § 10, da Lei n. 10.833/2003) apenas prevê que 'o valor dos créditos apurados de acordo com este artigo não constitui receita bruta da pessoa jurídica, servindo somente para dedução do valor devido da contribuição' (PIS e COFINS), de seus expressos termos extraindo-se sua aplicação restrita à apuração da base de cálculo das citadas contribuições, em nada podendo afetar a apuração da base de cálculo estabelecida para o Imposto de Renda Pessoa Jurídica – IRPJ e para a Contribuição Social sobre o Lucro – CSSL, tributos que são objeto de regulação em legislação diversa. Aplicação do art. 111, inciso I, do Código Tributário Nacional.

"IV – Legitimidade da restrição estabelecida no Ato Declaratório Interpretativo – ADI SRF n. 3/2007, não se afigurando ofensa aos princípios constitucionais da legalidade, ante a inexistência de previsão

27. Ricardo Mariz de Oliveira, "Incidência e apuração da COFINS e da contribuição ao PIS", in Eurico Marcos Diniz de Santi, Roberto Quiroga Mosquera e Fernando Aurelio Zilveti (coords.), *Tributação do Setor Comercial*, São Paulo, Quartier Latin, 2005, p. 354, *apud* Fernandes e Martins, ob. cit., p. 15.

28. Solução de Consulta n. 224, de 14.5.2007.

legal para a exclusão pretendida, também não se afigurando ofensa ao princípio da não cumulatividade previsto para as contribuições PIS e COFINS, nem aos princípios constitucionais da isonomia e da capacidade contributiva (CF, art. 145, § 1º), da vedação de efeito confiscatório (CF, art. 150, IV), da propriedade (CF, art. 5º, XII) e da proporcionalidade (CF, art. 5º, LIV), pois em verdade em nada afeta a base de cálculo (lucro) prevista na legislação referente ao IRPJ e à CSSL, para os quais deve haver a dedução apenas das despesas efetivas da pessoa jurídica, que no caso das contribuições não cumulativas limita-se à diferença efetivamente recolhida pelo contribuinte.

"V – Apelação da impetrante parcialmente provida, reformando a sentença para extinguir o processo com exame do mérito, com denegação da segurança."[29]

"*Tributário. PIS e COFINS. Não cumulatividade. Créditos apurados. Exclusão da base de cálculo do IRPJ e da CSLL. Impossibilidade. Ato declaratório interpretativo da SRF n. 3/2007.*

"A dedução dos créditos decorrentes da sistemática não cumulativa do PIS e da COFINS da base de cálculo do IRPJ e da CSLL não encontra amparo na lei. E mais, o Ato Declaratório Interpretativo da SRF n. 3, de 29 de março de 2007, ao explicitar a impossibilidade da dedução, não extrapola a competência infralegal da Autoridade Fiscal na medida em que o impedimento decorre da legislação de regência dos tributos."[30]

"*Tributário. Mandado de segurança. Créditos de PIS e COFINS. Sistemática da não cumulatividade (Lei 10.637/2002 e Lei 10.833/2003). Exclusão da base de cálculo do IRPJ e da CSLL. Princípio da estrita legalidade. Ausência de previsão legal para a dedução. Impossibilidade de concessão pelo Judiciário.*

"1. Ação na qual se visa excluir da base de cálculo do IRPJ e da CSLL os valores relativos aos créditos de PIS e da COFINS das empresas sujeitas ao regime da não cumulatividade, previsto pelas Leis 10.637/2002 e 10.833/2003.

"2. A Emenda Constitucional n. 42, de 16.12.2003, introduziu o § 12 no art. 195, mas a adoção do regime não cumulativo, no tocante ao PIS e à COFINS, já havia sido veiculada pelas Leis ordinárias 10.637/2002 e 10.833/2003.

"3. A legislação atual reguladora do PIS e da COFINS instituiu o regime de não cumulatividade aplicável às empresas que apuram o imposto de renda com base no lucro real, e este regime passou a coexistir com o regime anterior aplicável as demais empresas, ou seja, aquelas que apuram o imposto de renda com base no lucro presumido ou arbitrado, as optantes pelo SIMPLES e as imunes a impostos.

"4. O novo regime não cumulativo trouxe, ao lado da majoração de alíquotas do PIS e da COFINS, benefícios fiscais específicos na forma de créditos escriturais conforme prevê o § 10 do art. 3º da Lei 10.637/2002 utilizáveis tão só como dedução do valor devido a título daquelas contribuições, razão pela qual não é autorizado ao Judiciário estender, diante da ausência de previsão legal, os efeitos dessa dedução ao IRPJ e a CSLL.

"5. Apelação improvida."[31]

29. TRF-3ª R., 3ª T., AMS n. 2007.61.13.000724-5-SP, Rel. Juiz Conv. Souza Ribeiro, *DE* 23.9.2008. De acordo com o relator, "O disposto no art. 3º da Lei n. 10.833/2003, por regular as deduções da base de cálculo da contribuição COFINS, aplicável ao PIS por força do art. 15 da mesma Lei, estabelecendo o regime de não cumulatividade das referidas contribuições, deve ser interpretado literalmente, nos termos do art. 111, inciso I, do Código Tributário Nacional, não podendo ser invocado para legitimar a pretensão de exclusão da base de cálculo prevista para outros tributos em legislação diversa".

30. TRF-4ª R., 2ª T., AC n. 2009.72.08.001913-2-SC, Rela. Desembargadora Federal Luciane Amaral Corrêa Münch, *DE* 4.3.2010. No mesmo sentido: 1ª T., AC n. 2009.70.00.001741-8-PR, Rela. Juíza Conv. Vivian Josete Pantaleão Caminha, *DE* 20.1.2010; 1ª T., AC n. 2007.71.08.012342-8-RS, Desembargador Federal Vilson Darós, *DE* 15.10.2008.

31. TRF-5ª R., 1ª T., AC 448331-SE, Rel. Desembargador Federal Rogério Fialho Moreira, *DE* 14.12.2009.

Os poucos julgados encontrados,[32] como se vê, analisam o tema a partir do art. 3º, § 10, da Lei n. 10.833/2003, reafirmando a sua aplicabilidade apenas em relação ao PIS/PASEP e à COFINS. Entende-se que, diante da ausência de previsão legal expressa autorizando a exclusão dos créditos fiscais da base de cálculo do IRPJ e da CSLL, não caberia ao Poder Judiciário concedê-la.

6. Avaliação crítica: o crédito como subvenção para investimentos

A solução sugerida pelo IBRACON é inconciliável com a natureza do crédito e não encontra respaldo no Decreto-lei n. 1.598/1997 (arts. 13 e 14) e no Decreto n. 3000/1999 (Regulamento do Imposto de Renda). Este, nos termos dos §§ 1º e 2º do art. 289, prevê que os tributos devidos na aquisição ou na importação da mercadoria integram o custo de aquisição, salvo em se tratando de impostos recuperáveis através de créditos na escrita fiscal:

"Art. 289. O custo das mercadorias revendidas e das matérias-primas utilizadas será determinado com base em registro permanente de estoques ou no valor dos estoques existentes, de acordo com o Livro de Inventário, no fim do período de apuração (Decreto-lei n. 1.598, de 1977, art. 14).

"§ 1º. O custo de aquisição de mercadorias destinadas à revenda compreenderá os de transporte e seguro até o estabelecimento do contribuinte e os tributos devidos na aquisição ou importação (Decreto-lei n. 1.598, de 1977, art. 13).

"§ 2º. Os gastos com desembaraço aduaneiro integram o custo de aquisição.

"§ 3º. Não se incluem no custo os impostos recuperáveis através de créditos na escrita fiscal."

32. Há pelo menos um recurso especial no STJ envolvendo o julgamento da matéria. Trata-se do REsp n. 1.142.736-PR, relatado pelo César Asfor Rocha, que aguarda julgamento.

Nota-se, portanto, que a legislação tributária prevê a inclusão do valor dos tributos – todas as espécies do gênero, inclusive as contribuições – no custo de aquisição, com exceção apenas dos impostos recuperáveis em escrita fiscal. Não cabe, destarte, a ampliação analógica da exceção, contabilizando-se o crédito da contribuição como redutor de custo de aquisição. Tal iniciativa esbarra no princípio da legalidade e no disposto no art. 108, § 1º, do Código Tributário Nacional. Aplica-se aqui, integralmente, a regra hermenêutica clássica segundo a qual as exceções devem ser interpretadas restritivamente: "*exceptiones sunt strictissimae interpretationis*" (interpretam-se as exceções estritissimamente).[33]

A contabilização mediante registro do valor líquido da contribuição somente seria adequada caso o legislador tivesse adotado o método de "base sobre a base". Tanto é assim que sua aplicação não oferece solução adequada para as hipóteses em que a legislação autoriza a manutenção do saldo acumulado.[34] Trata-se, ademais, de metodologia que afeta o resultado do exercí-

33. Carlos Maximiliano, *Hermenêutica e Aplicação do Direito*, 13ª ed., Rio de Janeiro, Forense, 1993, p. 225.

34. Fernandes e Martins, ob. cit., pp. 15-16:

"1.17 Essa alternativa também é incorreta e inconveniente por dois motivos. Primeiro, porque deixa de informar contabilmente o montante do crédito fiscal de PIS/COFINS; com isso, o registro contábil não cumpre a sua função, especialmente nos casos em que há previsão para manutenção do crédito fiscal (por exemplo, exportações).

"1.18 Segundo, porque tal procedimento deturpa, novamente, o resultado do exercício, sujeito ao IRPJ e à CSLL (34%); note-se que, em se considerando a margem de lucro de 20% sobre o custo, o preço líquido de venda seria de R$ 1.200,00, com o qual, reduzindo-se o custo – R$ 1.000,00 – apuraríamos o lucro efetivo de R$ 200,00 (que representa os 20% da margem).

"1.19 Ocorre que, pela demonstração acima, o resultado apontou um lucro de R$ 324,09, o que não condiz com a realidade, além de implicar a perda de 34% (IRPJ e CSLL) sobre a diferença (R$ 124,09), que é justamente o valor do crédito fiscal de PIS/COFINS."

cio e não se compatibiliza com a natureza do crédito da contribuição nem com a técnica de não cumulatividade adotada pelo legislador.

Na verdade, cumpre considerar que a não cumulatividade do PIS/PASEP e da COFINS, além de setorizada em função da atividade econômica do contribuinte, está inserida no âmbito de conformação legislativa do Congresso Nacional.[35] Cabe ao Poder Público definir discricionariamente os segmentos em que será aplicada e a amplitude do direito ao crédito. Deve-se ter presente, por outro lado, que o crédito, nos moldes em que se encontra disciplinado, é apurado de forma presumida: o seu cálculo, em regra, resulta da aplicação da alíquota-padrão (7,6% e 1,65%) sobre a base de creditamento definida nas Leis ns. 10.833/2003 e 10.637/2002, independente da alíquota e do regime de incidência na etapa antecedente. Parece induvidoso, ademais, que o crédito fiscal não é destinado ao custeio de despesas operacionais do contribuinte. Trata-se de *moeda escritural* que serve apenas para fins de operacionalização da não cumulatividade.[36] Tanto é assim que não se admite a transferência para terceiros nem tampouco a restituição em dinheiro ou a compensação do saldo credor com débitos de outros tributos fora dos estritos casos previstos na legislação.

Tais características – natureza discricionária, presumida e setorizada do crédito fiscal – o aproximam de uma liberalidade do Poder Público em benefício do contribuinte, qualificada juridicamente como subvenção para investimentos, na linha sustentada por Edson Carlos Fernandes e Ives Gandra Martins: "(...) os créditos fiscais autorizados pela legislação da Contribuição para o PIS e da COFINS têm natureza jurídica de *crédito concedido pelo Governo, ainda que por meio de lei*, ***de recursos públicos transferidos sem qualquer vinculação ao tributo incidente na etapa anterior***, e como tal, por se tratar de um valor concedido pela Administração Tributária, por meio de lei, não pode estar sujeito a outros tributos, especialmente ao IRPJ e à CSLL".[37]

Logo, desde que reconhecido contabilmente na forma do Decreto-lei n. 1.598/1977 (art. 38, § 2º), regulamentado no art. 443 do Decreto n. 3000/1999 (Regulamento do IR), o crédito não deve ser computado na determinação do lucro real:

"Art. 443. Não serão computadas na determinação do lucro real as subvenções para investimento, inclusive mediante isenção ou redução de impostos concedidas como estímulo à implantação ou expansão de empreendimentos econômicos, e as doações, feitas pelo Poder Público, desde que (Decreto-lei n. 1.598, de 1977, art. 38, § 2º, e Decreto-lei n. 1.730, de 1979, art. 1º, inciso VIII):

35. A não cumulatividade do PIS/PASEP não é prevista no texto constitucional. A Lei n. 10.637/2002, entretanto, a exemplo da Lei n. 10.833/2003, imprimiu ao PIS/PASEP uma feição setorizada.

36. Geraldo Ataliba e Cléber Giardino, "ICM – Abatimento constitucional", ob. cit., p. 124; Gilberto de Ulhôa Canto, "ICM – Não cumulatividade – Abatimento constitucional", *Revista de Direito Tributário* 29-30/206; Hugo de Brito Machado e Hugo de Brito Machado Segundo, "ICMS. Crédito de bens destinados ao ativo fixo. Lei Complementar 102/2000. Aproveitamento em 48 meses. Efeitos", *RDDT* 76/133. Nesse mesmo sentido, Paulo de Barros Carvalho ("Isenções tributárias do IPI, em face do princípio da não cumulatividade", *RDDT* 33/157): "O *direito de crédito* é moeda escritural. E se, de um lado, é inexigível enquanto crédito pecuniário na via judicial, por outro, é imprescindível perante o lídimo exercício do direito à não cumulatividade, que se consuma com o exercício da compensação desse crédito com o 'crédito tributário' (obrigação tributária) do Fisco". Alcides Jorge Costa, em sentido contrário, entende que, excepcionalmente, "na impossibilidade da compensação (como, p.ex., ao encerrar-se a atividade de uma empresa) deve haver a restituição sob pena de ocorrer a cumulatividade proibida pela Constituição" ("ICM – Créditos – Natureza jurídica – Correção monetária", *RDT* 45/43).

37. Ibid., pp. 40-41. Nessa mesma linha, cf.: José Rubes Scharlack, "A natureza jurídica dos créditos de PIS e COFINS apurados no regime de 'não cumulatividade'", *Revista Dialética de Direito Tributário* 115/68.

"I – registradas como reserva de capital que somente poderá ser utilizada para absorver prejuízos ou ser incorporada ao capital social, observado o disposto no art. 545 e seus parágrafos; ou

"II – feitas em cumprimento de obrigação de garantir a exatidão do balanço do contribuinte e utilizadas para absorver superveniências passivas ou insuficiências ativas."

Os conceitos de transferência de capital e de subvenção para investimentos têm sido negligenciados pela doutrina nos últimos anos. Os poucos textos dedicados ao tema, salvo honrosas exceções, o fazem apenas incidentalmente e, sem maiores reflexões, se limitam a adotar como ponto de partida as conclusões do Parecer Normativo CST n. 112/1978, da Coordenação do Sistema da Tributação da Secretaria da Receita Federal. Este estudo, porém, apesar de bem fundamentado, vincula indevidamente a caracterização da subvenção para investimentos à presença de um projeto de implantação ou de expansão do empreendimento econômico:

"(...) 2.12 Observa-se que a *subvenção para investimento* apresenta características bem marcantes, exigindo até mesmo perfeita sincronia da intenção do subvencionador com a ação do subvencionado. Não basta apenas o 'animus' de subvencionar para investimento. Impõe-se, também, a efetiva e específica aplicação da subvenção, por parte do beneficiário, nos investimentos previstos na implantação ou expansão do empreendimento econômico projetado. (...)."[38]

A Receita Federal, em diversas soluções de consulta, tem reiterado a vinculação da noção da subvenção para investimentos à presença de um projeto de implantação ou de expansão do empreendimento econômico:

"*Subvenções para investimento. Caracterização.* Subvenções para investimentos afastadas da tributação federal são aquelas aplicadas nos investimentos previstos na implantação ou expansão do empreendimento econômico e não aquelas destinadas ao custeio do empreendimento. Desta forma, incentivos fiscais recebidos para atender despesas específicas do empreendimento não são passíveis de enquadramento como subvenção para investimento, diante da legislação tributária federal."[39]

"*Subvenção para investimento. Benefício fiscal. Isenção ou redução de ICMS. Inexistência de vinculação e sincronismo. Descaracterização.* Os valores correspondentes ao benefício fiscal de isenção ou redução de ICMS que não possuam vinculação com a aplicação específica dos recursos em bens ou direitos referentes à implantação ou expansão de empreendimento econômico não se caracterizam como subvenção para investimento, devendo ser computados na determinação do lucro tributável."[40]

"*Lucro real. Subvenções para investimento.* As subvenções para investimentos, que podem ser excluídas da apuração do lucro real, são aquelas que, recebidas do Poder Público, ainda que em função de redução de impostos, sejam efetiva e especificamente aplicadas pelo beneficiário nos investimentos previstos na implantação ou expansão do empreendimento econômico projetado e deve haver absoluta correspondência e vinculação entre a percepção da vantagem e a aplicação dos recursos."[41]

Com base nessa premissa, parte da doutrina voltada ao enfretamento da matéria tem entendido que seria inviável a classificação dos créditos fiscais como subvenção para investimentos, porque concedidos em caráter geral para todos os contri-

38. Parecer Normativo CST n. 112/1978, de autoria de Carlos Augusto de Vilhena, *DOU* 11.1.1979, Seção I, Parte I, pp. 467 e ss.

39. Solução de Consulta n. 30, de 27.5.2010.

40. Solução de Consulta n. 58, de 15.12.2009.

41. Solução de Consulta n. 130, de 17.8.2009. No mesmo sentido, cf.: Soluções de Consulta na. 47, de 6.12.2002; 78, de 15.6.2007.

buintes submetidos ao regime não cumulativo.[42]

A legislação, entretanto, não autoriza conclusão dessa natureza, porque, consoante destaca José Bulhões Pedreira, o art. 38, § 2º, do Decreto-lei n. 1.598/1977, não faz qualquer vinculação entre a noção de subvenção para investimento a projetos de expansão ou de implantação de empreendimento econômico:

"A afirmação do PN-CST n. 112/1978 de que só existe subvenção para investimento quando há 'a efetiva e específica aplicação da subvenção, por parte do beneficiário, nos investimentos previstos na implantação ou expansão do empreendimento econômico projetado', não tem fundamento legal. O § 2º do art. 38 do DL n. 1.598/1977 somente se refere à 'implantação ou expansão de empreendimentos econômicos' para identificar a subvenção sob a forma de isenção ou redução de impostos; e não como requisitos de toda e qualquer subvenção para investimento. Pode haver transferência de capital sem vinculação à implantação ou expansão de determinados empreendimentos econômicos: basta que a intenção do doador seja transferir capital e que a pessoa jurídica registre os recursos recebidos como reserva de capital.

"O PN-CST n. 112/1978 interpreta restritivamente a expressão 'subvenção para investimento', ao considerar como requisito essencial que os recursos doados sejam aplicados em bens do ativo permanente. Essa interpretação não tem fundamento na lei. A legislação tributária classifica todas as subvenções em apenas duas categorias – correntes e para investimento. A que não se classifica em uma delas pertence, necessariamente, à outra, e toda transferência de capital é subvenção para investimento. A palavra investimento, no caso, deve ser entendida nos seus dois sentidos – de criação de bens de produção e de aplicação financeira."[43]

O Conselho Administrativo de Recursos Fiscais, inclusive, já apresenta julgados nessa mesma linha, com destaque para o Acórdão n. 107-08.739, que, acolhendo lições de Natanael Martins sobre o tema, entendeu que: "A subvenção para investimento (deixando de lado o mérito de tratar-se, juridicamente, de uma doação), caracteriza-se em função de sua natureza – de uma transferência de capital sendo irrelevante a destinação do seu valor. Vale dizer, 'a palavra investimento, no caso, deve ser entendida nos seus dois sentidos – de criação de bens de produção e de aplicação financeira' (Bulhões Pedreira), jamais como condicionante de que o valor recebido deva estar vinculado à (implantação ou expansão de determinados empreendimentos econômicos) aquisição de determinados bens ou direitos sujeitos a imobilização".[44]

O julgado faz referência à precedente da Câmara Superior de Recursos Fiscais, que também se afasta das conclusões do PN-CST n. 112/1978:

"O PN-CST n. 112/1978, no subitem 2.12, acima transcrito, quando falou em efetiva e específica aplicação de subvenção em investimentos previstos ou projetados, foi mais longe. Bulhões Pedreira aponta-lhe a falta de base legal, nesse ponto.

"Realmente, se estudada a questão em tese, o PN-CST n. 112/1978 teria excedido a lei, no particular."[45]

42. "(...) os subsídios para investimento demandam uma finalidade específica de gastos, de modo a compreender um dos objetivos da Constituição Federal. Obviamente, os créditos de PIS/COFINS, por serem franqueados a toda e qualquer pessoa jurídica que se enquadre no regime da não cumulatividade, não podem ser considerados subvenções para investimento, pois estas demandam projeto de investimento específico e finalidade que justifique uma condição especial ao subvencionado" (Marcelo Barros, ob. cit., p. 242).

43. José Luiz Bulhões Pedreira, *Imposto de Renda: Pessoas Jurídicas*, vol. II, Rio de Janeiro, Adcoas-Justec, 1979, pp. 402-403.

44. Decisão de 20.9.2006, Rel. Conselheiro Luiz Martins Valero.

45. Voto do Relator no Acórdão n. CSRF/01-885.

De fato, a *subvenção para investimentos* a que se refere a legislação do imposto de renda (Decreto n. 3.000/1999, art. 443; Decreto-lei n. 1.598/1977, art. 38, § 2º) equivale a uma transferência de capital[46] caracterizada pela transmissão de direitos patrimoniais, inclusive mediante concessão de benefícios fiscais, do Poder Público a outra pessoa jurídica independente de qualquer contraprestação.[47] Descabe qualquer vinculação à existência de um projeto de implantação ou de expansão de empreendimento econômico. Sua caracterização pressupõe apenas a intenção objetiva de realizar o incremento patrimonial do beneficiário, que deve aplicar a liberalidade recebida no aumento de capital de giro ou em qualquer elemento do ativo. Assemelha-se, assim, a uma doação ou, mais propriamente, a uma doação modal,[48] porque o beneficiário não assume qualquer dívida ou obrigação como contrapartida pelo incremento patrimonial auferido.[49]

A transferência, nos termos do art. 38, § 2º, do Decreto-lei n. 1.598/1997, deve ser mantida em conta de reserva de capital.[50] Do contrário, a subvenção para investimentos perde sua natureza jurídica, convertendo-se em renda da beneficiada. Nesse caso, cessa a hipótese de exclusão do lucro real, como ensina José Bulhões Pedreira:

"Dois requisitos são necessários para que se caracterize a transferência de capital: (a) que o doador tenha a intenção de fazer contribuição para o estoque de capital da pessoa jurídica, e (b) que esta não modifique a natureza da transferência, transformando o capital em renda.

"(...).

"A transferência de capital pressupõe a intenção do doador de contribuir para o estoque de capital da pessoa jurídica, e não

46. O próprio PN-CST 112/1978 reconhece essa circunstância: "2.15 Resta apenas considerar a condição estabelecida na letra *b* do § 2º do art. 38 do Decreto-lei n. 1.598/1977. É evidente que o dispositivo em pauta está tratando das chamadas 'transferências de capital', decorrentes, por exemplo, da obrigação contratual de garantir os valores registrados no balanço patrimonial da pessoa jurídica que teve o seu patrimônio líquido, parcial ou totalmente, transferido para outros sócios ou acionistas. (...)".

47. Como destaca Bulhões Pedreira, "as transferências são negócios jurídicos unilaterais, nos quais quem transfere dinheiro não recebe em troca outro direito ou (no caso de transferências de capital), se adquire algum direito, este nasce do próprio negócio de transferência e seu objeto são prestações da pessoa que a recebe. (...) Nas transferências de capital uma pessoa transmite direitos com o fim de acrescê-los ao estoque de capital de outra. Em algumas (como as subvenções para investimento e as doações) a pessoa que transfere não adquire nenhum direito – apenas diminui seu estoque de capital em benefício de quem a recebe" (Pedreira, ob. cit., p. 400).

48. Nesse sentido, cf.: Pedreira, ob. cit., p. 680; Natanael Martins, *RDT* 61/175 e ss. Este autor, com rigor ímpar, após destacar a opinião de José Souto Maior Borges (para quem "a subvenção é uma modalidade de doação modal"), ressalta que "(...) a subvenção (termo em regra utilizado para denominar transferências de recursos de poderes públicos para pessoas jurídicas privadas ou instituições) ajusta-se ao conceito de doação".

49. O PN-CST 112/1978 também destaca essa característica: "O patrimônio da empresa beneficiária é enriquecido com recursos vindos de fora sem que isto importe na assunção de uma dívida ou obrigação. É como se os recursos tivessem sido carreados pelos próprios donos da empresa com a condição de não serem exigidos nem cobrados, originados, pois, do chamado *capital próprio*, ao contrário do *capital alheio* ou de *terceiros*, que é sempre exigível e cobrável. Se preferimos, contudo, um conceito jurídico: 'Juridicamente, a subvenção não tem o caráter nem de paga nem de compensação. É *mera contribuição pecuniária* destinada a *auxílio* ou *em favor* de uma pessoa, ou de uma instituição, para que se mantenha, ou para que execute os serviços ou obras pertinentes a seu objeto' (os grifos são do original). Em resumo, *subvenção*, sob o ângulo tributário para fins de imposição do imposto de renda às pessoas jurídicas, é um *auxílio* que não importa em qualquer *exigibilidade* para o seu recebedor" (item 2.4).

50. "As subvenções para investimento são registradas contabilmente como reserva de capital. Normalmente, referem-se a valores de que a companhia se beneficia a título de devolução, isenção ou redução de impostos devidos, ou de valores recebidos destinados à expansão de suas atividades, sob a forma de investimentos para capital fixo ou capital de giro. É o caso, por exemplo, de devolução de IPI ou ICM e de isenção temporária de imposto de renda como incentivo regional ou setorial" (Nota Explicativa da Instrução CVM n. 59/1986).

para o custeio das suas atividades ou operações. Mas a pessoa jurídica que a recebe pode mudar essa destinação, transformando o capital em renda. Por isso, a caracterização de transferência de capital, para efeitos fiscais, pressupõe tanto a intenção de quem transfere quanto o tratamento que a pessoa jurídica dá, na sua contabilidade, à transferência recebida: somente há transferência de capital se a pessoa jurídica credita os valores recebidos a conta de reserva de capital. Se o crédito é feito a conta de resultados, a lei tributária considera que a pessoa jurídica transformou a transferência de capital em transferência de renda e a submete ao imposto.

"A subvenção para investimento e a doação não pressupõem, todavia, aplicação de recursos no ativo permanente da pessoa jurídica. O capital próprio (assim como o de terceiros) acha-se aplicado, de modo indiscriminado, em todos os elementos do ativo, e a pessoa jurídica pode receber subvenções para investimento ou doações para aumentar o capital de giro."

Cumpre considerar, entretanto, que o art. 182, § 1º, *d*, da Lei n. 6.404/1976,[51] que prevê a contabilização das subvenções para investimento como reserva de capital, foi revogado pela Lei n. 11.638/2007. Apesar disso, permanece em vigor o disposto no art. 38 do Decreto-lei n. 1.598/1977, de sorte que, nos termos da Lei n. 11.941/2009, as subvenções para investimentos e as doações devem receber o seguinte tratamento contábil:

"Art. 18. Para fins de aplicação do disposto nos arts. 15 a 17[52] desta Lei às subvenções para investimento, inclusive mediante isenção ou redução de impostos, concedidas como estímulo à implantação ou expansão de empreendimentos econômicos, e às doações, feitas pelo Poder Público, a que se refere o art. 38 do Decreto-lei no 1.598, de 26 de dezembro de 1977, a pessoa jurídica deverá:

"I – reconhecer o valor da doação ou subvenção em conta do resultado pelo regime de competência, inclusive com observância das determinações constantes das normas expedidas pela Comissão de Valores Mobiliários, no uso da competência conferida pelo § 3º do art. 177 da Lei n. 6.404, de 15 de dezembro de 1976, no caso de companhias abertas e de outras que optem pela sua observância;

"II – excluir do Livro de Apuração do Lucro Real o valor decorrente de doações ou subvenções governamentais para investimentos, reconhecido no exercício, para fins de apuração do lucro real;

"III – manter em reserva de lucros a que se refere o art. 195-A da Lei n. 6.404, de 15 de dezembro de 1976, a parcela decorrente de doações ou subvenções governamentais, apurada até o limite do lucro líquido do exercício;

"IV – adicionar no Livro de Apuração do Lucro Real, para fins de apuração do lucro real, o valor referido no inciso II do *caput* deste artigo, no momento em que ele tiver destinação diversa daquela referida no inciso III do *caput* e no § 3º deste artigo.

"§ 1º. As doações e subvenções de que trata o *caput* deste artigo serão tributadas caso seja dada destinação diversa da prevista neste artigo, inclusive nas hipóteses de:

"I – capitalização do valor e posterior restituição de capital aos sócios ou ao titu-

51. "Art. 182. A conta do capital social discriminará o montante subscrito e, por dedução, a parcela ainda não realizada. § 1º. Serão classificadas como reservas de capital as contas que registrarem: (...); d) as doações e as subvenções para investimento."

52. "Art. 17. Na ocorrência de disposições da lei tributária que conduzam ou incentivem a utilização de métodos ou critérios contábeis diferentes daqueles determinados pela Lei n. 6.404, de 15 de dezembro de 1976, com as alterações da Lei n. 11.638, de 28 de dezembro de 2007, e dos arts. 37 e 38 desta Lei, e pelas normas expedidas pela Comissão de Valores Mobiliários com base na competência conferida pelo § 3º do art. 177 da Lei n. 6.404, de 15 de dezembro de 1976, e demais órgãos reguladores, a pessoa jurídica sujeita ao RTT deverá realizar o seguinte procedimento: (...)."

lar, mediante redução do capital social, hipótese em que a base para a incidência será o valor restituído, limitado ao valor total das exclusões decorrentes de doações ou subvenções governamentais para investimentos;

"II – restituição de capital aos sócios ou ao titular, mediante redução do capital social, nos 5 (cinco) anos anteriores à data da doação ou da subvenção, com posterior capitalização do valor da doação ou da subvenção, hipótese em que a base para a incidência será o valor restituído, limitado ao valor total das exclusões decorrentes de doações ou de subvenções governamentais para investimentos; ou

"III – integração à base de cálculo dos dividendos obrigatórios.

"§ 2º. O disposto neste artigo terá aplicação vinculada à vigência dos incentivos de que trata o § 2º do art. 38 do Decreto-lei n. 1.598, de 26 de dezembro de 1977, não se lhe aplicando o caráter de transitoriedade previsto no § 1º do art. 15 desta Lei.

"§ 3º. Se, no período base em que ocorrer a exclusão referida no inciso II do *caput* deste artigo, a pessoa jurídica apurar prejuízo contábil ou lucro líquido contábil inferior à parcela decorrente de doações e subvenções governamentais, e neste caso não puder ser constituída como parcela de lucros nos termos do inciso III do *caput* deste artigo, esta deverá ocorrer nos exercícios subsequentes."

Portanto, na vigência do Regime Tributário de Transição (RTT), até que seja promulgada a legislação prevista no art. 15, § 1º, da Lei n. 11.941/2009,[53] dispondo sobre os efeitos tributários dos novos métodos e critérios contábeis decorrentes da Lei n. 11.638/2007, as subvenções para investimento passaram a integram a conta de resultado. Apesar disso, continuam sem ser computadas na determinação do lucro real, desde que observados os requisitos do art. 18 da Lei n. 10.941/2009, notadamente a manutenção do valor em reserva de lucros na forma do art. 195-A da Lei n. 6.404/1976 (Reserva de Incentivos Fiscais).[54]

A nova legislação, a rigor, conserva a natureza de transferência de capital da subvenção para investimento, condicionando a não incidência do tributo apenas enquanto o recurso ou incremento não é utilizado como renda pelo beneficiário. Não há qualquer alteração dos demais elementos de caracterização da subvenção nesse novo quadro legislativo, que continua sendo uma transferência de capital.[55]

7. Conclusões

Nota-se, diante da natureza jurídica do crédito e da legislação do imposto de renda em vigor (Decreto-lei n. 1.598/1997, arts. 13 e 14; Decreto n. 3.000/1999, art. 289, §§ 1º e 2º), que não se afigura juridi-

53. "Art. 15. Fica instituído o Regime Tributário de Transição – RTT de apuração do lucro real, que trata dos ajustes tributários decorrentes dos novos métodos e critérios contábeis introduzidos pela Lei no 11.638, de 28 de dezembro de 2007, e pelos arts. 37 e 38 desta Lei. § 1º. O RTT vigerá até a entrada em vigor de lei que discipline os efeitos tributários dos novos métodos e critérios contábeis, buscando a neutralidade tributária."

54. "Art. 195-A. A assembleia geral poderá, por proposta dos órgãos de administração, destinar para a reserva de incentivos fiscais a parcela do lucro líquido decorrente de doações ou subvenções governamentais para investimentos, que poderá ser excluída da base de cálculo do dividendo obrigatório (inciso I do *caput* do art. 202 desta Lei)" (*Incluído pela Lei n. 11.638, de 2007*).

55. "(...) as subvenções para investimentos são auxílios estatais, normalmente decorrentes de incentivos fiscais, que eram classificados na conta 'reserva de capital' (antes da alteração da legislação contábil promovida pelo art. 1º da Lei n. 11.638/2007, que revogou a alínea *d* do § 1º do art. 182 da Lei n. 6.404/1976, extinguindo tal conta) e que não constituem lucro da empresa e tampouco estarão disponíveis para distribuição como dividendos" (Leonardo Freitas de Moraes e Castro, "Contabilização e tributação das subvenções para investimento recebidas como desconto de ICMS antecipadamente pago: entendimento após as Leis ns. 11.638/2007 e 11.941/2009", *RDDT* 179/91).

camente viável a contabilização do crédito da não cumulatividade do PIS/PASEP e da COFINS como redução do custo de aquisição. Tampouco é possível, por outro lado, o registro do valor líquido da contribuição, com apuração extracontábil dos créditos. Essa metodologia, além de afetar o resultado do exercício, somente seria adequada caso o legislador tivesse adotado o método de "base sobre a base".

A natureza discricionária, presumida e setorizada do crédito fiscal, a rigor, impõem a sua caracterização jurídica como subvenção para investimentos, desde que observados, por parte do contribuinte, os requisitos do art. 18 da Lei n. 10.941/2009, circunstância que afasta a incidência do IRPJ e da CSLL, preservando a higidez da não cumulatividade preconizada pelo legislador tributário.

ESTUDOS & COMENTÁRIOS

AS IMPLICAÇÕES DO RECURSO ESPECIAL 1.104.900-ES E A RESPONSABILIDADE TRIBUTÁRIA DO ADMINISTRADOR

POTIRA FERREIRA BRITO DE MACÊDO
Mestranda em Direito Processual Civil pela UFES. Pós-Graduada em Direito Tributário pelo IBET. Advogada.

1. Introdução. 2. Fixando as premissas: 2.1 O direito positivo e a Ciência do Direito; 2.2 A norma jurídica completa; 2.3 O sistema do direito positivo e o processo de positivação das normas jurídicas. 3. O processo executivo: 3.1 Requisitos necessários à realização da Execução Fiscal: 3.1.1 O inadimplemento; 3.1.2 A responsabilidade patrimonial do devedor; 3.1.3 Responsabilidade patrimonial do sócio; 3.1.4 O título executivo; 3.1.5 A Certidão de Dívida Ativa; 3.2 A responsabilidade tributária do administrador. 4. A posição do STJ no julgamento do Recurso Especial 1.104.900-ES. 5. Implicações da decisão do STJ e seus problemas: 5.1 Da inclusão do nome do administrador na Certidão de Dívida Ativa; 5.2 O ônus da prova. 6. Conclusões. 7. Bibliografia.

1. Introdução

A discussão a respeito da responsabilidade tributária dos sócios é polêmica e inesgotável. Isso porque um dos sujeitos dessa relação jurídica material e processual é a Fazenda Pública e sua voracidade arrecadadora, que apesar de seus inúmeros privilégios, ganhou um forte aliado, disposto a fechar os olhos às ilegalidades e arbitrariedades por ela cometidas: o Superior Tribunal de Justiça.

Recentemente, a Corte Superior firmou entendimento segundo o qual as Execuções Fiscais serão redirecionadas para os administradores, quando seus nomes constarem das Certidões de Dívida Ativa, momento no qual deverão comprovar, por meio de Embargos de Declaração, a sua irresponsabilidade perante o débito social.

Essa situação, além de se revestir de inconstitucional e ilegal, teve enorme impacto na comunidade jurídica, e vem causando transtornos de toda ordem para os sócios e administradores de empresas devedoras do Fisco, conforme se tentará demonstrar.

2. Fixando as premissas

Inicialmente, faz-se necessário, no intuito de manter a coerência do texto a ser desenvolvido, estabelecer, resumidamente, quais as premissas que orientarão o presente artigo.

2.1 O direito positivo e a Ciência do Direito

Distingue-se o direito positivo da Ciência Jurídica. Aquele é um complexo de normas jurídicas, válidas num dado país e em determinado espaço de tempo, que vertido em linguagem prescritiva, volta-se para regular a conduta humana, tendo como traço distintivo a coercitividade, isto é, a pacificação social feita pelo uso da força, que, excepcionalmente, é aplicada por autoridade competente (agente autorizado pela ordem jurídica).[1]

Já a Ciência Jurídica descreve o direito posto, ou seja, debruça-se sobre as normas jurídicas, com o propósito de conhecê-las e descrevê-las, e o faz por meio de proposições ou enunciados jurídicos, de cunho descritivo.[2]

Essa distinção é de suma importância, uma vez que partindo-se da premissa de que o direito positivo é o objeto da Ciência do Direito, percebe-se que o objetivo desse artigo, enquanto Ciência, será justamente descrever o direito posto. Não sua totalidade, mas um segmento específico de normas que o compõe, especificamente inseridas nos arts. 566 e ss. do CPC, e na Lei n. 6.830/1980. Não se afasta com essa afirmação, que será necessário ainda, no decorrer do artigo, socorrer-se a outros diplomas normativos, o que se quer asseverar é que, as normas acima citadas terão análise preponderante. Trata-se de um corte metodológico.

2.2 A norma jurídica completa

Segundo Hans Kelsen, as normas jurídicas não se caracterizam como enunciados, mas como mandamentos, isto é, comandos imperativos que prescrevem, permitem, atribuem poder ou competência, vertidas em linguagem. São "(...) algo que deve ser ou acontecer, especialmente que um homem se deve conduzir de determinada maneira".[3]

Estruturalmente, a norma jurídica é um juízo hipotético-condicional (se ocorrer o fato X, então deve ser a prestação Y), composta de uma hipótese e um consequente. Essa ligação entre o antecedente e o consequente denomina-se imputação.[4]

Assim, toda norma assume uma feição dual, ou seja, terá um antecedente ligado a um consequente, por um conectivo deôntico, modalizado nas formas proibido, permitido e obrigatório. O antecedente descreve um fato de possível ocorrência no mundo real, e o consequente prescreve as condutas intersubjetivas, apresentando-se como uma proposição relacional entre sujeitos de direito, em torno de uma determinada conduta. Portanto, a relação jurídica prevista no consequente se instaura quando e onde ocorrer o fato descrito na hipótese.

Ademais, existem duas normas jurídicas distintas, dois enunciados de dever ser: um no sentido de que certo indivíduo deve observar determinada conduta, e outro no sentido de que outro indivíduo deve executar uma sanção no caso de a primeira norma ser violada. Trata-se da distinção entre normas primárias e normas secundárias. A primeira é aquela que prescreve a conduta de omissão do delito (lícito), e a segunda estipula uma sanção diante de um possível delito (ilícito). A primeira norma está contida na segunda norma, a única norma genuína.[5]

Portanto, a significação deôntica completa só é alcançada com a reunião de duas normas em sentido estrito: a norma primária, que prevê certa conduta, e a norma secundária, que prescreve uma sanção, aplicada pelo Estado-Juiz, no caso de descumprimento da conduta estatuída na norma primária. Isso porque, ao suprimir a norma secundária sancionadora, da primária, essa fica desprovida de juridicidade.[6]

1. H. Kelsen, *Teoria Geral do Direito e do Estado*, pp. 27-29.
2. P. Carvalho, *Curso de Direito Tributário*, 18ª ed., pp. 1-4.
3. H. Kelsen, *Teoria Pura do Direito*, 6ª ed., pp. 4-5.
4. Carvalho, ob. cit., pp. 8-9, nota 2.
5. H. Kelsen, *Teoria Geral das Normas*, p. 181.
6. Lourival Vilanova, *Causalidade e Relação no Direito*, 4ª ed., p. 175.

A norma secundária descreve em seu antecedente o descumprimento da relação jurídica prevista na norma secundária (ato ilícito) e, no seu consequente, uma atuação do Estado-Juiz, chamada tradicionalmente de sanção, isto é, uma penalidade imposta por autoridade, para que o sujeito cumpra com o previsto na norma primária.

2.3 O sistema do direito positivo e o processo de positivação das normas jurídicas

O sistema do direito positivo é o complexo de normas jurídicas, entrelaçadas entre si, que visam regular a conduta humana, e está vertido em uma linguagem prescritiva. Enquanto que o sistema da Ciência do Direito é o conjunto de proposições jurídicas, formuladas com o fim de compreender o direito positivo, por meio de uma linguagem descritiva.

O sistema normativo é aquele onde todas as normas retiram sua validade de uma norma fundamental. Essa norma fundamental é pressuposta e não pode ser derivada de uma norma superior. Logo, o fundamento de validade de uma norma é sempre outra norma, hierarquicamente superior, ou seja, uma norma só é válida se pertencer a um sistema válido de normas, e derivar de outra norma.[7]

Portanto, o sistema normativo é um conjunto de normas cuja união é estabelecida pelo fato de todas elas terem o mesmo fundamento de validade. E o fundamento de validade dessa ordem normativa é a norma fundamental pressuposta, que é uma proposição axiomática obrigatória, da qual, como se disse anteriormente, se retira a validade de todas as demais. Essa é a premissa kelseniana, de que no sistema jurídico as normas formam uma estrutura escalonada de diferentes níveis.

Nesse sentido, na ordem jurídica brasileira, a Constituição Federal está no nível mais elevado dessa estrutura, devendo as demais normas infraconstitucionais, para terem validade, respeitá-la em sua integridade. Caso contrário, decerto, serão inválidas.

Nessa hierarquia das normas jurídicas, as normas gerais e abstratas situam-se no ápice da pirâmide, enquanto que as individuais e concretas, estão mais próximas de sua base, ou seja, dos comportamentos humanos. Aquelas, sozinhas, não regulam a conduta humana, mas dependem das individuais e concretas para fazê-lo.

Esse é o processo de positivação das normas jurídicas, isto é, parte-se de uma norma geral e abstrata, que não se presta a regular a conduta humana diretamente e, por meio do processo de positivação, expede-se uma norma individual e concreta. Essa sim, reguladora dos comportamentos humanos. Assim, o processo de positivação se efetiva pela aplicação ou incidência do direito, quando o agente competente, ou seja, o sujeito de direito autorizado pelo ordenamento jurídico, emite uma norma individual e concreta.[8]

Eis a lição de Lourival Vilanova, ao afirmar que "A passagem da norma geral para o concreto faz-se mediatamente, nos atos de competência de poder. É preciso ato de poder, manifestação de vontade de órgão (legislativo, administrativo ou jurisdicional) para a realização da regra abstrata".[9]

Fixadas essas premissas, imperioso ainda realizar uma breve análise do processo executivo em geral.

3. O processo executivo

Relembrando as lições do capítulo anterior, nota-se que o objetivo principal do direito é a regulação da conduta humana e, diante disso, criou-se para o indivíduo a possibilidade intervir no processo de

7. H. Kelsen, *Teoria Geral do Direito e do Estado*, 2000, pp. 162-165.

8. Carvalho, 2007, pp. 381-383.

9. Vilanova, 2000, pp. 149-150.

sua positivação, por meio da via judicial, que é dirigida a um terceiro sujeito, o Estado-Juiz, que exerce o monopólio da função jurisdicional. Como assevera Lourival Vilanova, tal monopólio provém do fato de ser o Poder Judiciário "(...) portador de um complexo de poderes-deveres, em virtude da incidência de normas constitucionais (e legais) que o institui e lhe demarca a competência".[10]

Portanto, o processo de positivação do direito se inicia com as normas de competência previstas na Constituição Federal, que conferem poderes-deveres aos entes políticos (Legislativo, Executivo e Judiciário), para emitirem normas gerais e abstratas. Com o exercício dessa competência e, a emissão das normas gerais e abstratas, surge a possibilidade de emissão de normas concretas, individuais ou gerais, pelos agentes autorizados pelo sistema, que podem interferir na esfera privada do indivíduo ou de dada coletividade, conferindo-lhes, por consequência, o direito de intervir no processo de positivação.[11]

Assim, quando o agente competente aplica o direito, emitindo uma norma individual e concreta, que afeta o direito de um indivíduo, nasce para ele o direito de interferir no processo de positivação, por meio de uma ação. Tendo em vista que "A todo o direito corresponde uma ação – em sentido de pretensão material – e a toda lesão de direito subjetivo fica aberta a via judiciária –, pretensão ou direito subjetivo processual",[12] surge para o indivíduo a possibilidade de buscar o Poder Judiciário, para que esse, preste a tutela jurisdicional, por meio da expedição de uma norma individual e concreta, substitutiva da vontade das partes, ou seja, uma sentença.

A relação entre o sujeito ativo e o Estado-Juiz é linear, bem como aquela entre o sujeito passivo e o Estado-Juiz. Essas duas relações lineares unidas pelo órgão jurisdicional formam uma relação angularizada, que é a relação jurídica processual.[13] Nota-se que a relação jurídico-material não se confunde com a relação jurídico-processual, pois "O ser sujeito-de-direito é efeito de fato que a norma qualificadora de subjetividade ligou a esse fato. (...) Antes de ser sujeito-de-direito em relação processual, é-se sujeito-de-direito. Não coincidem necessariamente as duas posições de sujeito. É o sistema que diz que dada a subjetividade de direito material deva ser a possibilidade de pretensão à tutela jurisdicional".[14]

O sujeito titular da pretensão ativa pode buscar do Poder Judiciário uma tutela jurisdicional de conhecimento, executiva ou cautelar, por meio de uma ação, que segundo Arruda Alvim "(...) é o direito constante da lei processual civil, cujo nascimento depende de manifestação de nossa vontade. Tem por escopo a obtenção da prestação jurisdicional do Estado, visando, diante da hipótese fático-jurídica nela formulada, à aplicação da lei (material)".[15]

Preferindo referir-se a direito de ação e não ação – já que esse termo padece do vício da polissemia –, Paulo Cesar Conrado também entende o direito de ação como o direito de invocar o Estado-Juiz, para que ele preste a tutela jurisdicional.[16]

Observa-se que o destinatário da ação é o Estado-Juiz, para o qual o sujeito ativo ingressa com a ação, pedindo a prestação da tutela jurisdicional, e não o sujeito passivo da relação jurídico material. Assim, é a norma secundária que abre a via para a relação jurídica processual, cujo direito subjetivo do sujeito ativo é a ação, utilizada para a defesa de seu direito subjetivo material – relativo ao bem jurídico da vida

10. Ibid., p. 202.

11. E. M. D. Santi e P. C. Conrado, "Mandado de segurança preventivo em matéria tributária: requisitos e efeitos", in P. C. Conrado (coord.), *Processo Tributário Analítico*, pp. 116-117.

12. Vilanova, p. 200.

13. Ibid., p. 190.

14. Ibid., p. 200.

15. Arruda Alvim, *Manual de Direito Processual Civil*, vol. 1, 11ª ed., p. 415.

16. Paulo Cesar Conrado, *Introdução à Teoria Geral do Processo Civil*, 2ª ed., p. 163.

sobre o qual recai a pendência – e, o sujeito passivo é o órgão jurisdicional.

Interessa nesse artigo o estudo da ação executiva, por meio da qual o sujeito ativo busca do Poder Judiciário uma tutela jurisdicional executiva, que visa satisfazer um direito, por meio de atos estatais que proporcionem ao titular de um crédito sua realização, se o devedor não o adimplir espontaneamente. Nesses casos, é dispensado o pronunciamento jurisdicional a respeito desse crédito, uma vez que o sujeito ativo já possui um documento, denominado título executivo, que autoriza a propositura da ação.[17]

Para Luiz Fux, "Na execução, o Estado-juiz não se limita a pronunciar que A deve a B, senão a fazer com que o devedor pague ao credor, voluntariamente ou através dos meios executivos utilizados nesta espécie de processo e que visam a conferir à parte o mesmo resultado que ela obteria se houvesse o cumprimento espontâneo da obrigação".[18] Logo, a execução visa a satisfação plena do credor, por meio de técnicas executivas subrogatórias ou coercitivas.

Assim, enquanto o processo de cognição busca a solução do conflito para o caso concreto, o processo executivo objetiva a satisfação integral do credor, por meio técnicas executivas ou atos executivos, tendentes a efetivar a obrigação expressa pelo título executivo. As execuções podem ser fundadas em títulos executivos judiciais, que serão realizadas no mesmo processo em que se deu a atividade cognitiva, sendo verdadeira fase do processo de conhecimento, e extrajudiciais, onde será necessário um processo executivo autônomo.[19]

A cobrança judicial de dívidas da Fazenda Pública rege-se pela Lei n. 6.830/1980 e, subsidiariamente, pelo Código de Processo Civil, denominando-se Execução Fiscal.

Portanto, a Execução Fiscal é a ação utilizada pelo Poder Público para cobrar seus créditos e, como toda a ação, além de atender aos pressupostos processuais, possui três requisitos, limites ou condições, necessárias ao seu pleno exercício, são elas: a legitimidade, a possibilidade jurídica do pedido e o interesse de agir.[20]

No entanto, além desses requisitos gerais, na ação executiva é imprescindível estejam presentes três requisitos: o inadimplemento, que comprova a violação, a responsabilidade patrimonial do devedor, que suporta os efeitos da ação executiva e o título executivo, que comprova a obrigação.

3.1 Requisitos necessários à realização da Execução Fiscal

3.1.1 O inadimplemento

O inadimplemento do devedor é requisito essencial à propositura da execução, uma vez que tendo adimplido a obrigação consubstanciada no título, o devedor nada mais deve ao credor, impedindo-o de iniciar ou prosseguir na execução, por falta de interesse de agir.

Logo, inadimplente é aquele que não satisfez, voluntariamente, e no prazo acordado, a obrigação líquida, certa e exigível, constante do título executivo.

3.1.2 A responsabilidade patrimonial do devedor

A responsabilidade patrimonial consiste na submissão dos bens do devedor para a satisfação do crédito do sujeito ativo, por meio de uma decisão judicial. Isto é, os atos executivos se exercitam sobre o patrimônio do devedor. Portanto, são os bens do devedor que respondem por suas obrigações, consoante previsão do art. 591

17. Ibid., pp. 191-192.

18. Luiz Fux, *Curso de Processo Civil*, pp. 980-981.

19. Rodrigues, 2008, pp. 574-575.

20. Cf. Alvim, 2006/2007; Conrado, 2003; Luiz Guilherme Marinoni, *Curso de Processo Civil: Teoria Geral do Processo*, vol. 1, p. 173; Rodrigues, 2008.

do CPC e ss., já que ele é o responsável primário pela dívida.

Logo, só podem figurar como sujeitos passivos da execução aqueles sujeitos descritos no art. 568 do CPC, desde que sobre seus bens possa recair a execução. Portanto, trata-se de dois requisitos distintos e que devem coexistir: a sujeição passiva patrimonial e a sujeição passiva da execução. Isso porque uma coisa é ser sujeito passivo da execução, outra, bem diferente, é ser sujeito passivo da obrigação tributária e seus bens responderem pela dívida cobrada.

Nesse sentido é a lição de Gelson Amaro de Sousa: "Sujeição passiva tributária é a obrigação que tem de se responder pela obrigação tributária. Sujeição passiva na execução fiscal é o posicionamento que alguém se encontra em relação ao título executivo. (...) No primeiro caso, para se apurar a sujeição passiva tributária, pode ser necessário um acertamento fiscal, mas para apurar-se a sujeição passiva na execução isso é meramente desnecessário. Basta a citação, para que se instaure a relação processual e com isso a sujeição passiva na execução. Será assim, parte passiva, ainda que ilegítima".[21]

A sujeição passiva na ação executiva é determinada pelo título extrajudicial, no caso, a Certidão de Dívida Ativa, que se presume líquida e certa, em razão do controle de legalidade que se exerce com sua inscrição. A sujeição passiva tributária é decorrente de disposição legal e, do mesmo modo, deve ser apurada em procedimento administrativo próprio, anterior à propositura da Execução Fiscal.

O devedor é o sujeito passivo da obrigação e da execução por excelência, no entanto, existe a possibilidade de o sujeito passivo ser um terceiro, cuja responsabilidade patrimonial lhe foi atribuída pela lei, nos termos do art. 592 do CPC. Essa responsabilidade, segundo Luiz Fux, é secundária, excepcional "(...) e não se presume, posto implicar em sacrifício do patrimônio de outrem para satisfação de dívida alheia. É uma espécie de legitimação extraordinária para a excussão de bens".[22]

Dentre esses terceiros, está o sócio (inciso II), cuja responsabilidade será discutida a seguir.

3.1.3 Responsabilidade patrimonial do sócio

É antiga a norma jurídica que prescreve a distinção entre a sociedade e a pessoa física dos sócios, isto é, que possuem personalidades distintas. A sociedade, segundo o art. 1.022 do Código Civil, "(...) adquire direitos, assume obrigações e procede judicialmente, por meio de administradores com poderes especiais, ou, não os havendo, por intermédio de qualquer administrador".

Logo, uma coisa é a pessoa física do sócio, outra, bem diferente, é a pessoa jurídica da qual ele é sócio. Conforme se afirmou anteriormente, o inciso II do art. 592 do CPC autoriza, desde que expressamente previsto em lei, a responsabilidade patrimonial do sócio por dívidas da sociedade. Essa responsabilidade secundária e subsidiária poderá ocorrer no caso de a lei atribuir responsabilidade solidária do sócio pelas dívidas da sociedade, ou então quando, diante de determinadas circunstâncias, também previstas em lei, o Poder Judiciário permita que o patrimônio dos sócios responda por dívidas da sociedade.

Exemplo dessa última possibilidade está previsto no art. 50 do Código Civil, que prevê a chamada desconsideração da personalidade jurídica, explicada, com lucidez, por Marcelo Abelha Rodrigues: "Tratando-se de quebra da personalidade jurídica da sociedade, em qualquer hipótese prevista no direito material, esta só deverá acontecer por ato judicial em um processo ou em um módulo cognitivo, justa-

21. Gelson Amaro de Souza, "O responsável tributário e a sujeição passiva na Execução Fiscal", *Revista de Processo* 40/247.

22. Fux, 2001, p. 1.032.

mente para que exista contraditório e oportunidade de defesa para o sócio. (...) Por isso, só poderá incidir a regra do art. 592, II, do CPC, 'com fundamento na desconsideração da personalidade jurídica', se tal aspecto acontecer no processo ou módulo cognitivo, que é propício para discussões ou debates – com dilação probatória –, no qual deverá ser analisado o pedido de quebra da personalidade jurídica da empresa. Nesse caso, acolhida a desconsideração – na cognição –, formar-se-á contra a empresa e conta o sócio o título executivo judicial".[23]

No caso da primeira hipótese, a responsabilidade do sócio somente existirá se o exequente possuir um título executivo extrajudicial contra a pessoa jurídica e o sócio ou, se no polo passivo do processo judicial formador do título judicial, constava a sociedade e os sócios, pois se presume tenha o título executivo se formado mediante um procedimento administrativo ou judicial prévio, onde se apurou a responsabilidade do sócio.[24]

A legislação tributária, por sua vez, também atribuiu aos sócios a responsabilidade pelo crédito tributário, em seu art. 134, inciso VII e no art. 135, ambos do CTN, que serão analisados, pormenorizadamente, em subcapítulo específico.

Convém ressaltar, que a responsabilidade patrimonial dos sócios por dívidas societárias é exceção à regra, e é sempre subsidiária, conforme previsão dos arts. 1.024 do Código Civil, 596 do CPC e § 3º, do art. 4º, da Lei n. 6.830/1980. Ou seja, os bens dos sócios não respondem por dívidas societárias, exceto se houver expressa previsão legal nesse sentido e, desde que primeiro sejam executados os bens sociais.

Feitos esses comentários a respeito do inadimplemento e da responsabilidade do devedor, passa-se à análise do título executivo que embasa ação executiva.

23. Rodrigues, 2008, pp. 586-587.
24. Ibid., p. 587.

3.1.4 O título executivo

Enfim, toda execução caracteriza-se pela exibição prévia de um título executivo, que pressupõe tenha o credor o direito à obrigação nele consubstanciada.

Segundo Moacyr Amaral Santos, o "Título executivo consiste no documento que, ao mesmo tempo em que qualifica a pessoa do credor, o legitima a promover a execução".[25] Portanto, no título está o objeto, os limites e a extensão da execução.

Ensina ainda Marcelo Abelha Rodrigues que "Título executivo é um documento que representa uma norma jurídica concreta obrigacional".[26] Segundo o autor, o título possui dois elementos básicos, um extrínseco, representado por sua forma, e outro intrínseco, que é seu conteúdo, isto é, a própria norma obrigacional.

Portanto, o título executivo é um documento que expressa uma relação obrigacional entre dois sujeitos, um credor e outro devedor, que possibilita ao primeiro buscar uma tutela jurisdicional executiva, por meio de atos invasivos do patrimônio do devedor. Ele é a base da execução e tem duas funções bem definidas: a primeira é autorizar o credor a promover a execução, e a segunda é garantir os atos de invasão do patrimônio do devedor.

Esse título pode ser classificado em judicial ou extrajudicial. Os títulos judiciais são aqueles provenientes de um processo de conhecimento anterior, e configuram-se num provimento jurisdicional condenatório, ou seja, numa sentença condenatória. Já os títulos extrajudiciais são aqueles em que a lei reconhece, diante da manifestação de vontade do credor e do devedor neles contida, a existência de uma sanção para o caso de inadimplemento da obrigação neles aposta, independentemente da manifestação do Poder Judiciário.[27]

25. Moacyr Amaral Santos, *Primeiras Linhas de Direito Processual Civil*, vol. 3, p. 217.
26. Rodrigues, 2008, p. 590.
27. Santos, ob. cit., pp. 203-204, nota 25.

A obrigação veiculada pelo título, para que esse tenha eficácia executiva, deve ser líquida, certa e exigível, conforme dispõe o art. 586, do CPC, art. 204 do CTN e o § 3º do art. 2º da Lei n. 6.830/1980. A liquidez revela a determinação do valor ou a individuação do objeto, enquanto que a certeza corresponde à existência da obrigação, e a exigibilidade, implica dizer que a obrigação não está sujeita a termo ou condição, ou seja, está vencida.[28]

A respeito da certeza e liquidez, elucidativa é a lição de Maria Helena Rau de Souza, ao afirmar que "A certeza diz com os sujeitos da relação jurídica (credor e devedor), bem como com a natureza do direito (direito de crédito) e o objeto devido (pecúnia). Já a fixação da quantidade devida ou a indicação de todos os elementos necessários a apurá-la significa sua liquidez".[29]

Logo, é o título executivo que identifica as partes e o objeto da obrigação, figurando como verdadeiro limite à pretensão do credor, razão pela qual deve ser formado observando-se os requisitos substanciais acima elencados, e o formal, ou seja, a forma escrita. Por isso, ausente qualquer dessas características, o título não pode servir de base para uma ação executiva.

O título executivo que interessa ao presente artigo é do tipo extrajudicial, e está previsto no inciso VII, do art. 585, do CPC, que é a Certidão de Dívida Ativa das Fazendas Públicas da União, Estados, Distrito Federal e Municípios, cujo estudo se realiza a seguir.

3.1.5 A Certidão de Dívida Ativa

A cobrança judicial de dívidas da Fazenda Pública, ou seja, a Execução Fiscal, é embasada pela Certidão de Dívida Ativa, e rege-se pela Lei n. 6.830/1980 e, subsidiariamente, pelo Código de Processo Civil. Em seu art. 2º, dispõe a referida lei: "Constitui Dívida Ativa da Fazenda Pública aquela definida como tributária ou não tributária na Lei 4.320, de 17 de março de 1964, com as alterações posteriores, que estatui normas gerais de direito financeiro para elaboração e controle dos orçamentos e balanços da União, dos Estados, dos Municípios e do Distrito Federal".

Cumpre ressaltar que a expressão "Dívida Ativa", além de conter palavras antagônicas entre si, pois a dívida é sempre passiva, e não ativa; a palavra "ativa" padece do vício da polissemia. Na realidade, "ativa", nessa aplicação, quer referir-se à condição de exequível, ou seja, aquela dívida que pode ser executada, cobrada.

Não obstante essas constatações, trata-se de expressão amplamente adotada pela legislação que rege a matéria, pela doutrina em geral, e também pela jurisprudência pátria, e, do mesmo modo, será aceita nesse artigo, como sendo o crédito tributário ou não tributário da Fazenda Pública, vencido e inadimplido. A Dívida Ativa tributária, por sua vez, é aquela proveniente de crédito tributário, regularmente inscrito pela autoridade competente, vencida e inadimplida, conforme prescreve o art. 201 do CTN.

Inicialmente, vale dizer que a Certidão de Dívida Ativa é o único título executivo extrajudicial constituído unilateralmente pelo ente público, isto é, sem a participação do devedor, o que lhe confere alto grau de vulnerabilidade e incerteza.

Como se afirmou anteriormente, só o título líquido, certo e exigível autoriza a execução, o que não é diferente na Execução Fiscal, conforme dispõe no art. 3º da Lei n. 6.830/1980. Destarte, antes de propor a ação executiva, a Fazenda Pública deve apurar a liquidez e certeza de seu crédito, o que é feito por meio do controle administrativo da legalidade. Essa é a lição de Humberto Theodoro Júnior: "Antes, portanto, de ingressar em juízo, tem a Fazenda Pública de promover o acertamento

28. Ibid., pp. 220-221.

29. Vladimir Passos de Freitas (coord.), *Execução Fiscal: Doutrina e Jurisprudência*, p. 77.

de seu crédito, tanto objetiva como subjetivamente, mediante o procedimento da inscrição, para atribuir-lhe liquidez e certeza, ou seja, para determinar, de forma válida, a existência do crédito tributário, a quantia dele e a responsabilidade principal e subsidiária por seu resgate. Em outros termos, há de apurar-se antes da execução a existência da dívida, o que se deve e quem se deve".[30]

Esse também é o entendimento de Maria Helena Rau de Souza: "Assim, o controle de legalidade, como, de resto, a própria norma em comento refere, implica a verificação da liquidez da dívida (se está certa em relação ao seu quantum; se os cálculos estão corretos; se houve pagamento parcial e assim por diante), bem como de sua certeza (origem, natureza, fundamentação legal, identidade do devedor, se o prazo de decadência foi observado, se a dívida não está sendo discutida etc.)".[31]

Assim, quando da formalização do crédito tributário pelo lançamento (art. 142 do CTN), a autoridade administrativa tem a oportunidade de verificar a ocorrência do fato gerador da obrigação, determinar a matéria tributável, calcular o montante do tributo devido e identificar o sujeito passivo. Esse procedimento administrativo é realizado oportunizando ao devedor o contraditório e a ampla defesa. Ademais, após o seu término, o sujeito passivo deve ser notificado para realizar o pagamento voluntário do crédito tributário apurado, com as reduções legais, consoante dispõe o art. 160 e parágrafo único do CTN.

Constituído o crédito, e não adimplido pelo devedor, a Fazenda Pública, baseada no procedimento administrativo antes referido, realiza um controle de legalidade, inscrevendo-o em Dívida Ativa. É justamente essa inscrição que confere liquidez e certeza ao crédito. Inscrita a dívida, extrai-se do Termo de Inscrição de Dívida Ativa a Certidão de Dívida Ativa, ou seja, o próprio título executivo, apto, presumivelmente, a embasar uma Execução Fiscal.

Diz-se presumivelmente, porque a própria Lei de Execução Fiscal, em seu § 3º e parágrafo único, do art. 2º, da Lei n. 6.830/1980, bem como o Código Tributário Nacional, em seu art. 204 e parágrafo único, prescrevem que a Dívida Ativa regularmente inscrita goza de presunção de liquidez e certeza, que pode ser ilidida por prova inequívoca.

Portanto, a presunção de liquidez e certeza da Dívida Ativa está amparada por um procedimento administrativo anterior à sua inscrição, tendente a apurar a existência do crédito, seu valor e a responsabilidade por seu cumprimento. Assim, é por meio desse procedimento que se define o contribuinte e o responsável pelo crédito fazendário, sempre em observância ao autorizativo legal que rege a responsabilidade tributária.

Em decorrência da presunção relativa de liquidez e certeza, a Dívida Ativa regularmente inscrita outorga à Fazenda Pública o benefício de formar prova pré-constituída, invertendo-se o ônus da prova na Execução Fiscal, nos termos do art. 204, do CTN. Logo, ao invés do sujeito ativo ter o ônus de provar seu direito, caberá ao sujeito passivo fazê-lo.

No entanto, antecipando o entendimento a ser adotado nesse artigo, conforme ensina brilhantemente Maria Helena Rau de Souza, "(...) o ônus da prova em contrário à presunção de liquidez e certeza da dívida inscrita não vai ao ponto de impor ao executado o encargo de produzir prova negativa, tampouco exime a Fazenda de provar os fatos, quando contestados, com apoio nos quais verificou a ocorrência do fato gerador da obrigação".[32] A lição da autora é de suma importância para o deslinde dessa discussão, conforme se verá adiante.

30. Humberto Theodoro Júnior, *Lei de Execução Fiscal*, 2ª ed., p. 9.

31. Freitas, 1998, p. 26.

32. Ibid., p. 80.

3.2 A responsabilidade tributária do administrador

O sujeito passivo da obrigação tributária é a pessoa física ou jurídica de quem se exige o cumprimento da prestação pecuniária, e se encontra no critério pessoal do consequente da regra-matriz de incidência tributária. Ou seja, é ele que tem o dever jurídico de adimplir a obrigação assumida com o sujeito ativo – titular do direito subjetivo público de exigir o cumprimento da prestação tributária.[33]

Conforme dispõe o parágrafo único do art. 121 do Código Tributário Nacional, dois são os sujeitos passivos da obrigação tributária principal, ou seja, aquele obrigado ao pagamento do tributo ou penalidade pecuniária. O contribuinte, que está diretamente vinculado ao fato gerador e, o responsável, cuja obrigação decorre de disposição de lei.

Aponta-se aqui a ressalva feita por Paulo de Barros Carvalho de que não há essa distinção entre sujeitos diretos e indiretos, tendo em vista que, do ângulo jurídico-tributário, interessa o sujeito integrante do vínculo obrigacional, isto é, a sujeição passiva da obrigação é sempre determinada expressamente por lei, não sendo qualidade exclusiva do responsável, mas também do contribuinte.[34] Essa é a posição que se adota nesse artigo.

Assim, a sujeição passiva tributária decorre de lei e pode recair sobre terceira pessoa, vinculada ao fato gerador, conforme prescreve o art. 128 do CTN, que trata da responsabilidade tributária de modo geral, enquanto que os artigos seguintes versam sobre a responsabilidade dos sucessores, de terceiros e por infrações.

Após afirmar que o contribuinte é aquele eleito pela lei, em razão de sua direta e pessoal participação no aspecto material da norma e, que o responsável é um sujeito ligado indiretamente ao fato gerador, que tem o dever de adimplir, em caráter subsidiário, o crédito tributário, Paulo de Barros Carvalho ensina que, nos casos de substituição do contribuinte da obrigação tributária, pelo responsável, deveria haver o abandono da denominação contribuinte e responsável, uma vez que isso ocorreu em momento pré-legislativo.[35]

Na realidade, o que o autor afirma é que o responsável tributário é aquele, que ligado ao fato gerador, de forma indireta, tem o dever legal de adimplir o crédito tributário, nos casos excepcionais em que a sociedade não tem bens suficientes para o pagamento total da dívida, nos termos do Código Civil (art. 1.024), do Código de Processo Civil (art. 596) e do § 3º do art. 4º da Lei n. 6.830/1980. Nessa situação, o responsável responde, em caráter subsidiário, tendo em vista a sua condição de gestor da empresa, nos casos já elencados quando se tratou da responsabilidade patrimonial do sócio.

No entanto, diferente é a situação em que a lei determina a substituição do polo passivo da relação jurídica tributária, do contribuinte para o responsável. Nesse caso, não há que se falar em responsabilidade excepcional e subsidiária, mas de verdadeira transferência de um sujeito para o outro, do encargo de pagar o crédito tributário, tendo em vista determinados atos praticados pelo responsável. Portanto, ele é responsabilizado pela dívida não por conta da relação jurídica tributária, mas porque praticou determinados atos prejudiciais à empresa e, por isso, será punido.

Segundo o autor, em circunstâncias como essas, como é o caso do art. 135 do CTN, tratam-se de verdadeiras sanções administrativas, isto é, não existe um vínculo determinado por uma relação jurídica tributária, mas por uma relação jurídica sancionatória.

33. Carvalho, 2007, p. 314.

34. Id., *Direito Tributário: Fundamentos da Incidência*, 6ª ed., pp. 182-184.

35. Ibid., pp. 188-191.

Apesar de concordar com essa posição, de que nos casos em que há substituição do contribuinte pelo responsável no polo passivo da relação, não há que se denominá-los dessa forma, é essa a nomenclatura que se utilizará nesse artigo, apenas para fins didáticos, até porque, é essa a terminologia utilizada por toda a doutrina e jurisprudência pátria. Portanto, quando se abordar a questão da responsabilidade do art. 135, III, do CTN (objeto do desse artigo), devedor será aquele que realizou o fato jurídico tributário e está no polo passivo da relação jurídica-tributária, e o responsável, aquele que, mediante um fato não tributário, foi incluído, pelo legislador, no polo passivo de uma relação jurídica sancionária.

A responsabilidade dos sócios, objeto de interesse do presente estudo, é abordada especificamente no art. 135 do CTN, no entanto, importante ainda destacar a previsão do art. 134.

O Código Tributário Nacional atribuiu aos sócios a responsabilidade pelo crédito tributário, no caso do art. 134, inciso VII, se houver liquidação de sociedade de pessoas, quando serão responsáveis pelo cumprimento da obrigação em que foi impossível exigir do contribuinte principal, "(...) nos atos em que intervirem ou pelas omissões de que forem responsáveis".

E, no do art. 135 do Código Tributário Nacional, que atribuiu responsabilidade pessoal aos sócios, quando há liquidação de sociedade de pessoas (inciso I), e aos diretores, gerentes ou representantes de pessoas jurídicas de direito privado (inciso III), por créditos decorrentes de obrigações tributárias, todos "(...) resultantes de atos praticados com excesso de poderes ou infração de lei, contrato social ou estatutos".

Portanto, da análise dos dispositivos citados, existem três possibilidades, autorizadas por lei, de se transferir para os sócios a responsabilidade patrimonial por obrigações tributárias da sociedade. A primeira quando há liquidação de sociedade de pessoas e não é possível lhe exigir o cumprimento da obrigação; a segunda, também no caso de liquidação de sociedade pessoas, quando o sócio agir com excesso de poderes ou infração de lei, contrato social ou estatutos e, a terceira, quando os diretores, gerentes ou representantes da sociedade praticarem os atos antes destacados.

Nota-se que somente nas duas primeiras hipóteses o responsável é o sócio, sendo que a terceira trata dos diretores, gerentes ou representantes da sociedade. Abordando especificamente o caso do inciso III, do art. 135, do CTN, já que ocorre com mais frequência, e sobre o qual versa o Recurso Especial a ser analisado, deve-se observar que a lei atribui a responsabilidade pessoal aos diretores, gerentes ou representantes de pessoas jurídicas de direito privado, pelos atos praticados com excesso de poderes ou infração de lei, contrato social ou estatutos.

Logo, os atos referidos na legislação só podem ser praticados por quem administra a sociedade, por quem tem poder de mando, e não por qualquer sócio. Aliás, por esse mesmo motivo o inciso III especificou que somente os diretores, gerentes ou representantes, poderiam ser responsabilizados, afastando-se, desde logo, a responsabilidade dos sócios não administradores.

O referido dispositivo legal prescreve que a responsabilidade decorre de atos praticados com excesso de poderes, infração de lei, contrato social ou estatutos. O primeiro é relativo à inobservância das cláusulas contratuais, ou seja, age com excesso de poder o diretor, gerente ou representante da pessoa jurídica, cujos atos estão previstos em lei, mas ultrapassam os limites do seu exercício. Já a infração à lei tem sentido mais amplo, e refere-se ao descumprimento da lei e dos deveres sociais, em prejuízo da própria sociedade e do erário público, abrangendo a infração do contrato social ou estatutos.[36]

36. Cláudia Rodrigues, *O Título Executivo na Execução da Dívida Ativa da Fazenda Pública*, pp. 199-201.

Desse modo, a responsabilidade tributária dos administradores das pessoas jurídicas pressupõe a ocorrência de dolo, isto é, decorre de um ato ilícito doloso dos diretores, gerentes ou representantes, praticados contra a sociedade, que deve ser apurado e comprovado pelo ente público. Explicativas são as palavras de Sacha Calmon Navarro Coêlho: "'(...) Dá-se que a infração do art. 135 evidentemente não é objetiva e sim subjetiva, ou seja, dolosa. Para os casos de descumprimento de obrigações fiscais por mera culpa, nos atos em que intervierem e pelas omissões de que forem responsáveis, basta o art. 134, anterior, atribuindo aos terceiros dever tributário por fato gerador alheio. No art. 135, o dolo é elementar. Nem se olvide que a responsabilidade aqui é pessoal (não há solidariedade); o dolo, a má-fé hão de ser cumpridamente provados'".[37]

Nesse mesmo sentido é a lição de Gustavo Saad Diniz, ao afirmar que o importante no art. 135 é o "(...) elemento subjetivo doloso efetivamente comprovado no sentido de extrapolar poderes ou fraudar a lei".[38] Portanto, é imprescindível, antes da responsabilização, que seja devidamente apurada e provada a conduta dolosa do responsável tributário.

O *caput* do art. 135 do CTN fala em responsabilidade pessoal, isto é, aquela em que há uma substituição entre o contribuinte e o responsável no polo passivo da obrigação tributária, excluindo o contribuinte primário e instituindo na sujeição passiva o terceiro pessoalmente responsável.[39] Como se disse, esse não é um caso de responsabilidade excepcional e subsidiária, mas de uma punição contra um sujeito que praticou ato doloso contra a sociedade que administra. É por esse motivo que ele passa a responder, pessoalmente, pelo crédito tributário.

37. Sacha Calmon Navarro Coêlho, *Manual de Direito Tributário*, p. 404.

38. Gustavo Saad Diniz, *Responsabilidade dos Administradores por Dívidas das Sociedades Limitadas*, p. 189.

39. Ibid., p. 188.

Assim, não basta que seu nome esteja descrito na Certidão de Dívida Ativa, mas deve existir a comprovação de que estão presentes alguns dos casos de responsabilidade tributária previstos na legislação tributária, que impliquem na substituição do polo passivo da relação jurídica tributária.

Conclui-se do exposto, que a responsabilidade tributária apontada no art. 135, do CTN, não se presume, mas deve ser apurada por procedimento administrativo tendente a verificar o dolo do sujeito passivo da obrigação tributária. Trata-se, verdadeiramente, do controle de legalidade exercido por meio da inscrição do crédito em Dívida Ativa, que confere presunção de liquidez e certeza ao título executivo. Somente nesse caso o responsável poderá figurar no polo passivo da Execução Fiscal.

Feitas essas considerações, passa-se à análise da decisão do Superior Tribunal de Justiça, que, se não afrontou diretamente as disposições legais existentes sobre responsabilidade tributária, criou nova possibilidade judicial de imputação de responsabilidades aos sócios, aniquilando, de forma cabal, seu direito de defesa, e corroborando, em consequência, com a ilegalidade e a arbitrariedade adotada pelo Poder Público nessa seara.

4. A posição do STJ no julgamento do Recurso Especial 1.104.900-ES

A pretensão do presente artigo é a análise do posicionamento traçado no julgamento do REsp n. 1.104.900-ES, publicado em 1.4.2009, de relatoria da Desembargadora Denise Arruda. Com o julgamento desse recurso, a 1ª Seção do Superior Tribunal de Justiça, que uniformiza a jurisprudência das duas turmas de Direito Público da Corte, entendeu que, nas Execuções Fiscais ajuizadas apenas contra a pessoa jurídica, cabe ao sócio cujo nome consta da Certidão de Dívida Ativa, o ônus da prova de que não praticou qualquer ato com excesso de poderes ou infração de lei, contrato social ou estatutos (art. 135 do

CTN), o que não pode ser feito por meio de Exceção de Pré-Executividade, conforme transcrito abaixo:

"*Processual civil. Recurso Especial submetido à sistemática prevista no art. 543-C do CPC. Execução Fiscal. Inclusão dos representantes da pessoa jurídica, cujos nomes constam da CDA, no polo passivo da Execução Fiscal. Possibilidade. Matéria de defesa. Necessidade de dilação probatória. Exceção de Pré-Executividade. Inviabilidade. Recurso Especial desprovido.*

"1. A orientação da 1ª Seção desta Corte firmou-se no sentido de que, se a execução foi ajuizada apenas contra a pessoa jurídica, mas o nome do sócio consta da CDA, a ele incumbe o ônus da prova de que não ficou caracterizada nenhuma das circunstâncias previstas no art. 135 do CTN, ou seja, não houve a prática de atos 'com excesso de poderes ou infração de lei, contrato social ou estatutos'.

"2. Por outro lado, é certo que, malgrado serem os embargos à execução o meio de defesa próprio da Execução Fiscal, a orientação desta Corte firmou-se no sentido de admitir a exceção de pré-executividade nas situações em que não se faz necessária dilação probatória ou em que as questões possam ser conhecidas de ofício pelo magistrado, como as condições da ação, os pressupostos processuais, a decadência, a prescrição, entre outras.

"3. Contudo, no caso concreto, como bem observado pelas instâncias ordinárias, o exame da responsabilidade dos representantes da empresa executada requer dilação probatória, razão pela qual a matéria de defesa deve ser aduzida na via própria (embargos à execução), e não por meio do incidente em comento.

"4. Recurso especial desprovido. Acórdão sujeito à sistemática prevista no art. 543-C do CPC, c/c a Resolução 8/2008 – Presidência/STJ."

O entendimento trouxe enorme preocupação, uma vez que uniformiza a orientação da Corte no sentido de legitimar uma prática comum nas Execuções Fiscais, que é o redirecionamento da ação executiva para os sócios das empresas, sem aferição de sua responsabilidade tributária, impondo-lhes a necessidade de defender-se pela via morosa dos Embargos do Devedor, que exige a garantia do juízo, ao invés de Exceção de Pré-Executividade, meio célere e eficaz para a solução da controvérsia.

É de conhecimento no meio jurídico, que as Fazendas Públicas, em todos os seus âmbitos, têm como prática a inserção indiscriminada e automática dos nomes dos sócios nas Certidões de Dívida Ativa, incluindo-os, portanto, no polo passivo das Execuções Fiscais, sem que antes seja apurada a sua responsabilidade.

Analisando a questão, válida é a lição de Cláudia Rodrigues: "Algumas Fazendas Públicas, com adoção de títulos executivos extrajudiciais fiscais mais avançados, procuraram fazer figurar nesses títulos, desde logo, os sócios-gerentes, diretores ou representantes da pessoa jurídica (CTN, art. 135, III), embora não tragam a imputação dessa responsabilidade de forma clara; se os responsáveis efetivamente realizaram os fatos que os tornam obrigados indiretamente para com a dívida tributária, realizada e devida pelo sujeito passivo direto e principal".[40]

Essa também é a avaliação de Gustavo Saad Diniz, ao afirmar que "Na prática processual tem ocorrido a indevida inclusão dos administradores em execuções fiscais, independentemente de apuração de conduta dolosa de violação da lei ou do contrato social, instituindo-se uma indevida responsabilidade objetiva".[41]

Hugo de Brito Machado Segundo entende de igual modo, aduzindo que os administradores tem sofrido inúmeras arbitrariedades praticadas pelas várias esferas do poder tributante, que os considera, in-

40. C. Rodrigues, 2002, p. 191.
41. Diniz, 2003, p. 194.

distintamente, como responsáveis por tributos devidos pelas sociedades.[42]

Nota-se que os autores referem-se à inserção automática dos administradores da pessoa jurídica, deixando de mencionar que essa prática não se limita a esses sujeitos, mas estende-se também a todos os sócios, independentemente de exercerem qualquer administração na empresa.

No entanto, mesmo sendo de amplo conhecimento, a referida decisão veio por corroborar a prática antes referida, servindo de verdadeiro escudo para os entes públicos na formação do título executivo, sem sequer salvaguardar o direito de defesa dos sócios e administradores, que são compelidos, com ínfima possibilidade de sucesso, a fazerem prova negativa de sua responsabilidade.

Cabe, nesse momento, realizar uma breve digressão da história recente do entendimento do STJ a respeito da matéria. Inicialmente, em 26.9.2005, foi publicado acórdão proferido nos autos do EREsp n. 702.232-RS,[43] de relatoria do Ministro Castro Meira, Recurso uniformizando o entendimento da Corte, no que se refere ao ônus da prova nas Execuções Fiscais, criando três situações, sendo que em duas delas o ônus recairia sobre o executado.

Assentou referido acórdão que a única possibilidade, nas Execuções Fiscais, em que o ônus probatório é da Fazenda Pública, ocorre quando a execução for proposta somente contra a pessoa jurídica e, posteriormente, redirecionada contra o sócio-gerente, que não constava da CDA. No entanto, caberá ao sócio-gerente provar que não praticou os atos destacados no referido dispositivo legal, quando a execução foi proposta contra a pessoa jurídica e contra o sócio-gerente, ou quando a execução tenha sido proposta somente contra a pessoa jurídica, mas há indicação do nome do sócio-gerente na CDA, como corresponsável tributário. Em ambos os casos o argumento utilizado foi de que a CDA goza de presunção relativa de liquidez e certeza, nos termos do art. 204 do CTN e o art. 3º da Lei n. 6.830/1980.

Com esse entendimento iniciaram-se os problemas enfrentados pelos sócios e administradores de pessoas jurídicas, no intuito de produzir prova negativa de sua inocência. Do mesmo modo, começaram para a Fazenda Pública novos tempos, onde a mera inserção do nome dos sócios na Certidão de Dívida Ativa, independentemente de sua regular inscrição, afastava a necessidade de produção de prova da responsabilidade tributária dos sócios.

Ocorre que, no ano anterior, a 1ª Seção do STJ, no EREsp n. 260.107-RS,[44] relatado pelo Ministro José Delgado, já tinha uniformizado a jurisprudência da Corte, no sentido de que é da sociedade a responsabilidade pela dívida por ela adquirida, e o administrador só responde, solidária e ilimitadamente, se comprovada a existência dos requisitos do art. 135, do CTN, não constituindo o mero inadimplemento tributário razão suficiente para a inclusão do sócio no polo passivo da Execução Fiscal. A decisão, como se nota, ressaltou o dolo na verificação da responsabilidade tributária. Observa-se que o acórdão, equivocadamente, refere-se ao "sócio" e não ao administrador da empresa.

Vale ainda ressaltar, que o Tribunal Superior também padronizou, recentemente, o entendimento segundo o qual a simples falta de pagamento de tributo não configura, por si só, a responsabilidade do sócio, prevista no art. 135 do CTN.[45]

Portanto, a sistemática atual adotada no Superior Tribunal de Justiça sobre a responsabilidade tributária dos administra-

42. Hugo de Brito Machado Segundo, *Processo Tributário*, p. 243.

43. STJ, EREsp 702.232-RS, Relator Ministro Castro Meira, j. 14.9.2005, disponível em *http://www.stj.jus.br*, acesso 22.6.2010.

44. STJ, EREsp 260.107-RS, Relator Ministro José Delgado, j. 10.3.2004, disponível em *http://www.stj.jus.br*, acesso 22.6.2010.

45. STJ, REsp 1.101.728-SP, Relator Ministro Teori Albino Zavascki, j. 11.3.2009, disponível em *http://www.stj.jus.br*, acesso 22.6.2010.

dores, por dívidas contraídas pela sociedade, é a seguinte: (a) os administradores só são responsáveis quando comprovada a existência dos requisitos do art. 135, do CTN, independentemente da ocorrência de inadimplemento tributário; (b) o ônus da prova compete ao administrador quando a execução foi proposta contra ele e a pessoa jurídica e, caso tenha sido proposta somente contra a pessoa jurídica, haja indicação de seu nome na CDA como corresponsável tributário, em razão da presunção de liquidez e certeza desse título; e, finalmente, (c) a defesa do administrador deve ser feita via Embargos do Devedor.

Esse é o entendimento uniformizado pelo Tribunal Superior, nos termos do art. 543-C, do CPC, e implica na denegação do seguimento dos recursos especiais interpostos, que tratem sobre o assunto e contrariem a orientação do STJ, impedindo qualquer possibilidade de nova discussão da matéria.

5. *Implicações da decisão do STJ e seus problemas*

As orientações do STJ, além de se contradizerem, trazem consequências danosas para os sócios e administradores de uma empresa, dentre elas, destaca-se a convalidação da inserção indiscriminada de seus nomes na CDA, sem um prévio procedimento administrativo tendente a apurar sua responsabilidade, a criação de uma nova modalidade de responsabilidade tributária pelo Poder Judiciário, e a inversão do ônus da prova, com a necessidade de produção de prova negativa, por meio de Embargos do Devedor, violando frontalmente o contraditório e a ampla defesa.

5.1 Da inclusão do nome do administrador na Certidão de Dívida Ativa

Inicialmente, convém relembrar que a presunção de liquidez e certeza da CDA decorre de um procedimento administrativo prévio, por meio do qual é apurada, dentre outros, a responsabilidade tributária do administrador. Portanto, na mesma linha do entendimento do EREsp n. 260.107-RS, os atos dolosos do administrador não se presumem, e devem ser comprovados pela Fazenda Pública. Essa é uma premissa que não pode ser afastada pela Corte Superior: cabe à Fazenda Pública comprovar que o administrador agiu com excesso de poderes ou infração de lei, contrato social ou estatutos, por meio de procedimento administrativo próprio.

Nota-se, que a referida decisão avançou no sentido de pacificar entendimento, segundo o qual não se confunde a pessoa jurídica com a pessoa física dos sócios, bem como seus bens. Portanto, quando o STJ fala em comprovação da responsabilidade, afirma que a obrigação do administrador de responder com seus bens, perante o Fisco, por débitos da sociedade, não surge automaticamente, mas precede de um procedimento administrativo, com garantia de ampla defesa e contraditório (art. 5º, inciso LV, da CF), sob pena de burlar o princípio do devido processo legal (art. 5º, inciso LIV, da CF). Somente assim é viável responsabilizar o administrador.

Ao constituir o crédito, por meio do lançamento, a autoridade administrativa tem a oportunidade de identificar o sujeito passivo da obrigação tributária, garantindo-lhe o direito de defesa, nos termos do art. 142, do CTN. Esse é o momento próprio para se apurar a responsabilidade do administrador, conferindo-lhe o direito de apresentar defesa e, inclusive, realizar o pagamento voluntário do débito, conforme a legislação tributária de regência. Essa é a lição de Leandro Paulsen, ao afirmar que "A intimação do responsável acerca do ato de declaração de responsabilidade impõe-se para assegurar-lhe a possibilidade de defesa. Mas, além disso, deve ser oportunizado ao responsável o pagamento voluntário do crédito tributário".[46]

46. Leandro Paulsen, "Responsabilidade tributária: seu pressuposto de fato específico e as exigências para o redirecionamento da Execução

Coaduna com esse pensamento Fernando Dantas Casillo Gonçalves: "Além disso, os sócios também devem apurar se foram devidamente intimados do lançamento tributário ou da cobrança dos débitos declarados e não pagos pela sociedade, porque, caso não tenham sido, mais um argumento passível de ser apreciado em exceção de pré-executividade estará presente baseado na ofensa ao princípio do devido processo legal e à existência de cerceamento do direito de defesa, porque os mesmos teriam o direito de apresentar suas razões na esfera administrativa, demonstrando a inexistência de motivos para serem responsabilizados".[47]

Ora, se contra o administrador tramita procedimento administrativo tendente a apurar sua responsabilidade por débitos da pessoa jurídica, sob a justificativa de ter agido com excesso de poderes ou infração de lei, contrato social ou estatutos, imperioso que lhe seja oportunizado o direito de defesa e, caso comprovada a responsabilidade, de recolher o débito com os descontos legais, antes de ser inscrito em Dívida Ativa.

Isso porque, após constituído o crédito, a Fazenda Pública inscreve-o, unilateralmente, em Dívida Ativa, e tem formado seu título executivo extrajudicial. Como já se afirmou, a inscrição do crédito em Dívida Ativa consiste no controle de legalidade da constituição do crédito e fundamenta-se, justamente, no procedimento administrativo fiscal que o constituiu.

Portanto, nesse momento, isto é, no ato de inscrição, já não cabe mais à Fazenda Pública apurar o sujeito passivo da obrigação, muito menos acrescentar o nome do administrador arbitrariamente. No entanto, ainda que se admitisse tal despropósito, o ente público teria que apurá-la por meio de procedimento administrativo próprio, notificando o administrador para apresentar defesa e, se for o caso, efetuar o pagamento do débito voluntariamente. Assim é o entendimento de Leandro Paulsen: "Não cabendo inovações por ocasião da inscrição em dívida ou de sua certificação, a presença do nome do terceiro responsável no termo de inscrição e na certidão, pois, também pressupõe prévias verificação e declaração administrativas da responsabilidade".[48]

A Certidão de Dívida Ativa, onde consta o nome do administrador ou, absurdamente, do sócio, sem a observância do procedimento antes descrito, é título nulo, inidôneo e insuficiente ao redirecionamento da execução contra o administrador, já que deve apontar, além do seu nome, o fundamento legal de sua responsabilidade e o número do processo administrativo em que foi apurada. Isso porque, "A certidão de dívida ativa que careça de quaisquer desses elementos (nome do responsável, fundamento legal da responsabilidade, número do processo administrativo em que apurada e discutida a responsabilidade) não contém requisitos mínimos indispensáveis que, revestindo-a de regularidade formal, possam justificar o redirecionamento da execução contra o responsável, forte na presunção de certeza, liquidez e exigibilidade que daí decorreria".[49]

Aliás, volta-se à análise da responsabilidade pessoal veiculada no art. 135, do CTN, que corresponde à substituição do contribuinte (pessoa jurídica) pelo responsável (administrador). Nesse caso, portanto, apurada a responsabilidade tributária do administrador, somente seu nome deveria constar da Certidão de Dívida Ativa, pois somente a ele é imputada a obrigação tributária.

Fiscal", *Revista de Estudos Tributários*, vol. 12, n. 68, p. 15.

47. Fernando Dantas Casillo Gonçalves, "Execução Fiscal – Responsabilidade dos sócios – Art. 135 do CTN – Nome indicado na CDA – Ônus de provar as condições para a responsabilização da Fazenda Pública – Possibilidade da interposição de exceção de pré-executividade – Jurisprudência do STJ", *Revista de Estudos Tributários*, vol. 12, n. 68, p. 206.

48. Paulsen, 1998, p. 18.

49. Ibid., p. 19.

Ou seja, comprovada a prática dos atos previstos no art. 135, do CTN, o administrador passa a responder, única e exclusivamente, no lugar da sociedade, pela obrigação tributária. Logo, o sujeito passivo da obrigação tributária a figurar na CDA é o administrador e não ambos, ele e a sociedade, como ocorre em todas as Certidões de Dívida Ativa que embasam as infinitas Execuções Fiscais nesse país. Eis o entendimento de Luiz Fernando Maia: "Assim, não nos parece dificultoso concluir, desde já, que atribuir-se ao ente fiscal o poder de incluir na CDA o nome do(s) sócio(s) da empresa, ao seu bel prazer, sem impor a este um prévio e profícuo exame, de estarem ou não, presentes as situações de que a lei exige para configurar-se mais esta hipótese de responsabilidade tributária, mitiga contra a legalidade tributária, mormente quando mantém no polo passivo o devedor original, que, a teor do art. 135, não mais deveria figurar".[50]

Portanto, ocorrendo qualquer dos casos do art. 135, é imperiosa a substituição do contribuinte pelo responsável, que como se disse, ocupará essa posição como punição pelo ato doloso praticado em prejuízo à empresa. Assim, somente seu nome deverá constar do título executivo e, apenas contra ele deverá ser proposta a Execução Fiscal, e não contra ambos, como vem ocorrendo.

Trata-se, por conseguinte, de verdadeira afronta à legislação tributária em vigor, que prevê expressamente a responsabilidade pessoal do administrador, no caso de praticar atos com excesso de poderes ou infração de lei, contrato social ou estatutos.

Na verdade, com a decisão em destaque, o Poder Judiciário criou uma nova forma de responsabilidade tributária, não prevista em lei, que não é pessoal, como prevê o art. 135 do CTN, já que avalizou a possibilidade de constar na CDA, além do nome do administrador, tido como responsável, também o nome da pessoa jurídica. Logo, além de ofender o princípio constitucional da separação dos poderes, vai de encontro com o princípio da estrita legalidade. Analisando a posição do STJ, elucidativas são as palavras de Luiz Fernando Maia: "Portanto, salvo se a autoridade prove que o sócio ou administrador exacerbou os poderes ou afrontou ao contrato ou estatuto, não pode incluí-lo na CDA. Sendo a invocação das presunções 'homini' como fundamento para lançar tributos, suscetíveis à prévia análise da segurança jurídica assegurada ao contribuinte como direito e garantia constitucional, mais ainda nos parece precoce e precária presunção da responsabilidade do sócio ou administrador da companhia, por condição automatizada de lançamento na CDA, praticada pelo Fisco e endossada pelo Superior Tribunal de Justiça (STJ), no momento que dá presunção de liquidez de certeza a tal situação, impondo todo o transtorno de enfrentamento do processo expropriatório, e muitas vezes após a penhora de bens, provar o que é óbvio".[51]

Logo, só por esses motivos já é equivocada a decisão do Superior Tribunal de Justiça, que contraria os fundamentos de jurisprudência unificada pelo mesmo Tribunal, bem como a legislação tributária vigente, no sentido de legitimar o redirecionamento da Execução Fiscal para os administradores de pessoas jurídicas, pela simples razão de seus nomes constarem na Certidão de Dívida Ativa, sem que estejam presentes os elementos indispensáveis à sua validade e exequibilidade.

5.2 O ônus da prova

Se não bastasse, a jurisprudência em análise também uniformizou o entendimento, segundo o qual compete ao administrador o ônus de provar que não agiu com excesso de poderes ou infração de lei,

50. Luiz Fernando Maia, "Inconsistências da decisão do STJ em recursos repetitivos (Lei n. 11.678/2008), mantendo a responsabilidade na 'CDA' do sócio/administrador gerente para responder por débito da pessoa jurídica por presunção", *Revista de Estudos Tributários*, vol. 12, n. 68, pp. 29-30.

51. Ibid., p. 31.

contrato social ou estatutos, nos termos do art. 135 do CTN.

Consoante prescreve o art. 333 do CPC, o ônus da prova incumbe ao autor, quanto ao fato constitutivo de seu direito, e ao réu, quando da existência de fato impeditivo, modificativo ou extintivo do direito do autor. Também dispõe o inciso IV do art. 334 que não dependem de prova os fatos em cujo favor milita presunção legal de existência ou veracidade.

No entanto, a presunção de liquidez e certeza da CDA é relativa, e pode ser ilidida por prova inequívoca a cargo do executado. No que se refere ao ônus da prova, no entendimento do STJ, basta que o nome do administrador conste na CDA, para que sobre ele recaia a necessidade de produzir prova negativa de sua inocência, ou seja, terá que provar que não praticou ato ilícito em sua gestão. Aqui surge o maior problema.

Quando o administrador não mais pertencer à sociedade, ou quando não praticou atos de gestão (sócio), poderá comprovar facilmente por meio do Contrato Social ou documentos afins. Entretanto, se for, efetivamente, administrador à época da autuação, como provar que durante esse período não praticou atos com excesso de poderes ou infração de lei, contrato social ou estatutos? Trata-se de prática impossível, que aniquila seu direito de defesa.

Se as premissas estabelecidas no subcapítulo anterior, de que é necessário um prévio procedimento administrativo tendente a verificar a responsabilidade do administrador e, que na Certidão de Dívida Ativa devem constar além do seu nome, o fundamento legal de sua responsabilidade e o número do processo administrativo em que foi apurada essa responsabilidade, e mais, que apenas o nome do administrador pode figurar no título executivo, fossem levadas em consideração pelo STJ, restaria contornada a questão, uma vez que seria possível ao administrador requerer, junto ao órgão público, o procedimento administrativo que apurou sua responsabilidade, e pedir sua juntada à Execução Fiscal, via Exceção de Pré-Executividade, já que produziria toda prova necessária ao deslinde do caso. Aliás, o procedimento administrativo poderia ser requisitado pelo próprio juiz, nos termos do art. 130 do CPC.

No entanto, de acordo com o fundamento da Corte Superior, não é possível ao administrador comprovar sua ilegitimidade passiva, sem que seja necessária a dilação probatória, por meio dos Embargos do Devedor. Ora, não é essa a posição a prevalecer, pois, ainda que se considere válido o título executivo sem os requisitos antes listados e, com o nome dos dois devedores, contribuinte e responsável, basta que o administrador junte cópia do procedimento administrativo, para demonstrar se a Fazenda Pública apurou e comprovou sua responsabilidade, oportunizando-lhe o contraditório e a ampla defesa, ou, se ao contrário, inseriu seu nome na CDA arbitrariamente. No segundo caso, o título estará nulo e, consequentemente, a Execução Fiscal deverá ser extinta.

Portanto, não há necessidade de qualquer dilação probatória, pois inexiste prova maior que o procedimento administrativo. Nesse sentido é a lição de Fernando Dantas Casillo Gonçalves: "Não existe, porque se nem em tese a simples falta de pagamento de tributo configura as situações previstas no art. 135 do CTN, basta ao sócio indicado na CDA defender a sua ilegitimidade passiva em exceção de pré-executividade, sem a necessidade de dilação probatória, fundamentando suas razões na inexistência da prática de qualquer ato passível de caracterizar excesso de poderes ou infração à lei, ao contrato social e ao estatuto derivado do não recolhimento de tributo pela sociedade".[52]

Logo, exigir um processo de conhecimento, como os Embargos ao Devedor, com todas as implicações decorrentes desse tipo de procedimento, inclusive financeiras, é negar ao administrador o direito à ampla defesa, já que terá que pagar custas

52. Gonçalves, 1998, p. 201.

judiciais e garantir o juízo, por tempo indeterminado, para produzir prova negativa de sua inocência, como se fosse possível, fazer qualquer outra prova além daquelas constantes no processo administrativo tributário.

Logo, o entendimento esboçado no julgamento impede os administradores de exercerem o direito de defesa por meio de Exceção de Pré-Executividade, que é instrumento hábil para aferir a sua responsabilidade, forçando-os a ingressar com Embargos do Devedor, sem que exista sequer qualquer outra prova, que não as do procedimento administrativo, a ser produzida em juízo, ante a impossibilidade de produção de prova negativa.

6. Conclusões

• as ações executivas prescindem de um título executivo líquido e certo, do inadimplemento da obrigação nele consubstanciada e da responsabilidade patrimonial do devedor;

• a Execução Fiscal é a ação utilizada pelo Poder Público para cobrar seus créditos e é embasada pelo título executivo denominado Certidão de Dívida Ativa – CDA;

• a CDA presume-se líquida e certa, em razão do controle de legalidade exercido pela Fazenda Pública, apurado em processo administrativo próprio, tendente a aferir a existência do crédito, seu valor e a responsabilidade por seu cumprimento;

• a responsabilidade tributária prevista no inciso III, do art. 135, do CTN, impõe a comprovação da prática de atos com excesso de poderes ou infração à lei, contrato social ou estatuto, pelo administrador da empresa;

• o acórdão proferido no REsp n. 1.104.900-ES pacificou o entendimento segundo o qual é possível o redirecionamento para o administrador, da Execução Fiscal proposta apenas contra a sociedade, cabendo àquele, cujo nome consta da CDA, comprovar que não praticou os atos antes referidos, por meio de Embargos à Execução;

• o próprio STJ já havia pacificado posicionamento no sentido de que o administrador só responde por dívidas da sociedade, se comprovada a existência de um dos requisitos do inciso III, do art. 135, bem como que o mero inadimplemento não configura a responsabilidade do sócio;

• com o julgamento do REsp n. 1.104.900-ES, a Corte Superior, além de contradizer seu próprio entendimento a respeito da responsabilidade tributária decorrente do art. 135 do CTN, veio por corroborar a prática ilegal e arbitrária das Fazendas Públicas em todos os seus âmbitos, no sentido de inserir, automática e arbitrariamente, os nomes dos administradores das empresas e, consequentemente, redirecionar-lhes a ação executiva, sem aferição de sua responsabilidade tributária, por meio de um prévio procedimento administrativo;

• criou ainda uma nova modalidade de responsabilidade tributária objetiva, cujo título consta o nome do contribuinte e do responsável, violando o princípio da estrita legalidade e da separação dos poderes;

• ademais, invertendo-se o ônus da prova, que será negativa, o administrador fica obrigado a defender-se por meio de Embargos à Execução, com todas as implicações temporais e financeiras que decorrem desse tipo de procedimento, o que viola os princípios do contraditório e da ampla defesa, já que poderia se utilizar da Exceção de Pré-Executividade, com a juntada da cópia integral do processo administrativo;

• portanto, restou demonstrado o equívoco da decisão do Superior Tribunal de Justiça, que além de subverter o sistema do direito positivo, trouxe sérias implicações para a vida dos administradores de sociedades devedoras da Fazenda Pública.

7. Bibliografia

ALMEIDA, Amador Paes de (2003). *Execução de Bens dos Sócios: Operações Mercantis, Tributárias, Trabalhistas*. 6ª ed. São Paulo, Saraiva.

ALVIM, Arruda (2006/2007). *Manual de Direito Processual Civil: Parte Geral*. vol. 1, 11ª ed. São Paulo, Ed. RT.

CARVALHO, Paulo de Barros (2007). *Curso de Direito Tributário*. 18ª ed. São Paulo, Saraiva.

______. *Direito Tributário: Fundamentos da Incidência*. 6ª ed. São Paulo, Saraiva.

______ (2008). *Direito Tributário, Linguagem e Método*. São Paulo, Noeses.

COÊLHO, Sacha Calmon Navarro (2000). *Manual de Direito Tributário*. Rio de Janeiro, Forense.

CONRADO, Paulo Cesar (2003). *Introdução à Teoria Geral do Processo Civil*. 2ª ed. São Paulo, Max Limonad.

DINIZ, Gustavo Saad (2003). *Responsabilidade dos Administradores por Dívidas das Sociedades Limitadas*. Porto Alegre, Síntese.

FREITAS, Vladimir Passos de (coord.) (1998). *Execução Fiscal: Doutrina e Jurisprudência*. São Paulo, Saraiva.

FUX, Luiz (2001). *Curso de Processo Civil*. Rio de Janeiro, Forense.

GONÇALVES, Fernando Dantas Casillo (1998). "Execução Fiscal – Responsabilidade dos sócios – Art. 135 do CTN – Nome indicado na CDA – Ônus de provar as condições para a responsabilização da Fazenda Pública – Possibilidade da interposição de exceção de pré-executividade – Jurisprudência do STJ". *Revista de Estudos Tributários*, vol. 12, n. 68, Porto Alegre, ano XI, jul.-ago./1998, pp. 198-206.

JUSTEN FILHO, Marçal (1986). *Sujeição Passiva Tributária*. Belém, CEJUP, pp. 228-299.

KELSEN, Hans (1986). *Teoria Geral das Normas*. Porto Alegre, Fabris.

______ (2000). *Teoria Geral do Direito e do Estado*. São Paulo, Martins Fontes.

______ (2000). *Teoria Pura do Direito*. 6ª ed. São Paulo, Martins Fontes.

MACHADO SEGUNDO, Hugo de Brito (2004). *Processo Tributário*. São Paulo, Atlas.

MAIA, Luiz Fernando (1998). "Inconsistências da decisão do STJ em recursos repetitivos (Lei n. 11.678/2008), mantendo a responsabilidade na 'CDA' do sócio/administrador gerente para responder por débito da pessoa jurídica por presunção". *Revista de Estudos Tributários*, Porto Alegre, vol. 12, n. 68, ano XI, jul.-ago./1998, pp. 27-32.

MARINONI, Luiz Guilherme (2006). *Curso de Processo Civil: Teoria Geral do Processo*. vol. 1. São Paulo, Ed. RT.

MOUSSALLEM, Tárek Moysés (2001). *Fontes do Direito Tributário*. São Paulo, Max Limonad.

______ (2005). *Revogação em Matéria Tributária*. São Paulo, Noeses.

PAULSEN, Leandro (1998). "Responsabilidade tributária: seu pressuposto de fato específico e as exigências para o redirecionamento da Execução Fiscal". *Revista de Estudos Tributários*, Porto Alegre, vol. 12, n. 68, ano XI, jul.-ago./1998, pp. 7-20.

RODRIGUES, Cláudia (2002). *O Título Executivo na Execução da Dívida Ativa da Fazenda Pública*. São Paulo, Ed. RT.

RODRIGUES, Marcelo Abelha (2008). *Manual de Direito Processual Civil*. 4ª ed. São Paulo, Ed. RT.

SANTI, Eurico M. D. de, e CONRADO, Paulo C. (2003). "Mandado de segurança preventivo em matéria tributária: requisitos e efeitos", in CONRADO, P. C. (coord.). *Processo Tributário Analítico*. São Paulo, Dialética.

SANTOS, Moacyr Amaral (1995). *Primeiras Linhas de Direito Processual Civil*. vol. 3. São Paulo, Saraiva.

SOUZA, Gelson Amaro de (1985). "O responsável tributário e a sujeição passiva na Execução Fiscal". *Revista de Processo* 40/241-252, ano 10, out.-dez./1985.

THEODORO JÚNIOR, Humberto (1986). *Lei de Execução Fiscal*. 2ª ed. São Paulo, Saraiva.

VILANOVA, Lourival (2000). *Causalidade e Relação no Direito*. 4ª ed. São Paulo, Ed. RT.

ESTUDOS & COMENTÁRIOS

A EXECUÇÃO FISCAL TRIBUTÁRIA E O PARCELAMENTO JUDICIAL DO ART. 745-A DO CPC

LUIZ GUSTAVO SANTANA DE CARVALHO
Mestrando em Direito Tributário na USP. Advogado em São Paulo.

1. Um problema na aplicação do direito positivo. 2. O "direito de ação processual" e o destinatário das regras processuais. 3. Parcelamento judicial "vs." parcelamento administrativo. 4. Conclusões.

1. Um problema na aplicação do direito positivo

Através do presente artigo busco analisar tema ainda pouco tratado na jurisprudência e doutrina jurídica nacional, que consiste em saber se o art. 745-A do CPC, que fixa o parcelamento judicial de débito objeto de execução de pagar quantia, é aplicável às relações jurídicas tributárias, ou seja, se autoriza o parcelamento de débito tributário objeto de execução fiscal. Eis a redação do texto legal, *in verbis*:

"Art. 745-A. No prazo para embargos, reconhecendo o crédito do exequente e comprovando o depósito de trinta por cento (30%) do valor em execução, inclusive custas e honorários de advogado, poderá o executado requerer seja admitido a pagar o restante em até seis (6) parcelas mensais, acrescidas de correção monetária e juros de um por cento (1%) ao mês.

"§ 1º. Sendo a proposta deferida pelo juiz, o exequente levantará a quantia depositada e serão suspensos os atos executivos; caso indeferida, seguir-se-ão os atos executivos, mantido o depósito."

Como se vê, a legislação processual civil autoriza o deferimento judicial do parcelamento de débito executado da seguinte forma: (i) depósito inicial em valor correspondente a 30% (trinta por cento) do débito e (ii) o parcelamento do saldo remanescente, em 6 (seis) parcelas mensais e sucessivas, acrescidas de juros de 1% um por cento ao mês.

A controvérsia surge a partir das (poucas) decisões judiciais proferidas em função dos pedidos formulados nos autos de execuções fiscais para o parcelamento dos débitos tributários ali executados, seja deferindo-os ou não.

Em regra, as decisões judiciais que indeferem o pedido desse parcelamento afirmam que as disposições do CPC não são suficientes para o deferimento do pedido, sendo necessário, em relação aos créditos públicos, haver previsão legal específica, ou seja, diploma legal específico que autorize o credor (poder público) a conceder parcelamento de débitos que lhe são devidos, nos termos do art. 155-A do CTN. Como exemplo dessas decisões, e nesse sentido, veja-se os julgados a seguir, do TRF da 3ª Região (São Paulo, SP), *in verbis*:

"*Processo Civil. Agravo de instrumento. Execução fiscal. Parcelamento previsto no art. 745-A do Código de Processo Civil. Inaplicabilidade em matéria tributária.*

"I – Agravo de instrumento interposto contra a decisão que indeferiu pedido de parcelamento do débito na forma prevista no art. 745-A, do Código de Processo Civil.

"II – O art. 745-A, do Código de Processo Civil, acrescentado pela Lei n. 11.382/2006, facultou ao Executado, no prazo para os embargos, e após a comprovação de depósito de 30% (trinta por cento) do valor da dívida, a formulação de requerimento para pagar o restante do débito em até seis parcelas mensais, acrescidas de correção monetária e juros de 1% (um por cento) ao mês.

"III – ***A inovação introduzida pelo art. 745-A, do referido diploma legal, não se aplica aos créditos tributários***.

"IV – Agravo de instrumento improvido"(TRF-3ªR.,6ªT.,AI200703000862051, Juíza Regina Costa, 17.11.2008).

"*Processual Civil – Agravo de instrumento – Execução fiscal – Decisão que facultou aos executados o pagamento do débito na forma do art. 745-A do CPC – Agravo provido.*

"1. A execução judicial para cobrança de Dívida Ativa da União é regida pela Lei de Execução Fiscal, de modo que as disposições do Código de Processo Civil se aplicam subsidiariamente, nos termos do seu art. 1º.

"2. E a LEF determina, em seu art. 8º, que o executado, após a citação, terá 5 (cinco) dias para pagar a dívida com os juros e multa de mora e encargos indicados na certidão de dívida ativa, ou garantir a execução, nos termos do art. 9º. Assim, considerando que a LEF estabelece as formas de pagamento da dívida ou de garantia da execução, entendo ser ***inaplicável, às execuções fiscais, a regra contida no art. 745-A do CPC***, introduzido pela Lei 11.382/2001.

"3. Em relação às contribuições devidas ao FGTS, a Lei 8.036/1980, em seu art. 5º, IX, é expressa no sentido de que cabe ao Conselho Curador do FGTS fixar critérios para parcelamento de recolhimentos em atraso. E tal entendimento se aplica, também, aos créditos tributários, inclusive os decorrentes do não recolhimento da contribuição previdenciária, visto que o CTN, em seu art. 155-A, introduzido pela LC 104/2001, é expresso no sentido de que ***o parcelamento em matéria tributária depende de previsão em lei específica***: 'O parcelamento será concedido na forma e condição estabelecidas em lei específica'.

"4. Precedentes desta Egrégia Corte: AI n. 2008.03.00.031017-4-SP, 1ª T., Relator Desembargador Federal Luiz Stefanini, *DJF*-3 14.4.2009; AI n. 2007.03.00.086205-1-SP, 6ª T., Relatora Desembargadora Federal Regina Costa, *DJF*-3 17.11.2008.

"5. Considerando que a regra contida no art. 745-A do CPC, introduzido pela Lei 11.382/2001, não se aplica às execuções fiscais, não pode prevalecer a decisão agravada.

"6. Agravo provido" (TRF-3ª R., 5ª T., AI 200903000055026, Juíza Ramza Tartuce, 23.9.2009) (grifei).

Penso que o pouco interesse pelo tema decorra da complexidade que ele apresenta, especialmente porque sua solução depende de uma boa compreensão multidisciplinar do direito; de categorias estudadas na *Teoria do Direito Tributário* e na *Teoria Geral do Processo Civil*.

Pois bem, passemos à análise do problema ora apresentado.

2. *O "direito de ação processual" e o destinatário das regras processuais*

Para Kelsen, a norma jurídica completa é composta pela associação de uma *norma primária* a uma *norma secundária* (*perinorma* e *endonorma*, para Cóssio). Uma norma disciplina a conduta intersubjetiva tutelada pelo direito positivo (relação de direito material), e a outra prescreve uma *sanção* em função do inadimplemento do dever jurídico fixado na primeira (conduta obrigatória, proibida ou permitida).

Nessa linha de pensamento, a referida *sanção* não consiste em uma punição propriamente dita (privação, restrição, etc.), mas sim na relação processual estabelecida entre o Estado – que detém o monopólio da atividade jurisdicional – e o titular do direito que deixou de ser adimplido.

Nessa segunda relação jurídica, dita "sancionatória", o Estado-Juiz figura no polo passivo se sujeita ao dever jurídico de prestar a tutela jurisdicional, ao passo que o credor (sujeito ativo) é titular do direito subjetivo à *ação processual*, de acordo com a legislação processual vigente e na forma por ela estabelecida.

Portanto, a primeira relação jurídica – de ordem material – é sempre pressuposto da segunda, de ordem processual. Melhor dizendo, o inadimplemento do dever jurídico que integra aquela relação material (*pretensão resistida*) é pressuposto da relação processual, que fixa o *direito de ação*.

Desse modo e por tais razões, as normas de direito processual se destinam à disciplina da segunda relação jurídica, ou seja, o exercício do *direito de ação* e da prestação jurisdicional do Estado-Juiz.

Não se deve confundir tais as relações jurídicas; a última (de ordem processual) com a primeira (de direito material e pressuposto da segunda). Da mesma forma, também não se confundem os respectivos subsistemas jurídicos, ou seja, as normas que disciplinam cada uma dessas relações jurídicas, que integram o subsistema do direito processual civil e do direito tributário material, respectivamente.

Dito isto, já é possível perceber a distinção, quanto às relações jurídicas que disciplinam, entre os enunciados prescritivos do subsistema jurídico-tributário e os do subsistema jurídico-processual, ou seja, entre o art. 155-A do CTN e o art. 745-A do CPC.

Se de um lado as regras do CPC se aplicam à relação processual, as regras do CTN disciplinam unicamente a relação de direito material tributário, estabelecida entre o Estado-Fisco e os administrados (contribuintes, responsáveis e substitutos).

Penso que, mesmo quando tratam da *prescrição tributária*, por exemplo, as regras do CTN tratam unicamente da relação de direito material, porque tratam de fato (o fato prescricional) que antecede a relação processual. Em direito tributário, a norma prescricional (art. 174 do CTN) fixa a extinção da relação material no tempo (art. 156, V, do CTN). A extinção da execução fiscal, na hipótese de reconhecimento judicial da prescrição tributária, se dá com fundamento na legislação processual (art. 269 do CPC), com resolução do mérito, porque põe fim à relação de direito material, e não somente ao direito de ação (relação processual), diferentemente do que ocorre no direito civil, por exemplo.

É verdade que as regras do CTN sobre a *prescrição tributária* "alcançam" a relação processual (direito de ação). Todavia, este efeito pragmático da aplicação prática do direito, não é suficiente (e nem pode ser) para fundamentar a análise dogmática das categorias jurídicas e do fenômeno da incidência e aplicação do direito.

Em sentido contrário, destaco o entendimento firmado pelo Superior Tribunal de Justiça no REsp n. 999.901-RS (recurso repetitivo), quando julgou os efeitos da Lei Complementar n. 118/2005 e as regras de transição da prescrição do indébito tributário, *in verbis*:

"*Processual Civil. Recurso especial representativo de controvérsia. Art. 543-C do CPC. Tributário. Execução fiscal. Prescrição. Citação por edital. Interrupção. Precedentes.*

"1. A prescrição, posto referir-se à ação, quando alterada por novel legislação, tem aplicação imediata, conforme cediço na jurisprudência do Eg. STJ.

"2. O art. 40 da Lei n. 6.830/1980, consoante entendimento originário das Turmas de Direito Público, não podia se sobrepor ao CTN, por ser norma de hierarquia inferior, e sua aplicação sofria os limites impostos pelo art. 174 do referido Código.

"3. A mera prolação do despacho ordinatório da citação do executado, sob o enfoque supra, não produzia, por si só, o efeito de interromper a prescrição, impondo-se a interpretação sistemática do art. 8º, § 2º, da Lei n. 6.830/1980, em combinação com o art. 219, § 4º, do CPC e com o art. 174 e seu parágrafo único do CTN.

"4. O processo, quando paralisado por mais de 5 (cinco) anos, impunha o reconhecimento da prescrição, quando houvesse pedido da parte ou de curador especial, que atuava em juízo como patrono *sui generis* do réu revel citado por edital.

"5. A Lei Complementar 118, de 9 de fevereiro de 2005 (vigência a partir de 9.6.2005), alterou o art. 174 do CTN para atribuir ao despacho do juiz que ordenar a citação o efeito interruptivo da prescrição (Precedentes: REsp 860.128-RS, 782.867-SP, *DJ* 20.10.2006; REsp 708.186-SP, *DJ* 3.4.2006).

"6. Destarte, ***consubstanciando norma processual***, a referida Lei Complementar é aplicada imediatamente aos processos em curso, o que tem como consectário lógico que a data da propositura da ação pode ser anterior à sua vigência. Todavia, a data do despacho que ordenar a citação deve ser posterior à sua entrada em vigor, sob pena de retroação da novel legislação.

"7. É cediço na Corte que a Lei de Execução Fiscal – LEF – prevê em seu art. 8º, III, que, não se encontrando o devedor, seja feita a citação por edital, que tem o condão de interromper o lapso prescricional (Precedentes: 1ª Seção, REsp 1.103.050-BA, Rel. Ministro Teori Zavascki, *DJ* 6.4.2009; 1ª T., AgRg no REsp 1.095.316-SP, Rel. Ministro Francisco Falcão, j. 17.2.2009, *DJe* 12.3.2009; 1ª T., AgRg no REsp 953.024-RS, Rel. Ministro Luiz Fux, j. 2.12.2008, *DJe* 15.12.2008; REsp 968.525-RS, Rela. Ministra Eliana Calmon, *DJ* 18.8.2008; REsp 995.155-RS, Rel. Ministro José Delgado, *DJ* 24.4.2008; REsp 1.059.830-RS, Rel. Ministro Mauro Campbell Marques, *DJ* 25.8.2008; REsp 1.032.357-RS, Rel. Ministro Castro Meira, *DJ* 28.5.2008).

"8. *In casu*, o executivo fiscal foi proposto em 29.8.1995, cujo despacho ordinatório da citação ocorreu anteriormente à vigência da referida Lei Complementar (fls. 80), para a execução dos créditos tributários constituídos em 2.3.1995 (fls. 81), tendo a citação por edital ocorrido em 3.12.1999.

"9. Destarte, ressoa inequívoca a inocorrência da prescrição relativamente aos lançamentos efetuados em 2.3.1995 (objeto da insurgência especial), porquanto não ultrapassado o lapso temporal quinquenal entre a constituição do crédito tributário e a citação editalícia, que consubstancia marco interruptivo da prescrição.

"10. Recurso especial provido, determinando-se o retorno dos autos à instância de origem para prosseguimento do executivo fiscal, nos termos da fundamentação expendida. Acórdão submetido ao regime do art. 543-C do CPC e da Resolução STJ 8/2008" (1ª Seção, REsp 999.901-RS, Rel. Ministro Luiz Fux, j. 13.5.2009, *DJe* 10.6.2009) (grifei).

No que se refere à cobrança dos tributos, em que pese a entendimento do E. STJ acerca da natureza da norma prescricional, estou convencido de que as regras do CTN disciplinam unicamente a relação de direito material tributário, ao passo que as regras do CPC se aplicam à relação processual, ou seja, os enunciados prescritivos do CPC disciplinam o *direito subjetivo* do Fisco na relação processual (*direito de ação*) que surge com a propositura da competente execução fiscal.

Dito de outro modo, afirmo que o art. 745-A do CPC disciplina a relação processual referente à cobrança judicial do tributo (estabelecida entre o Fisco e o Estado-Juiz), enquanto que o art. 155-A do CTN disciplina somente a relação material de direito tributário (estabelecida entre o Fisco e o sujeito passivo tributário).

3. Parcelamento judicial "vs." parcelamento administrativo

Para o correto deslinde da controvérsia ora posta, há que se distinguir o *parcelamento administrativo* (art. 155-A do CTN) do *parcelamento judicial* (art. 745-A do CPC).

Firme na premissa segundo a qual as regras do CTN disciplinam unicamente a relação de direito material tributário, ao passo que as regras do CPC se aplicam à relação processual, pode-se dizer que as disposições do CTN disciplinam somente o *parcelamento administrativo*, ou seja, a autorização para que a Administração Pública possa, na via administrativa, receber o pagamento de seu crédito de forma parcelada e dar a respectiva quitação.

Por isso, o destinatário daquela norma (art. 155-A do CTN) é a própria Administração Pública, credora na relação jurídica tributária material, porque quem concede o parcelamento ***administrativo*** é a própria Administração Pública.

Por outro lado, o art. 745-A do CPC tem como destinatário o aplicador da lei processual, ou seja, o juiz. É ele quem concede o parcelamento ***judicial*** (≠ parcelamento administrativo).

O credor, quando busca a tutela jurisdicional do Estado (ao mover a execução fiscal), passa a se sujeitar ao ordenamento jurídico processual vigente, ou seja, às normas processuais vigentes, dentre as quais se encontra a norma que disciplina o parcelamento ***judicial*** do débito exigido em juízo (art. 745-A do CPC).

Diferentemente do parcelamento ***administrativo***, no curso da execução judicial, não é dado ao credor (exequente) o direito de aceitar ou não (conceder ou não) o parcelamento ***judicial***, mas somente ao juiz. O deferimento dessa modalidade de parcelamento, portanto, não está condicionado à "vontade" e/ou aceitação do credor (*in casu*, o Fisco).

Até hoje, apenas o TRF da 2ª Região já se pronunciou no sentido aqui defendido, acerca da interpretação do art. 745-A do CPC, ou seja, pela (i) distinção entre o parcelamento ***judicial*** e ***administrativo***; (ii) aplicação do CPC à execução fiscal; e (iii) possibilidade jurídica do parcelamento judicial de tributos, sendo suficientes as disposições do CPC, *in verbis*:

"*Processo Civil e Tributário. Execução fiscal. Parcelamento previsto no art. 745-A do Código de Processo Civil. Aplicação subsidiária.*

"1. Agravo de instrumento interposto contra a decisão que determinou o prosseguimento da execução com a expedição de mandado de penhora e avaliação de bens no valor da execução, acrescido de multa de 10% (dez por cento).

"2. O objetivo buscado pela recorrente nos presentes autos é o pagamento parcelado do débito executado, conforme se observa do requerimento apresentado, nos termos da Lei 11.382/2006.

"3. Após ser determinada a manifestação dos exequentes sobreveio petição do Fundo Nacional do Desenvolvimento da Educação não se opondo ao pedido, e da União Federal/Fazenda Nacional discordando, ao fundamento que não teria autorização para conceder parcelamentos não previstos em lei específica, o que resultou na decisão ora recorrida.

"4. A determinação de prosseguimento da execução foi fundamentada tão somente na discordância da União Federal com o pedido de parcelamento.

"5. Entretanto, com a inclusão do art. 745-A e seus parágrafos no Código de Processo Civil, pela Lei 11.382/2006, passou a constar no ordenamento jurídico a possibilidade de ***parcelamento judicial, mediante requerimento do executado e deferimento do juiz, independentemente de concordância do exequente***, razão pela qual não seria razoável a manutenção da decisão proferida apenas por esse motivo, sendo certo que as alterações promovidas tiveram o objetivo de proporcionar ao executado meios de adimplir o seu débito sem inviabilizar sua subsistência ou possibilitar a manutenção da atividade empresarial, conforme o caso concreto.

"6. Registre-se, por fim, que a legislação específica que disciplina a execução fiscal dos valores devidos à Fazenda Nacional (Lei 6.830/80) prevê expressamente (art. 1º) a aplicação subsidiária do Código de Processo Civil, razão pela qual as alterações legislativas efetuadas mostram-se inteiramente aplicáveis na hipótese sob exame.

"7. Agravo de instrumento conhecido e provido" (TRF-2ª R., 3ª T. Especializada, AG 200702010082519, Desembargador Federal Francisco Pizzolante, j. 8.4.2008) (grifei).

Por tais motivos, a meu ver, está equivocado o entendimento do TRF da 3ª Região (AI n. 200703000862051 e AI n. 200903000055026) quando afirma que as disposições do CPC não seriam suficientes para o deferimento do pedido de parcelamento judicial de tributos e que seria necessária previsão legal específica para o Fisco conceder tal parcelamento nos termos do art. 155-A do CTN. Penso que tal exigência faz todo sentido somente em relação ao parcelamento ***administrativo***.

4. Conclusões

É preciso evoluir no estudo multidisciplinar do direito, promovendo a necessária interseção entre os diversos subsistemas jurídicos, especialmente entre o *direito tributário* e o *direito processual civil*, eis que o sistema jurídico rege-se pela *unidade* e *unicidade*. A separação dos subsistemas existe apenas do ponto de vista didático, para facilitar o seu conhecimento, ou seja, a aproximação entre o cientista e o seu objeto de estudo (o direito positivo).

Dito isto e firmes nos conceitos ora apresentados, é possível afirmar que há amparo jurídico para o deferimento de *parcelamento judicial* dos débitos tributários, nos termos do art. 745-A do CPC, independentemente do "querer" do credor (Fisco) e do que prescreve o art. 155-A do CTN.

IMPOSSIBILIDADE DE REPETIÇÃO QUANDO OCORRE A TREDESTINAÇÃO DAS CONTRIBUIÇÕES SOCIAIS

FERNANDO GOMES FAVACHO

Mestre em Direito Tributário pela PUC/SP. Professor dos Cursos de Especialização em Direito Tributário da PUC/SP e do IBET-Sorocaba. Advogado.

Introdução. 1. A evolução da tributação. 2. A finalidade e a destinação da tributação: 2.1 A "finalidade" constitucional dos tributos; 2.2 Relação tributária e relação financeira; 2.3 A "destinação" constitucional dos tributos. 3. "Earmarking" e a tredestinação das contribuições sociais no Brasil. 4. A tese da repetição pela tredestinação dos tributos. 5. Impossibilidade de repetição pela tredestinação no Direito brasileiro. 6. Conclusões. Referências bibliográficas.

"Estou vendo um dos precedentes: autorização para destinar parte da arrecadação da CPMF a cobrir débitos do Ministério da Saúde com o FAT – não conhecemos da ADI (o que me dá um certo remorso, diante do que veio a suceder posteriormente)" (Ministro Sepúlveda Pertence, ADI 2.925-8-DF, *DJ* 4.3.2005).

Introdução

É notória a importância da tributação promovida pela União através das contribuições sociais. Essa forma de arrecadação – em que o *quantum* passa a ter uma destinação específica, como as contribuições para a intervenção no domínio econômico do art. 149 da Constituição, ou as contribuições para a seguridade social do art. 195 – ocuparam 45,61% da receita tributária em 2008.[1]

A par do mandamento constitucional, vemos a todo momento a tredestinação dos tributos no Brasil. Graças à crescente desvinculação de receitas, desvio ilegal de recursos ou mesmo à falta de ação da Administração – entendido isto como um não cumprimento da norma de destinação – cresce na doutrina pátria o pensamento de que o contribuinte, moral e legalmente atingido por tais atos, possa ser ressarcido de seus débitos tributários.

1. *Estudos Tributários* n. 21, Carga Tributária no Brasil, 2008 (análise por tributo e bases de incidência). Receita Federal, Subsecretaria de Tributação e Contencioso, Coordenação-Geral de Estudos, Previsão e Análise, p. 14.

Para refletir sobre a tese, o texto começa contando a mudança histórica e o sentido atual da tributação, bem como a justificação do Estado e de seu poder para a cobrança de tributos. Em seguida, expõe os sentidos dos termos "finalidade" e "destinação", para depois tratar da separação ainda existente entre o direito tributário e o financeiro no país. Finalmente, traz a crescente doutrina sobre a possibilidade de repetição dos tributos tredestinados e, ainda, emite nossa opinião de que não se tem (ainda) tal forma de pressão e controle dos gastos públicos pelo contribuinte no país.

1. A evolução da tributação

A historicidade, intrínseca à interpretação, nos faz reconstruir tempos em que os tributos eram prestações *in labora*, *in natura* ou *in pecunia*, como mostra Dejalma de Campos:[2] "Tributo provém do verbo latino *tribuere*: *tributum*, que significa repartir entre as tribos. Nas comunidades primitivas, o tributo estava na dependência da satisfação das necessidades coletivas e dos caprichos do chefe, que o exigia de seus súditos. Eram prestações *in labora*, *in natura* ou *in pecunia*, exigidas pela força e arbitrariedade".

Aliomar Baleeiro,[3] por sua vez, constrói outra significação: "Primitivamente, a palavra 'tributo' tinha o sentido que damos, hoje, às reparações de guerra. (...) Devia pagá-lo porque estava à mercê do que o subjugara pelas armas. As guerras eram feitas, muitas vezes, para esse fim apenas".

Desde as tribos e as reparações de guerra até nosso conceito atual, passamos pelo pós-escravismo da Idade Média, em que as terras pertenciam aos senhores feudais, e os milhares de servos, que nelas trabalhavam, tinham a obrigação de lhes pagar tributos, seja entregando aos seus senhores parte de sua produção, ou, o que era mais comum, trabalhando gratuitamente no cultivo das terras de seus senhores durante dois ou três dias da semana.

A primeira limitação constitucional ao poder de tributar aparece somente no ano de 1215. Conforme Ernane Galvêas:[4] "Até então, o soberano aumentava discricionariamente os tributos, conforme os requerimentos administrativos de sua Corte ou as necessidades de equiparar as forças militares do Reino. Esse absolutismo tributário foi quebrado, em 1215, na Inglaterra, quando os barões, proprietários das terras, forçaram o Rei João-sem-terra a assinar a Magna Carta, segundo a qual 'nenhum tributo poderá ser lançado na Inglaterra, sem o consentimento geral (...)'".

Na Revolução Francesa de 1789, com a aprovação da "Declaração dos Direitos", estabeleceu-se que a contribuição para custear a administração pública e os serviços administrativos deve ser repartida entre todos os cidadãos, de acordo com sua possibilidade, o que já nos traz a ideia de responsabilidade ética e capacidade contributiva como a conhecemos.

O Brasil acompanhou a evolução do conceito de tributo na Europa, já que no início da tributação no país aplicava-se a forma lusitana.[5] No período colonial, esteve submetido a um sistema fiscal feudal, constituído por quintos, gravando a mineração, dízimos, onerando os produtos da terra e frutos do mar; e tributos extraordinários sob a denominação de derrama e finta.[6] Ainda hoje temos como principais tributos arrecadatórios os que oneram a circulação, como o ICMS, e os que atingem a renda das empresas, como o Impos-

2. Dejalma de Campos, "A dimensão jurídica do tributo", in *O Tributo: Reflexão Multidisciplinar sobre sua Natureza*, p. 254.

3. Aliomar Baleeiro, *Uma Introdução à Ciência das Finanças*, p. 188.

4. Ernane Galvêas, "Breve história dos tributos", in *O Tributo: Reflexão Multidisciplinar sobre sua Natureza*, p. 318.

5. Cf. Ubaldo Cesar Balthazar, *História do Tributo no Brasil*, Capítulo 2.

6. A finta era destinada a cobrir obras ou serviços gerais imprevistos e a derrama para complementar o volume previsto.

to de Renda e a Contribuição Social sobre o Lucro Líquido.

Das tantas revoltas, como a Inconfidência Mineira, até verdadeiras revoluções, como a americana e francesa, os tributos parecem estar sempre presentes, protagonizando tantos acontecimentos. E isto porque não há falar em justiça sem justiça tributária, ou política sem política tributária. Como consta nas primeiras linhas de *O Mito da Propriedade*, "Numa economia capitalista, os impostos não são um simples método de pagamento pelos serviços públicos e governamentais: são também o instrumento mais importante por meio do qual o sistema político põe em prática uma determinada concepção de justiça econômica ou distributiva".[7]

2. *A finalidade e a destinação da tributação*

O ruído comunicacional causado pela adoção do mesmo suporte físico para diversos significados pode ser percebido em várias passagens do texto legal. Desta feita, o estudo do "porque" da tributação nos leva de imediato a uma desambiguação: a *finalidade*, a *repartição* e a *destinação*.

Adotamos a *finalidade* como o objetivo genérico dos tributos. A *repartição* trata da relação entre os entes federados sobre a divisão do que foi arrecadado. A *destinação* é norma que designa o destino do que foi arrecadado, que se divide em *normativa* e *fática*.

> ***Finalidade***: motivação ou objetivo do tributo.
>
> ***Repartição***: divisão do arrecadado entre os entes federados.
>
> ***Destinação normativa***: previsão legal do destino do que for arrecadado.
>
> ***Destinação fática***: aplicação do que foi arrecadado.

7. Liam Murphy e Thomas Nagel, *O Mito da Propriedade: os Impostos e a Justiça*, p. 5.

2.1 A "finalidade" constitucional dos tributos

Toda norma de direito público deve ter como fim último o exposto no Preâmbulo da Constituição da República Federativa do Brasil de 1988:

"(...) assegurar o exercício dos direitos sociais e individuais, a liberdade, a segurança, o bem-estar, o desenvolvimento, a igualdade e a justiça como valores supremos de uma sociedade fraterna, pluralista e sem preconceitos, fundada na harmonia social e comprometida, na ordem interna e internacional, com a solução pacífica das controvérsias."

Se toda norma de direito público tem finalidade pública, todo ingresso público também tem a mesma motivação. A própria Constituição Federal expressa, através da materialidade, da destinação ou mesmo de pressupostos ao exercício da competência tributária que toda tributação possui um objetivo público. No art. 145, II, as taxas podem ser instituídas "em razão do exercício do poder de polícia ou pela utilização, efetiva ou potencial, de serviços públicos específicos e divisíveis, prestados ao contribuinte ou postos a sua disposição"; e a contribuição de melhoria deverá ser "decorrente de obras públicas". No art. 148, parágrafo único, se obriga que a aplicação dos recursos provenientes de empréstimo compulsório deverá ser "vinculada à despesa que fundamentou sua instituição". O art. 149 diz que as contribuições deverão ser instituídas "como instrumento de sua atuação nas respectivas áreas"; o § 1º, que a contribuição dos servidores dos Estados, Distrito Federal e Municípios servirá "para o custeio, em benefício destes, do regime previdenciário". O art. 149-A é autoexplicativo: os Municípios e o Distrito Federal poderão instituir contribuição "para o custeio do serviço de iluminação pública".

A referência à motivação dos tributos encontra-se, ainda, no art. 154, II (a União poderá instituir, na iminência ou no caso de guerra externa, impostos extraordinários, os quais serão suprimidos, gradativamente, "cessadas as causas de sua criação"); no art. 167, IV (vedação da "vinculação de receita de impostos a órgão, fundo ou despesa, ressalvadas a destinação de recursos para as ações e serviços públicos de saúde, para manutenção e desenvolvimento do ensino e para realização de atividades da administração tributária e a prestação de garantias às operações de crédito por antecipação de receita"); e no art. 195, § 4º (a lei poderá instituir outras fontes "destinadas a garantir a manutenção ou expansão da seguridade social").

A longa explicação é também para afirmar: não é elemento unicamente da norma tributária sua finalidade pública. Toda norma de direito público tem esse fim. E mesmo as de direito privado não podem ultrapassar os limites do bem-estar social. Não poderia o tributo ter "fins particulares". Por isso, dizer que o fim de certo tributo é público não o diferencia em nada, não cria uma classe em que encontramos exclusivamente os tributos.

Mas é o que vem repetido internacionalmente em trabalhos de juristas[8] ou em disposições legais.[9] Sem dúvida dizer que *o fim* das Contribuições de Intervenção no Domínio Econômico é *interferir no domínio econômico* pode fazer diferença entre outras espécies de contribuição. Mas dizer que o fim da receita tributária é público o diferencia das multas? Ou de outras formas de arrecadação do Estado? Certamente não. A receita da multa também tem fim público. Mesmo a indenização, que é mera reparação patrimonial, tem fim público.

2.2 Relação tributária e relação financeira

Para superarmos a ambiguidade da "destinação", é preciso fazer as breves considerações a seguir expostas.

Dentro do ordenamento positivo brasileiro, há separação entre o *sistema financeiro* e o *sistema tributário*.[10] Vejamos a diferença clara entre os sistemas na Constituição atual, que inclusive estão em títulos diferentes: o Título VI ("Da Tributação e do Orçamento") tem como título do Capítulo I "Do Sistema Tributário Nacional". Já o Título VII ("Da Ordem Econômica e Financeira") tem como título do Capítulo IV "Do Sistema Financeiro Nacional". No art. 24 esta diferença está ainda mais clara: "Compete à União, aos Estados e ao Distrito Federal legislar concorrentemente sobre: I – direito *tributário, financeiro*, penitenciário, econômico e urbanístico" (grifamos). Diz-se serem sistemas diferentes, e inferimos que as regras de um não deverão interferir, ao menos diretamente, no outro.

Talvez por isso, didaticamente também se separe a disciplina "Direito Finan-

8. Entende o espanhol José Juan Ferrero Lapatza: "Podemos delimitar ou definir o tributo como uma obrigação, estabelecida por Lei, de dar uma importância em dinheiro, de acordo com o princípio de capacidade, em favor de um ente público *para sustentar seus gastos*" (grifamos) (José Juan Ferrero Lapatza, *Direito Tributário: Teoria Geral do Tributo*, p. 142).

9. No *Modelo de Código Tributário para a América Latina*: "Art. 13. Tributos são prestações em dinheiro, que o Estado, no exercício de seu poder de império, exige *com o objetivo de obter recursos para o cumprimento de seus fins*" (grifamos). Ou no art. 2º da *Ley 58/2003 General Tributaria* espanhola: "1. Los tributos son los ingresos públicos que consisten en prestaciones pecuniarias exigidas por una Administración pública como consecuencia de la realización del supuesto de hecho al que la Ley vincula el deber de contribuir, *con el fin primordial de obtener los ingresos necesarios para el sostenimiento de los gastos públicos*" (grifamos).

10. Marco Antonio Gama Barreto não faz a diferença entre sistema financeiro e tributário. E, com isso, não considera a supressão do art. 9º da Lei 4.320 pelo art. 3º do CTN, como se a lei posterior tivesse revogado a anterior, mas sim, entende que são complementares e coexistentes. "Ocorre que não vislumbramos a possibilidade de emissão de ato de fala revogador com base na comparação entre os artigos 3º do CTN e 9º da Lei n. 4.320 de 1964, pois i) o CTN não declarou expressamente revogado o referido art. 9º; ii) o art. 9º não apresenta incompatibilidade com o art. 3º; e, iii) o CTN não regulou inteiramente a matéria de que trata a Lei n. 4.320 de 1964" (Marco Antonio Gama Barreto, *O Conceito de Tributo no Direito Brasileiro*, p. 90).

ceiro" de "Direito Tributário". O objetivo do Direto Financeiro é entender de onde vem, de que forma e para onde vão os ingressos públicos. Como descreve a regulamentação jurídica de toda a atividade financeira do Estado, trata o Direito Tributário como um tópico.[11] Este último foca somente a instituição, arrecadação e fiscalização dos tributos, não indo além disto.

E, também por isso, a *destinação* não se confunde com a *repartição* entre os entes federados. Assim, por exemplo, diz o art. 167, IV, da CF, prescrevendo que é vedada a vinculação de receita de impostos a órgão, fundo ou despesa, "ressalvadas a repartição do produto da arrecadação dos impostos a que se referem os arts. 158 e 159". A repartição é estritamente orçamentária e não faz parte da relação Fisco-contribuinte.

Portanto, como norma financeira, o tributo é visto como receita *derivada* do poder de império do Estado, o "produto da arrecadação dos tributos". Os sujeitos da relação jurídica não mais são o contribuinte e o Fisco, e sim os diversos agentes da Administração Pública. A separação é clara:

Relação Tributária: **Contribuinte** R_{jt} **Estado**
Relação Financeira: **Estado'** R_{jf} **Estado"**

A caracterização do tributo como "receita" tem sua regulamentação em normas de repartição das receitas tributárias, constantes na Seção VI do Sistema Tributário Nacional (arts. 157 a 162). No art. 9º da Lei 4.320/1964, encontramos uma definição do conceito de tributo em âmbito financeiro:

"Art. 9º. Tributo é a receita derivada instituída pelas entidades de direito público, compreendendo os impostos, as taxas e contribuições nos termos da constituição e das leis vigentes em matéria financeira, destinando-se o seu produto ao custeio de atividades gerais ou específicas exercidas por essas entidades."

Interessante notar as marcas do legislador: enquanto a Lei 4.320 diz que tributo é a *receita derivada destinando-se o seu produto ao custeio de atividades gerais ou específicas*, nos parece um conceito voltado para a Administração – pois para o contribuinte o tributo é despesa; no Código Tributário Nacional se lê, no art. 3º, *prestação pecuniária instituída em lei cobrada mediante atividade administrativa plenamente vinculada*: a significação é da relação Fisco-contribuinte.

Uma possível aproximação aparece com a Lei Complementar 101/2000, a Lei de Responsabilidade Fiscal – LRF:

"Art. 11. Constituem requisitos essenciais da responsabilidade na gestão fiscal a instituição, previsão e efetiva arrecadação de todos os tributos da competência constitucional do ente da Federação."

A LRF se preocupa com a responsabilidade desde a instituição até os gastos públicos. Contudo, ainda assim não se pode dizer que há uma junção entre os dois sistemas, porque (i) a Constituição, de maior hierarquia, separa o sistema tributário do financeiro, e (ii) a LRF apenas se preocupa com normas tributárias para a responsabilização em âmbito administrativo, sem levar em conta a relação com os contribuintes, sujeito essencial em uma relação tributária. A lei que trata da elaboração e controle dos orçamentos e balanços dos entes federados mostra os tributos como espécie de *receita*.

Feitas estas considerações, vejamos a questão da destinação dos tributos.

2.3 A "destinação" constitucional dos tributos

O termo *destinação*, para Tathiane Piscitelli, possui três acepções:[12]

11. Cf. Paulo de Barros Carvalho, *Curso de Direito Tributário*, p. 50.

12. Cf. Tathiane dos Santos Piscitelli, "Uma proposta harmonizadora para o tema da destinação:

(i) *destinação normativa*: especifica-se a finalidade na norma que institui o tributo.

(ii) *destinação financeira*: existência de normas de repasse que viabilizem a aplicação dos valores arrecadados. Se realiza em dois níveis: pela *distribuição das receitas na lei orçamentária anual* e, posteriormente, com a *programação financeira realizada pelos três Poderes*.

(iii) *destinação fática*: quando a autoridade administrativa efetivamente aplica os recursos nos fins previstos. Tem início com o empenho da despesa e subsequentes etapas necessárias à realização do gasto público.

A *destinação normativa*, para nós, é dado constitutivo da estrutura das contribuições sociais. Por exemplo, só é possível instituir esta espécie de tributo se instituída a norma de destinação, sob pena de inconstitucionalidade. A *destinação financeira*, e também a *fática*, cremos que não fazem parte da relação jurídica tributária.

Para dizermos que existe uma classe de tributos específica, precisamos saber se possui uma diferença em relação ao gênero que a separe das demais. Essa diferença, no caso das contribuições, pode ser vista através do critério de competência para sua instituição: o *meio* (financeiro) a ser utilizado para a realização das finalidades da contribuição deve integrar a norma tributária como requisito de sua validade. Tácio Lacerda Gama[13] aponta isto quando diz: "A finalidade para aquilo que se arrecada deverá ser prescrita por meio de lei. Isto porque, o critério procedimental, que indica como deverá ser feita a enunciação desse tributo, prescreve, como regra geral, ser necessário procedimento legislativo ordinário para realizar o comando do antecedente da norma de competência".

Em suma, o diferencial das contribuições é que a destinação não é uma possibilidade, mas um critério de instituição, uma regra de exercício da competência. Só se institui uma norma "contribuição" com uma norma "destinação", sob pena de inconstitucionalidade. Mas daí a dizer que a falta da efetiva destinação financeira ou fática torna a contribuição inconstitucional, vai uma diferença abissal, como veremos nos itens finais.

3. *"Earmarking" e a tredestinação das contribuições sociais no Brasil*

O tributo que possui uma destinação especial é conhecido internacionalmente pelo termo *earmarking*.[14] Quando o governo se utiliza desta técnica, se o uso do arrecadado for outra que a prevista para a destinação, os contribuintes podem pedir de volta o que foi pago. A prática é comum em vários países justamente porque essas leis "legitimam" os tributos.

O problema com o *earmarking*, para os governos, é quando há necessidade de se mudar a administração estatal, dada a impossibilidade de recolocação da arrecadação. E, como as despesas não possuem exata previsibilidade de custos, o dinheiro pode acabar simplesmente parado em fundos. Essas dificuldades, aliás, parecem ser a única justificação moral para problemas como os recortados abaixo:

Valor Econômico: "A Cide, o desvio de recursos e o crime", Gilberto Baptista Martins, 7.2.2006.

"O novo tributo – a Contribuição de Intervenção no Domínio Econômico (Cide) – destinava-se à intervenção no domínio econômico, relativamente às atividades de importação e comercialização de petróleo e gás natural e seus derivados e álcool combustível, sob o pressuposto constitu-

análise a partir do PIS e da COFINS", in *Direito Tributário, Linguagem e Método*, pp. 954-962.

13. Tácio Lacerda Gama, *Contribuição de Intervenção no Domínio Econômico*, p. 85.

14. Palavra oriunda da pecuária: o proprietário marcava seus animais pela orelha, para se diferençar dos demais.

cional de que os recursos arrecadados seriam obrigatoriamente destinados ao desenvolvimento das respectivas áreas, seja através de subsídios e de melhoria da infraestrutura dos transportes, assim como da implementação de projetos ambientais, entre outros.

"Contudo, segundo levantamento no Sistema Integrado de Administração Financeira (Siafi), assim como por uma auditoria realizada pelo Tribunal de Contas da União (TCU), o governo federal vem utilizando os referidos recursos para outros fins que não aqueles definidos expressamente na Constituição, o que configura crime de responsabilidade.

"Constatou-se que, entre 2003 e 2004, o governo federal desviou 41% dos citados recursos e que, também em 2005, recursos foram utilizados para cobrir despesas com assinatura de TV a cabo, eventos culturais, serviços de segurança e diárias, auxílio-refeição, entre outras. Ou seja, os referidos encargos, criados sob o pretexto de garantirem recursos para áreas estratégicas, acabaram por onerar a produção e o custo do produto ao consumidor final sem a contraprestação devida."

Valor Econômico: "Governo desvia recursos do seguro obrigatório para cumprir meta fiscal", Tarso Veloso, de Brasília, 19.5.2010.

"O Departamento Nacional de Trânsito (Denatran) acumula, desde 1998, R$ 1,051 bilhão em repasses do Seguro Obrigatório de Danos Pessoais Causados por Veículos Automotores de Via Terrestre (DPVAT). Esses recursos, que deveriam ser aplicados em prevenção de acidentes e campanhas de conscientização do trânsito, têm sido usados para compor a meta de superávit primário do governo. (...) Em 2009, o DPVAT captou R$ 5,4 bilhões e repassou ao Denatran R$ 267 milhões. O departamento, porém, gastou apenas R$ 190 milhões. Essa prática de gastar menos do que recebe tem sido comum ao longo dos anos. Em 2008, a relação foi de R$ 243,3 milhões recebidos do seguro para uma aplicação de R$ 36,8 milhões. Em 2007, o mesmo ocorreu: foram arrecadados R$ 202 milhões e gastos R$ 169 mil."

No primeiro caso, vemos a Cide combustível ser aplicada em outros usos que não os do art. 174, § 4º, II: ao pagamento de subsídios a preços ou transporte de combustível, ao financiamento de projetos ambientais e a programas de infraestrutura de transportes. No segundo, a não aplicação do Seguro DPVAT, com o fito de cumprir meta fiscal. Além destes, temos o famoso caso da CPMF, criada para o Fundo Nacional de Saúde e, durante a sua existência, passou pela Previdência Social e ainda o Fundo de Combate e Erradicação da Pobreza:

Legislação	**Conteúdo**	**Destinação**	**Alíquota**
EC 3, de 17.3.1993	Autoriza o IPMF, instituído mediante lei complementar, de vigência até 31.12.1994	20% para o Fundo de Custeio de Programas de Habitação Popular	0,25%
EC 12, de 15.8.1996	Autoriza a CPMF, não podendo ser cobrada por prazo superior a dois anos (da publicação da lei)	Fundo Nacional de Saúde	0,25%
EC 21, de 19.3.1999	Prorroga por três anos a cobrança da CPMF, altera sua alíquota e sua destinação	Fundo Nacional de Saúde e Previdência Social	0,38% e 0,3%
EC 31/2000	Cria o Fundo de Combate e Erradicação da Pobreza e altera a alíquota da CPMF	Fundo Nacional de Saúde, Previdência Social e Fundo de Combate e Erradicação da Pobreza	0,38%

Legislação	Conteúdo	Destinação	Alíquota
EC 37, de 12.6.2002	Prorroga até 31.12.2004 a cobrança da CPMF	Após 2004, somente ao Fundo de Combate e Erradicação da Pobreza	0,38%
EC 42, de 19.12.2003	Prorroga até 31.12.2007 a cobrança da CPMF	Fundo de Combate e Erradicação da Pobreza	0,38%

Em verdade, não se pode dizer que a CPMF foi *tredestinada*, já que para cada mudança de destinação, houve a devida alteração constitucional. Nos referimos, sim, nos casos em que a destinação financeira e fática divergem da destinação normativa, para utilizarmos a terminologia de Piscitelli. Ainda, nos casos em que o tributo simplesmente não foi utilizado, como no caso do Seguro DPVAT.

Como dito no início, o *earmarking* traz dificuldades políticas, mesmo com o pesar de suas justificativas. No Brasil, onde grande parte do que é arrecadado com os impostos pela União é dividido entre Estados e Municípios, acaba o governo federal por criar e aumentar mais e mais contribuições para obter recursos sem compartilhá-los. Posteriormente, vê-se essa receita *extra* sendo usada para outros meios, como nos exemplos acima.

4. A tese da repetição pela tredestinação dos tributos

Hoje há doutrina no sentido de que a norma de destinação do produto arrecadado possibilita um controle maior das contribuições, como a ilegalidade do tributo e mesmo de repetição por parte do contribuinte. Como será demonstrado, a tese, de criação de Paulo Ayres Barreto, é seguida por um número cada vez maior de autores.

Paulo Ayres afirma que há relação de causa e consequência – a finalidade legitima a contribuição, e por isso é crucial o controle do produto do destino de sua arrecadação. Também diz que, "não cumprido o dever jurídico a que se submete o entre tributante, abre-se oportunidade para a repetição do indébito tributário. De outra parte, a autoridade administrativa responderá pelo crime de responsabilidade cometido".[15]

Estevão Horvath, invocando o princípio republicano, explica que a tredestinação faz com que deixe de existir a autorização para cobrança *a posteriori*. "É dizer: deixa de ser constitucional a cobrança da contribuição, implicando a impossibilidade da sua exigência".[16]

Para Fabiana Tomé, a atividade financeira é meio e não fim: é necessário que o Estado pratique atividades destinadas a arrecadar os meios financeiros, mas igualmente que os direcione para a concretização dos referidos fins. Assim, pregando a unidade do sistema, avisa que a arrecadação não pode ser isolada das demais funções do Estado – sendo condicionada pela própria noção das funções estatais. Sobre a relevância da finalidade, a autora lembra que o constituinte inclusive "utilizou como critério classificatório das contribuições a sua finalidade, a qual deve ser implementada por meio da destinação do produto arrecadado".[17]

Eurico de Santi e Vanessa Canado defendem a aproximação do estudo do Direito Tributário com o Direito Financeiro (no sentido de que a discussão sobre a carga tributária deve ser feita em consonância com a discussão sobre o gasto público). No

15. Paulo Ayres Barreto, *Contribuições: Regime Jurídico, Destinação e Controle*, pp. 182-183.

16. Estevão Horvath, *Contribuições de Intervenção no Domínio Econômico*, pp. 133-134.

17. Fabiana Del Padre Tomé, "O destino do produto da arrecadação como requisito constitucional para a instituição de contribuições", in *Direito Tributário, Linguagem e Método*, p. 310.

caso das contribuições sociais e dos empréstimos compulsórios, é necessário o controle não só da instituição e da arrecadação, mas também de momento posterior: o da destinação do *quantum* pago pelo contribuinte. Por isso, para acordar a CF/1988 e o CTN, a definição de conceito do art. 3º do CTN: tributo é prestação cobrada *e destinada* por ato administrativo plenamente vinculado.

Para tais autores, são duas regras-matrizes: a de incidência e a de destinação. Após a instituição da contribuição e da previsão legal da destinação do produto de sua arrecadação (regra-matriz de incidência tributária e regra-matriz da destinação), cabe ao contribuinte promover a incidência daquela (no lançamento por homologação) e ao Estado a incidência desta, realizando-se a aplicação dos recursos arrecadados aos fins que se destinam. A destinação legal justifica a competência material para instituir contribuições, a destinação efetiva realiza concretamente esse diferencial específico. Concluem os autores, baseados em lições de Paulo Ayres Barreto, que a inexistência de possibilidade de controle da destinação desqualifica a necessidade de destinação legal e compromete a própria existência das contribuições. Se não é possível controlar essa validade formal do exercício da competência administrava na realização da regra da destinação, não há sentido jurídico em obrigá-la.[18]

Misabel Abreu Machado Derzi relembra que todos os tributos eram concebidos segundo sua *causa final* (os impostos se diferenciavam por se destinarem às despesas gerais, as taxas, o financiamento de serviços públicos e a contribuição de melhoria, o custeio de obras públicas). Entende a autora que hoje não é a causa final, no sentido de motivação, que diferencia os tributos, mas seus pressupostos – e entre eles estão as ações estatais, que não fazem parte de ato posterior, e sim da hipótese de incidência:

"As ações estatais que as contribuições visam a financiar devem estar no pressuposto da norma tributária, integrarem a sua hipótese de incidência, de tal modo que, uma vez pago o tributo, mas identificada a tredestinação ou a não aplicação dos recursos, estaremos em face de tributos sem 'causa', sendo devida a repetição do indébito.

"Tal modo de solucionar o problema não pode levar ao reconhecimento da inconstitucionalidade da contribuição tredestinada apenas em relação a exercícios futuros, pois, uma vez não se efetivando a atuação do Estado, a devolução do produto arrecadado impõe-se em face da não realização do fato gerador. Nem se pode argumentar que a correta ou incorreta aplicação dos recursos é evento superveniente à incidência da norma (pois os atos estatais são pressupostos, e não causa final)."[19]

Luís Cesar Souza de Queiroz é pela existência do critério finalístico para o controle de constitucionalidade das contribuições. Na medida em que a União estabelece uma desvinculação do produto da arrecadação das contribuições, o contribuinte passa a ter direito a repetir, pois "a necessidade da totalidade dos recursos para servir de fonte de custeio da atuação estatal a ser realizada apresenta-se como causa relevante, tanto por integrar o antecedente da respectiva norma constitucional de produção normativa relativa à contribuição especial, quanto por integrar o antecedente da própria norma (de conduta) de contribuição especial".[20]

Conforme a autora, a falta da destinação financeira, no sentido de previsão de

18. Eurico Marcos Diniz de Santi e Vanessa Rahal Canado, "Direito tributário e direito financeiro: reconstruindo o conceito de tributo e resgatando o controle da destinação", in *Direito Tributário e Finanças Públicas*, p. 625.

19. Misabel Abreu Machado Derzi, "A causa final e a regra-matriz das contribuições", in *Direito Tributário e Finanças Públicas*, p. 651.

20. Luís Cesar Souza de Queiroz, "Critério finalístico e o controle de constitucionalidade das contribuições", in *Sistema Tributário Brasileiro e a Crise Atual*, p. 666.

distribuição das receitas na Lei Orçamentária Anual, possui reflexos tributários, ou seja, a inexigibilidade da contribuição.[21] A partir da programação financeira do Executivo e da aplicação pela autoridade administrativa, a questão seria orçamentária e não mais tributária, pois ambas estão presentes no núcleo de atividade financeira e não integram a estrutura do tributo.

Com suporte em Humberto Ávila, defende Marcos Eduarte Reolon[22] que "se os valores porventura arrecadados forem sistematicamente desviados, a ponto de haver uma verdadeira institucionalização dos desvios, o suporte deixa de existir. Por consequência, a norma deixa de ser válida, em um processo de invalidação superveniente".

Ainda que de formas diferentes, todos os autores citados entendem que a destinação legal não só é relevante para a determinação da espécie tributária, mas também para seu controle. Mesmo Marco Aurélio Greco, que não admite ser possível a devolução do produto arrecadado (porque para o autor a correta ou incorreta aplicação dos recursos é evento superveniente à incidência da norma, pois é evento estranho à norma tributária, e ainda porque, com o pagamento, dilui-se o vínculo entre o montante individual pago e a inaplicação parcial do conjunto de recursos), entende que a tredestinação e a não aplicação institucionalizadas dos recursos por meio da análise da execução da lei de diretrizes e da lei orçamentária, segundo critérios que extrai da lei de responsabilidade fiscal, pode levar ao reconhecimento da inconstitucionalidade da contribuição inaplicada nas finalidades constitucionalmente previstas em relação a exercícios futuros.[23]

A adição de tantos autores serve para mostrar que há doutrina atual postulando que o controle da destinação pode gerar direitos ao contribuinte. Tal como uma tarifa em que, se não prestado o serviço, poder-se-ia pedir o dinheiro de volta.

5. Impossibilidade de repetição pela tredestinação no Direito brasileiro

Pensamos que a destinação relevante para a caracterização de um tributo é somente a "destinação normativa", onde se especifica a finalidade na própria norma que institui o tributo. No momento de elaboração da lei, à contribuição é necessária a previsão da destinação legal, pois é critério para o exercício de tais competências. Mas todo o resto é posterior e, como bem anota Marco Aurelio Greco, é irrelevante para a natureza jurídica dos tributos. A repetição do indébito só seria possível pelo desrespeito ao *pressuposto* (falta de norma de destinação no momento da instituição), mas não pelo desrespeito ao *regime jurídico* a ser adotado.

Tanto a Constituição (art. 165 e incisos) quanto a Lei de Responsabilidade Fiscal (Lei Complementar 101/2000) exigem responsabilidade na gestão fiscal. Mas essas normas são voltadas para a Administração, e não para a relação Fisco-contribuinte. Mesmo a Lei Orçamentária Anual, ato do Poder Executivo, em nada prevendo a destinação, não gera direitos ao contribuinte de ressarcimento.

Também não pensamos que a não aplicação dos recursos arrecadados pode levar ao reconhecimento da inconstitucionalidade da exação em relação a exercícios futuros, pois é norma que obriga somente a autoridade administrativa, e sobre ela recai o controle da aplicação dos tributos. E nem concordamos com Misabel Derzi quando diz que a hipótese das contribuições já fora realizada, pois o que se exige da instituição e cobrança do tributo é previsão de destinação em lei, e não sua realização anterior ao pagamento. O fato jurídico tributário é

21. Tathiane dos Santos Piscitelli, "Uma proposta harmonizadora para o tema da destinação: análise a partir do PIS e da COFINS", in *Direito Tributário, Linguagem e Método, passim.*

22. Marcos Eduarte Reolon, *O Perfil Constitucional das Contribuições de Intervenção no Domínio Econômico*, p. 151.

23. Marco Aurelio Greco, "Em busca do controle sobre as Cides", in *Direito das Telecomunicações e Tributação, passim.*

o registro em linguagem competente da ocorrência da hipótese, e não o cumprimento, por parte do Estado, dos fins das contribuições.

Vale por fim discorrer sobre a ADI 2.925-8-DF, que tem a seguinte Ementa:

"ADI 2.925-DF - Distrito Federal. Ação Direta de Inconstitucionalidade. Relatora Ministra Ellen Gracie. Relator p/ Acórdão Ministro Marco Aurélio, j. 19.12. 2003. Tribunal Pleno.

"*Lei orçamentária – Contribuição de intervenção no domínio econômico – Importação e comercialização de petróleo e derivados, gás natural e derivados e álcool combustível – Cide – Destinação – Art. 177, § 4º, da Constituição Federal.* É inconstitucional interpretação da Lei Orçamentária n. 10.640, de 14 de janeiro de 2003, que implique abertura de crédito suplementar em rubrica estranha à destinação do que arrecadado a partir do disposto no § 4º do art. 177 da Constituição Federal, ante a natureza exaustiva das alíneas *a*, *b* e *c* do inciso II do citado parágrafo."

A Ministra Ellen Gracie[24] anotou em seu voto que a contribuição é espécie tributária "caracterizada pela finalidade de sua instituição e não pela destinação da respectiva cobrança". De fato, a acepção que qualifica uma contribuição é a previsão em lei da "destinação normativa" do produto da arrecadação no momento da instituição do tributo. O sistema do direito tributário trata dos momentos pré-exacional, exacional e executivo. Nada tem que ver com questões orçamentárias.

E, se por um lado a tredestinação não dá direito à repetição do indébito, tampouco a alocação em fundos próprios para o *quantum* arrecadado com as contribuições. Assim Carlos Velloso se pronunciou:[25]

"Evidentemente que não estou mandando o Governo gastar. A realização de despesas depende de políticas públicas. O que digo é que o Governo não pode gastar o produto da arrecadação da Cide fora do que estabelece a Constituição Federal, art. 177, § 4º, II. Noutras palavras, o Governo somente poderá gastar o produto da arrecadação da mencionada contribuição no que está estabelecido na Constituição, art. 177, § 4º, II."

6. Conclusões

Não há possibilidade jurídica no direito brasileiro para a repetição do indébito tributário quando ocorrer a tredestinação de um tributo. E não dizemos isto com alegria, já que seria uma excelente forma de pressão da população quanto aos gastos públicos, mas sim com tristeza, em virtude da falta de meios legais que o Brasil não dispõe. Fica o governo federal, assim, livre para transformar contribuições sociais em impostos não compartilhados entre os outros entes federados. E, quanto ao desvio de dinheiro pelo agente público, limitado à responsabilidade funcional.

Registra Marco Aurélio Greco[26] a importância, e até mesmo a perda da oportunidade de o STF forçar a aplicação do dinheiro arrecadado nas finalidades invocadas para justificar a instituição das contribuições: "A fiscalização dessa aplicação, se e quando ocorrer, será outro capítulo desta longa caminhada que não é outra senão a busca do controle sobre o exercício do poder".

A forte tendência doutrinária de exigir a repetição dos tributos tredestinados parece-nos acompanhar a questão da responsabilização tributária dos atos do Estado.[27] Por isso, é postulado que o sistema do

24. Tribunal Pleno, ADI 2.925-8-DF, Relatora Ellen Gracie, j. 18.12.2003, *DJ* 4.3.2005, p. 10, ement. vol. 02182-01, p. 112, *LEXSTF* vol. 27, n. 316, 2005, pp. 52-96.

25. ADI 2.925-DF, p. 178, *DJ* 4.3.2005.

26. Marco Aurélio Greco, "ADI 2.925 – Um acórdão histórico numa história inacabada", in Eurico M. D. Santi e F. A. Zilveti (orgs.), *Tributação Empresarial*, p. 233.

27. Há tendência do STF em ao menos forçar o Executivo à estrita observação dos destinos deter-

direito tributário deveria ter relação interdependente às questões de orçamento público.

Por ora, entendemos como argumento político, mas não jurídico. Como disse Renato Lopes Becho,[28] se assim fosse "teríamos que ter outra dimensão do direito tributário atual, com uma série de novas regras, novos direitos dos contribuintes e novos deveres do Estado. Teríamos *outro* direito tributário".

Referências bibliográficas

BALEEIRO, Aliomar. *Uma Introdução à Ciência das Finanças*. 16ª ed. rev. e atual. por Dejalma de Campos. Rio de Janeiro, Forense, 2008.

BALTHAZAR, Ubaldo Cesar. *História do Tributo no Brasil*. Florianópolis, Fundação Boiteux, 2005.

BARRETO, Marco Antonio Gama. *O Conceito de Tributo no Sistema Brasileiro*. Dissertação (Mestrado em Direito Tributário). São Paulo, PUC/SP, 2008.

BARRETO, Paulo Ayres. *Contribuições: Regime Jurídico, Destinação e Controle*. São Paulo, Noeses, 2006.

BECHO, Renato Lopes. *Filosofia do Direito Tributário*. São Paulo, Saraiva, 2009.

CAMPOS, Dejalma de. "A dimensão jurídica do tributo", in MARTINS, Ives Gandra da Silva (coord.). *O Tributo: Reflexão Multidisciplinar sobre sua Natureza*. Rio de Janeiro, Forense, 2007.

CARVALHO, Paulo de Barros. *Curso de Direito Tributário*. 22ª ed. São Paulo, Saraiva, 2010.

CASTELLANI, Fernando Ferreira. *Contribuições Especiais e sua Destinação*. São Paulo, Noeses, 2009.

minados pela CF para determinadas receitas tributárias, como registra Fernando F. Castellani (*Contribuições Especiais e sua Destinação*, p. 209).

28. Renato Lopes Becho, *Filosofia do Direito Tributário*, p. 401.

DERZI, Misabel Abreu Machado de. "A causa final e a regra-matriz das contribuições", in SANTI, Eurico Marcos Diniz de (coord.). *Curso de Direito Tributário e Finanças Públicas*. São Paulo, Saraiva, 2008.

FERRERO LAPATZA, José Juan. *Direito Tributário: Teoria Geral do Tributo*. Barueri, Manole; Madri, Marcial Pons, 2007.

GALVÊAS, Ernane. "Breve história dos tributos", in MARTINS, Ives Gandra da Silva (coord.). *O Tributo: Reflexão Multidisciplinar sobre sua Natureza*. Rio de Janeiro, Forense, 2007.

GAMA, Tácio Lacerda. *Contribuição de Intervenção no Domínio Econômico*. São Paulo, Quartier Latin, 2003.

GRECO, Marco Aurélio. "ADI 2.925 – Um acórdão histórico numa história inacabada", in SANTI, Eurico M. D. e ZILVETI, F. A. (orgs.). *Tributação Empresarial*. São Paulo, Saraiva, 2009.

______. "Em busca do controle sobre as Cides", in MOREIRA, André Mendes, RABELO FILHO, Antônio Reinaldo e CORREIA, Armênio Lopes (orgs.). *Direito das Telecomunicações e Tributação*. São Paulo, Quartier Latin, 2006.

HORVATH, Estevão. *Contribuições de Intervenção no Domínio Econômico*. São Paulo, Dialética, 2009.

MURPHY, Liam e NAGEL, Thomas. *O Mito da Propriedade: os Impostos e a Justiça*. Trad. Marcelo Brandão Cipolla. São Paulo, Martins Fontes, 2005.

PISCITELLI, Tathiane dos Santos. "Uma proposta harmonizadora para o tema da destinação: análise a partir do PIS e da COFINS", in SOUZA, Priscila de (coord.). *V Congresso Nacional de Estudos Tributários: Direito Tributário, Linguagem e Método*. São Paulo, Noeses, 2008.

QUEIROZ, Luís Cesar Souza de. "Critério finalístico e o controle de constitucionalidade das contribuições", in SOUZA, Priscila de (coord.). *VI Congresso Nacional de Estudos Tributários: Sistema Tributário Brasileiro e a Crise Atual*. 6 vols. São Paulo, Noeses, 2009.

REOLON, Marcos Eduarte. *O Perfil Constitucional das Contribuições de Intervenção no Domínio Econômico*. Porto Alegre, UFGRS, 2005.

SANTI, Eurico Marcos Diniz de e CANADO, Vanessa Rahal. "Direito tributário e direito financeiro: reconstruindo o conceito de tributo e resgatando o controle da destinação", in SANTI, Eurico Marcos Diniz de (coord.). *Curso de Direito Tributário e Finanças Públicas*. São Paulo, Saraiva, 2008.

TOMÉ, Fabiana Del Padre. "O destino do produto da arrecadação como requisito constitucional para a instituição de contribuições", in SOUZA, Priscila de (coord.). *V Congresso Nacional de Estudos Tributários: Direito Tributário. Linguagem e Método*. São Paulo, Noeses, 2008.

A IMPOSSIBILIDADE DA INTERPRETAÇÃO ECONÔMICA DO FATO JURÍDICO TRIBUTÁRIO

GIOVANI HERMÍNIO TOMÉ
Mestrando em Direito Tributário pela PUC/SP. Especialista em Direito Empresarial pela UFMT. Especialista em Direito Processual Civil pela PUC/SP. Advogado.

1. Introdução. 2. Unidades que compõem o sistema do direito posto. 3. Teorias da incidência da norma jurídica. 4. Nosso ponto de vista acerca dos modelos de incidência. 5. O fato jurídico tributário – Evento, fato e fato jurídico. 6. "Fato puro", "fato contábil" e "fato jurídico" – Delimitações do conteúdo. 7. Interpretação econômica do direito tributário. 8. Conclusões.

1. Introdução

Nosso objetivo acerca do tema é evidenciar a autonomia do direito com relação a outras matérias, tidas por correlatas, como é o caso da economia. Para tanto, partimos de duas premissas, quais sejam: (i) que o direito positivo é estruturado em forma de sistema autônomo; e (ii) que os elementos de tais conjuntos são normas jurídicas expressas por proposições hipotético-implicacionais.

Necessário se faz informar que a interpretação de cada uma das palavras utilizadas nesse contexto desencadeia um número interminável de confrontos na seara acadêmica. Em vista disso, para conseguirmos realizar o isolamento analítico do tema proposto, fixaremos nossas atenções no exame pontual de determinados tópicos que consideramos relevantes para a compreensão do assunto.

Iniciaremos tecendo algumas considerações sobre o direito positivo e seus elementos, para, com isso, fornecermos a base teórica de nossos estudos. Em seguida, discorreremos sobre a fenomenologia da incidência, contrapondo as principais correntes edificadas a respeito do tema e nos posicionando em relação a elas. Nossa concepção acerca da fenomenologia da incidência jurídico-normativa decorre do entendimento que firmamos acerca do caráter constitutivo da linguagem e será de grande importância para estabelecermos uma definição de fato jurídico tributário, a seguir tratado. Por fim, com suporte nessas premissas, estaremos habilitados a efetuar algumas anotações críticas a respeito da pretensa interpretação econômica do fato jurídico tributário.

2. Unidades que compõem o sistema do direito posto

Ao versarmos sobre o direito positivo nos referimos a um sistema lógico-deôntico, formando conjunto de proposições linguísticas voltado às condutas intersubjetivas. Não sendo suscetível de valoração em termos de verdade/falsidade (lógica apofântica), resta-lhe inaplicável o princípio da não contradição, motivo pelo qual o sistema do direito positivo comporta a existência de proposições contraditórias e lacunas, mas traz em si certa porção de racionalidade que entendemos ser suficiente para lhe conceder foros de sistema empírico, haja vista o comprometimento que guarda com o universo social.

São as normas jurídicas que compõem o sistema de direito posto, os juízos hipotético-condicionais, em que se liga o antecedente normativo, descritor da norma, ao consequente normativo, prescritor do direito, sempre pela vinculação deôntica, o "dever-ser", em sua espécie neutra, ou seja, não modalizada.

Vale lembrar que existem duas normas que deverão se ajustar, de forma respectiva, nos fenômenos da incidência jurídica, quais sejam: (i) norma geral e abstrata; e (ii) norma individual e concreta. Sendo a primeira uma norma, quase sempre, de construção, ou seja, nela são estatuídas as conotações, as notas indispensáveis para que os indivíduos pertençam ao conjunto, a relação de pertinencialidade é determinada de forma conotativa. Esse é o modo mais usual no direito positivo, pois não teria fim a formação das classes se houvesse a enumeração dos indivíduos ou das ações frente à inegostabilidade e irrepetitividade do real. A segunda, norma individual e concreta, possui forma tabular, isto é, denotativa, individual a cada caso *in concreto*.

O enunciado fático é protocolar, corresponde a uma alteração individual que se passou no mundo fenomênico, plenamente determinada no espaço e no tempo. A denotação do evento ocorrido no mundo dos fenômenos, em linguagem apropriada, intitularemos de fato, seja ele um fato político, econômico, contábil, biológico, psicológico, histórico, jurídico etc. Na seara do direito positivo equivale ao antecedente das normas individuais e concretas, sendo esse o objeto da discussão do presente trabalho.

O evento, entendido aqui como realidade social em sua concretude, para que projete seus efeitos no campo do direito, necessita ser transcrito em linguagem competente, por um ser humano, isto é, por uma linguagem jurídica dotada de capacidade à constituição do antecedente normativo e determinar o vínculo relacional existente entre os sujeitos de direito na esfera concreta e individual.

Além da linguagem de cunho descritivo, indicativo ou declarativo, muito utilizadas para realizar a comunicação do dia-a-dia e nos textos científicos, também se faz possível a emissão de enunciados factuais em linguagem prescritiva, operativas ou em linguagem performativa. Deixando de lado a função, todos os enunciados deverão apresentar um *quantum* mínimo de referencialidade, posto que são formações linguísticas voltadas ao mundo da realidade fenomênica.

Além da boa formação sintática, do idioma, para que emirja uma norma de cunho denotativo, se faz necessária a identificação da ocorrência no tempo e no espaço, obedecendo sempre a hipótese autorizadora, o antecedente normativo, previsto na norma geral e abstrata, a norma conotativa. Dessa forma, serão, necessariamente, determinativos.

Em suma, quando aludimos ao fato jurídico e, mais especificamente, ao fato jurídico tributário, estamos nos referindo a uma das unidades do direito posto – a norma individual e concreta – na sua porção antecedente. Por isso, qualquer estudo que se faça do fato jurídico tributário há de levar em consideração o fenômeno normativo e a sua constituição em linguagem própria.

3. Teorias da incidência da norma jurídica

A teoria tradicional da incidência da norma jurídica afirma ocorrer a incidência automática e infalível no plano factual. Acontecido, no plano fenomênico, a situação prevista na hipótese normativa, já se operaria a incidência, instalando-se o vínculo obrigacional.

Essa teoria se enquadra muito bem aos sistemas teóricos que não distinguem planos do direito positivo e realidade social. Se entendermos dessa maneira, será necessário concluir que a incidência é um fenômeno do mundo social. Assim, ela incidiria sozinha, por conta própria sobre os eventos, no momento em que eles ocorrem, propagando consequências jurídicas independentemente de seu relato linguístico.

Noutro norte, para o construtivismo lógico-semântico, o direito positivo e a realidade social pertencem a dois planos distintos.

O plano do direito positivo, que é o conjunto das normas jurídicas válidas num território em determinado momento, formado exclusivamente por normas jurídicas, possui uma linguagem própria, que não se confunde com a da realidade social. O sistema do direito positivo só permite a entrada, em seu campo, de fatos sociais quando estes forem descritos no seu código (lícito/ilícito), sendo relatados na linguagem competente, que é a linguagem do direito positivo. Ou seja, o fato social não ingressa no universo jurídico: só fato jurídico passa a integrá-lo.

Assim, um fato do mundo social, evento, só passa a ser jurídico se for ingressado no direito positivo, qualificando-se como fato jurídico, pois somente a ele se atribuem as consequências jurídicas, não bastando o mero evento estar de acordo com o descrito na hipótese normativa.

As normas jurídicas de direito positivo são dotadas de uma linguagem que lhe servem de veículo de expressão. Mas não é só isso: essa linguagem que lhe é própria constitui a própria realidade jurídica. No direito, só é real o que for jurídico.

O fato jurídico só surge com o relato de uma autoridade competente, um ato do ser humano, enunciando a ocorrência do fato social, pois para o mundo jurídico o que importa é essa constatação do agente. O simples fato social não importa para o mundo jurídico.

Para que haja o fato jurídico e a relação entre os sujeitos de direito, sujeito ativo e sujeito passivo, é necessário que haja também uma linguagem que relate o evento ocorrido e uma linguagem que estabeleça o vínculo jurídico entre os dois sujeitos de direito, o que se dá no âmbito da norma individual e concreta, mediante esquema implicacional.

Se os fatos ocorridos no mundo social não estiverem presentes na norma individual e concreta, não poderão ser considerados como fatos jurídicos, não ensejando direitos e deveres.

Por isso, para a incidência é preciso o ato do ser humano, com linguagem competente, como se dá, por exemplo, no ato do lançamento tributário. A aplicação cria a realidade jurídica: cria o fato jurídico e cria a relação jurídica. É, como já dizia Vilém Flusser,[1] a linguagem criando e propagando a realidade.

Por essa corrente, a incidência não é automática e infalível em relação ao evento. Apenas se relatado o fato é que ocorrerá a incidência, podendo afirmar-se que ela é automática e infalível em relação ao fato. Relatado o fato, mediante a linguagem jurídica apropriada, tem-se a incidência e o surgimento da obrigação tributária.

4. Nosso ponto de vista acerca dos modelos de incidência

Relatados, a breve modo, os pontos determinantes das principais correntes acerca da fenomenologia da incidência jurídica, entendemos ser mais apropriada e condizente ao fenômeno jurídico a teoria constitutiva. Nesta, a subsunção do fato à norma opera-se mediante observação humana, que identifica a absoluta identidade com o que está previsto na hipótese da regra, desencadeando, assim, o efeito impli-

1. Vilém Flusser, *Língua e Realidade*, 2ª ed., São Paulo, Annablume, 2004.

cacional consistente na propagação dos efeitos jurídicos prescritos na consequência normativa. Tudo isso somente se concretiza com a expedição na norma individual e concreta, sendo o fato e a relação constituídos pela linguagem do direito positivo, exarada no átimo da aplicação normativa.

Assim sendo, um acontecimento da realidade fenomênica é apreendido pelos sentidos, de modo que o ser humano, interpretando-o, verifica seu enquadramento, de forma completa, na situação prevista na hipótese da regra jurídica, caracterizando a subsunção. Com isso, propalam-se os efeitos previstos na consequência da regra jurídica, instaurando a relação prescrita pelo ordenamento.

Nesse contexto, a linguagem do direito positivo projeta e incide sobre o campo material das condutas intersubjetivas, objetivando organizá-las deonticamente.

Ainda, cabe destacar que, segundo essa concepção, a incidência não ocorre de forma automática e infalível, vez que as normas não incidem por força própria, tendo em vista que é primordial a figura do ser humano realizando a subsunção e promovendo a implicação que o preceito normativo determina. Nessa linha de raciocínio, a incidência somente ocorre quando o evento adquire expressão em linguagem competente, transformando-se em fato, estando sujeito à interpretação realizada pelo observador, já que a regra jurídica incide sobre parte da realidade.

Essa influência do observador é de extrema importância na adoção dessa teoria, tendo em vista que a incidência não ocorre de forma automática e infalível, mas cada observador apreende uma parte do objeto dinâmico, em conformidade à sua experiência colateral e ao seu repertório, e sobre essa parte apreendida é que o ser humano irá fazer a subsunção da norma e promover a implicação que o preceito normativo determina.

Nesse sentido, cabe citarmos as considerações do professor Paulo de Barros Carvalho, com as quais concordamos, ao afirmar:

"Quando se fala em incidência jurídico-tributária estamos pressupondo a linguagem do direito positivo projetando-se sobre o campo material das condutas intersubjetivas, para organizá-las deonticamente. (...) Percebe-se que a chamada 'incidência jurídica' se reduz, pelo prisma lógico, a duas operações formais: a primeira, de subsunção ou inclusão de classes, em que se reconhece que uma ocorrência concreta, localizada num determinado ponto do espaço social e numa específica unidade de tempo, inclui-se na classe dos fatos previstos no suposto da norma geral e abstrata; outra, a segunda, de implicação, porquanto a fórmula normativa prescreve que o antecedente implica a tese, vale dizer, o fato concreto, ocorrido, faz surgir uma relação jurídica também determinada, entre dois ou mais sujeito de direito. (...) é importante dizer que não se dará a incidência se não houver um ser humano fazendo a subsunção e promovendo a implicação que o preceito normativo determina. As normas não incidem por força própria."[2]

Portanto, a incidência, para nós, significa uma sequência de processos, em que se dá a incidência da norma sobre os fatos jurídicos e não sobre os meros eventos. A incidência ocorre, desse modo, com a subsunção do fato à norma, devidamente relatado em linguagem jurídica, desencadeando os efeitos obrigacionais. Nessa medida, tem-se a incidência sobre a representação da realidade e não diretamente sobre o objeto, discordando, assim, da concepção da teoria declaratória, que afirma que a incidência não é hipotética, mas sim é certa, automática e infalível, devido à incidência da regra jurídica sobre um suporte fático tido por suficiente.

5. O fato jurídico tributário – Evento, fato e fato jurídico

O direito se mantém em constante movimentação por meio dos fatos. A pro-

2. Paulo de Barros Carvalho, *Direito Tributário: Fundamentos Jurídicos da Incidência*, 8ª ed., São Paulo, Saraiva, 2010, pp. 9-11.

dução de efeitos na seara jurídica se dá em virtude de alguma ocorrência que se passou no mundo dos fenômenos, relatada em linguagem competente por um ser humano, descrita como uma hipótese de uma norma individual e concreta. Para que haja o relato desse evento, necessário se faz o seu conhecimento, o que entendemos só ser possível por meio da linguagem. Verificamos a ocorrência dos acontecimentos pelas alterações ocorridas no universo físico, que fica ultrapassado no espaço e no tempo. Somente por meio da linguagem é que tomaremos conhecimento dessas alterações ocorridas. Por isso consideramos ser conveniente a diferenciação entre evento, fato e fato jurídico.

Entendemos como "evento" toda e qualquer ocorrência que se passa no universo fenomênico, despido de formação linguística. É uma situação ocorrida no tempo e no espaço, desprovido de qualquer enunciado.

O "fato", para nós, vem a ser o relato do evento, sua divulgação. É o meio pelo qual o evento ocorrido no mundo dos fenômenos ganha publicidade, por mais ínfima que seja sua repercussão. O "fato" se constitui em um enunciado que denota uma situação ocorrida no tempo e no espaço.

"Fato jurídico", por sua vez, vem a ser o relato do evento por intermédio de uma linguagem competente para tanto, prescrita pelo direito positivo. Trata-se do relato do acontecimento feito mediante uma linguagem jurídica. É constituído por um enunciado jurídico, também dotado de caráter denotativo de uma situação que se passou no tempo e no espaço, mas por intermédio de uma linguagem jurídica, ocupando a posição de antecedente da norma individual e concreta.

Dessas assertivas percebe-se que todo e qualquer fato jurídico é, antes de tudo, um fato social, posto que o ordenamento jurídico é caracterizado por ser um subordenamento do sistema social. "A linguagem jurídica incide sobre a linguagem da realidade social, de tal sorte que a projeção semântica do direito abrange somente relações intersubjetivas, excluídas as manifestações meramente subjetivas".[3]

6. "Fato puro", "fato contábil" e "fato jurídico" – Delimitações do conteúdo

Existem cientistas do direito que acreditam na possibilidade de termos fatos econômicos, sociais, políticos, históricos como uma realidade ensejadora do fato jurídico, sob a alegação de sua intradisciplinariedade. No âmbito do direito tributário, principalmente, é bastante comum nos depararmos com juristas que atribuem, aos fatos jurídicos tributários, caráter meramente econômico, como se ao direito fosse necessário o empréstimo de fatos econômicos para conferir-lhes os efeitos prescritivos a ele inerente.

Para adentrarmos no assunto, deixaremos claro nosso descontentamento à denominada interpretação literal, pois, segundo essa espécie interpretativa, teríamos que admitir que qualquer sujeito que saiba ler seria plenamente capaz de ser um conhecedor do significado da lei. Isso colocaria de lado todo o ensino acadêmico, tornando-o desnecessário.

Com relação às normas jurídicas, entendemos que as mesmas vêm a ser significações que emergem no consciente do intérprete, a partir da leitura do texto de lei. Nem sempre tais interpretações coincidem com o texto escrito no corpo da lei. As normas jurídicas, após sua apreensão pelo sujeito que a constrói, são exteriorizadas por intermédio das proposições, que surgem como os enunciados de um juízo, como a expressão do pensamento, de uma ideia ou noção. A norma jurídica compreende o juízo hipotético ocasionado pela apreensão proporcionada pela leitura do texto de lei.

Se realizarmos uma comparação análoga aos símbolos linguísticos, chegare-

3. Aurora Tomazini Carvalho, *Curso de Teoria Geral do Direito: o Constructivismo Lógico Semântico*, São Paulo, Noeses, p. 511.

mos à conclusão de que o texto escrito está para a norma jurídica, assim como o vocábulo está para sua significação. Fazendo uso da estrutura triádica inspirada em Edmund Husserl, versaremos sobre suporte fático, significado e significação. Na seara jurídica, temos suporte físico como o conjunto dos textos do direito positivo. O significado compreende a conduta humana ocorrida no mundo social. E significação como sendo a composição dos juízos lógicos, oriundo do amplo repertório dos juristas. É justamente no campo da significação e do significado que se dá a interpretação para alcançar o fato jurídico.

Acreditamos que o único método para chegarmos à compreensão do fenômeno jurídico será analisando-o como se fosse um sistema de inúmeras cláusulas condicionantes, inter-relacionadas, com o fito de disciplinar o comportamento do homem ante o seu convívio social.

Lembrando que não podemos dar prioridade a qualquer das dimensões da semiótica sobre as demais, tem o jurista o condão de realizar o exame dos textos, muitas vezes obscuros, contraditórios, carregado de erros, para se chegar à essência dos institutos normativos, de forma clara.

Nesse caminho de cognição da linguagem prescritiva de condutas, o intérprete das leis se depara nos obstáculos que a realidade jurídica lhe apresenta. O primeiro diz respeito à produção das normas gerais e abstratas, ou seja, à matriz do direito. Confiada às Casas Legislativas, busca-se a produção de textos em linguagem técnica, acessível a toda sociedade, almejando sua eficácia social. Porém, tais mensagens, na grande maioria das vezes, são dotadas de imperfeições de ordem sintática ou semântica, fazendo com que sua compreensão se torne difícil aos destinatários. Em virtude disso que a ciência do direito aparece para esclarecer tais dificuldades, estruturando a norma de forma lógica e compatível com a compreensão dos intérpretes, demonstrando as correções semânticas que a leitura do contexto venha a sugerir.

Deparamo-nos com o segundo obstáculo, uma realidade jurídica complexa. Para realizarmos uma interpretação minuciosa, devemos partir da literalidade do texto, buscando significações que retratam os padrões específicos que o sistema institui. Igualmente ocorre com a consistência material das regras, sob pena de serem desconstituídas, caso não encontrem fundamentos no sistema.

Normas jurídicas são, como já mencionamos, as significações que formulamos a partir da leitura do texto de lei e que, nem sempre, condizem com o disposto pelo legislador no corpo da lei. Ao arremate, não nos olvidemos de que a seara linguística do direito está inserta no universo social, aqui delimitada somente para fins didáticos. Determinado acontecimento no mundo dos fenômenos pode ser constituído como fato jurídico, histórico, econômico, político etc., conforme o ponto de vista do observador responsável pelo relato linguístico do evento, ou seja, conforme sua divisão analítica.

Como anotamos, todos os fatos são construções linguísticas, são representações do real. Portanto, o direito é uma linguagem própria, constitutiva de uma realidade jurídica.

O fato jurídico é constituído por um enunciado representativo da realidade social ocorrida no mundo dos fenômenos, enunciado esse condizente com o antecedente normativo da norma individual e concreta, limitado semanticamente pela hipótese da norma geral e abstrata.

A delimitação do objeto que se pretende conhecer é o primeiro degrau para o conhecimento científico. O mundo real é de uma complexidade e vastidão imensurável, é infinita e não delimitada, sendo necessário que façamos cortes imaginários, colocando aquilo que se pretende conhecer em evidencia, destacando-o dos demais objetos que o circundam no mundo, ou seja, é o mecanismo pelo qual o sujeito pretensor do conhecimento renuncia parte do todo, voltando sua toda sua atenção a um ponto específico. Esses cortes são meramente metodológicos, pondo limites à atividade cognoscitiva do sujeito cognoscente para com seu objeto cognoscivo.

Essas incisões são realizadas dentro de nossas mentes. Tudo é cortado e recortado por nossa intuição sensível, intelectual e emocional, a partir do primeiro instante que nos deparamos com o que pretendemos conhecer. Se nos atentarmos, notaremos que tudo o que observamos já está cortado e recortado por nossa mente, tudo o que observamos já está delimitado. Sem esses cortes não será possível o conhecimento de qualquer objeto.

Tais cisões são de cunho epistemológico, não interferindo nem influenciando o plano da realidade fenomênica. O dado físico tão somente delimita o objeto que está sendo observado, ou seja, inúmeros cortes analíticos podem ser realizados sobre um mesmo objeto sem nele interferir, sem condicioná-lo. Vale esclarecer também que esse isolamento cognoscitivo é sempre intencional: vamos lapidando o objeto até alcançarmos o ponto exato que pretendemos conhecê-lo.

Ao demarcar o objeto, necessário será delimitar o corte de sua classe. Delineando tais limites o intérprete terminará por obter a delimitação das classes que não correspondem ao objeto. Ou seja, ao realizar a divisão analítica separará a classe do objeto delimitado das demais classes de objeto. Mais simples ainda é essa afirmação tangente à separação de classes quando demonstrada por intermédio da lógica clássica, ao apontar que o universo das proposições normativas é diferente do universo das proposições não normativas, que os mesmos não são passíveis de confusão, por tratar-se de categorias diversas.

Posto isto, podemos afirmar que determinado evento pode ser o suporte constitutivo de um fato jurídico ou de um fato contábil, mas ambos são diversos entre si, acarretando a impossibilidade de se inscrever o fato econômico como antecedente da norma individual e concreta, posto que o mesmo carece de significação jurídica. O único fato capaz de implicar o consequente normativo será, exclusivamente, o fato jurídico.

Após essa explanação já se faz possível a demarcação da classe dos fatos jurídicos, distinguindo-o da classe dos fatos não jurídicos, que é onde residem os fatos econômicos, os histórico, os políticos, os sociais etc.

A doutrina mais tradicional sugere certos fatos jurídicos com conotação econômica, como entende Amílcar de Araújo Falcão,[4] que defendeu a interpretação econômica do direito tributário, qualificando-o como "fato jurídico de conteúdo econômico" ou "fato econômico de relevância jurídica". Afirmações destoadas como essas induzem à ideia da necessidade do direito de fazer uso de fatos econômicos para cumprir com suas obrigações de cunho prescritivo de condutas.

Porém, como já asseveramos, o critério adotado para a realização do corte metodológico é que qualificará o fato. Se o critério adotado for o jurídico o fato será ou jurídico ou não jurídico, se o critério for econômico o fato será econômico ou não econômico, no caso de um critério político será, ou um fato político ou um não político. E igual forma em todos os demais critérios determinantes que a ciência constrói.

7. Interpretação econômica do direito tributário

A teoria da interpretação econômica nasceu na Alemanha e, segundo ela, o aplicador do direito deve se apegar à realidade econômica que o próprio direito exterioriza. Assim, os atos que possuírem iguais efeitos econômicos deveriam, de forma idêntica, ser tributados, independentemente da roupagem jurídica que utilizem.

Tal método surgiu, no Brasil, no intuito de evitar a elisão fiscal. Em nosso país o

4. *Apud* Luciano Amaro, *Direito Tributário Brasileiro*, São Paulo, Saraiva, 1998, p. 214.

maior defensor dessa teoria[5] afirma que o intérprete da norma tributária, ao se deparar com um "abuso" de forma jurídica cometida pelo contribuinte poderia "desenvolver considerações econômicas para a interpretação da lei tributária e o enquadramento do caso concreto em face do comando resultante não só da literalidade do texto legislativo, mas também do seu próprio espírito da *mens* ou *ratio legis*".

Mas, aduz o autor que, "para admitir-se o emprego do chamado método da interpretação econômica, é preciso que se esteja em presença de uma evasão tributária em sentido estrito, ou seja, da adoção de uma forma jurídica anormal, atípica e inadequada, embora permitida pelo Direito Privado, para a consecução do resultado econômico que se tenha em vista concretizar".[6]

Disso depreendemos que, na linha do pensamento de Amílcar de Araújo Falcão, a interpretação econômica não seria aplicável indiscriminadamente para todas as situações, mas, apenas, para os casos de evasão. Quanto a isso, já queremos registrar nossa opinião, no sentido de que, sendo identificada evasão fiscal (ou seja, atos fraudulentos para ocultar a ocorrência do fato jurídico tributário), não se está diante de interpretação econômica, mas de verdadeira interpretação jurídica, que toma por base os elementos jurídicos comprobatórios do fato.

Feita essa ressalva, vale anotar que, juntamente com a teoria da interpretação econômica do direito tributário emergiu, também, a doutrina denominada interpretação finalística do direito tributário, em que o intérprete deve primar sempre pelo escopo da lei, permitindo-se, para tanto, equivaler o fato praticado àquele previsto na hipótese de incidência da norma jurídica tributária, quando seus efeitos forem semelhantes.

Discordamos dessas duas correntes interpretativas.

Entendemos que a "interpretação econômica do direito tributário", assim como a "interpretação finalística", não configura um método de interpretação de norma jurídica propriamente dita, mas a equiparação do evento à descrição do fato jurídico tributário, ainda que suas características estruturais sejam distintas. Consideramos que não cabe ao intérprete reconstruir os fatos regulados pelo direito privado. O direito tributário é um direito de sobreposição, quer dizer, toma os fatos e institutos de direito tributário, colocando-os na hipótese normativa para que, quando verificados, desencadeiem efeitos jurídicos. Desse modo, se o fato praticado não se qualificar, juridicamente, nos exatos termos previstos na hipótese normativa (em virtude da eleição de outro fato de direito privado, por exemplo), não há como desencadearem-se os efeitos tributários.

Com relação à tradução entre os sistemas do direito e da economia, ressaltamos que o Direito e a Economia são considerados sistemas linguísticos dotados de regras e estruturas próprias, as quais constroem suas próprias realidades, realidades estas incomparáveis e inigualáveis entre si, visto que os objetivos de ambas são distintos perante a sociedade e a forma que desenvolvem seus raciocínios são específicas, isto é, são universos completamente diferentes e que não podem ser alvo de confusão, apesar de serem passíveis de comunicação.

Da mesma forma que inadmitimos a possibilidade de uma tradução perfeita de uma linguagem para outra, também entendemos ser inadmissível a tradução do Direito pela Economia, ou vice e versa. Ou seja, a partir do momento em que construímos os sentidos a partir de um sistema linguístico, um sistema não se transforma em outro por intermédio da interpretação. É impossível a realização de uma interpretação econômica "no" direito. Um economis-

5. Amílcar de Araújo Falcão, *Fato Gerador da Obrigação Tributária*, 6ª ed., Rio de Janeiro, Forense, 1995, pp. 32-33.
6. Ob. cit., p. 35.

ta não pode realizar uma interpretação estrito senso do direito, produzindo, assim, normas jurídicas, posto ser incompetente para tanto. Do mesmo modo, um jurista ou mesmo o aplicador do direito não pode efetuar interpretação econômica para fins de análise ou aplicação do direito tributário: ou o fato é jurídico e, portanto, realizou-se a situação descrita na hipótese normativa, ou nada se tem de relevante no sistema do direito.

8. Conclusões

Após tais investigações sobre o tema, concluímos que os fatos, bem como toda construção linguística, são passíveis de uma observação jurídica, histórica, econômica, política contábil etc., conforme o ponto de vista do intérprete, do critério por ele utilizado para a realização dos cortes metodológicos, do método que utilizou para delimitar o objeto.

O fato, a partir do instante em que assume o critério jurídico, será tão somente jurídico: será um fato, obviamente, de natureza jurídica. O fato existe em todos os demais ramos da ciência, há fatos históricos, para os historiadores; fatos econômicos, para os economistas; fatos sociais, para os sociólogos, e assim por diante. Mas o tido como jurídico será única e exclusivamente jurídico, pois o direito não faz uso do conceito de fatos das outras disciplinas: ele mesmo é o responsável pela criação da sua realidade, conforme seu inseparável paradoxo autopoiético.

Tanto a classe do jurídico quanto a do econômico fazem parte do universo social, podendo acarretar uma tradução bastante próxima, porém, como já vimos, nunca uma tradução perfeita, ideal.

A RETENÇÃO DO ISS SOBRE SERVIÇO DE MONITORAMENTO EM SÃO PAULO: UMA ANÁLISE DO DISCURSO NORMATIVO

RODRIGO ANTONIO DA ROCHA FROTA
Mestre e Doutorando em Direito pela PUC/SP. Professor Universitário de Direito Tributário. Conselheiro Titular do CTM de São Bernardo do Campo. Advogado.

1. O caminho do intérprete normativo. 2. Utilização da teoria do giro linguístico para a solução do problema. 3. Conclusão. Referências bibliográficas.

O presente estudo busca discutir a obrigatoriedade de retenção na fonte do imposto sobre serviços de qualquer natureza sobre as atividades de monitoramento eletrônico de imóveis residenciais, comerciais e industriais na cidade de São Paulo; bem como a obra realizada no local para instalação do equipamento necessário ao monitoramento, objeto fim desta.

Para entender o tratamento fiscal deste serviço é necessária uma análise sistêmica acerca do ISS, partindo do texto constitucional, passando pela legislação complementar para, por fim, adentrar na legislação municipal. Esta análise intertextual, contudo, não é sem limites, pois busca-se o sentido normativo. Não há que se falar em norma sem sentido.

Mas antes temos que entender o que significa esse sentido normativo, construído num árduo caminho pelo intérprete que o busca incessantemente nos diversos textos legislativos para, ao final, alcançar um conteúdo típico: a norma em sentido estrito. Em termos tributários, a norma tributária.

Aqui, contudo não trataremos da norma tributária em sentido estrito de maneira completa, mas apenas o suficiente para embasar a discussão acerca do dever instrumental, correlato e indissociável da obrigação tributária principal, senão em termos didáticos, devido à característica da unicidade do direito. Esta separação didática ocorre, a nosso ver em função de configurar normas distintas, conquanto tratem de eventos distintos.

O primeiro corresponde ao fato tributário em si: a incidência tributária. O segundo surge desta incidência para exigir (ou não) a retenção do tributo na fonte pelo responsável tributário e cliente do prestador de serviços. A análise desta segunda norma, bem como sua possibilidade jurídica serão objetos do presente estudo.

1. O caminho do intérprete normativo

Neste caminho construtor de sentido normativo, o intérprete, segue o trabalho objetivado do legislador, inserido nos limites constitucionais. Este pode selecionar fatos sobre eventos quaisquer para, quando vertidos em linguagem competente, incidir as hipóteses. Pode optar por uns ou outros conteúdos sociais valorativos. Não poderá nunca, porém, construir a hipótese sem a estrutura sintática e sem a função que lhe pertence por ser estrutura de uma hipótese.

O legislador vincula quase livremente, em função de contextos sociais e de valorações positivas e de valores ideais, quaisquer consequências às hipóteses delineadas. Deve apenas estar atento aos limites impostos pelo próprio sistema. Antes, porém, deve sujeitar-se às relações meramente formais ou lógicas que determinam a relação de implicação entre hipótese e consequências.

Estas relações formais determinam a necessidade de a norma ser formada por uma hipótese, a qual será atribuída uma consequência. Por mais variada que seja a forma de exposição do direito em certa sociedade, ele sempre apresentará proposições com estrutura dual. Parte da norma tem a função de prescrever descritivamente possível ocorrência no mundo, é a hipótese da norma. Outra parte prescreve um comportamento. Assim, ocorrendo o fato descrito na hipótese, deve-ser a conduta exposta no consequente. Tal fato não é normatizado, não é obrigatório ou proibido pela hipótese, mas na eventualidade de ocorrer e for reconhecido pelo direito, surge o dever-ser do consequente.

A hipótese, conquanto configure construção valorativa, tecida com dados de fatos, incidente na realidade, mas não coincidente com ela, na qual pode ser eleito um fato natural, fato social, ou fato já qualificado juridicamente para que a hipótese componha o fato jurídico. Faltando-lhe o *status* semântico de enunciado veritativo. As hipóteses de normas valem ou não valem.

Há que se ter, portanto, uma relação entre o direito e o mundo "real", conferindo racionalidade ao sistema. Se for factualmente necessário, ou factualmente impossível uma conduta ou um fato, resultará num sem sentido estatuir proposição normativa contraposta ao curso natural das coisas.

Tal verificação, contudo, só será possível por linguagem, criando a realidade. Isto porque sem a linguagem não há consciência sobre a realidade que, em si, não passa de um caos sem sentido.

Quando a linguagem social é absorvida pela jurídica ocorre nitidamente uma tradução entre diferentes línguas (em Flusser). Desta diferença, temos que a tradução total torna-se impossível. Apenas alguns dos fatos sociais interessam ao direito. Assim explicamos as lacunas que o observador leigo e até mesmo o estudioso enxergam, por vezes, no direito como um problema de observação externa, por pessoa mais adaptada ou mais preocupada com a linguagem social do que com a linguagem jurídica, a qual apenas alguns relatos sociais interessam.

Assim, se a hipótese, funcionando como "descritor", anuncia os critérios conceptuais para o reconhecimento de um fato, o consequente, como "prescritor", nos dá, também, critérios para a identificação do vínculo jurídico que nasce, possibilitando-nos saber quem é o sujeito portador do direito subjetivo; a quem foi cometido o dever jurídico de cumprir certa prestação; e seu objeto: o comportamento que a ordem jurídica espera do sujeito passivo; e que satisfaz, a um só tempo, o dever que lhe fora atribuído e o direito subjetivo de que era titular o sujeito pretensor.

Em termos tributários, temos a Regra-Matriz de Incidência Tributária, criação doutrinária fenomenológica do Professor Paulo de Barros Carvalho para explicar a norma tributária, onde a hipótese é composta pelos critérios material (constituído pelo núcleo verbal do evento), espacial (local de incidência) e temporal (momento de incidência); enquanto o consequente é composto por critérios pessoal (sujeito ativo, detentor do direito subjetivo e sujeito passivo, quem tem o dever jurídico de recolher o tributo) e quantitativo (base de cálculo e alíquota).

Neste sentido o Professor Paulo de Barros Carvalho sobre ela leciona: "A 'norma tributária em sentido estrito' será a que prescreve a incidência. Sua construção é obra do intérprete, enquanto órgão do sistema ou na condição de um interessado qualquer, mas sempre a partir dos estímulos sensoriais do texto legislado (reduzindo o direito à forma escrita). Como já enfatizei, a norma se verte para o território das situações objetivas, tecidas por fatos e por condutas, ambos recolhidos no domínio do real-social. A hipótese ou suposto prevê um fato de conteúdo econômico, enquanto o consequente estatui um vínculo obrigacional entre o Estado, ou quem lhe faça as vezes, na condição de sujeito ativo, e uma pessoa física ou jurídica, particular ou pública, como sujeito passivo, de tal sorte que o primeiro ficará investido do direito subjetivo público de exigir, do segundo, o pagamento de determinada quantia em dinheiro. Em contrapartida, o sujeito passivo será cometido do dever jurídico (ou dever subjetivo) de prestar aquele objeto. Essa meditação nos autoriza dizer que, para obter-se a fórmula abstrata da regra-matriz de incidência, é mister isolar as proposições em si, como formas de estruturas sintáticas; suspender o vector semântico da norma para as situações objetivas, constituídas por eventos do mundo e por condutas; sobre desconsiderar os atos psicológicos de querer e pensar a norma".[1]

Os critérios para identificarmos o aparecimento de uma relação jurídica são apenas dois: o pessoal e o quantitativo. O critério pessoal é o conjunto de elementos, colhidos no prescritor da norma, e que nos aponta quem são os sujeitos da relação jurídica. O critério quantitativo nos dá o objeto da prestação que, no caso da regra-matriz de incidência tributária, se consubstancia na base de cálculo e na alíquota.

Quanto às relações jurídicas tributárias, encontram-se dois tipos: as de natureza patrimonial (tributárias estrito senso) e os vínculos que fazem irromper meros deveres administrativos. As primeiras, previstas pela Regra-Matriz de Incidência e as outras ao seu redor. São estas que tornam possível operacionalizar aquelas: são os deveres instrumentais. A norma que institui a obrigação tributária em sentido estrito é chamada de regra-matriz de incidência tributária.

O critério quantitativo pode ser definido por uma quantia fixa, caracterizando os tributos fixos, ou variáveis, através da utilização da base de cálculo e da alíquota.

A base de cálculo é a grandeza instituída na consequência da Regra-Matriz de Incidência Tributária, se destina, primordialmente, a dimensionar a intensidade do comportamento inserto no núcleo do fato jurídico, para que, combinando-se com a alíquota, seja determinado o valor da prestação pecuniária. Paralelamente a isso, tem a base de cálculo a virtude de confirmar, infirmar ou afirmar o critério material expresso na composição do suposto normativo.

A versatilidade desse instrumento jurídico se apresenta em três funções distintas: (a) medir as proporções reais do fato, (b) compor a específica determinação da dívida, e (c) confirmar, infirmar ou afirmar o verdadeiro critério material da descrição contida no antecedente da norma.

2. Utilização da teoria do giro linguístico para a solução do problema

Sem a relação tributária não há que se falar em obrigação tributária, pois não há

1. *Direito Tributário: Fundamentos Jurídicos da Incidência*, p. 80.

direito subjetivo sem dever jurídico correlato e sem objeto da prestação obrigacional. Esta, aliás, é a importância do princípio da capacidade contributiva como fundamento à tributação, como veremos adiante.

A atual Carta Constitucional regulamenta a competência para a instituição do ISS aos Municípios, art. 156, e ao Distrito Federal de maneira ordinária, bem como em casos em que os Territórios não sejam divididos em Municípios à União, art. 147.

Porém, esta competência abrange algumas limitações quanto ao caráter nacional deste tributo, com o intuito de se evitar o estabelecimento de uma guerra fiscal entre as pessoas políticas competentes para a instituição do ISS.

O art. 156, em seu § 3º, determina que a União, por meio de lei complementar, no que concerne ao ISS: fixará as suas alíquotas máximas e mínimas, excluirá da sua incidência exportações de serviços para o exterior e regulará a forma e as condições como isenções, incentivos e benefícios fiscais serão concedidos e revogados.

Analisando a sistemática da tributação de serviços, que busca evitar a guerra fiscal, com base nos arts. 146 e 156 da Constituição Federal, percebe-se que além destes pontos supracitados cabe à lei complementar estabelecer quais serviços serão objeto de tributação pelo ISS, excluídos aqueles determinados pela própria Constituição ao campo de abrangência do ICMS: serviços de transporte intermunicipal e interestadual e serviços de telecomunicação.

Este, aliás, é o entendimento do Supremo Tribunal Federal que em diversas oportunidades vem reiteradamente julgando no sentido de que a lista anexa da lei complementar é taxativa, precisando estar ali listado o serviço para que sua tributação por determinado Município seja possível. Neste sentido, há o julgamento do RE n. 361.829, pela 2ª Turma, publicado no *DJ* de 24.2.2006.

Assim, a Lei Complementar n. 116/2001 veio expor tal limitação em seu art. 1º o critério material da regra-matriz de incidência do ISS (ou como alguns preferem o fato gerador) como a prestação de serviços constantes da lista anexa, ainda que esses não se constituam como atividade preponderante do prestador; no caso, itens: 11.02 – Vigilância, segurança ou monitoramento de bens e pessoas, e 7.02 – Execução, por administração, empreitada ou subempreitada, de obras de construção civil, hidráulica ou elétrica e de outras obras semelhantes, inclusive sondagem, perfuração de poços, escavação, drenagem e irrigação, terraplanagem, pavimentação, concretagem e a instalação e montagem de produtos, peças e equipamentos (exceto o fornecimento de mercadorias produzidas pelo prestador de serviços fora do local da prestação dos serviços, que fica sujeito ao ICMS). Texto, aliás, repetido pela Lei Municipal n. 13.701/2003.

No presente parece que tanto a instalação das câmeras que demanda obras no prédio, bem como o próprio monitoramento são abarcados pela legislação como eventos suficientes à incidência do ISS, desde que prestados sob condição profissional, tenham cunho econômico e não sejam prestados à própria pessoa.

No tocante à retenção na fonte propriamente dita, o art. 7º da Lei Municipal n. 13.701/2003 determina que é responsável pelo recolhimento do ISS o tomador do serviço que deverá exigir a nota fiscal apropriada, bem como fornecer ao prestador a comprovação do recolhimento do tributo.[2]

Porém, esta retenção também não é absoluta. Existem casos em que não é ne-

2. Art. 7º da Lei Municipal n. 13.701/2003:

"O tomador do serviço deverá exigir Nota Fiscal de Serviços, Nota Fiscal-Fatura de Serviços, ou outro documento exigido pela Administração, cuja utilização esteja prevista em regulamento ou autorizada por regime especial.

"§ 1º. O tomador do serviço é responsável pelo Imposto sobre Serviços de Qualquer Natureza – ISS, e deve reter e recolher o seu montante, quando o prestador:

cessária. Em regra, apenas estariam obrigados a retenção e correlato recolhimento os tomadores, quando o prestador estiver obrigado à emissão de Nota Fiscal de Serviços, Nota Fiscal-Fatura de Serviços, ou ainda outro documento exigido pela Administração, mas não o fizer; ou ainda, estando desobrigado da emissão de Nota Fiscal de Serviços, Nota Fiscal-Fatura de Serviços, ou outro documento exigido pela Administração, não fornecer: o recibo com requisitos mínimos elencados pela legislação, o comprovante de que tenha sido recolhido o Imposto correspondente ao exercício anterior, salvo se inscrito posteriormente, ou a cópia da ficha de inscrição.

Assim, por todo o exposto entendo ser desnecessária a retenção nos dois casos quando forem apresentados documentos adequados à comprovação de recolhimento pelo próprio prestador.

3. *Conclusão*

Após esta breve reflexão sobre o tema aludido podemos concluir que:

(i) Sendo o direito linguagem, só pode ser modificado por linguagem.

(ii) Há incidência do ISS sobre a prestação de serviço de monitoramento eletrônico de imóveis residenciais, comerciais e industriais na cidade de São Paulo.

"I – obrigado à emissão de Nota Fiscal de Serviços, Nota Fiscal-Fatura de Serviços, ou outro documento exigido pela Administração, não o fizer;

"II – desobrigado da emissão de Nota Fiscal de Serviços, Nota Fiscal-Fatura de Serviços, ou outro documento exigido pela Administração, não fornecer:

"a) recibo de que conste, no mínimo, o nome do contribuinte, o número de sua inscrição no Cadastro de Contribuintes Mobiliários – CCM, seu endereço, a descrição do serviço prestado, o nome do tomador do serviço e o valor do serviço;

"b) comprovante de que tenha sido recolhido o Imposto correspondente ao exercício anterior, salvo se inscrito posteriormente;

"c) cópia da ficha de inscrição.

"§ 2º. O responsável de que trata o § 1º, ao efetuar a retenção do Imposto, deverá fornecer comprovante ao prestador do serviço."

(iii) Há incidência do ISS sobre a obra realizada no local para instalação do equipamento necessário ao monitoramento, objeto fim desta prestação de serviço.

(iv) Só haveria sentido em se falar em retenção na fonte nestes dois casos na falta de apresentação de documentação adequada à comprovação de recolhimento pelo próprio contribuinte-prestador de serviço.

Referências bibliográficas

CARRAZZA, Roque Antonio. *O Regulamento no Direito Tributário Brasileiro.* São Paulo, Ed. RT, 1981.

______. *Curso de Direito Constitucional Tributário.* São Paulo, Malheiros Editores, 1998.

CARVALHO, Paulo de Barros. *Teoria da Norma Tributária.* 3ª ed. São Paulo, Max Limonad, 1998.

______. *Curso de Direito Tributário.* 13ª ed. São Paulo, Saraiva, 2004.

______. *Direito Tributário: Fundamentos Jurídicos da Incidência.* 2ª ed. São Paulo, Saraiva, 1999.

______. *Direito Tributário – Linguagem e Método.* 1ª ed. São Paulo, Noeses, 2008.

FERRAZ JÚNIOR, Tércio Sampaio. *Introdução ao Estudo do Direito – Técnica, Decisão, Dominação.* 5ª ed. São Paulo, Atlas, 2007.

FIORIN, José Luiz. *Elementos de Análise do Discurso.* 14ª ed. São Paulo, Contexto, 2006.

FLUSSER, Vilem. *Língua e Realidade.* 2ª ed. São Paulo, Annablume, 2004.

KELSEN, Hans. *Teoria Pura do Direito.* Trad. João Baptista Machado. Lisboa, Armênio Amado, 1984.

MOUSSALLEM, Tárek Moysés. *As Fontes do Direito Tributário.* São Paulo, Max Limonad, 2001.

VILANOVA, Lourival. *As Estruturas Lógicas e o Sistema do Direito Positivo.* São Paulo, Max Limonad, 1997.

______. *Causalidade e Relação no Direito.* São Paulo, Saraiva, 1989.

A INCONSTITUCIONALIDADE DA TAXA DE SERVIÇOS ADMINISTRATIVOS COBRADA PELA SUFRAMA

PAULO VICTOR VIEIRA DA ROCHA
Mestre em Direito Tributário pela Universidade de São Paulo (USP), onde é monitor do Curso de Especialização em Direito Tributário. Pós-Graduado (Especialista) em Direito Tributário pela Universidade Presbiteriana Mackenzie de São Paulo. Membro do Instituto Brasileiro de Direito Tributário (IBDT-USP). Advogado no Amazonas e em São Paulo.

1. Delimitação do problema. 2. A violação ao princípio da legalidade. 3. A previsão de base de cálculo de imposto. 4. A violação das regras de competência. 5. O exercício de uma forma de poder de polícia não tributável por taxas. 6. Conclusão.

1. Delimitação do problema

Em 15.12.1999 foi publicada a medida Provisória n. 2.007, convertida na Lei Ordinária n. 9.960, de 29.1.2000, com o fito de instituir dois tributos, dos quais, uma "Taxa de Serviços Administrativos", incidente sobre "o exercício regular do poder de polícia, ou a utilização, efetiva ou potencial, de serviço público específico e divisível, prestado ao contribuinte ou posto à sua disposição pela Superintendência da Zona Franca de Manaus – SUFRAMA" (art. 1º da citada Lei).

Como base de cálculo, a referida lei federal elegeu o valor do "internamento", ou seja, o valor da mercadoria ao ingressar na Zona Franca de Manaus, constante da Nota Fiscal. Inobstante a lei não especifique textualmente a base sobre a qual incide o tributo, o ato legal em comento contém *Anexos*, com tabelas de incidência progressiva da taxa em razão do valor das notas fiscais cujas mercadorias se internam na Zona Franca de Manaus.

O procedimento administrativo de internamento foi regulamentado pelas Instruções Normativas ns. 24/2001 e 242/2002, da Secretaria da Receita Federal, bem como pela Portaria n. 63, de 2001, do Superintendente da Zona Franca de Manaus, a qual, no *caput* de seu art. 13, determina o pagamento da taxa pela utilização total ou parcial do suposto "serviço público". Ademais, o citado dispositivo impõe, no parágrafo único, que, iniciado o procedimento de internamento, será devida a taxa, independentemente da situação cadastral do responsável, sendo também irrelevante a inexistência de fato de responsabilidade do contribuinte, que impeça a conclusão do feito.

Assim, os contribuintes sediados na Zona Franca de Manaus, ao adquirirem mercadorias ou insumos originários de outros estados-membros ou outros países, pagam uma taxa à SUFRAMA, por ocasião do ingresso desses bens, que varia progressivamente em função do valor das notas fiscais ou declaração de importação, conforme o caso.

Ocorre que este tributo viola frontalmente diversas normas constitucionais, como o princípio da legalidade, a regra que veda taxas com base de cálculo típica de impostos, as regras de competência material, além de violar as regras gerais em matéria de legislação tributária postas pelo Código Tributário Nacional, em cumprimento ao art. 146, III, da Constituição de 1988.

2. A violação ao princípio da legalidade

A estrutura do comando vazado por uma norma jurídica caracteriza a sua espécie, como regra ou princípio, na trilha dos ensinamentos de Robert Alexy.[1] Por outro lado, é possível admitir-se uma terceira espécie, não exatamente de norma jurídica em si, mas de postulado científico, como o da proporcionalidade na ciência do direito, nos moldes da teoria de Humberto Ávila,[2] seguida por Eros Grau[3] e, até certo ponto, por Ricardo Lobo Torres,[4] embora Virgílio Afonso da Silva diga tratar-se de uma *regra* da proporcionalidade.[5]

Enquanto regras jurídicas dizem exatamente o que (e em que medida) *deve ser*, princípios são *mandamentos de otimização* (Alexy) ou *estados ideais de coisas* (Ávila), ou seja, uma regra é cumprida ou não, enquanto um princípio é realizado *dentro do possível* ou não. Essa última espécie de norma (princípio), para ser cumprida, deve ter seu valor intrínseco realizado na maior medida possível, dentro das possibilidades fáticas e jurídicas, representadas aquelas (possibilidades fáticas) pela necessidade e a adequação de medidas e normas, e essas (possibilidades jurídicas) pela proporcionalidade em sentido estrito em relação a outros princípios constitucionais eventualmente em conflito.[6]

Enquanto o princípio é norma cujo cumprimento se verifica pela realização mais ou menos efetiva da finalidade nele inserta, a regra contém um comando, um *dever-ser* objetivo, que não pode ser mais ou menos cumprido – a ordem é obedecida ou não.[7]

Desta feita, o art. 150, I, da Constituição da República e o art. 97, I, do Código Tributário Nacional – CTN, não expressam *apenas* uma *regra*, porque o legislador não determinou somente um *dever-ser* objetivo, no sentido de que a norma instituidora de um tributo precisar ter uma *lei* em sentido formal como veículo introdutor. Estabeleceu-se também um *mandamento de otimização*, pelo qual se deve buscar *ao máximo* a definição conceitual da hipótese de incidência tributária[8] ou da regra-matriz de incidência[9] na lei. Portanto, não obstante se

1. Robert Alexy, *Teoría de los Derechos Fundamentales*, trad. española de Ernesto Garzón Valdez, Madri, Centro de Estudios Políticos y Constitucionales, 2001, pp. 86 e 87. No mesmo sentido: Virgílio Afonso da Silva, "O proporcional e o razoável", in *Revista dos Tribunais* 798 (23/50), São Paulo, abr./2002, p. 25 e *Direitos Fundamentais: Conteúdo Essencial, Restrições e Eficácia*, São Paulo, Malheiros Editores, 2009, p. 45.

2. Humberto Ávila, *Teoria dos Princípios: da Definição à Aplicação dos Princípios Jurídicos*, São Paulo, Malheiros Editores, 2007, pp. 121 e ss.

3. Eros Grau, *Ensaio e Discurso sobre a Interpretação/Aplicação do Direito*, São Paulo, Malheiros Editores, 2006, p. 188 e *O Direito Posto e o Direito Pressuposto*, São Paulo, Malheiros Editores, 2007, p. 283.

4. Ricardo Lobo Torres, "Princípio da eficiência em matéria tributária", in Ives Gandra da Silva Martins (coord.), *Princípio da Eficiência em Matéria Tributária* (69/82) (Pesquisas Tributárias, nova série, 12), São Paulo, CEU/Ed. RT, 2006, p. 174.

5. Virgílio Afonso da Silva, "O proporcional e o razoável", in *Revista dos Tribunais* 798 (23/50), cit., pp. 25-26.

6. Robert Alexy, ob. ci., pp. 88 e 89; 91 a 99.

7. Neste sentido: Ronald Dworkin, *Taking Rights Seriously*, Cambridge (Massachusetts), Harvard University Press, 1977, p. 24.

8. Geraldo Ataliba, *Hipótese de Incidência Tributária*, São Paulo, Malheiros Editores, 2004.

9. Paulo de Barros Carvalho, *Direito Tributário: Fundamentos Jurídicos da Incidência*, São Paulo: Saraiva, 2006.

tenha um dispositivo textual, a ele se atribuem duas normas distintas, uma regra e um princípio da legalidade.

Melhor explicando, norma não se confunde com dispositivo normativo. Norma é o comando, o conteúdo que o intérprete atribui ao texto normativo. Daí se afirmar que não se interpretam normas, mas textos. As normas não são objeto da atividade interpretativa, mas seu resultado. Assim, por ter sua existência consubstanciada nesse conteúdo, a norma pode ser resultado da interpretação de diversos dispositivos textuais. Por outro lado, um único dispositivo normativo pode dar origem a mais de uma norma. Daí afirmar-se não haver uma relação biunívoca entre dispositivo normativo e norma.[10]

Os dispositivos relativos à legalidade, constantes do art. 150, I, da Constituição e do art. 97, I, do Código Tributário Nacional, citados acima, são bons exemplos disso. Qualquer um deles, interpretado, resulta em duas normas referentes à legalidade, mas, estruturalmente distintas: uma regra e um princípio da legalidade.

Primeiramente, trata-se de regra que determina só poder ser instituído qualquer tributo por meio de lei ordinária, ou até complementar. Mas instituir é criar norma geral e abstrata que descreva um determinado evento material, situado no tempo e no espaço, vinculando a ele, como consequência, o surgimento de uma obrigação tributária, definindo seus sujeitos passivos, bem como o montante do objeto dessa relação obrigacional.[11]

E o *princípio da legalidade* determina que tal descrição seja a mais precisa *possível* (e aqui volta-se a falar em possibilidades fáticas e jurídicas), o que, no caso das taxas, significa descrever, com a maior riqueza conceitual que as circunstâncias permitam, o serviço público prestado ou posto à disposição do particular ou o poder de polícia em relação a ele exercido, que darão nascimento à obrigação tributária.

Esse o entendimento maciço da doutrina, a exemplo de Hugo de Brito Machado:

"Para bem compreender o princípio da legalidade é importante ter presente o significado das palavras lei e criar. Aliás, dizer que um tributo só pode ser criado por lei nada significa se não se sabe o que é lei, e o que significa criar.

"(...).

"Criar um tributo é estabelecer todos os elementos de que se necessita para saber se este existe, qual é o seu valor, quem deve pagar, quando e a quem deve ser pago. Assim, a lei introdutória há de conter: (a) a descrição do fato tributável; (b) a definição da base de cálculo e da alíquota, ou outro critério a ser utilizado para o estabelecimento do valor do tributo; (c) o critério para a identificação do sujeito passivo da obrigação tributária; (d) o sujeito ativo da relação tributária, se for diverso da pessoa jurídica da qual a lei seja expressão de vontade."[12]

Na mesma esteira, Luciano Amaro pontifica ser necessário "que a lei defina *in abstrato* todos os aspectos relevantes para que, *in concreto*, se possa determinar quem terá que pagar, quanto, a quem, à vista de quais fatos ou circunstâncias".[13]

10. Neste sentido: Robert Alexy, *Teoría de los Derechos Fundamentales*, ob. cit., pp. 48 e ss. Eros Grau, *Ensaio e Discurso sobre a Interpretação/Aplicação do Direito*, ob. cit., pp. 27 e 63 e ss. Paulo de Barros Carvalho, *Direito Tributário: Fundamentos Jurídicos da Incidência*, ob. cit., pp. 17-23. Humberto Ávila, *Teoria dos Princípios: da Definição à Aplicação dos Princípios Jurídicos*, ob. cit., pp. 30-34.

11. Paulo Victor Vieira da Rocha, "Os princípios da legalidade e da capacidade contributiva na valoração aduaneira", in Alcides Jorge Costa, Luís Eduardo Schoueri e Paulo Celso Bergstrom Bonilha (coords.), *Direito Tributário Atual*, vol. 22 (346-368), São Paulo, IBDT/Dialética, 2008, pp. 357-360.

12. Hugo de Brito Machado, *Curso de Direito Tributário*, São Paulo, Malheiros Editores, 1999, p. 46.

13. Luciano Amaro, *Direito Tributário Brasileiro*, São Paulo, Saraiva, 1998, p. 110.

A Constituição não cria tributos, apenas outorga competência *legislativa* para tanto,[14] de sorte que, inócuo o legislador ordinário repetir o arquétipo constitucional do tributo, como fez no art. 1º, da Lei 9.660/2000, afirmando que o *fato gerador* da taxa é *o exercício regular do poder de polícia ou a utilização, efetiva ou potencial, de serviço público específico e divisível*, repetindo *literalmente* o art. 145, II, da Carta Republicana.

Por isso, a pertinência da lição de Luís Eduardo Schoueri: "Aliás, não é demais registrar que, em matéria tributária, o princípio da legalidade é que impõe que a hipótese de incidência tributária seja completa em lei. Nada impede que mais de um diploma legal, em conjunto, sirva para o desenho da hipótese de incidência. Não seria admissível, todavia, que o legislador deixasse a diploma de menor hierarquia (decreto, instrução normativa), a tarefa de completar aquilo que a Constituição reservou à lei em sentido formal".[15]

Perceba-se que o Professor Titular de Direito Tributário da USP distingue, a partir de Ruy Barbosa Nogueira, *duas* legalidades, a legalidade normatizada no art. 5º, II, da CR/1988, relacionada ao "poder de regular" (*pouvoir financier*), daquela posta no art. 150, I, da CR/1988, relacionada ao "poder de tributar" (*pouvoir législatif*).[16]

Distinguindo a legalidade tributária daquela mais genericamente prevista na Constituição, por exemplo, para a ordem econômica, ele explica que no direito econômico prevalece a legalidade relacionada ao poder regulamentar, vindo muito a calhar a expressão constitucional "em virtude de lei" (art. 5º, II, CR/1988), de modo que em termos de intervenção econômica, "se intervenção se faz 'na forma da lei', significa que não é necessário que cada intervenção concreta se dê por lei; importa, outrossim, que o modo como a intervenção se dará seja disciplinado por lei".[17]

Assim, prossegue: "Tem-se, daí, a confirmação de que o Princípio da Legalidade, tal como entendido em matéria de Direito Econômico, exige que a atuação estatal tenha base em lei; não se exige desta, entretanto, que discipline em minúcias o ato de intervenção, cabendo-lhes, apenas, estabelecer as metas e limites à autoridade delegada".[18]

"Já na matéria tributária, o Princípio da Legalidade surge com a rigidez da regra do art. 150, I, do texto constitucional, que veda à União, aos Estados, ao Distrito Federal e aos Municípios 'exigir ou aumentar tributo sem lei que o estabeleça'. (...).

"A regra parece clara. Não dispensa, entretanto, algum esclarecimento. Afinal, o que significa 'exigir ou aumentar tributo'? É a própria Constituição Federal que dá o caminho para a resposta quando, no art. 146, II, dispõe caber à lei complementar 'regular as limitações constitucionais ao poder de tributar'. (...).

"Nos termos do art. 97 do Código Tributário Nacional, todos os aspectos da hipótese de incidência tributária devem estar previstos em lei. Optou o legislador complementar pátrio, portanto, por regular o Princípio da Legalidade a partir da reserva absoluta de lei: a totalidade da matéria tributada deve vir regulada exclusivamente por lei ou por atos com força de lei"[19] (grifo nosso).

14. Sacha Calmon Navarro Coêlho, *Direito Tributário Brasileiro*, Rio de Janeiro, Forense, 1999. Roque Antonio Carrazza, *Curso de Direito Constitucional Tributário*, São Paulo, Malheiros Editores, 2001, p. 422. Luís Eduardo Schoueri, "O desafio do planejamento tributário", in Luís Eduardo Schoueri (coord.), *Planejamento Tributário e o Propósito Negocial*, São Paulo, Quartier Latin, 2010, p. 14.

15. Luís Eduardo Schoueri, *Preços de Transferência no Direito Tributário Brasileiro*, 2ª ed., São Paulo, Dialética, 2005, p. 41.

16. Luís Eduardo Schoueri, "Segurança jurídica e normas tributárias indutoras", in Maria de Fátima Ribeiro (coord.), *Direito Tributário e Segurança Jurídica*, São Paulo, MP, 2005, pp. 124-125.

17. Idem, p. 126.

18. Idem, p. 127.

19. Idem, pp. 128 e 129.

No caso da taxa cobrada pela SUFRAMA, não foi de maneira alguma descrito o seu aspecto material da hipótese de incidência,[20] ou o critério material da regra-matriz de incidência,[21] ou núcleo do fato gerador,[22] seja lá por que expressão se tenha preferência. Repetindo o texto da norma constitucional que outorga competência para instituição de taxas, obviamente, o legislador não descreveu o exercício de poder de polícia ou o serviço público que funcionaria como pressuposto fático do nascimento da obrigação tributária, fazendo tábula rasa do tão sagrado princípio da legalidade.

Não foi outro o entendimento esposado pelo douto Juízo da 3ª Vara Federal da Seção Judiciária do Amazonas, em sentença memorável, infelizmente não mais repetida pelo juízo em outros casos julgando esta taxa: "Primeiramente constata-se que tal exação não encontra suporte legal, eis que vem sendo sucessivamente cobrada com base em meras Portarias, que a instituem, fixando seu fato gerador, alíquota, etc.".[23]

Realizando uma analogia, seria como se os legisladores estaduais instituíssem o ICMS, repetindo que o fato gerador do tributo é "a operação relativa à circulação de mercadorias e sobre a prestação de serviço de transporte interestadual, intermunicipal e de comunicação".

A lei em questão não instituiu a referida taxa porque não previu sua hipótese de incidência, com seus aspectos material, temporal, espacial, quantitativo e pessoal. Claramente, não foi descrito o aspecto material da regra de incidência, ou aspecto material do fato gerador, como se queira chamar.

Normatizar a materialidade do tributo seria descrever com a maior concretude *possível* (dentro de um critério de aplicabilidade e praticabilidade razoável da lei) o serviço público cuja prestação seria tributada, ou a forma de exercício do poder de polícia a sofrer incidência, *o que não se fez nem de longe.*

Na verdade, sequer foi definido se a taxa incidiria sobre uma atividade ou outra (exercício do poder de polícia ou prestação de serviço público), restando patente, gritante, o descumprimento da norma de legalidade prevista no art. 150, I, da Constituição da República e sua regulação pelo art. 97, I, do Código Tributário Nacional, impossibilitando juridicamente a exigência de tal tributo.

Como dito, a regra da legalidade foi cumprida, afinal, há lei em sentido formal. Entretanto, o princípio da legalidade foi totalmente ignorado, haja vista que a lei não institui nada, a não ser a discricionariedade administrativa e a autorização ao arbítrio.

3. A previsão de base de cálculo de imposto

No que cinge aos impostos, a Constituição da República estabelece o princípio da tributação graduada pela capacidade contributiva, ou princípio da capacidade contributiva, como não poderia deixar de ser.[24] A capacidade contributiva não é cri-

20. Alfredo Augusto Becker, *Teoria Geral do Direito Tributário*, São Paulo, Lejus, 1998, pp. 318-321. Geraldo Ataliba, *Hipótese de Incidência Tributária*, ob. cit., p. 58.

21. Paulo de Barros Carvalho, *Direito Tributário: Fundamentos Jurídicos da Incidência*, ob. cit., pp. 87-92.

22. Amílcar de Araújo Falcão, *Fato Gerador da Obrigação Tributária*, Rio de Janeiro, Forense, 2002, p. 2. Luís Eduardo Schoueri, "O fato gerador da obrigação tributária", in Luís Eduardo Schoueri (coord.), *Direito Tributário: Estudos em Homenagem a Alcides Jorge Costa*, vol. 1 (126/173), São Paulo, Quartier Latin, 2003, pp. 127-138. A crítica à expressão "fato gerador" já teria sido suscitada em 1950, por Rubens Gomes de Sousa, admitindo que talvez não fosse das mais felizes (Rubens Gomes Sousa, *Estudos de Direito Tributário*, São Paulo, Saraiva, 1950, p. 167, nota 12-B).

23. MS n. 2006.32.00.001652-1, 3ª Vara da Seção Judiciária do Amazonas, Juíza Federal Marília Gurgel Salles.

24. Luís Eduardo Schoueri, "O desafio do planejamento tributário", in Luís Eduardo Schoueri (coord.), *O Planejamento Tributário e o "Propósito*

tério de graduação da tributação por taxas (situação em que se aplica apenas a proteção do mínimo existencial, justificador de isenções, por exemplo), já que essas têm caráter vinculado e contraprestacional, portanto, não arrecadador de receitas para as atividades do Estado em geral.[25]

Tais ensinamentos ressoam no pensamento jurídico tributário e da ciência das finanças, por vozes como a de Mizabel Derzi: "*No caso das taxas, a base de cálculo deve mensurar o custo da atividade estatal*, ou seja, a sua intensidade em relação ao contribuinte, refletindo o caráter sinalagmático, que lhe é inerente. *A graduação nas taxas não se opera, tecnicamente, de acordo com os rendimentos do contribuinte, seu patrimônio, ou sua capacidade financeira, em geral, elementos estranhos. Tecnicamente, as taxas devem ser graduadas segundo a intensidade da utilização do serviço pelo contribuinte ou dos gastos provocados*".[26]

Trabalhar os traços distintivos entre impostos e taxas implica definir o regime jurídico aplicável à exação sob análise, como afirmou Geraldo Ataliba: "Em outras palavras: não basta, não é suficiente reconhecer o tributo. Deve o intérprete determinar qual a espécie tributária (natureza específica do tributo, conforme diz o art. 4º do CTN), dado que a Constituição prescreve regimes diferentes, conforme a espécie. Tais regimes caracterizam-se por princípios e regras especiais, constitucionalmente estabelecidos".[27]

As manifestações de riquezas, ou *fatos-signos presuntivos de riqueza*, como quis Alfredo Becker,[28] no caso dos impostos, realmente são manifestações da riqueza do contribuinte, ainda que não "diretamente" pessoais, como no caso dos impostos reais e, até de forma bastante impessoal, como nos impostos sobre o consumo (como o ICMS e o IPI).[29]

Mas as taxas são tributos vinculados a uma atividade do Estado e é essa atuação que se deseja ver remunerada, pois implica uma despesa que, ao final de contas, é provocada ou pelo serviço posto à disposição de um particular identificável ou pelo exercício do poder de polícia que ele provoca.

A doutrina, tanto aqui, como alhures, é muito convicta no sentido de que a *equivalência* é o parâmetro de fixação da base de cálculo das taxas, como nos ensina Luís Eduardo Schoueri, ou seja, não se consideram aspectos pessoais (como a capacidade contributiva) para fixação do montante do tributo, mas o custo da atividade provocada pelo particular, seja essa atividade um serviço público ou poder de polícia.

Nas suas palavras: "(...) a taxa é a contraprestação que o contribuinte paga ao Estado em razão de (por causa de) sua atuação em função daquele. Assim, o constituinte informa o fenômeno que poderá motivar o legislador a exigir o tributo (prestação estatal), donde se pode extrair que o Estado está justificado em sua cobrança na medida em que oferece ao particular algo em troca, ou em que tem uma despesa provocada pelo último".[30]

Não é outro o entendimento de Roque Carrazza: "Portanto, a taxa de serviço deve ter por base de cálculo o custo, ainda que aproximado, do serviço público prestado

Negocial": Mapeamento de Decisões do Conselho de Contribuintes de 2002 a 2008, São Paulo, Quartier Latin, 2010, p. 13.

25. Por todos: Luís Eduardo Schoueri, *Normas Tributárias Indutoras e Intervenção Econômica*, Rio Janeiro, Forense, 2005, p. 285.

26. Misabel Abreu Machado Derzi, *Notas de Atualização a Aliomar Baleeiro, Direito Tributário Brasileiro*, Rio de Janeiro, Forense, 2004, p. 532 (grifos no original).

27. Geraldo Ataliba, *Hipótese de Incidência Tributária*, ob. cit., pp. 123 e 124.

28. Alfredo Becker, *Teoria Geral do Direito Tributário*, São Paulo, Lejus, 1998, pp. 327 e 362-370.

29. Paulo Victor Vieira da Rocha, *A Proporcionalidade na Tributação por Fato Gerador Presumido*, Dissertação de Mestrado, São Paulo, USP, 2010, pp. 64-69.

30. Luís Eduardo Schoueri, *Normas Tributárias Indutoras e Intervenção Econômica*, ob. cit., pp. 168 e 169.

ou posto à disposição do contribuinte. Do mesmo modo, a lei que instituir a taxa de polícia deverá tomar por base de cálculo do tributo 'um critério proporcionado a diligências condicionadoras dos atos de polícia, já que estes nenhum conteúdo econômico possuem'. Logo, a base de cálculo da taxa de polícia deve levar em conta o custo das diligências necessárias à prática do ato de polícia. Esta é a sua base de cálculo possível, constitucionalmente exigida".[31]

No mesmo sentido, se posicionam Oreste Ranelletti,[32] acerca do direito italiano, José Casalta Nabais,[33] ao falar do ordenamento português, bem como Mauricio Plazas Vega,[34] se referindo à tributação na Colômbia.

Saliente-se (como bem lembra Carrazza),[35] que nem seria preciso estar expressa a vedação ao Estado de instituir taxas com base de cálculo de impostos. Mas conhecendo a viciada praxe, pelos que exercem certos poderes, de desconsiderar regramentos óbvios, o Constituinte tomou o cuidado de proibir expressamente tal conduta, por meio de regra, como se vê no § 2º, do art. 145, vazando verdadeira garantia constitucional, à qual o legislador complementar, por meio do CTN, respeitou e reforçou:

"Art. 145. (...).

"§ 2º. As taxas não poderão ter base de cálculo própria dos impostos."

"Art. 77. (...).

"Parágrafo único. A taxa não pode ter base de cálculo ou fato gerador idênticos aos que correspondem a imposto, nem ser calculada em função do capital das empresas."

Imprescindível lembrar que a Constituição não proíbe a instituição de taxas com base de cálculo *idêntica* à de um imposto, mas base de cálculo que seja *própria* de impostos. Assim, de nada adianta uma taxa não ter base de cálculo que não seja idêntica à de um imposto hoje existente do sistema brasileiro se, entretanto, ela tiver base *própria* dos impostos. E o que seria uma base de cálculo própria dos impostos?

Do que se disse acima, a resposta chega a ser intuitiva. Própria dos impostos é a base de cálculo que represente medida de capacidade contributiva. No caso em tela, a violação à regra do art. 145, § 2º, da Constituição se dá, não só pela base de cálculo da taxa da SUFRAMA ser *própria de impostos*, como, pior, ser a mesma de impostos concretamente existentes no sistema tributário brasileiro.

É cristalino ter o Legislador Federal, em contrariedade à Constituição e ao CTN, se utilizado da mesma base de cálculo de impostos sobre operações relativas à circulação de mercadorias – ICMS, sobre produtos industrializados – IPI, e de importação – II, tanto que expressamente definiu-a como sendo o *valor da internação*, ou seja, o *valor da nota fiscal, da mercadoria*.

Tal postura impositiva também mereceu críticas de Baleeiro, referindo-se às origens do problema inda nos primórdios do direito norte-americano e à Constituição brasileira de 1967: "Se o conceito de taxa, expressamente previsto no art. 18, I, da Constituição, não for fielmente acatado pelos legisladores e tribunais, arruinar-se-á o sistema de separação de receitas que o constituinte delineou no propósito de assegurar a autonomia dos Estados e Municípios e também garantir os indivíduos contra as bitributações que infernam a vida dos contribuintes norte-americanos".[36]

31. Roque Antonio Carrazza, *Curso de Direito Constitucional Tributário*, ob. cit., p. 535.

32. Oreste Ranelletti, *Derecho de la Hacienda Pública*, trad. colombiana de Juan Camilo Restrepo, Bogotá, Temis, 2007, pp. 89-91 (*Derecho de la Hacienda Pública – Obras Fundamentales*).

33. José Casalta Nabais, *Direito Fiscal*, Coimbra, Almedina, 2006, pp. 21-26.

34. Mauricio Plazas Vega, *Derecho de la Hacienda Pública y Derecho Tributario*, t. II, Bogotá, Temis, 2005, p. 185.

35. Ob. cit., p. 532.

36. Aliomar Baleeiro, *Direito Tributário Brasileiro*, Rio de Janeiro, Forense, 2004, p. 546.

Talvez se pretendesse afirmar, em desesperada defesa da atacada lei, que não se utiliza base de cálculo própria de imposto porque o valor da taxa não é resultante da aplicação de uma alíquota sobre o valor da nota fiscal. Não é mesmo. O valor da taxa é definido de acordo com tabelas anexas à Lei 9.960/2000, na qual se prevê um valor de taxa devido de acordo com o valor da nota fiscal. Em mais detalhes, tais tabelas contém faixas de valores crescentes para as taxas, conforme crescem os valores discriminados na nota fiscal.

Em outras palavras, a base de cálculo da taxa é o valor da nota fiscal, à diferença que não se aplica uma alíquota em percentual ao valor da nota, mas uma tabela progressiva de valores da taxa em função do valor da nota fiscal. Ora, é de hialina clareza que a vedação constitucional não fala em alíquotas, nem traz qualquer vedação a taxas com "alíquotas próprias dos impostos", referindo-se tão somente à base de cálculo e, repita-se, não pode haver base de cálculo mais *própria* dos impostos que *o valor da nota fiscal*!

Por isso, intenta a autarquia cobrar taxa, não com base no custo do serviço prestado ou do poder de polícia exercido, mas com base na manifestação de riqueza, transformando um tributo tipicamente vinculado (a uma atividade estatal, tanto que deveria remunerá-la) um tributo não vinculado, cujo único exemplo é o imposto.

Na sequência, não se pode esquecer que a fiscalização exercida pela SUFRAMA *não é serviço*, mas poder de polícia e, mesmo que essa espécie de poder de polícia pudesse ser tributada por taxa (o que não ocorre, como demonstraremos a seguir), a base de cálculo deveria refletir o *custo* dessa fiscalização. *Obviamente o custo de fiscalizar bens e respectiva documentação fiscal não tem qualquer relação com os valores daqueles expressos nesses documentos*!

A reprovação em relação a essa distorção também é percebida na Jurisprudência, como se vê:

"(...). *Importação. Taxa de expediente. Ilegalidade.* I – A taxa de expediente, criada pela Lei 2.145/1953 e modificada pela Lei 7.690/1988, vigente à época do pagamento, *é ilegal, porque tinha como base de cálculo o valor da mercadoria,* este já utilizado para a cobrança do Imposto de Importação, vulnerando assim o art. 145, § 2º, da CF, e o parágrafo único do art. 77 do CTN" (TRF-1ª R., 4ª T., AC 95.01. 27400-4-PA, Relatora Juíza Eliana Calmon, dez./1995).

"*Taxa de licenciamento de importação.* O Plenário desta Corte, ao julgar o RE 167.992, assim decidiu: '*Tributário. Taxa de licenciamento de importação. Art. 10 da Lei 2.145/1953, redação dada pelo art. 1º da Lei n. 7.690/1988.* Tributo cuja base de cálculo coincide com o que corresponde ao imposto de importação, ou seja, o *valor da mercadoria importada.* Inconstitucionalidade que se declara do dispositivo legal em referência, em face da norma do art. 145, § 2º, da Constituição Federal de 1988. Dessa orientação divergiu o acórdão recorrido. Recurso extraordinário conhecido e provido" (STF, RE 140.681-CE, Relator Ministro Moreira Alves) (grifo nosso).

"*Constitucional. Tributário. Custas e emolumentos: natureza jurídica. Base de cálculo. Alíquota: Limite.* Lei 7.550, de 2001, do Estado de Mato Grosso. I – As custas e os emolumentos são espécie tributária, são taxas. Precedentes do STF. II – Inconstitucionalidade da Nota 1 (um) ao item 7 (sete) da Tabela 'A' e da Nota 1 (um) ao item 27 (vinte e sete) da Tabela 'C', anexas à Lei 7.550/2001, do Estado de Mato Grosso, porque ostentam base de cálculo própria de imposto, assim ofensivas ao disposto no art. 145, § 2º, da Constituição Federal. III – As alíquotas dos emolumentos, no caso, porque não excessivas e porque têm um limite, não são desproporcionadas ao custo do serviço que remuneram. IV – Inocorrência, na hipótese, do fenômeno da inconstitucionalidade por 'arrastamento' ou 'atração'. V – Ação direta de inconstitucionalidade julgada procedente, em parte" (STF, ADI 2.653-MT, Relator Ministro Carlos Velloso).

Não bastasse, a presente tese, referente à atual taxa, também já foi acatada pelo Poder Judiciário, no julgado anteriormente mencionado (tristemente isolado), ao espancar a pretensão tributária aqui atacada: "Destarte, resta claro que *as taxas cobradas levam em consideração o valor da mercadoria, inadequadamente, por ignorar o custo da atividade estatal, desvinculando-se do seu fato gerador, e utilizando, por conseguinte, base de cálculo própria de imposto*, especificamente o de Importação, como também do Imposto sobre Produtos Industrializados (art. 47, inciso II, incisos *a* e *b*, do CTN), e do Imposto sobre Operações relativas à circulação de mercadorias (art. 2º, incisos I e II do Decreto-lei n. 406, de 31.12.1968)" (grifo nosso).

Portanto, em exemplo hipotético, fiscalizar 0,5 (meio) quilograma de ouro gera muito menos custo à SUFRAMA que fiscalizar o ingresso de 100 (cem) quilogramas de sucata, em termos de pessoal, material, tempo, etc. Sendo o custo da atividade o parâmetro da taxa, internar essa sucata deveria implicar exação maior que aquele ouro. "Sem que se dê conta disso, o tributo é cobrado sobre o valor da nota fiscal", ou seja, quem interna esse bem paga muito mais que aquele que traz sucata à Zona Franca de Manaus.

Desta feita, por mais esse motivo, a referida lei não passa pelo teste de constitucionalidade.

4. A violação das regras de competência

A norma acima exposta, proibitiva da instituição de taxas com base de cálculo de imposto, é também mais um reforço à delimitação da competência tributária de cada ente. Os impostos têm fatos geradores específicos na Constituição, enquanto as taxas têm fatos genéricos, ou seja, exatamente porque uma série de formas de atuação estatal pode ser eleita pelo legislador como fato gerador de taxas é que o Constituinte preferiu não correr o risco de existirem impostos *disfarçados* de taxas, violando-se o sistema de regras de competência tributária. Com isso, esclareceu-se que os fatos geradores dos impostos não podem ser obliquamente tributados por meio de taxas.

Por outro lado, a tributação deve obediência à isonomia e essa, nos impostos, é verificada pelo critério da capacidade contributiva.[37] Assim, um fato-signo presuntivo de riqueza, ou seja, uma manifestação de capacidade contributiva, como a circulação de mercadorias, só pode, em regra, ser tributada uma única vez.

Diz-se *em regra*, porque há sim exceções a esta regra, e nem são tão poucas, mas são todas previstas expressamente pelo Constituinte, como a tributação da primeira circulação de mercadoria do ciclo econômico, ou seja, a seguinte à industrialização. Nesse caso, o Constituinte autorizou expressamente, quando outorgou competência para o IPI, a bitributação de uma certa circulação de mercadorias, ou seja, a primeira do ciclo, a sofrer incidência de ICMS e IPI. De forma semelhante dá-se na importação de mercadorias, em que se tem constitucionalmente autorizada a múltipla incidência de ICMS, II e IPI.

*Mas, com as taxas, o tratamento foi exatamente o inverso, pois se vedou de forma objetiva e peremptória qualquer tentativa de se fazer uma segunda tributação, **por meio de taxas**, sobre um fato anteriormente tributado por um imposto*. Tal assertiva é lógica, pois a base de cálculo é a expressão quantitativa de um fato, o aspecto material. Portanto, tributar sobre a mesma base de cálculo é tributar o mesmo fato.

Como se vê, mais uma vez, a referida lei não passou pelo teste de constitucionalidade, por tributar fato fora da competência tributária referente às taxas. E nunca é

37. Luís Eduardo Schoueri, *Normas Tributárias Indutoras e Intervenção Econômica*, ob. cit., pp. 273 e ss. Humberto Ávila, *Teoria da Igualdade Tributária*, 2ª ed. São Paulo, Malheiros Editores, 2008, p. 56.

demais lembrar que a competência tributária na Constituição de 1988 é delimitada por meio de *regras*, e não princípios.[38]

5. *O exercício de uma forma de poder de polícia não tributável por taxas*

Apenas para que não fique qualquer possibilidade de defesa da referida exação, ainda que a taxa cobrada pela SUFRAMA houvesse sido instituída por lei (com todos os aspectos da hipótese de incidência), com base de cálculo *própria de taxa* (custo da atividade estatal), ela não poderia prosperar.

Como se disse, a lei precisaria ter descrito uma forma de exercício do poder de polícia ou uma prestação de serviço público específico e divisível sobre o qual incidisse a taxa em tela Portanto, a primeira questão que vale cogitar diz respeito a qual dessas atividades estatais se estaria pretendendo remunerar por meio do tributo em questão.

O procedimento chamado de "internamento" de mercadorias é típico processo fiscalizatório, e visa a verificar o real ingresso, na área de incentivo fiscal, de mercadorias circuladas no resto do país, cuja destinação declarada tenha sido exatamente esta parcela territorial (Zona Franca de Manaus). Em outros termos, o que se fiscaliza é se as mercadorias que os contribuintes alegam remeter à Zona Franca de Manaus ingressam efetivamente naquela parcela territorial do Brasil.

Lembre-se que, em certas operações interestaduais com mercadorias, a incidência se dá de acordo com o estado-membro de destino e, no caso da Zona Franca de Manaus e áreas de livre comércio adjacentes, a incidência não ocorre (como isenção) ou tem alíquota menor. Isso provoca fraudes por parte de comerciantes de diversos entes que enviam mercadorias para os mais diferentes destinos e declaram enviarem ao Estado do Amazonas.

O internamento serve exatamente para coibir essas fraudes, ou seja, para verificar se não houve falsa declaração de destino das mercadorias. A SUFRAMA verifica tal ingresso e o comunica aos órgãos fazendários dos diversos estados-membros e do Distrito Federal.

Ser fiscalizado não é, de forma alguma, um serviço, mas, logicamente, uma legítima restrição de direitos individuais, ou seja, paradigmático exemplo de exercício de poder de polícia.

Definido tratar-se de taxa de polícia e não de serviço, como equivocadamente expressou o Legislador, resta averiguar se essa forma de exercício de poder de polícia é passível de remuneração por taxa.

É que o legislador complementar, através do Código Tributário Nacional, obedeceu ao art. 146, III, da Constituição da República, e traçou normas gerais de direito tributário, ou seja, deu contornos mais precisos ao conteúdo tributário constitucional, ou ainda, em linguagem kelseniana, diminuiu a abstração das normas constitucionais, vazando outras mais concretas, com fundamento de validade nas primeiras.

O CTN, em seu art. 78, estabeleceu, em rol claramente taxativo, as formas de exercício de poder de polícia tributáveis por taxa, dentre as quais, não há nada parecido com o poder de polícia fiscalizador de tributos.

Assim, ainda que se aplicasse a interpretação extensiva ou a integração analógica, na verdade, recursos vedados em desfavor do contribuinte, nem assim seria possível verificar-se a competência da União para instituir tal taxa.

E, realmente, seria desprovido de níveis mínimos de razoabilidade que se cobrasse do particular, para que fosse fiscalizado em relação às suas obrigações tributárias. Tanto é que não se o faz em relação

38. Humberto Ávila, Parecer "Imposto sobre a prestação de serviços de comunicação. Conceito de prestação de serviços de comunicação. Intributabilidade das atividades de veiculação de atividades em painéis e placas. Inexigibilidade de multa", in *Revista Dialética de Direito Tributário* (143/116), São Paulo, ago./2007, p. 118.

a nenhum outro tributo. Não se cobra taxa da pessoa física para ver analisada sua declaração do imposto sobre a renda, nem da pessoa jurídica, tampouco, se cobra taxa para que o comerciante tenha fiscalizados seus livros fiscais e seu recolhimento de ICMS. Da mesma forma, pareceria absurdo aos mais incipientes a cobrança de uma taxa para levantar o valor venal de um imóvel e verificar depois o pagamento do IPTU. Não parece minimamente defensável cobrarem-se taxas nas divisas entre os estados-membros para que os veículos de transporte de cargas sejam fiscalizados em relação ao cumprimento de obrigações tributárias.

Percebe-se, destarte, que a competência para instituição de taxas, outorgada pela Constituição, foi explicitada pelo art. 78, do CTN, e a lista de modalidades de exercício de poder de polícia foi traçada taxativamente. Ainda que não fosse taxativa, não se poderia incluir lá uma modalidade tão incompatível com a tributação, por critérios mínimos de razoabilidade, sob pena de criar uma avalanche de tributos em cadeia.

Assim, em uma abstração do absurdo, a União instituiria a taxa de internamento de mercadorias e outra para fiscalizar o pagamento dessa última taxa, então, instituiria outra para fiscalizar o pagamento dessa última agora, e assim, sucessivamente, chegando-se ao confisco e à ruptura do Estado de Direito, cujo rol de cláusulas, no caso pátrio, inclui a livre iniciativa, a propriedade privada e, no que mais vem à mente no caso, a moralidade da Administração Pública.

Não bastassem todos os fundamentos da inconstitucionalidade da referida norma legal, surge mais esse, aniquilando qualquer possibilidade de se salvar a constitucionalidade da "taxa de serviços administrativos" cobrada pela SUFRAMA.

6. Conclusão

a) há no ordenamento constitucional brasileiro duas normas referentes à legalidade, uma regra e um princípio, ambas resultantes da interpretação do art. 150, I, da Constituição de 1988;

b) a Lei 9.960/2000, por sua própria natureza cumpre a *regra* da legalidade, mas, nem de longe, cumpre o *princípio* da legalidade;

c) referida lei também descumpre flagrantemente o art. 145, § 2º, da CR/1988, por instituir taxa com base de cálculo própria de imposto, qual seja, o valor da nota fiscal;

d) ao tributar base de cálculo própria de imposto, o legislador também positivou fato gerador de taxa fora da respectiva competência tributária;

e) a taxa de serviços administrativos, instituída pela Lei 9.960/2000, para ser cobrada pela SUFRAMA, não é uma taxa pela prestação de serviço público algum, mas sobre o exercício do poder de polícia;

f) a modalidade de exercício do poder de polícia que dá ensejo ao nascimento da obrigação tributária no caso em tela, qual seja, a polícia fiscalizadora do cumprimento de obrigações tributárias, não está dentre as formas de exercício de poder de polícia cujo custeio pode ser feito por taxa, por não fazer parte do rol, taxativo, disposto no art. 78 do CTN.

ISS E NÃO INCIDÊNCIA SOBRE REEMBOLSOS DE DESPESAS

ANA AMÉLIA PEREIRA TORMIN RAMOS
Mestre e Doutoranda pela PUC/SP. Especialista em Direito Penal pela Universidade Federal de Uberlândia e em Direito Tributário pelo IBET. Advogada.

1. Introdução. 2. Art. 110 do CTN – Termo "serviço" definido pelo direito privado e a base de cálculo do ISS. 3. Aferição do conteúdo semântico da expressão "prestar serviços". 4. O reembolso de despesas. 5. Desnecessidade de emissão de nota fiscal de serviços. 6. Conclusões. Referências bibliográficas.

1. Introdução

Por meio do art. 156, inciso III, da Constituição Federal de 1988, foi outorgada para os Municípios a competência para instituir impostos sobre serviços de qualquer natureza definidos em lei complementar, desde que não compreendidos dentre aqueles previstos no art. 155, II, do mesmo texto constitucional.

Diante da estrutura adotada pelo legislador constitucional para construção da norma de competência, qual seja, a indicação do elemento econômico sobre o qual pode incidir a norma de tributação, duas situações são verificadas.

A primeira refere-se àqueles casos em que a norma de competência designou apenas um elemento econômico, não vinculando nenhuma ação ou verbo capaz de definir previamente qual o fato ou acontecimentos passíveis de tributação.

Como exemplo dessa hipótese, poder-se-ia citar o caso da competência outorgada à União para instituir impostos sobre a renda e sobre produtos industrializados. Destes termos não derivam automaticamente as respectivas atividades ou ações, haja vista as diversas possibilidades que eles podem comportar. Assim, por exemplo, poderiam ser instituídas, com fulcro na competência para instituir imposto sobre a renda, as materialidades auferir renda e pagar renda, já que elas denotam relação entre sujeitos (o que paga e o que recebe a renda).

Nesse caso, ambas as materialidades poderiam, ainda, passar pelo teste da capacidade contributiva, já que tanto quem paga quanto quem recebe a renda apresenta-se em situação na qual se constata a relação direta com riqueza passível de tributação – a renda.

Em outras situações, porém, o elemento econômico trazido na norma de competência já prediz o fato que deverá constar da materialidade do respectivo tributo a ser criado, uma vez que tal elemento antecipa o verbo ou a atividade a ele vinculada, ainda que indiretamente. Um exemplo seria a outorga da competência para os Estados instituírem imposto sobre a circulação de mercadorias ou da União para tributar a importação ou a exportação.

Em todos esses casos, a circunstância (verbo, acrescido do elemento econômico) passível de tributação foi previamente estabelecida pelo legislador constitucional, já que nenhum outro verbo poderá ser escolhido pelo legislador infraconstitucional para associá-lo à circulação de mercadoria (que indica a atividade de circular mercadorias). O mesmo ocorre, por exemplo, com a importação e exportação, diretamente vinculadas às atividades de importar e exportar respectivamente.

Relativamente ao imposto sobre serviços, é possível afirmar que a norma de competência apontou apenas um elemento econômico, não associando a ele uma ação capaz de definir o acontecimento tributável.

Fazendo isso, o legislador constitucional autorizou que os municípios criassem tributos em espécie que tivessem por materialidade determinadas atividades vinculadas ao elemento econômico "serviços", dentre os quais está a hipótese "prestar serviços", eleita pelo legislador infraconstitucional na lei complementar respectiva, bem assim nas respectivas legislações dos entes federados.

Pois bem. Em relação ao imposto sobre serviços, não são raras as vezes em que a legislação dos municípios, ou mesmo suas autoridades administrativas, ampliam o conteúdo semântico do termo "serviço" para alcançar outros fenômenos econômicos cuja competência para tributar não foi outorgada pela Constituição Federal.

Uma destas hipóteses ocorre com a tentativa de se tributar valores decorrentes de despesas reembolsadas por terceiros como se fossem receitas de prestação de serviços passíveis de tributação pelo imposto municipal de que se cuida.

Conforme será demonstrado adiante, trata-se de uma violação da norma de competência esculpida na Constituição Federal, sendo, portanto, inexigível o pagamento do ISS em casos que tais.

2. Art. 110 do CTN – Termo "serviço" definido pelo direito privado e a base de cálculo do ISS

Entre as normas ampla e irrestritamente acolhidas pela Constituição Federal de 1988, é possível citar o art. 110 do Código Tributário Nacional, segundo o qual a lei tributária não pode alterar a definição, o conteúdo e o alcance de institutos, conceitos e formas de direito privado, utilizados, expressa ou implicitamente, pela Constituição Federal ou pelas constituições dos entes federados, para definir ou limitar competências tributárias.

A norma veiculada pelo citado art. 110 do Código Tributário Nacional consiste em comando dirigido ao legislador, determinando que ele não modifique os conceitos trazidos pela norma de competência quando estes tenham por lastro as definições previstas no direito privado. Por meio dela, o legislador está proibido de aumentar o campo das competências tributárias, estabelecido constitucionalmente, pela ampliação do conteúdo e alcance dos institutos utilizados para definir os diversos aspectos de incidência tributária.

Verifica-se, assim, que deixou o legislador constitucional de definir o conteúdo semântico do termo "serviço", conquanto tal termo jurídico esteja definido tanto nas normas de direito privado, em especial no Código Civil, quanto na realidade socioeconômica brasileira.

O Código Civil revogado em 2002, aprovado pela Lei n. 3.071, de 1º de janeiro de 1916, não trazia os elementos indicativos da definição jurídica do vocábulo "serviço" (arts. 1.216 a 1.236). Com o advento do Código aprovado pela Lei n. 10.406, de 10 de janeiro de 2002, definiu-se, ainda que indiretamente, o conteúdo semântico do termo, já que está previsto no art. 593, que "a prestação de serviço, que não estiver sujeita às leis trabalhistas ou a lei especial, reger-se-á pelas disposições deste Capítulo".

Ao comparar o termo "serviço" àqueles tipos de atividades que podem ser prestadas conforme disciplinado pelas leis trabalhistas, o Código Civil o classificou dentre as ações vinculadas à obrigação de fazer, ou seja, à prática de comportamento pelo prestador, diferentemente do que ocorre com a obrigação de dar, na qual a prestação consiste na entrega de uma coisa.

A própria lei trabalhista citada no texto legal acima transcrito, define a prestação de serviços como o trabalho intelectual, técnico ou manual (art. 3º da Consolidação das Leis do Trabalho – CLT), com a diferença de que, sendo um ramo do direito social (conforme definido pelo Capítulo II, arts. 6º a 11, da Constituição Federal de 1988), a legislação trabalhista regula o trabalho humano individual (pessoa física), enquanto o Código Civil alberga, também, o serviço prestado por meio de pessoa jurídica.

Quanto ao preço, reza a legislação de direito privado (no caso, o Código Civil), que toda a espécie de serviço ou trabalho lícito, material ou imaterial, pode ser contratado mediante retribuição (art. 594). E ainda, que a retribuição será paga depois de prestado o serviço, se, por convenção, ou costume, não houver de ser adiantada, ou paga em prestações (art. 597).

Ou seja, a prestação dos serviços e obrigação do contratado, devendo o tomador, em contrapartida, pagar o preço ou retribuição. Não se trata de uma simples troca de favores, mas sim de operação na qual o prestador de serviços obtém lucro, pois, caso contrário, restaria caracterizada uma obrigação gratuita, o que não se coaduna com um dos itens característicos do termo "serviço": a onerosidade (art. 594 do Código Civil).

Diante disso conclui-se, ainda, que a base de cálculo passível de incidência pelo Imposto sobre Serviços, em sua modalidade "prestar serviços", só pode ser o preço do serviço, assim entendido como o valor relativo à remuneração pelo serviço propriamente dito, em prestígio, inclusive, ao princípio da capacidade contributiva, previsto expressamente no art. 145, § 1º, da Constituição Federal de 1988. Para ratificar esse entendimento, duas questões podem ser suscitadas.

Inicialmente, conforme ensina Ayala (1970), os conceitos econômicos expressam o que há na realidade, representando a natureza das coisas e, por tal razão, indicam a capacidade econômica de contribuir. Disso se pode concluir que o princípio da capacidade contributiva, além de realizar a igualdade à medida que, por ele, as pessoas só devam pagar tributos na proporção de seus haveres, ele indica a realidade das coisas, já que está diretamente vinculado às riquezas passíveis de tributação, associadas ao sujeito que pode sofrer os impactos econômicos da respectiva exação.

Por fim, importante observar neste particular os ensinamentos de Carvalho (2003) no que diz respeito ao binômio hipótese de incidência/base de cálculo. É que, para o autor, o tipo tributário se acha integrado pela associação lógica e harmônica desses dois elementos, sendo possível, por meio deles, ingressar na estrutura da figura tributária.

Assim, relativamente ao Imposto sobre Serviços, verifica-se que a hipótese eleita "prestar serviços" possui correlação com a base de cálculo "preço do serviço", sendo com ela plenamente compatível e caracterizadora do tributo em questão.

3. Aferição do conteúdo semântico da expressão "prestar serviços"

Como ciência, que se vale da linguagem para sua construção e aplicação, a Ciência do Direito não pode ignorar as concepções básicas das teorias desenvolvidas pela Linguística, que é o ramo do conhecimento destinado ao conhecimento das palavras e das orações.

Conforme nos ensina Robles (2005, p. 28), "*todo ordenamento jurídico é um texto verbalizado ou verbalizável, no sentido de que já está escrito ou é passível de tradução em termos escritos*".

Assim, o conhecimento e a utilização das descobertas fundamentais dos linguistas e da semiótica é a melhor forma de estreitar o diálogo entre os universos da linguagem e do direito, pois permitem a adoção de novas e diferentes possibilidades metodológicas para a dogmática jurídica.

Especialmente no que diz respeito à busca pelos significados das palavras, da qual se ocupa a parte da Linguística denominada Semântica, um dos métodos de análise é a denominada Análise Conceitual, cujo objetivo é classificar os sentidos dos termos com base em um sistema de conceitos, comparando-se palavras afins.

Aplicando-se o método de análise conceitual, é possível obter o conteúdo mínimo de significação da expressão "prestar serviços" por meio da comparação com outros termos correlacionados.

No presente caso, na busca do conteúdo de significação da expressão "prestar serviços", faremos a comparação com os termos afins "vender" e "doar", elegendo características associadas a esses mesmos termos. Vejamos.

Termos/Expressões afins:

1. prestar serviços;
2. vender;
3. doar.

Características:

A. obrigação de dar;

B. obrigação de fazer;

C. onerosa;

D. gratuita.

Com esses critérios, e considerando que tais signos/expressões expressam diferentes conteúdos significativos, pode-se então estabelecer os seus significados mínimos pela seguinte combinação:

1) prestar serviços = B + C

2) vender = A + C

3) doar = A + D

Verifica-se inicialmente que a expressão "prestar serviços" tem pelo menos duas características essenciais que a distingue de outras ações econômicas: ser uma obrigação de fazer (B) e ser onerosa (C).

4. O reembolso de despesas

No art. 1º do texto constitucional foi consagrada a supremacia da lei dentro do Estado Democrático ao defini-lo como "de Direito". Tal assertiva foi ratificada como direito fundamental do cidadão por meio da sua previsão no rol do art. 5º, que trata dos direitos e garantias fundamentais. Ao positivar a supremacia da lei em seu inciso II e preconizar a liberdade individual prescrevendo que todos são livres, salvo naquilo em que houver lei proibitiva, o citado art. 5º também estabeleceu a vinculação dos atos, agentes e entes administrativos, porquanto para eles tudo o que não está permitido, está proibido.

Diante disso, forçoso concluir que o compartilhamento de estruturas entre empresas, ou mesmo a realização de despesas por conta e ordem de terceiros para futuro reembolso, não encontra qualquer vedação legal, sendo, portanto, plenamente permitida.

Nos casos em que uma empresa disponibiliza para outra empresa parte de sua estrutura,[1] ou que suporta despesas por conta e ordem de terceiro com recursos próprios, cobrando-lhe apenas e tão somente os gastos incorridos, não há que se falar em prestação de serviços, pois não existe nessas atividades intuito lucrativo (onerosidade).

Nestas hipóteses o que se tem é a mera recomposição do patrimônio da pessoa que suportou despesas em nome ou por conta

1. Tais situações são comuns em grupos empresariais que compartilham entre si setores não vinculados à atividade-fim das empresas, como departamentos jurídicos, de recursos humanos, suporte em informática etc.

de terceiro, não havendo, portanto, qualquer serviço prestado e, por consequência, qualquer enriquecimento passível de expressar capacidade de sofrer tributação.

Outra questão que deve ainda ser considerada, é que para fins de apuração do lucro real (base de cálculo do imposto sobre a renda e proventos e qualquer natureza da pessoa jurídica), a legislação vigente determina que as despesas dedutíveis serão somente aquelas consideradas necessárias e úteis ao desenvolvimento ou realização de seu objeto social, conforme expressamente disposto no art. 299 do Regulamento do Imposto sobre a Renda:

"Art. 299. São operacionais as despesas não computadas nos custos, necessárias à atividade da empresa e à manutenção da respectiva fonte produtora (Lei n. 4.506, de 1964, art. 47).

"§ 1º. São necessárias as despesas pagas ou incorridas para a realização das transações ou operações exigidas pela atividade da empresa (Lei n. 4.506, de 1964, art. 47, § 1º).

"§ 2º. As despesas operacionais admitidas são as usuais ou normais no tipo de transações, operações ou atividades da empresa (Lei n. 4.506, de 1964, art. 47, § 2º)."

Não seria possível, portanto, que uma empresa que detém uma estrutura compartilhada, ou que realiza despesas em nome de terceiros, deduza do seu lucro operacional despesas incorridas em benefício de outrem para com isso pagar menos Imposto sobre a Renda. Assim, cada empresa deverá deduzir na apuração de seu lucro real apenas as despesas por ela incorridas para a consecução de seus objetivos sociais, não podendo contabilizar para tal fim, despesas realizadas em nome ou para proveito de terceiros.

5. Desnecessidade de emissão de nota fiscal de serviços

A emissão de nota fiscal de serviço caracteriza-se como obrigação acessória decorrente da obrigação principal "pagar imposto sobre serviços".

Como visto acima, o Imposto sobre Serviços de Qualquer Natureza incide sobre determinados serviços quando o prestador possibilita ao tomador, mediante fixação de preço e apuração de lucro, a fruição de um benefício decorrente de uma obrigação de fazer. Assim, inexistindo serviço, de igual forma inexiste a obrigação de emissão de Nota Fiscal uma vez que o fato não configura hipótese de incidência do Imposto sobre Serviços e, conforme determina textualmente o art. 113, § 2º, do Código Tributário Nacional, a obrigação acessória decorre da legislação tributária e tem por objeto as prestações, positivas ou negativas, nela previstas no interesse da arrecadação ou da fiscalização dos tributos.

Inexistindo prestação, tampouco qualquer interesse do Fisco municipal na arrecadação ou fiscalização de tributo incidente em casos que tais, não há que se falar em obrigação acessória de responsabilidade da pessoa que realiza despesas em nome de terceiro, para posterior reembolso, ou mesmo da empresa que realizada a recomposição patrimonial de outra que realizou despesas por sua conta e ordem.

Assim, considerando que as despesas reembolsadas não se caracterizam como preço, base de cálculo do imposto em questão, e que a atividade de realização de despesas em nome e por conta de terceiros não se subsume ao conteúdo semântico do termo "serviço", não há que se falar em incidência do imposto de que se cuida sobre tais operações por total ausência de hipótese de incidência (prestar serviços) e de base de cálculo (preço do serviço). Inexistindo prestação de serviços, inexiste a obrigação de pagamento do imposto (obrigação principal) e consequentemente de emissão de nota fiscal (obrigação acessória).

Usualmente é utilizado em tais situações, para fins de discriminação das despesas a serem reembolsadas, o documento intitulado Nota de Débito, que, por não estar vinculado a qualquer obrigação relacionada ao pagamento de tributos, não encontra previsão na legislação tributária.

É certo, porém, que para que reste demonstrada a inexistência de lucro em face de eventual fiscalização dos órgãos municipais tendente a exigir o imposto sobre serviços, necessário se faz a comprovação, por parte da empresa que efetuou despesas reembolsáveis, de que os valores cobrados representam exclusivamente despesas, identificando-as e trazendo os respectivos comprovantes anexos.

6. Conclusões

Do exposto conclui-se, em suma, que:

a) A dogmática jurídica, não pode ignorar as concepções básicas das teorias desenvolvidas pela Linguística, cujo conhecimento é a melhor forma de estreitar-se o diálogo entre os universos da linguagem e do direito.

b) Conforme preceitua o art. 110 do Código Tributário Nacional, ao legislador não é autorizado modificar os conceitos trazidos pela norma constitucional de competência quando estes tenham por lastro as definições previstas no direito privado, estando ele, portanto, proibido de alterar o conteúdo do termo linguístico empregado na Constituição Federal de 1988 para aumentar o campo das competências tributárias estabelecido.

c) Relativamente ao termo "serviço", ele encontra definição tanto nas normas de direito privado, em especial no Código Civil, quanto na realidade socioeconômica brasileira. O Código Civil aprovado pela Lei n. 10.406/2002, definiu o termo "serviço" como sendo aquele não sujeito às leis trabalhistas ou a lei especial. Fazendo isso, o Código conceituou "serviço" como sendo aquela ação vinculada a um comportamento pelo prestador. Quanto ao preço, dispôs o Código Civil que toda a espécie de serviço pode ser contratada mediante retribuição.

d) Um dos métodos de análise para se aferir o conteúdo de significação do um determinado termo é a denominada Análise Conceitual, cujo escopo é classificar os sentidos dos termos por meio dos elementos que os caracterizam. Neste sentido, comparando-se os termos afins (prestar) serviços, vender e doar, verifica-se que pelo menos dois traços distinguem o primeiro dos demais termos: ser uma obrigação de fazer e ser onerosa.

e) A base de cálculo do imposto sobre serviços, em sua modalidade "prestar serviços" é o seu preço, ou seja, o valor correspondente à remuneração pelo serviço o que atende, inclusive, ao princípio da capacidade contributiva, previsto expressamente no art. 145, § 1º, da Constituição Federal de 1988.

f) Não se subsume ao conceito de serviço a atividade correspondente na antecipação de despesas por conta e ordem de terceiro para posterior reembolso, uma vez que esta retribuição caracteriza-se como mera recomposição do patrimônio da pessoa que suportou despesas em nome de outrem. Neste caso, não há qualquer enriquecimento passível de expressar capacidade de sofrer tributação, tampouco qualquer prestação onerosa, haja vista a inexistência de intuito lucrativo.

g) Soma-se a isso o fato de que a legislação relativa ao imposto sobre a renda dispõe que somente podem ser deduzidas pelo contribuinte as despesas necessárias e úteis ao desenvolvimento ou realização de seu objeto social, dentre as quais não se encontram as despesas incorridas por conta, ordem e em proveito de terceiros.

h) Não havendo serviço ou qualquer interesse do Fisco na arrecadação ou fiscalização de qualquer espécie de tributo incidente em casos que tais, igualmente não há para aquele que recebe os valores decorrentes de despesas reembolsadas a obrigação acessória de emitir nota fiscal de serviços, sendo suficiente, neste caso, a emissão de qualquer documento que relacione as despesas incorridas e que traga os respectivos comprovantes na forma de anexo.

Referências bibliográficas

ARAUJO, Clarice von Oertzen de (2005). *Semiótica do Direito.* São Paulo, Quartier Latin.

ATALIBA, Geraldo (1992). *Hipótese de Incidência Tributária.* 5ª ed. São Paulo, Malheiros Editores.

AYALA, José Perez de (1970). *Las Ficciones en el Derecho Tributario.* Madri, Editorial de Derecho Financiero.

BECKER, Alfredo Augusto (1998). *Teoria Geral do Direito Tributário.* 3ª ed. São Paulo, Lejus.

CARVALHO, Paulo de Barros (2003). *Curso de Direito Tributário.* 15ª ed. São Paulo, Saraiva.

______ (1999). *Direito Tributário: Fundamentos Jurídicos da Incidência.* 2ª ed. São Paulo, Saraiva.

______ (2002). *Teoria da Norma Tributária.* 4ª ed. São Paulo, Max Limonad.

______ (2008). *Direito Tributário, Linguagem e Método.* São Paulo, Noeses.

FALCÃO, Raimundo Bezerra (2004). *Hermenêutica.* 1ª ed. São Paulo, Malheiros Editores.

FERRAZ JR., Tércio Sampaio (2005). *Teoria da Norma Jurídica.* 4ª ed. Rio de Janeiro, Forense.

JARACH, Dino (2004). *O Fato Imponível.* Trad. Dejalma de Campos. 2ª ed. São Paulo, Ed. RT.

LYONS, John. *Linguagem e Linguística – Uma Introdução.* Trad. Marilda Winkler Averburg, LTC Editora.

MAXIMILIANO, Carlos (2006). *Hermenêutica e Aplicação do Direito.* 19ª ed. Rio de Janeiro, Forense.

______ (2004). *Hermenêutica e Aplicação do Direito.* Bauru/SP, Editora Edusc.

ROBLES, Gregório (2005). *O Direito como Texto.* Barueri, Manole.

SANTAELLA, Lucia (2004). *A Teoria Geral dos Signos.* São Paulo, Pioneira.

______ (2006). *O Que É Semiótica.* São Paulo, Brasiliense.

SAUSSURE, Ferdinand de (2006). *Curso de Linguística Geral.* Trad. Antônio Chelini, José Paulo Paes e Izidoro Blikstein. São Paulo, Cultrix.

SANÇÃO PELO DESCUMPRIMENTO DOS DEVERES INSTRUMENTAIS NAS IMUNIDADES, ISENÇÕES, ANISTIA E REMISSÃO

ANDRÉIA FOGAÇA MARICATO
Especialista em Direito Tributário pelo COGEAE-PUC/SP. Mestre e Doutoranda em Direito Tributário pela PUC/SP. Professora Assistente do COGEAE-PUC/SP. Advogada.

Introdução. 1. Delimitação do objeto. 2. Dever instrumental. 3. A Regra-Matriz dos Deveres Instrumentais (RMDI): 3.1 Data do cumprimento do dever instrumental. 4. Síntese exemplificativa da regra-matriz dos deveres instrumentais. 5. O descumprimento dos deveres instrumentais. 6. Crítica ao § 3º do art. 113 do CTN – Suposta conversão de obrigação acessória em principal. 7. Deveres instrumentais relacionados às imunidades e isenções. 8. Deveres instrumentais relacionados às anistias e remissões. 9. Sanção pelo descumprimento dos deveres instrumentais nas imunidades, isenções, anistia e remissão: 9.1 Imunidade e isenção; 9.2 Anistia e remissão. 10. Considerações finais.

Introdução

O tema *deveres instrumentais*, por não ser tão explorado, levanta inúmeros conflitos, propiciando o surgimento de questões bastante atuais e polêmicas. Por se tratar de assunto de alta complexidade, detentor de muitas particularidades, muitas questões que envolvem o assunto ora proposto, ainda merecem a atenção dogmática do Direito.

Para isto, tendo em mente que, os deveres instrumentais têm como função operacionalizar a regra-matriz de incidência tributária, trataremos neste trabalho da sanção pelo descumprimento dos deveres instrumentais aplicados aos casos de imunidade, isenção, remissão e anistia.

1. Delimitação do objeto

Faremos um corte metodológico na apreensão do processo de conhecimento. Na medida em que não pretendemos tratá-lo como objeto autônomo de investigação, limitar-nos-emos a explicar o papel desempenhado pela linguagem dentro da operação cognitiva, mostrando em que medida a linguagem, enquanto manifestação cultural, influencia a teoria do conhecimento.

Firmada essa premissa – que o conhecimento se opera mediante construção linguística –, podemos afirmar que não existe fato antes da interpretação. É mediante interpretações, construções de sentido e significações que o homem chega aos eventos, aos acontecimentos do mundo circundante, sendo imprescindível a existência de um corpo linguístico para fazer a conexão entre o homem e a realidade. Todavia, isto não significa que inexiste qualquer objeto físico quando não houver linguagem. O que estamos falando é que só teremos acesso às coisas que existem no mundo por meio da linguagem. Como leciona Paulo de Barros Carvalho,[1] "conheço determinado objeto na medida em que posso expedir enunciado sobre ele, de tal arte que o conhecimento se apresenta pela linguagem, mediante proposições descritivas ou indicativas". O conhecimento pressupõe a existência de linguagem, cria ou constitui a realidade sendo impossível conhecer as coisas como elas se apresentam fisicamente, fora dos discursos a que elas se referem.

Por isto, o mundo não é um conjunto de coisas que primeiro se apresentam e, depois, são nomeadas ou representadas por uma linguagem. Isso que chamamos de mundo nada mais é que uma interpretação, sem a qual nada faria sentido.[2]

Portanto, temos que a linguagem não só fala do objeto (Ciência do Direito – metalinguagem), como participa de sua constituição (direito positivo – linguagem-objeto). Assim, não há manifestação do direito sem uma linguagem, idiomática ou não, que lhe sirva de veículo de expressão, aqui tomado na sua acepção normativa, como conjunto de normas jurídicas válidas vigentes num sistema, em um determinado momento histórico.

2. *Dever instrumental*

Os deveres instrumentais regulam a atuação do contribuinte, pois são tidos como normas de conduta. Paulo de Barros Carvalho[3] define os chamados deveres instrumentais como sendo os elos concebidos visando ao aparecimento de deveres jurídicos, que os súditos do Estado, sujeito ativo (Fisco), têm a obrigação de respeitar, no sentido de imprimir efeitos práticos à percepção dos tributos. Em suas palavras: "São liames concebidos para produzirem o aparecimento dos deveres jurídicos, que os súditos do Estado hão de observar, no sentido de imprimir efeitos práticos à percepção dos tributos. É dever de todos prestar informações ao poder público, executando certos atos e tomando determinadas providências de interesse geral, para que a disciplina do relacionamento comunitário e a administração da ordem pública ganhem dimensões reais concretas. Nessa direção, o cumprimento de incontáveis deveres é exigido de todas as pessoas, no plano sanitário, urbanístico, agrário, de trânsito, etc., e também, no que entende com a atividade tributante que o Estado exerce".

Exceto a obrigação de levar certa quantia em dinheiro aos cofres públicos, advinda da relação jurídica tributária em sentido estrito que, por sua vez consiste no vínculo estabelecido entre sujeito ativo (Fisco) e o sujeito passivo (contribuinte), acarretando, por conseguinte, um direito subjetivo ao Estado, por meio da Administração, e dever jurídico ao contribuinte, todos os demais deveres impostos a esse mesmo sujeito passivo, defronte ao tributo instituído, com a inerente característica da impossibilidade de mensuração econômica, de cunho administrativo, devem ser entendidos como deveres instrumentais.

É por meio dos deveres instrumentais que o Estado consegue fazer o controle, no que tange à observação do cumprimento das obrigações inerentes à instituição dos gravames fiscais e nos casos em que, como exemplos, temos: a expedição de notas fiscais, a prestação de informações, a emissão de faturas, a escrituração de livros, o registro do papel imune, dentre outros.

Os deveres instrumentais cumprem um importante papel na implantação do tributo. Por se tratar de um dever de fazer

1. *Direito Tributário: Fundamentos Jurídicos da Incidência*, São Paulo, Saraiva, 2008, p. 110.

2. Fabiana Del Padre Tomé, *A Prova no Direito Tributário*, São Paulo, Noeses, 2005, p. 5.

3. *Curso de Direito Tributário*, São Paulo, Saraiva, 2008, p. 804.

ou não fazer, a sua observância depende de documentação em linguagem competente de tudo o que diz respeito ao tributo.

A causa geradora dos deveres instrumentais é a lei. Assim, ocorrida a situação descrita na norma, nasce o dever de fazer, não fazer ou tolerar, sem cunho pecuniário.

O art. 113, § 2º, do CTN determina que, ocorrido no mundo fenomênico o evento previsto no antecedente da norma jurídica geral e abstrata e vertido em linguagem competente com a produção da norma individual e concreta, isto faz nascer a relação jurídica que tem por objeto o adimplemento, pelo sujeito passivo, de uma conduta – de fazer ou de não fazer –, que possibilite à administração tributária tomar o conhecimento da ocorrência de um fato jurídico tributário ou outro que seja no interesse da arrecadação ou da fiscalização dos tributos.

A lei tributária estabelece diversos deveres ao sujeito passivo, a fim de que constituam em linguagem competente eventos do mundo social sobre os quais o direito atua, com o objetivo de atingir seus propósitos originários, ou seja, enquanto sujeito passivo, cumpre os deveres instrumentais que lhe são impostos, relata em linguagem os eventos do mundo fenomênico, dando ao Fisco a possibilidade de constituir o fato jurídico tributário, que, sem eles, muitas vezes não poderão se constituídos na forma jurídica própria.

Esta norma jurídica pode obrigar que o sujeito passivo suporte (conduta humana de não fazer algo) a atividade de fiscalização efetuada pela pessoa competente, em confirmação ao disposto no art. 196[4] do CTN. Pode ainda a administração intimar terceiro para que preste informações sobre a pessoa fiscalizada de modo a permitir que o ente competente apure eventual nascimento de obrigação tributária material (art. 197[5] do CTN). Ressaltamos que toda atividade de fiscalização deve obedecer ao princípio do contraditório e da ampla defesa, expresso no art. 5º, inciso LV, da Magna Carta. Apenas queremos mostrar que as relações jurídicas decorrentes dos deveres instrumentais consistem não só um fazer, como suportar um não fazer pelo sujeito passivo desta relação, com o objetivo de verificar possível nascimento e cumprimento do objeto de uma obrigação tributária material ou principal.

O fato jurídico do dever instrumental é qualquer situação que torne obrigatória a prática ou a abstenção de atos, isto é, qualquer ocorrência fática prevista na lei tributária que imponha um fazer, não fazer ou tolerar de natureza tributária, excluída a obrigação de pagar o tributo. E nasce ele da ocorrência do respectivo fato jurídico, ou, como prefere Luciano Amaro,[6] no momento da ocorrência do "pressuposto de fato legalmente definido". Neste diapasão, os deveres instrumentais tributários são previstos nas normas gerais e abstratas que

4. "Art. 196. A autoridade administrativa que proceder ou presidir a quaisquer diligências de fiscalização lavrará os termos necessários para que se documente o início do procedimento, na forma da legislação aplicável, que fixará prazo máximo para a conclusão daquelas.

"Parágrafo único. Os termos a que se refere este artigo serão lavrados, sempre que possível, em um dos livros ficais exigidos; quando lavrados em separado deles se entregará, à pessoa sujeita à fiscalização, cópia autenticada pela autoridade a que se refere este artigo."

5. "Art. 197. Mediante intimação escrita, são obrigados a prestar à autoridade administrativa todas as informações de que disponham com relação aos bens, negócios ou atividades de terceiros: I – os tabeliães, escrivães e demais serventuários de ofício; II – os bancos, as casas bancárias, Caixas Econômicas e demais instituições financeiras; III – as empresas de administração de bens; IV – os corretores, leiloeiros e despachantes oficiais; V – os inventariantes; VI – os síndicos, comissários e liquidatários; e VII – quaisquer outras entidades ou pessoa que a lei designe, em razão de seu cargo, ofício, função, ministério, atividade ou profissão.

"Parágrafo único. A obrigação prevista neste artigo não abrange a prestação de informações quanto a fatos sobre os quais os informantes estejam legalmente obrigados a observar segredo em razão de cargo, ofício, função, ministério, atividade ou profissão."

6. *Direito Tributário Brasileiro*, 2008, p. 335.

fazem nascer a relação jurídica de cunho não patrimonial em face dos fatos previstos no antecedente daquelas.

O cumprimento dos deveres instrumentais não é linguagem competente para constituir a obrigação tributária, esta só ingressa no mundo jurídico por meio da norma individual e concreta posta pelo particular ou Administração. Mas é linguagem competente para comprovar ser beneficiário, por exemplo, de uma imunidade, porque, caso um dos pressupostos do referido exemplo não sejam atendidos, o agente público competente estará obrigado a averiguar se essa circunstância ensejou o nascimento de uma relação jurídica tributária que obrigue o recolhimento de valores ao erário a título de tributo, efetuando, se for o caso e sob pena de responsabilidade, o lançamento das quantias devidas ou em sua suspensão até ulterior regularização.

Ocorrido o evento do dever instrumental no mundo fenomênico, ele só se tornará fato jurídico do dever instrumental mediante linguagem competente fornecida por meio da teoria das provas. Assim como a regra-matriz de incidência tributária necessita de uma linguagem competente que a constitua, o dever instrumental também necessita de uma linguagem competente que o constitua. Ou seja, o dever instrumental vai nascer para o contribuinte ou para quem a lei determina no momento em que, ocorrido o fato descrito na regra de dever instrumental, por meio da linguagem competente, nascerá a relação jurídica de conteúdo não patrimonial determinando em seu objeto a prestação de fazer ou não fazer.

Cabe esclarecer que o fato jurídico do dever instrumental passa a integrar o mundo jurídico com a publicação. Exemplo: a lei do dever instrumental determina, em sua hipótese de incidência, que aquele que circular mercadoria deverá emitir nota fiscal. João circulou mercadoria e emitiu nota fiscal. Neste momento, João constitui o fato jurídico do dever instrumental (linguagem competente). Todavia, caso João realize a operação de circular mercadoria sem a emissão da nota fiscal, não há o fato jurídico do dever instrumental; por outro lado, se posteriormente o agente fiscal verificar o não cumprimento do dever instrumental no estabelecimento de João, constituirá em linguagem competente o fato jurídico do dever instrumental com a aplicação do Auto de Infração e Imposição de Multa, pelo seu descumprimento.

Portanto, podemos afirmar que os deveres instrumentais necessitam de linguagem competente para que surtam efeitos no mundo jurídico; caso contrário, eles serão um mero evento que se perde no tempo e no espaço.

3. A Regra-Matriz dos Deveres Instrumentais (RMDI)

No que concerne à regra-matriz dos deveres instrumentais, ela não consta de um critério quantitativo, uma vez que os deveres instrumentais visam instrumentalizar a função estatal consistente na apuração da ocorrência de fatos jurídicos tributários e eventual adimplemento da obrigação tributária substantiva. Não se tem o que quantificar, por não se tratar de uma obrigação pecuniária, mas uma obrigação de fazer ou não fazer, como instrumento da regra-matriz de incidência tributária.

A norma jurídica dos deveres instrumentais será validamente produzida se prescrever condutas que tenham por finalidade prover a pessoa competente (que exerce a função de fiscalização) da informação a respeito da ocorrência de fatos jurídicos que ensejam o nascimento de obrigações tributárias e seu adimplemento pelo sujeito passivo veiculado no mandamento da norma jurídica tributária.

Da mesma forma que a regra-matriz de incidência tributária, a regra-matriz dos deveres instrumentais é composta de antecedente e consequente, ligados entre si pela causalidade jurídica ou imputação. Na hipótese, está descrito um fato que, ocorrido, dará ensejo à obrigação administrativa tributária formal. Esta é uma prestação de fazer ou não fazer, sem cunho patrimonial.

Assim, a regra-matriz dos deveres instrumentais tem no seu antecedente, à semelhança da regra-matriz de incidência tributária, os critérios: material, espacial e temporal.

3.1 Data do cumprimento do dever instrumental

O estudo das normas dos deveres instrumentais e das normas primárias sancionatórias pelo descumprimento dos deveres instrumentais, pode ser melhor desempenhado se acrescentarmos um critério temporal no consequente das normas primárias dispositivas.

Este critério temporal permite divisar os tempos passado, presente e futuro no direito em geral e, em relação ao direito tributário, permite que seja utilizado como critério para apuração do cumprimento ou não das condutas previstas nos consequentes das normas jurídicas.

Portanto, faz-se necessário introduzir na regra-matriz dos deveres instrumentais, a data para o seu cumprimento, porque, passada a data estipulada por lei para o cumprimento do dever instrumental, sem que o dever esteja já cumprido pelo contribuinte ou responsável, nesse exato instante nasce o evento "sanção", pelo descumprimento do dever instrumental, evento que necessitará ser constituído pela linguagem competente.

Luís Cesar Souza de Queiroz[7] dá um exemplo que, demonstra a importância do critério temporal no consequente de qualquer norma jurídica tributária, "suponha que a norma do imposto sobre a renda determina, em seu consequente, que o sujeito que auferir renda (sujeito passivo) estará obrigado a entregar, em dinheiro (critério material quantitativo) 10% (alíquota) da renda auferida (base de cálculo) ao Estado (sujeito ativo), em qualquer repartição da receita federal (critério espacial), ***em tempo nenhum*** (critério temporal inexistente). O efeito seria não haver norma jurídica, pois a mensagem prescritiva de conduta intersubjetiva careceria de sentido deôntico completo: afinal, não tem sentido obrigar alguém a cumprir uma conduta em tempo nenhum; então, a cláusula final ('em tempo nenhum') torna a mensagem um sem-sentido jurídico".

Observa-se, no que concerne à regra-matriz dos deveres instrumentais, a data para o cumprimento do dever imposto deve integrar o consequente da sua regra-matriz, para determinar o exato momento em que aquele dever foi cumprido, ou o exato momento em se cabe a aplicação da multa pelo seu descumprimento.

Isto porque é o critério temporal do consequente do dever instrumental que determina o nascimento do evento multa. Portanto, a lei que instituir os deveres instrumentais deve estipular o tempo para o seu cumprimento ou descumprimento.

4. Síntese exemplificativa da regra-matriz dos deveres instrumentais

Hipótese ou descritor:

Critério material – dado o fato da operação de circulação de mercadoria – ICMS.

Critério espacial – dentro do território do Estado de São Paulo.

Critério temporal – no momento em que se realiza a operação.

Consequente ou prescritor:

Critério pessoal – sujeito ativo – Estado de São Paulo – Fisco. E sujeito passivo – o mesmo contribuinte do ICMS (com as exceções criadas por lei e permitidas pela CF).

7. Luiz César de Queirós, *Regra-Matriz de Incidência Tributária*, Rio de Janeiro, Forense, 2005, p. 225.

Critério qualitativo – emissão de notas fiscais, entrega da DCTF, preencher livros fiscais, registrar a contabilidade em livros comerciais e fiscais, etc.

5. O descumprimento dos deveres instrumentais

Conforme visto, os deveres instrumentais são normas jurídicas que prescrevem o dever de fazer ou não fazer dada conduta, assim, ocorrido o fato jurídico do dever instrumental, nascerá uma relação jurídica instrumental (D (h – R'(Sa, Sp) . (-R' – R"). Nada impede que o fato jurídico do dever instrumental seja o mesmo que o fato jurídico tributário.[8]

A norma primária sancionadora prevê em seu antecedente a infração, e em seu consequente, a sanção, ou seja, o descumprimento do consequente da norma primária é que vai dar ensejo à aplicação do consequente da norma sancionatória.

Deste modo, a norma sancionatória aplicada ao descumprimento do dever instrumental tem como hipótese de incidência a não observância de dever instrumental e, por consequência, uma relação jurídica que se instaura entre aquele responsável pelo adimplemento do dever instrumental (sujeito passivo) e o Fisco (sujeito ativo). Os sujeitos da relação jurídica são os mesmos, o que os diferencia é o objeto da prestação, ou seja, na relação de dever instrumental, é um fazer ou não fazer, enquanto na relação de descumprimento do dever instrumental, é um montante determinado, firmado segundo os valores e interesses do legislador, porque o objeto da relação descumprida (de dever instrumental) é insuscetível de valorização econômica, o que revela a impossibilidade de ele ser tomado como base de cálculo para o montante a ser pago a título de multa instrumental.

6. Crítica ao § 3º do art. 113 do CTN – Suposta conversão de obrigação acessória em principal

O § 3º do art. 113 do CTN prescreve: "A obrigação acessória, pelo simples fato de sua inobservância, converte-se em obrigação principal relativamente à penalidade pecuniária".

A doutrina pouco fala deste parágrafo e, quando fala, critica-o de modo superficial.

Hugo de Brito Machado[9] escreve sobre o tema: "A obrigação acessória é instituída pela legislação, que é a lei em sentido amplo (art. 96). Sempre no interesse da arrecadação ou fiscalização dos tributos (art. 113, § 2º). Não implica para o sujeito ativo (fisco) o direito de exigir um comportamento do sujeito passivo, mas o poder jurídico de criar contra ele um crédito, correspondente à penalidade pecuniária. Por isto diz o Código que 'a obrigação acessória, pelo simples fato de sua inobservância, converte-se em obrigação principal relativamente à penalidade pecuniária' (art. 113, § 3º). Na verdade o inadimplemento de uma obrigação acessória não a converte em obrigação principal. Ele faz nascer para o fisco o direito de constituir um crédito tributário contra o inadimplente, cujo conteúdo é precisamente a penalidade pecuniária, vale dizer, a multa correspondente".

Na citação anterior, o autor destaca que é possível visualizar com facilidade a impropriedade terminológica do § 3º, do art. 113, do Código Tributário Nacional. E destaca que esta impropriedade "em nada prejudica sua compreensão e que pode ser facilmente superada pelo intérprete".[10]

8. Eurico Marcos Diniz de Santi ressalta que muitas vezes não nasce o fato jurídico tributário, como no caso das isenções, mas, ainda assim, incide a regra-matriz de dever instrumental, obrigando o contribuinte a realizar os respectivos controles (*Lançamento Tributário*, São Paulo, Max Limonad, 2001, p. 134).

9. *Curso de Direito Tributário*, São Paulo, Malheiros Editores, 2008, p. 123.

10. Hugo de Brito Machado, *Comentários ao Código Tributário Nacional – Arts. 96 ao 138*, vol. II, São Paulo, Atlas, 2008, p. 299.

Já Celso Ribeiro de Bastos,[11] em *Comentários ao Código Tributário Nacional*, vol. 2, coordenado por Ives Gandra da Silva Martins, destaca que "Não há que se falar em conversão da obrigação acessória em principal, mas sim em sanção. Contudo, a intenção do texto é tão manifesta que acaba por revelar esse picadilho de ordem lógica. É que resulta claro que o legislador quis deixar certo é que a multa tributária, embora não sendo, em razão da sua origem, equiparável ao tributo, há de merecer o mesmo regime jurídico previsto para sua cobrança. O direito tem estas liberdades, que não precisam ser objeto de escândalo".

Portanto, o não cumprimento do dever instrumental não o torna uma obrigação principal, mas, sim, faz nascer uma sanção tributária.

Neste sentido, Luciano Amaro[12] esclarece que, se a obrigação de pagar penalidade pecuniária já é principal, por definição (dada no § 1º), a lógica maquinal do Código levaria a dizer que o fato gerador dessa obrigação principal seria o descumprimento da outra obrigação (a acessória). E, assim sendo, nenhuma conversão seria necessária. E completa que não existe esta conversão ou transfiguração, como a doutrina defende, o que se passa é que o descumprimento da obrigação formal configura ato omissivo ilícito, o que, entre outras possíveis consequências, pode dar ensejo à aplicação de uma penalidade pecuniária (que não tem natureza de tributo).

Paulo de Barros Carvalho[13] faz duras críticas a este parágrafo, ao demonstrar que o legislador comete "um desatino lógico-jurídico, agredindo a postulados de extraordinária relevância para a Teoria Geral do Direito", porque a questão dos deveres instrumentais é encarada como uma relação jurídica não patrimonial, em que o sujeito passivo, ao descumprir a prestação prescrita, dá espaço à incidência da norma sancionatória, que tem na hipótese o não cumprimento daquele dever, por isso imputa a este sujeito passivo uma penalidade pecuniária. Neste ponto, destaca Barros Carvalho[14] que "por equiparação legal, o vínculo assim constituído passa a chamar-se obrigação tributária, sinônimo que concertamos adotar para a expressão inexata obrigação principal".

Sabemos que se houver o descumprimento do dever formal, desaparece a relação que o instituíra e surge em seu lugar um vínculo sancionatório, portador de uma penalidade pecuniária que onerará o patrimônio do infrator. Esta multa é cobrada com os mesmos recursos administrativos e com o emprego dos mesmos instrumentos processuais utilizados na cobrança de tributos. Todavia, não pode o legislador igualar duas figuras distintas: dever e penalidade.

Deste modo, entendemos que este § 3º padece de inconstitucionalidade, uma vez que confunde os institutos dos deveres instrumentais com o da penalidade tributária. Ou seja, esta equiparação feita pelo Código Tributário Nacional fere conceitos da Teoria Geral do Direito, isto porque a norma que estabelece o dever trata-se de um ato lícito e a norma que estabelece a sanção de ato ilícito, são duas norma de naturezas diversas, igualar ambas, lícito e ilícito, como se fosse só uma choca como sistema do direito positivo.

O fato de o Código Tributário Nacional ter utilizado uma terminologia imprópria não deve ser ignorado e visto como uma impropriedade terminológica que em nada prejudica, como entendem alguns doutrinadores, como o Professor Hugo de Brito acima referido. A consequência do inadimplemento, tanto das obrigações tributárias, quanto dos deveres instrumentais, é sanção, a qual não pode ser vista por meio de sua conversão em obrigação tributária.

11. São Paulo, Saraiva 1998, p. 148.

12. *Direito Tributário Brasileiro*, São Paulo, Saraiva, 2008, p. 248.

13. *Curso de Direito Tributário*, São Paulo, Saraiva, 2008, p. 327.

14. Idem, p. 328.

Desta forma, não concordamos com o entendimento do Professor Hugo de Brito Machado[15] quando pretende sustentar que o § 3º do art. 113 do CTN apenas quis dizer que, ao fazer um lançamento tributário, a autoridade administrativa deve considerar o inadimplemento de uma obrigação acessória como fato gerador de uma obrigação principal, ao fornecer elementos para a integração do crédito tributário, porque não é isto que consta no Código, pois o referido parágrafo não está em consonância com o nosso ordenamento jurídico.

Portanto, demonstraremos neste capítulo que o descumprimento do dever instrumental é o critério material da regra-matriz da multa pelo seu descumprimento. Ou seja, o descumprimento do dever instrumental vai se transformar na hipótese da norma sancionatória que vai ter no consequente a multa aplicada.

7. Deveres instrumentais relacionados às imunidades e isenções

Paulo de Barros Carvalho[16] define imunidade tributária como uma classe finita e imediatamente determinável de normas jurídicas, contidas no texto da Constituição Federal, e que estabelecem, de modo expresso, a incompetência para expedir regras instituidoras de tributos que alcancem situações específicas e suficientemente caracterizadas. Para ele, as imunidades são somente aquelas expressas claramente no texto constitucional, ou seja, estão taxativamente explicitadas na Constituição, não dispondo o legislador infraconstitucional de nenhuma liberdade no sentido de editar novos enunciados veiculadores de normas jurídicas sobre a imunidade.

Portanto, as imunidades dizem respeito à incompetência de referidas pessoas políticas para criarem em abstrato, tributos, ajudando a delimitar o campo tributário, conferindo também a certas pessoas, os sujeitos imunes, um direito subjetivo de não tributação.

Detêm as imunidades também um caráter instrumental, pois, na medida em que conferem um direito subjetivo aos sujeitos imunes, impõem um dever jurídico aos entes legiferantes de direito público interno, cujo núcleo deôntico aponta nitidamente para uma proibição, privando os tais entes a expedir regras jurídicas que instituam tributos. Ou seja, a incompetência das pessoas políticas para expedir regras, inovando nosso ordenamento, ocorre de forma expressa através do modal proibido.

Com esta explanação, podemos verificar que a imunidade não pode ser considerada como uma hipótese de não incidência constitucionalmente qualificada, pois não há o fenômeno da subsunção do fato à regra, e, em não ocorrida a subsunção, não podemos falar em seus efeitos, tendo em vista que, conforme demonstrado acima, é incidindo que uma proposição qualifica as pessoas, bem como é incidindo que o sistema do direto posto atinge a conduta humana nas suas relações de inter-humanidade. Ora, se é afirmado que uma regra, ao incidir, significa o mesmo que lhe negar seu teor de juridicidade, então só se pode concluir que norma que não incide está fora do direito, ou não foi produzida de acordo com o ordenamento em vigor.

Vemos, assim, que a imunidade e a isenção não se confundem, pois são duas fontes normativas distintas, estando uma na Constituição Federal, enquanto a outra é fundamentada por leis infraconstitucionais. A norma de imunidade colabora no desenho do perfil das competências, ocupando o patamar constitucional e – frise-se! – não trata da fenomenologia da incidência, pois age antes, colaborando no contorno das competências, ao passo que as regras isentantes integram o plano da legislação ordinária, a qual opera como redutora do campo de abrangência dos critérios do antecedente ou consequente da regra-matriz tributária.

15. *Curso de Direito Tributário*, São Paulo, Malheiros Editores, 2008, p. 124.

16. *Curso de Direito Tributário*, São Paulo, Saraiva, 2008, p. 184.

Portanto, partindo do entendimento de que os deveres instrumentais têm como função instrumentalizar a regra-matriz de incidência tributária, qual a sua relação com as normas imunes? E com as normas isentas? Não tendo a RMIT, em decorrência da imunidade ou isenção, os deveres instrumentais permanecem?

Tanto na imunidade, quanto na isenção os deveres instrumentais devem ser cumpridos. Nas imunidades condicionadas, por exemplo, o próprio art. 14 do CTN prescreve deveres instrumentais como condição do gozo da imunidade. E nas isenções, só são concedidas quando cumprido os requisitos estabelecidos em lei.

Os deveres instrumentais devem ser cumpridos tanto nas imunidades, quanto as isenções.

O cumprimento dos requisitos previstos deve ser provado através de documentos idôneos, se não forem totalmente observadas, a autoridade competente (União, Estados, Distrito Federal e Municípios) poderá suspender a aplicação do benefício. Caso contrário perderá o benefício da imunidade, nos casos de imunidade condicionada e da isenção concedida.

Neste sentido se posiciona o STJ:

"*Processual Civil e Tributário. ICMS. Mandado de segurança coletivo. Decreto estadual n. 11.803/2005. Obrigações acessórias ao procedimento de isenção do ICMS. Inexistência de ofensa à LC n. 87/1996. Legalidade reconhecida.*

"I – 'O Decreto 11.803/2005, emitido pelo Estado do Mato Grosso do Sul, instituiu um série de obrigações tributárias acessórias, com o objetivo de tornar eficaz o procedimento de fiscalização da efetiva exportação ou não exportação das mercadorias destinadas ao exterior, com o objetivo de assegurar que a imunidade tributária constitucional seja aplicada com absoluta segurança e legalidade.

"'Não se identifica a apontada ilegalidade nesse ato legislativo. Ao contrário, é a própria Constituição Federal que estabelece a competência do Estado para instituir o ICMS (art. 155, II), sendo consequência legal de direito que esse mesmo Estado seja responsável pela emissão de regras legais que se aplicam ao tributo, nos termos do prescrito no art. 113, § 2º, do Código Tributário Nacional.

"'Não se caracteriza a apontada violação do art. 3º da LC 87/1996, que isenta do ICMS as operações e procedimentos de transporte afetos à mercadorias destinadas à exportação, isso porque o Decreto instituído pelo Estado do Mato Grosso do Sul não afasta ou impede a aplicação de tal isenção/imunidade, mas cria mecanismos administrativos (obrigações tributárias acessórias) que objetivam atestar a efetiva concretização da operação de exportação, de forma a evitar que, eventualmente, seja aplicado o favor fiscal em referência a operações de compra/venda realizadas apenas no âmbito interno (RMS 21.789-MS, Rel. Ministro José Delgado, *DJ* 26.10.2006)'.

"II – Recurso ordinário improvido" (RMS 27.476-MS 2008/0172004-3, Ministro Francisco Falcão, *DJe* 17.11.2008).

8. Deveres instrumentais relacionados às anistias e remissões

As normas de remissões e anistias tributárias vêm quase sempre condicionadas ao cumprimento de certos deveres instrumentais.

A concessão de remissão ou de anistia de tributos exige, por força do comando constitucional, lei específica e exclusiva. O exame dessa especificidade e exclusividade exige, por sua vez, a devida consideração do contexto sistemático em que ambas ocorrem. Sem uma aceitável distinção entre os conceitos de anistia e remissão, torna-se difícil esclarecer a constitucionalidade das leis que as promovam.

Os arts. 172 e 180 do CTN prescrevem sobre a remissão e a anistia, nos seguinte termos:

"Art. 172. A lei pode autorizar a autoridade administrativa a conceder, por despacho fundamentado, remissão total ou parcial do crédito tributário, atendendo:

"I – à situação econômica do sujeito passivo;

"II – ao erro ou ignorância escusáveis do sujeito passivo, quanto à matéria de fato;

"III – à diminuta importância do crédito tributário;

"IV – a considerações de equidade, em relação com as características pessoais ou materiais do caso;

"V – a condições peculiares a determinada região do território da entidade tributante.

"Parágrafo único. O despacho referido neste artigo não gera direito adquirido, aplicando-se, quando cabível, o disposto no art. 155."

"Art. 180. A anistia abrange exclusivamente as infrações cometidas anteriormente à vigência da lei que a concede, não se aplicando:

"I – aos atos qualificados em lei como crimes ou contravenções e aos que, mesmo sem essa qualificação, sejam praticados com dolo, fraude ou simulação pelo sujeito passivo ou por terceiro em benefício daquele;

"II – salvo disposição em contrário, às infrações resultantes de conluio entre duas ou mais pessoas naturais ou jurídicas."

Aliomar Baleeiro[17] é quem afirma: "A anistia não se confunde com a remissão. Esta pode dispensar o tributo, ao passo que a anistia fiscal é limitada à exclusão das infrações cometidas anteriormente à vigência da lei, que a decreta".

O autor explica sobre a anistia fiscal que o CTN tomou de empréstimo o milenar instituto político de clemência, esquecimento e concórdia, mas com ele não se confunde, apesar de possuir a mesma natureza. Assim, promove perdão e esquecimento, de duas formas: de um lado, restringindo-os a alguns atos, posto que a anistia fiscal exclui os atos qualificados como crime ou contravenção ou atos que, sem este qualificativo, envolvem dolo, fraude, simulação ou conluio; de outro lado, ampliando-lhes a abrangência, posto que os estendem, para além do legislador federal, aos legisladores estaduais e municipais. Quanto à remissão esclarece que o CTN se refere ao mesmo instituto de Direito Privado de que trata o Código Civil, arts. 386 a 388,[18] que têm, como a anistia política, o mesmo cerne significativo na ideia de perdão (remitir ou perdoar a dívida).

A distinção entre os dois institutos, no âmbito tributário, é importante porque produzem efeitos diferentes: a remissão é modalidade de extinção do crédito tributário (CTN, art. 156), enquanto a anistia exclui o crédito sancionatório (CTN, art. 175). Mas reduzir a distinção entre ambos a perdão de infração e penalidades correspondentes (a anistia) e a perdão do crédito (a remissão) é, a nosso ver, uma fórmula muito pobre, já pela origem diferente que manifestam. O exame da sistematicidade orgânica exige, para além da estrutura do contexto normativo, a consideração da gênese dos conceitos.

O crédito gerado pela infração exclui-se também a infração, se houver anistia, isto é, desaparece o direito de punir.[19] Desaparecido este, desaparecem as penalidades, embora, obviamente, a recíproca não seja verdadeira, isto é, as penalidades podem ser extintas (por exemplo, pelo paga-

17. *Direito Tributário Brasileiro*, Rio de Janeiro, Forense, 2007, p. 633.

18. "Art. 386. A devolução voluntária do título da obrigação, quando por escrito particular, prova desoneração do devedor e seus coobrigados, se o credor for capaz de alienar, e o devedor capaz de adquirir.

"Art. 387. A restituição voluntária do objeto empenhado prova a renúncia do credor à garantia real, não a extinção da dívida.

"Art. 388. A remissão concedida a um dos codevedores extingue a dívida na parte a ele correspondente; de modo que, ainda reservando o credor a solidariedade contra os outros, já lhes não pode cobrar o débito sem dedução da parte remitida."

19. Ruy Barbosa Nogueira, *Curso de Direito Tributário*, São Paulo, Saraiva, 1995, p. 354.

mento) sem que desapareça a infração e, em consequência, sem que o crédito tenha sido excluído.

O CTN, art. 180, trata, portanto, de anistia de infrações e não de anistia de penalidade. Afinal, como esclarece Aliomar Baleeiro,[20] "o Fisco, se há infração legal por parte do sujeito passivo, pode cumular o crédito fiscal e a penalidade, exigindo esta e aquele". Esta autonomia da exigência da penalidade que, como crédito, nasce da infração, explica que a anistia da infração exclua a exigência da anistia do crédito, que, em consequência, se cancela.

Mas a mesma autonomia tem de admitir a hipótese de mera redução de multas e penalidades, isto é, do crédito correspondente, sem que haja, obviamente, perdão da infração ou que o crédito gerado pela infração possa ser extinto (e não excluído) por qualquer das modalidades de extinção de crédito.[21]

Segue, pois, que é irrecusável a hipótese de mero perdão de penalidade, isto é, perdão do crédito correspondente, independentemente do olvido da infração. Ou seja, quando o legislador tributário disciplina o perdão de penalidades ou vê na sua anistia uma correlação com a anistia da infração (por inteiro) ou, querendo referir-se apenas à penalidade (ao crédito correspondente), mantendo a infração e não recorrendo impropriamente ao instituto da anistia, só pode estar a falar em remissão. Assim, por ser a remissão tributária modalidade de extinção do crédito tributário tal como ele é constituído pelo lançamento, e, no caso de penalidades, por lançamento de ofício, quando a lei prevê o cancelamento ou redução de penalidades, nada impede que estejamos diante de remissão e não de anistia.

Qual seria, então, o critério prático que permitiria, diante da fórmula legal "cancelamento ou redução de penalidades", saber se se trata de perdão por anistia ou de perdão por remissão? Entendemos que o critério estrutural está nas condições a que se vincula a concessão legal. Se esta se reporta clara e expressamente às condições (a uma delas) do art. 172, incisos I a V, do CTN, estaremos diante de remissão. Se ela se reporta às condições das alíneas *a* até *d*, do inciso II, do art. 181, do CTN ou se não prevê condições (inciso I), o caso é de anistia.[22]

Portanto, feita a distinção entre anistia e remissão, o Código Tributário Nacional é claro quando prevê em seu art. 175, parágrafo único, a permanência do cumprimento dos deveres instrumentais nos caso da anistia:

"Art. 175. Excluem o crédito tributário:

"I – a isenção;

"II – a anistia;

"Parágrafo único. A exclusão do crédito tributário não dispensa o cumprimento das obrigações acessórias, dependentes da obrigação principal cujo crédito seja excluído, ou dela consequente."

Mesmo com a anistia concedida, o contribuinte ou responsável deverá cumprir os deveres instrumentais a ele impostos.

O mesmo aplica-se à remissão quando ela é parcial, pois neste caso o crédito tributário permanece, devendo o contribuinte ou responsável cumprir todos os deveres instrumentais a ele impostos.

9. Sanção pelo descumprimento dos deveres instrumentais nas imunidades, isenções, anistia e remissão

O objetivo principal de tais deveres é instrumentalizar a atividade de arrecadação e a fiscalização dos tributos. São regras constituídas com a finalidade de controlar a ocorrência de fazer com que os

20. *Direito Tributário Brasileiro*, Rio de Janeiro, Forense, 2007, p. 479.

21. Tércio Sampaio Ferraz Jr., *Revista Dialética de Direito* 92, 2003, pp. 67-73.

22. Idem, ibidem.

contribuintes suportem e ajudem na fiscalização, para apurar o eventual nascimento de obrigação tributária material ou demonstrar o seu não nascimento, como nos casos de imunidade. Portanto, são medidas necessárias ao controle da ação de tributar e são dirigidas diretamente à conduta dos contribuintes ou a quem a lei determinar, impondo-lhes deveres de tomar certas medidas destinadas a possibilitar à Administração controlar o nascimento ou não da regra-matriz de incidência tributária.

Assim, todo contribuinte, na posição de sujeito passivo da relação jurídica tributária (ou quem a lei determinar), beneficiado, por exemplo, por uma imunidade, isenção, anistia e até mesmo nos casos de suspensão da exigibilidade do crédito tributário, não está desobrigado ao cumprimento dos deveres instrumentais. Os referidos deveres apresentam existência própria, mesmo sem o nascimento da obrigação tributária. Em outras palavras, os deveres instrumentais não estão dispensados, pelo contrário, são obrigatórios, pois, é por intermédio deles que os entes políticos mantêm o controle sobre se a imunidade está sendo gozada e por quem de direito.

Logo, determinado sujeito passivo conforme visto, mesmo imune ou isento, continua tendo obrigação de prestar os deveres instrumentais, vez que esta é a ferramenta do Estado na operacionalização da regra-matriz de incidência tributária ou na averiguação de seu surgimento. Em caso de não cumprimento, a imunidade poderá ser suspensa, assim como a isenção e a anistia poderão ser revogadas.

9.1 Imunidade e isenção

As situações de imunidades e isenções tributárias vêm quase sempre condicionadas ao cumprimento de certos deveres instrumentais, que, uma vez não cumpridos em tempo e modo prescritos, podem, na maioria das vezes, dar causa à incidência da RMIT, quando há imunidades ou isenções tributárias condicionadas; ou podem fazer cessar os efeitos dessas exonerações tributárias, quando há remissões e anistias tributárias condicionadas.

O não cumprimento dos deveres instrumentais nas imunidades condicionadas acarreta a perda da imunidade: este entendimento é pacífico na doutrina e na jurisprudência. O próprio CTN, no art. 14, com as modificações introduzidas pelo inciso I da Lei Complementar n. 104, de 2001, estabelece o cumprimento dos deveres instrumentais como condição para o enquadramento de uma entidade como imune.

O cumprimento dos requisitos previstos deve ser provado por meio de documentos idôneos, pois, se assim não estiverem totalmente caracterizados, a autoridade competente (União, Estados, Distrito Federal e Municípios) poderá suspender a aplicação do benefício.

Como a isenção é uma norma que decorre da lei, atuando sobre a regra-matriz de incidência tributária, os beneficiários da isenção deverão cumprir os requisitos estabelecidos pela lei, para gozarem do benéfico, assim, deverão observar e cumprir todos os deveres instrumentais impostos, caso contrário, perderão a isenção concedida.

José Souto Maior Borges[23] destaca as distinções entre perda e extinção da isenção, que são fenômenos inconfundíveis, ou seja, a extinção ocorre quando a isenção desaparece do sistema tributário, enquanto que a perda consiste na circunstância de determinada pessoa, até então isenta, ser excluída do gozo ou desfrute da isenção, como, por exemplo, no cancelamento do gozo de uma isenção para certas pessoas, que estavam sendo beneficiadas.

Ferando Sainz de Bujanda[24] aponta como sendo as mais importantes causas de extinção das isenções as seguintes: (i) su-

23. *Teoria Geral da Isenção Tributária*, São Paulo, Malheiros Editores, 2007, p. 195.

24. *Introducción al Derecho Financeiro de nuestro Tempo*, Madri, Institutos de Estudos Políticos, 1962, pp. 459-460.

pressão do tributo a que a isenção se refira; (ii) derrogação das normas que a instituíram, ou a ausência de convalidação, se esta for necessária; (iii) nas objetivas, a modificação do pressuposto de fato, que coloque o sujeito isento no âmbito da não sujeição; (iv) nas temporárias, o transcurso do tempo para o qual foram concedidas; (v) nas internacionais, a resolução dos convênios em que foram pactuadas e o abandono do critério da reciprocidade; (vi) nas subjetivas, concedidas em favor de uma entidade determinada, a extinção jurídica dessa entidade.

Já a perda da isenção pode decorrer das seguintes formas: (i) desaparecimento das circunstâncias que legitimam o desfrute da isenção; (ii) caducidade dos prazos concedidos para solucionar a renovação da isenção, quando este requisito for necessário, transcorrido um período de tempo, para prosseguir o desfrute; (iii) infração dos deveres impostos ao beneficiário, quando a perda da isenção for, nessa hipótese, a sanção legalmente prevista.

Desta forma, o não cumprimento dos deveres instrumentais acarreta a perda da isenção.

9.2 Anistia e remissão

A remissão vem do verbo remitir, é o perdão, indulgência, indulto. É uma das formas extintivas da obrigação tributária, prevista no art. 172 do CTN.

Com a remissão, desaparece o direito subjetivo de exigir a prestação e, por decorrência lógica e imediata, some também o dever jurídico cometido ao sujeito passivo, mas obviamente se a remissão for total.[25]

Este perdão concedido através da remissão exige a edição de uma lei autorizadora.

Desta forma, para que o contribuinte adquira a remissão prevista em lei, deverá cumprir os deveres instrumentais ali estabelecidos. No caso do seu não cumprimento, este acarretará a perda do benefício.

Anistia fiscal é o perdão da falta cometida pelo infrator de deveres tributários e também quer dizer o perdão da penalidade a ele imposta por ter infringido mandamento legal.

Portanto, mesmo muito parecida com a remissão, pois ambas retroagem a operações das relações jurídicas já constituídas, elas não se confundem, uma vez que a remissão é o perdão do débito tributário – natureza tributária; e a anistia é o perdão sobre ato de infração ou sobre a penalidade que lhe foi aplicada – cunho sancionatório.

A anistia pode ser concedida de forma expressa (quando o legislador explicitamente indica os ilícitos tributários que ele remite), ou tacitamente (eventual modificação das normas deixe de definir certo ato como infração, art. 106, inciso I, *a*, do CTN – desaparecendo o ilícito, beneficiam-se os atos ou fatos pretéritos por força de sua aplicação retroativa).

Anistia é um perdão veiculado por lei e de caráter retroativo, que pode ser total ou parcial, com relação à sanção, e atinge a norma sancionatória, além de diferir da remissão, por tratar de ilícito. Assim, tendo a anistia total, não há mais o crédito sancionatório, no entanto, o crédito tributário continuará.

10. Considerações finais

1. O fato jurídico do dever instrumental é qualquer situação que torne obrigatória a prática ou a abstenção de atos, isto é, qualquer ocorrência fática prevista na lei tributária que imponha um fazer, não fazer ou tolerar de natureza tributária, excluída a obrigação de pagar o tributo. E nasce ele da ocorrência do respectivo fato jurídico, ou, como prefere Luciano Amaro,[26] no momento da ocorrência do "pressuposto de

25. Paulo de Barros Carvalho, *Direito Tributário, Linguagem e Método*, São Paulo, Noeses, 2008, p. 485.

26. *Direito Tributário Brasileiro*, 2008, p. 335.

fato legalmente definido". Neste diapasão, os deveres instrumentais tributários são previstos nas normas gerais e abstratas que fazem nascer a relação jurídica de cunho não patrimonial em face dos fatos previstos no antecedente daquelas.

2. A regra-matriz dos deveres instrumentais busca operacionalizar a regra-matriz de incidência tributária estando com esta relacionada, tanto que pode ter o mesmo fato jurídico que esta. Todavia, faz-se necessário introduzir o critério temporal no seu consequente. Isto porque, esta data, estipulada por lei, se não cumprida, demarca o exato instante em que nasce o evento "sanção" e suas consequências.

3. Os deveres instrumentais devem ser cumpridos tanto nas imunidades e isenções como nas anistias e remissões. Além destas hipóteses, o Código Tributário Nacional é claro quando prescreve a não dispensa do cumprimento das obrigações acessórias nos casos de suspensão da exigibilidade do crédito tributário, etc.

4. Sabemos que se houver o descumprimento do dever formal, desaparece a relação que o instituíra e surge em seu lugar um vínculo sancionatório, portador de uma penalidade pecuniária que onerará o patrimônio do infrator. Esta multa é cobrada com os mesmos recursos administrativos e com o emprego dos mesmos instrumentos processuais utilizados na cobrança de tributos. Todavia, não pode o legislador igualar duas figuras distintas: dever e penalidade. Deste modo, entendemos que § 3º do art. 113 do CTN padece de inconstitucionalidade, uma vez que confunde os institutos dos deveres instrumentais com o da penalidade tributária.

5. O não cumprimento dos deveres instrumentais nas imunidades condicionadas e nas isenções acarreta a perda do benefício. Da mesma, se o contribuinte adquira a remissão prevista em lei, deverá cumprir os deveres instrumentais ali estabelecidos. No caso do seu não cumprimento, este acarretará a perda do benefício. E quanto a anistia por se tratar de um perdão de caráter retroativo, que pode ser total ou parcial, com relação à sanção, sendo parcial o não cumprimento dos deveres instrumentais acarreta a sua perda, já quando é total, não há mais o crédito sancionatório.

A TRANSCENDÊNCIA DA PENA DE PERDIMENTO DE AUTOMÓVEL OBJETO DE *LEASING* FINANCEIRO APLICADA À INFRAÇÃO COMETIDA POR ARRENDATÁRIO

RAFHAEL WASSERMAN
Mestre em Direito pela PUC/SP. Especialista em Direito Tributário pelo IBET. Advogado.

1. Introdução. 2. "Leasing" financeiro: aspectos fundamentais. 3. Propriedade do veículo como garantia da arrendadora. 4. Responsabilidade por ilícitos praticados por arrendatários no uso do bem. 5. Dano ao erário e perdimento de bens. 6. Pena de perdimento de veículo arrendado. 7. Outras razões contrárias à aplicação da pena de perdimento de veículos. 8. Crítica aos fundamentos favoráveis à aplicação da pena de perdimento de veículos. 9. Conclusão.

1. Introdução

Compete às autoridades aduaneiras, no curso da fiscalização, reprimir condutas contrárias à ordem jurídica, evitando a evasão de tributos, por meio de aplicação de sanções, a exemplo da apreensão ou retenção de mercadorias irregularmente importadas. Ao lado da sanção de perdimento de mercadorias, impõe-se a pena de perdimento do veículo, desde que a infração se enquadre nas hipóteses de "dano ao erário".

Valendo-se dos arts. 104 e 105 do Decreto-lei n. 37/1966 e dos arts. 23 e 24 do Decreto-lei n. 1.455/1976, que prevêem o cabimento de ambas as penas de perdimento, os agentes fiscais sancionam os sujeitos responsáveis pela prática de ilícitos que resultam em danos ao erário.

O presente trabalho concentra-se no teor do inciso V do art. 104 do Decreto-lei n. 37/1966, segundo o qual o veículo que conduzir mercadorias sujeitas à pena de perda será objeto da mesma penalidade, desde que pertencente ao sujeito responsável pela infração.

Situação peculiar sobre a qual ora se debruça corresponde à incidência da pena de perdimento sobre veículos arrendados, em virtude do cometimento de ilícitos por arrendatários.

O contrato de *leasing* produz efeitos quanto à propriedade e à posse direta do bem, que se dividem entre a arrendadora e o arrendatário, respectivamente. A primeira visa apenas auferir lucros com a operação financeira e não obter resultado pela utilização do bem arrendado, mantendo a propriedade sobre o bem como garantia do adimplemento contratual, o que evidencia a ausência de responsabilidade pelos ilícitos praticados pelo sujeito em decorrência do exercício da posse direta.

Por conseguinte, a medida sancionatória deve ser analisada sem descurar dos reflexos atinentes ao contrato de *leasing*, sob pena de invasão da esfera de titularidade de terceiro que não concorreu ou se beneficiou do ilícito.

Trata-se de ocorrência relativamente frequente, em face da quantidade significativa de veículos financiados por meio de operações de arrendamento mercantil, cujas especificidades não podem ser ignoradas na aplicação de sanções às condutas contrárias à legislação aduaneira.

2. *"Leasing" financeiro: aspectos fundamentais*

O contrato de *leasing* financeiro não é uma figura nova, tendo-se notícia de práticas semelhantes desde a alta Idade Média.[1] Considera-se o ano de 1952 como marco fundamental do surgimento do *leasing* em moldes semelhantes aos atuais, atribuindo-se o crédito ao norte-americano D. P. Boothe Junior, que elaborou uma forma de ter acesso a novos equipamentos para sua indústria sem comprometer imediatamente seu capital para a compra.[2] Com o sucesso desse novo mecanismo de obtenção de bens de produção, o *leasing* se generalizou, dando origem a empresas especializadas nessa prática. A invenção de D. P. Boothe Junior disseminou-se nos Estados Unidos e em outros países, como Inglaterra, Alemanha, França, Bélgica e Itália, aparecendo no Brasil em meados da década de 1960.[3]

O *leasing* recebeu moldura legal no Brasil com a Lei n. 6.099, de 12 de setembro de 1974, que dispôs sobre o tratamento tributário das operações de arrendamento mercantil. Estabelece o parágrafo único do art. 1º: "Considera-se arrendamento mercantil, para os efeitos desta Lei, o negócio jurídico realizado entre pessoa jurídica, na qualidade de arrendadora, e pessoa física ou jurídica, na qualidade de arrendatária, e que tenha por objeto o arrendamento de bens adquiridos pela arrendadora, segundo especificações da arrendatária e para uso próprio desta".

Embora o legislador tenha se detido na regulamentação do *leasing*, é cediço que a Lei n. 6.099/1974 não adentrou a diversos aspectos significativos da figura jurídica, restringindo as prescrições à matéria tributária, tendo recebido críticas de Waldirio Bulgarelli, para o qual a disciplina legal é impositiva, desconexa e insuficiente.[4] Nada obstante, o *leasing* foi paulatinamente regulamentado pelo Conselho Monetário Nacional, consoante autorizado pelo art. 23 da Lei n. 6.099/1974.

Conquanto o *leasing* ou arrendamento mercantil tenha aparecido há décadas,

1. Fábio Konder Comparato considera o "censo ou renda fundiária" desenvolvido na alta Idade Média como o precursor do *leasing*, utilizado quando havia escassez de capitais mobiliários. Tratava-se de uma operação que envolvia a alienação de imóveis sem o pagamento imediato ou a curto prazo, na qual o alienante permanecia com um direito real de garantia sobre o imóvel na vigência da avença (Fábio Konder Comparato, "Contrato de *leasing*", *Revista dos Tribunais*, vol. 389, a. 57, mar./1968, p. 13).

2. Arnoldo Wald reconhece a origem do *leasing* atual nas operações realizadas por algumas indústrias norte-americanas a partir da década de 1920, a exemplo da *Bell Telephone System*, da *International Bureau Machines* (IBM), da *International Cigar Machinery* e da *United Shoe Machinery Corporation*, que consistiam na locação de seus produtos e prestação de serviço de conservação do maquinário alugado, substituindo-o caso se tornasse obsoleto ou surgissem modelos mais modernos. Outro marco relevante para Arnoldo Wald foi a lei norte-americana de empréstimo e arrendamento, aprovada pelo Congresso em 11 de março de 1941, que autorizou o governo americano a emprestar artefatos bélicos aos aliados e outros materiais necessários para o esforço de guerra, que seriam devolvidos ou adquiridos no término do prazo ou encerrada a guerra (Arnoldo Wald, "Histórico e desenvolvimento do *leasing*", *Revista de Direito Mercantil*, n. 10, a. XII, 1973, pp. 27-28).

3. Rodolfo de Camargo Mancuso apresenta escorço histórico sobre o surgimento do *leasing* e figuras assemelhadas (Rodolfo de Camargo Mancuso, ***Leasing***, 3ª ed., São Paulo, Ed. RT, 2002, pp. 22-30).

4. Waldirio Bulgarelli, *Contratos Mercantis*, 9ª ed., São Paulo, Atlas, 1997, p. 375.

sua natureza jurídica (ou caráter jurídico) permanece controvertida. É preciso frisar, porém, antes de se examinar o caráter jurídico do *leasing*, que o termo agrega inúmeras figuras distintas e não apenas uma espécie contratual. Cite-se, a título exemplificativo, o *leasing* mobiliário e imobiliário, o *leasing* operacional e financeiro, além de outros.

Corrobora-se com a concepção de Orlando Gomes,[5] segundo a qual o *leasing* é um contrato autônomo, oriundo da combinação de elementos de outros contratos, dotado de causa própria e típico, por ter sido disciplinado pelo direito positivo pátrio.

A integração de uma pluralidade de relações obrigacionais típicas, unida por uma única causa, evidencia a complexidade dessa espécie contratual.[6] Conforme assevera Judith Martins-Costa, o contrato de *leasing* é composto por elementos de: "(...) *promessa de arrendamento, o arrendamento (ou locação) em si mesmo e o financiamento, mais os negócios jurídicos da opção, da renovação e da devolução (todos esses três configurando o exercício de direitos formativos), a serem exercidos alternativamente*".[7]

Agrega componentes de locação, compra e venda e financiamento. Observa-se certa proximidade com a locação quanto ao fornecimento a um dos contratantes de uma coisa não fungível por determinado período de tempo, mediante o pagamento de uma contraprestação. O *leasing* se assemelha também à compra e venda, pois a arrendadora assegura ao arrendatário a opção irretratável de venda do bem ao término do contrato. Os pagamentos efetuados pelo devedor amortizam o preço da coisa arrendada e, caso opte pela aquisição da coisa, deverá pagar o valor residual garantido (VRG), que consiste na diferença entre o total das prestações pagas pelo arrendatário e o montante concernente aos custos da arrendadora e a margem de lucro.[8] Por derradeiro, o *leasing* se equipara a uma operação de financiamento, razão pela qual se encontra sujeito ao controle e fiscalização do Banco Central, consoante dispõe o art. 7º da Lei n. 6.099/1974.

O *leasing* se apresenta em três modalidades principais: *leasing* operacional, *leasing* financeiro e o *lease-back*.

A primeira consiste na operação em que a empresa proprietária de determinado bem o dá em arrendamento ao interessado, bem como se responsabiliza pela manutenção e prestação de assistência e demais serviços necessários à operacionalidade da coisa arrendada no período de duração do contrato (podendo ficar a cargo do arrendatário), por um interregno inferior a setenta e cinco por cento do prazo de sua vida economicamente útil, mediante o pagamento de prestações que não podem superar noventa por cento do custo do bem (art. 6º da Resolução n. 2.309/1996 do Banco Central do Brasil, com a redação alterada pela Resolução Bacen n. 2.465/1998).[9]

O *leasing* financeiro corresponde à modalidade na qual a arrendadora adquire bem indicado pelo arrendatário de um for-

5. Orlando Gomes, *Contratos*, 25ª ed., Rio de Janeiro, Forense, 2002, p. 463.

6. A doutrina majoritária aponta a complexidade do contrato de *leasing*, a exemplo de Fábio Konder Comparato ("Contrato de *leasing*", cit., vol. 389, p. 11), Arnoldo Wald ("A introdução do *leasing* no Brasil", *Revista dos Tribunais*, vol. 415, a. 59, mai./1970, p. 12) e Rodolfo de Camargo Mancuso (***Leasing***, 3ª ed., cit., p. 42).

7. Judith Martins-Costa, "Os contratos de *leasing* financeiro, a qualificação jurídica da parcela denominada Valor Residual Garantido – VRG e a sua dupla função: complementação de preço e garantia", *Revista de Direito Bancário e do Mercado de Capitais*, vol. 49, a. 13, jul.-set./2010, p. 115.

8. Impende ressaltar que o VRG se restringe à modalidade de *leasing* financeiro, pois o inciso IV do art. 6º da Resolução Bacen n. 2.309/1996, com a redação dada pela Resolução Bacen n. 2.465/1998, expressamente veda a previsão de pagamento de VRG na modalidade de *leasing* operacional.

9. Segundo destaca Waldirio Bulgarelli, é normalmente utilizado para produtos de boa aceitação no mercado e que tendem a se tornar obsoletos em espaço curto de tempo (Waldirio Bulgarelli, *Contratos Mercantis*, 9ª ed., ob. cit., p. 374).

necedor e o entrega mediante o pagamento de prestações periódicas. A arrendadora não é a fabricante ou a proprietária do bem, mas apenas o compra a partir de indicações do interessado para, em operação subsequente, arrendá-lo ao pactuante, que se torna responsável pela manutenção do objeto do arrendamento. Sendo assim, participam da operação três sujeitos: a arrendadora, o arrendatário e o produtor ou fornecedor do bem. As contraprestações e demais pagamentos previstos no contrato devem ser normalmente suficientes para que a arrendadora, no curso da vigência do contrato, recupere o custo do bem arrendado, bem como obtenha retorno sobre os recursos investidos na operação (art. 5º da Resolução Bacen n. 2.309/1996).

O *lease-back*, por derradeiro, é uma operação na qual o proprietário vende o bem à arrendadora que o arrenda ao vendedor, como forma de aumentar sua liquidez e manter a posse sobre o bem. No *lease-back* só há duas empresas envolvidas na operação, pois não existe um terceiro responsável pela venda da coisa. O proprietário passa a ocupar a posição de arrendatário, submetendo-se às mesmas regras aplicáveis ao *leasing* financeiro, tal como prescreve o art. 13, *caput*, da Resolução n. 2.039/1996 do Banco Central.

O *leasing* financeiro, espécie da qual se cuida no presente artigo, subdivide-se em diversas etapas: (a) o arrendatário indica um bem a ser adquirido pela arrendadora; (b) aprovada a proposta, é celebrado o contrato e adquirido o bem; (c) a arrendadora transfere a posse direta ao interessado, mantendo a propriedade; (d) adimplidas as parcelas, o arrendatário tem a opção de adquirir o bem, devolvê-lo à arrendadora ou renovar o contrato.

A operação de *leasing* se inicia com a escolha do bem e a definição das cláusulas contratuais, a exemplo do valor do contrato, do número e do montante das prestações, do prazo de vigência e do valor residual garantido (a ser pago ao término da avença na hipótese de exercida a opção de compra do bem).[10] A arrendadora adquire o bem indicado pela empresa de um terceiro, sem a participação direta do arrendatário. Celebrado o contrato, o bem é entregue, mediante o pagamento de prestações periódicas. Findo o prazo da avença, cabe ao arrendatário manifestar seu interesse em adquirir o bem, renovar o arrendamento ou restituir a coisa à arrendadora.

O *leasing* é composto por interesses negociais distintos, por parte da credora e do devedor. Nada obstante, também diferem pelos arrendatários de acordo com a modalidade de *leasing* em questão.

A Lei n. 6.099 dispõe a respeito das espécies conhecidas como *leasing* operacional e financeiro. Na primeira, o arrendatário visa obter equipamento para a sua atividade industrial, renovando-o periodicamente, mas sem comprometer seu capital de giro, o que ocorreria caso se optasse pela compra de maquinário e demais instrumentos de trabalho sujeitos à acentuada obsolescência. Por conseguinte, o arrendatário permanece com reservas para ampliar a produção, sem comprometer seu capital na modernização de suas instalações.[11] Quanto ao segundo, o arrendatário frequentemente escolhe arrendar um veículo para sua própria fruição, manifestando ao término do contrato sua opção pela compra ou devolução do bem ou renovação da avença.

Percebe-se que a finalidade do arrendatário no *leasing* é a utilização de um bem

10. Deve observar os requisitos do art. 5º da Lei 6.099/1974 e conter, no mínimo, as cláusulas indicadas no art. 7º da Resolução Bacen n. 2.309/1996, sob pena de se descaracterizar como contrato de *leasing*, a teor do disposto no art. 33 da referida Resolução.

11. Essa é a conclusão de Arnaldo Rizzardo: "*O reaparelhamento de instrumentos de produção sem dispor do correspondente capital mantém o empresário com maiores reservas para o aumento da produção.* (...) *Fica, pois, livre o locatário de imobilizar o seu capital em instalações primárias, que continuamente se tornam obsoletas e reclamam uma permanente modernização*" (***Leasing**: Arrendamento Mercantil no Direito Brasileiro*, 5ª ed., São Paulo, Ed. RT, 2009, p. 152).

de consumo por meio da celebração de um contrato que oferece alternativas não observáveis em outras operações financeiras assemelhadas, como destaca Arnaldo Rizzardo:[12] a devolução pura e simples do equipamento após expirar o prazo da avença; a renovação do contrato com a manutenção da posse direta sobre o bem pela quantidade de períodos que julgar conveniente; a faculdade de adquirir o bem arrendado ao término do contrato pelo valor residual; a ausência de qualquer obrigação na hipótese de venda da coisa pela arrendadora após a devolução.

Portanto, o arrendatário visa, ao celebrar contrato de *leasing* financeiro, obter a posse de um bem auferindo vantagens não verificadas caso optasse por um contrato de compra e venda financiada ou por uma locação. Para tanto, o arrendatário tem o dever de pagar contraprestações periódicas, em um montante suficiente a arcar com os custos da operação e viabilizar a aferição de lucro pela arrendadora.

A finalidade do contrato de arrendamento para a arrendadora, por sua vez, é o lucro. Destaca Judith Martins-Costa que o lucro não se encontra na diferença entre o preço de aquisição e o de venda: "(...) *advém da interposição financeira exercida pelo arrendador, de modo que o seu legítimo interesse radica em recuperar a maior parte de seu investimento (senão, todo) em ativos monetários*".[13]

Evidencia-se que no *leasing* financeiro a arrendadora não visa explorar a utilização do bem arrendado, mas tão somente auferir lucros decorrentes dos pagamentos efetuados pelo arrendatário, independentemente da finalidade para qual se destina a coisa objeto do contrato. Como forma de assegurar o cumprimento da operação, cede apenas a posse do bem ao arrendatário, mantendo para si a propriedade, passando o devedor a responder pelos riscos advindos da destinação dada ao bem.

3. Propriedade do veículo como garantia da arrendadora

Consoante referido em item precedente, o contrato de *leasing* financeiro é composto por etapas. A primeira consiste na indicação do bem pelo arrendatário à instituição financeira arrendadora, a qual, por sua vez, o adquire. A arrendadora se torna a proprietária do veículo, porém, cede a posse direta do bem ao arrendatário.

O arrendatário assume a função de possuidor direto, o que o autoriza a usar o veículo como bem lhe aprouver, respeitadas determinadas condições estabelecidas contratualmente, as quais não têm o condão de reduzir substancialmente o exercício do direito de posse.

A manutenção da propriedade do veículo tem por objetivo servir como garantia do adimplemento das parcelas contratuais. Em caso de descumprimento das obrigações acometidas ao arrendatário, a arrendadora poderá retomar a posse direta do veículo.

Trata-se da principal garantia de que dispõe a arrendadora, ao lado de garantias acessórias como títulos cambiais, a exemplo de notas promissórias no valor da operação e vinculadas ao contrato; garantias acauteladoras, cuja finalidade é assegurar a preservação do bem e sua funcionalidade durante a vigência do *leasing*, como contratos de seguro contra danos físicos e perda do bem.

A manutenção da titularidade do bem consiste em uma vantagem substancial se comparada com as demais modalidades de financiamento, na medida em que, inadimplido o contrato, o veículo pode retornar imediatamente à arrendadora. Dessa forma, a credora dispõe de método eficiente para coibir condutas abusivas do arrendatário no uso do bem. Por conseguinte, re-

12. Arnaldo Rizzardo, ***Leasing**: Arrendamento Mercantil no Direito Brasileiro*, 5ª ed., cit., pp. 150-151.

13. Judith Martins-Costa, "Os contratos de *leasing* financeiro, a qualificação jurídica da parcela denominada Valor Residual Garantido – VRG e a sua dupla função: complementação de preço e garantia", cit., p. 122.

duzem-se os riscos à arrendadora, o que evita a elevação dos custos operacionais de maneira reflexa em relação aos demais contratos de *leasing*, situação aventada caso não houvesse essa garantia.

Neste ponto equipara-se o *leasing* financeiro à alienação fiduciária em garantia, pois em ambos a posse se subdivide em direta e indireta. Tal como se opera na alienação fiduciária, na qual a constituição da propriedade fiduciária desdobra a posse, tornando o devedor possuidor direto da coisa (art. 1.361, § 2º, do Código Civil), o arrendatário também assume essa posição, dando a destinação que lhe aprouver ao bem.

Enquanto vigente o contrato, vale dizer, não vencida a dívida, a credora exercerá a mera posse indireta da coisa, enquanto o devedor deterá a posse direta, devendo empregar a diligência necessária na utilização, guarda e manutenção do bem, enquanto as sociedades de arrendamento mercantil apenas disponibilizam recursos financeiros para a aquisição.

Ao término do contrato, caberá ao devedor optar pela aquisição do veículo pelo Valor Residual Garantido (VRG), renovar o arrendamento ou devolvê-lo à arrendadora. Caso decida pela compra do bem, poderá então exercer todas as faculdades inerentes ao direito de propriedade, não apenas usar e fruir do veículo, mas eventualmente dele dispor e reavê-lo se necessário.[14]

4. Responsabilidade por ilícitos praticados por arrendatários no uso do bem

A Resolução Bacen n. 2.309/1996 em seu art. 7º, inciso IX, arrola as especificações mínimas a serem previstas em contratos de *leasing*, dentre as quais está a definição das responsabilidades pelo uso indevido ou impróprio do bem arrendado e pelos danos causados a terceiros pelo uso dos bens.

Segundo leciona Fran Martins,[15] compete ao arrendatário não apenas pagar as prestações avençadas, mas também zelar pela conservação da coisa arrendada, respondendo pelos danos eventualmente causados, e devolver a coisa ao término do *leasing* se não optar pela compra ou pela renovação do contrato.

Nada mais apropriado, uma vez que, com a celebração do contrato de arrendamento mercantil e a entrega do bem, a arrendadora transfere a posse da coisa ao arrendatário, passando este a assumir os deveres atinentes a seu exercício.

Com a tradição do bem, o arrendatário responde pelo uso abusivo, independentemente de disposição contratual. Nesse sentido é o entendimento do Superior Tribunal de Justiça,[16] cuja jurisprudência consolidada deposita a responsabilidade pelo pagamento de multas decorrentes de infrações de trânsito no arrendatário. Nessa toada, a arrendadora não tem o dever de fiscalizar o bem arrendado, competindo ao arrendatário utilizá-lo em consonância com a ordem jurídica, respondendo pelos ilícitos cometidos, tal como prescreve o § 3º do art. 257 do Código de Trânsito Brasileiro, segundo o qual: "ao condutor caberá a responsabilidade pelas infrações decorrentes de atos praticados na direção do veículo".

A Resolução Contran n. 149, de 19 de setembro de 2003, reforça essa mesma ideia, ao equiparar o arrendatário ao proprietário, determinando que a notificação

14. Judith Martins-Costa, ao diferenciar o *leasing* do empréstimo comum, evidencia que, enquanto o empréstimo comum tem caráter real, o *leasing* não tem caráter translativo, pois a propriedade e o poder de disposição permanecem na esfera do arrendador até a opção de compra, quando então ocorrerá a eficácia translativa ("Os contratos de *leasing* financeiro, a qualificação jurídica da parcela denominada Valor Residual Garantido – VRG e a sua dupla função: complementação de preço e garantia", cit., p. 122).

15. Fran Martins, *Contratos e Obrigações Comerciais*, 16ª ed., Rio de Janeiro, Forense, 2010, p. 420.

16. STJ: 2ª T., AgR no REsp 933.033-SP, rel. Ministro Herman Benjamin, j. 26.5.2009, *DJe* 21.8.2009; 1ª T., AgR no AI 909.245-SP, rel. Ministro José Delgado, j. 18.3.2008, *DJe* 7.5.2008; 1ª T., REsp 784.362-MG, rel. Ministro Teori Albino Zavascki, j. 15.9.2009, *DJe* 23.9.2009.

acerca da autuação por infração de trânsito seja endereçada ao primeiro: "Quando o veículo estiver registrado em nome de sociedade de arrendamento mercantil, o órgão ou entidade de trânsito deverá encaminhar a Notificação da Autuação diretamente ao arrendatário, que para os fins desta Resolução, equipara-se ao proprietário do veículo, cabendo-lhe a identificação do condutor infrator, quando não for o responsável pela infração".

Demonstra-se, pois, que as responsabilidades inerentes ao exercício da posse direta do bem objeto de *leasing* são atribuídas ao arrendatário, ao invés de recaírem sobre a arrendadora, que não dispõe de meios fiscalizatórios para coibir o uso abusivo do bem.

5. Dano ao erário e perdimento de bens

A Receita Federal tem imputado sanções a arrendadoras de veículos por ilícitos praticados no uso do bem por arrendatários, a exemplo de multas e penas de perdimento. Em que pese a ausência de responsabilidade da arrendadora, a Receita Federal tem relativizado sua propriedade nas condutas enquadradas como danosas ao erário.

Valendo-se dos dispositivos legais previstos no Decreto-lei n. 37, de 18 de novembro de 1966 e do Decreto-lei n. 1.455, de 7 de abril de 1976, a Receita Federal tem entendido que as arrendadoras têm responsabilidade objetiva pelos atos ilícitos realizados por arrendatários.

Os arts. 23 e 24 do Decreto-lei n. 1.455/1976 e os arts. 104 e 105 do Decreto-lei n. 37/1966 arrolam hipóteses de condutas causadoras de "danos ao erário". Dentre as hipóteses previstas no diploma legal, cite-se, a título exemplificativo, a importação de mercadorias sem a respectiva guia ou documento de efeito equivalente; a importação de mercadorias trazidas do exterior como bagagem que permanecerem no recinto alfandegário por prazo superior a 45 (quarenta e cinco) dias sem que o passageiro dê início ao desembaraço; quando o veículo transportador estiver em desacordo com as normas que o habilitem a realizar o transporte internacional; quando o veículo conduzir mercadoria sujeita à pena de perdimento, se pertencente ao responsável pela infração punível por aquela penalidade; entre outros.

Conquanto tais infrações resultem em "dano ao erário" que, por sua vez, é a consequência de tais ilícitos, é possível identificar o sentido visado pelo legislador ao cominar sanções a estas práticas. Trata-se de condutas pautadas na evasão de tributos ou na criação de impedimentos à fiscalização, causando prejuízos aos cofres públicos.

Sendo assim, adota-se o conceito desenvolvido por Alexandre S. Pacheco, para o qual as condutas que derivam em "danos ao erário" compreendem: "(...) *ilícitos praticados em operação de comércio exterior que resultam na supressão ou na postergação do recolhimento de tributos aduaneiros ou que dificultam, embaraçam ou impossibilitam a fiscalização aduaneira, o que se faz com o propósito, aferido por meio de provas ou indícios, de lesar os cofres públicos e a economia nacional*".[17]

Reputam-se como condutas causadoras de "dano ao erário" punível com penas de perdimento das mercadorias e do veículo utilizado em sua condução, as hipóteses arroladas nos arts. 23 e 24 do Decreto-lei n. 1.455/1976, nos arts. 104 e 105 do Decreto-lei n. 37/1966, consolidados nos arts. 688 e 689 do Decreto n. 6.759, de 5 de fevereiro de 2009 (Regulamento Aduaneiro).

O perdimento de bens (mercadorias e veículos) consiste em uma das mais severas penalidades impostas pela legislação aduaneira, ao lado de outras sanções menos gravosas, tais como multas e proibição de transacionar com repartição pública ou

17. Alexandre S. Pacheco, "Dano ao erário – *Leasing* financeiro e alienação fiduciária em garantia de automóveis – Multa e pena de perdimento", *Revista Dialética de Direito Tributário*, vol. 168, set./2009, p. 29.

autárquica federal, empresa pública e sociedade de economia mista (art. 96 do Decreto-lei n. 37/1966). Para tanto, pressupõe a realização de uma conduta caracterizada como dano ao erário.

A aplicação dessa penalidade visa atender a uma dúplice função: a primeira é sancionar o infrator para que não reincida a conduta ilícita; a segunda é ressarcir os cofres públicos pelo prejuízo causado.

Embora seja um tema controverso, parte da doutrina[18] defende a existência de fundamento constitucional para a regra. A Constituição de 1988 faz referência ao perdimento e a perda de bens no art. 5º, incisos XLV e XLVI, os quais estabelecem que: "XLV – *nenhuma pena passará da pessoa do condenado, podendo a obrigação de reparar o dano e a decretação do perdimento de bens ser, nos termos da lei, estendidas aos sucessores e contra eles executadas, até o limite do valor do patrimônio transferido* (...) XLVI – *a lei regulará a individualização da pena e adotará, entre outras, as seguintes* (...) b) *perda de bens*".

Percebe-se que o legislador constitucional dispôs sobre o perdimento de bens, ora pelo emprego do termo "perda", ora por "perdimento". Desconsiderada a inconsistência semântica, observa-se que o perdimento de bens como efeito da sentença penal condenatória (art. 5º, inciso XLV) foi dissociado do perdimento como pena autônoma (art. 5º, inciso XLVI, *b*).

Para outra parcela da doutrina,[19] a Constituição da República não admitiu expressamente o perdimento de bens fora da seara criminal, o que tornaria os Decretos-lei ns. 37/1966 e 1.455/1976 incompatíveis com a nova ordem constitucional. Ao contrário da Constituição de 1967, cujo art. 153, § 11, com a redação alterada pela Emenda Constitucional n. 1/1969, autorizava o perdimento de bens em caso de dano ao erário ou de enriquecimento ilícito no exercício de cargo, função ou emprego na Administração Pública, direta ou indireta, a Constituição de 1988 não tratou especificamente do tema.

A despeito da divergência quanto à autorização constitucional para aplicação da pena de perdimento de bens, os Tribunais[20] têm admitido a regra em demandas envolvendo ilícitos cometidos no comércio internacional, por entenderem que a inexistência de regra expressa não é fator impeditivo para a incidência da penalidade.

Por não ser objeto do presente estudo, não se adentra a esse debate, partindo-se do pressuposto da recepção da pena de perdimento de bens como sanção pelo cometimento de ilícitos aduaneiros.

6. Pena de perdimento de veículo arrendado

Preliminarmente, é preciso destacar que o art. 104 do Decreto-lei n. 37/1966 prevê o cabimento da sanção de perdimen-

18. Rony Ferreira, "Perdimento de bens", in Vladimir Passos de Freitas (coord.), *Importação e Exportação no Direito Brasileiro*, São Paulo, Ed. RT, 2004, p. 162.

19. Eduardo Marcial Ferreira Jardim, "Perdimento de mercadorias ou bens", *Revista de Direito Tributário*, n. 54, out.-dez./1990, pp. 84-85.

20. Cite-se julgado proferido pelo Tribunal Regional da 4ª Região, da lavra da Desembargadora Federal Vânia Hack de Almeida: "*Tributário. Pena de perdimento. Constitucionalidade. Cabimento em processo administrativo fiscal. Endereço cadastral. Intimação via postal frustrada. Intimação por edital. Possibilidade. Honorários. Redução.* 1. O Egrégio Supremo Tribunal Federal já declarou a constitucionalidade da pena de perdimento por danos causados ao erário, por haver previsão expressa na CF de 1967 (RE n. 95.693-RS, Rel. Ministro Alfredo Buzaid). A falta de previsão expressa na CF/1988 não importa concluir por sua inconstitucionalidade ou não recepção. Através do devido processo legal, o direito de propriedade pode ser restringido, porque não absoluto. A validade do perdimento é nossa própria tradição histórica de proteção do erário. A aplicação do perdimento obedece à razoabilidade, pois a sua não aplicação implica aceitar que alguns se beneficiem às custas de toda a sociedade. 2. A pena de perdimento, após a CF/1988, é plenamente aplicável também no processo administrativo fiscal (...)" (TRF-4ª R., 2ª T., ACi 0009455-74.2009.404.7000, Rela. Desembargadora Federal Vânia Hack de Almeida, *DE* 14.4.2010).

to de veículo terrestre, marítimo ou aéreo, nas seguintes hipóteses: quando o veículo transportador estiver em desconformidade com as normas que o habilitem a exercer a navegação ou transporte internacional (inciso I); quando o veículo transportador descarregar mercadoria estrangeira ou carregar mercadoria nacional ou nacionalizada fora do porto, aeroporto ou outro local para o qual estiver habilitado (inciso II); quando atracar a navio ou quando qualquer veículo, na zona primária, se aproximar de outro, sendo um proveniente do exterior ou a ele destinado, caso possibilite o transbordo de pessoa ou carga sem observância das normas legais e regulamentares (inciso III); quando navegar dentro do porto sem trazer seu nome de registro escrito de forma destacada e em local visível do casco (inciso IV); quando transportar mercadoria sujeita à pena de perda, se pertencente ao responsável pela infração (inciso V); quando o veículo terrestre empregado no trânsito de mercadoria estrangeira se desviar injustificadamente da rota legal (inciso VI).

Conquanto possível a apreensão do veículo condutor de mercadorias introduzidas ilicitamente no país, seja terrestre, marítimo ou aéreo, é comumente observada a incidência do mandamento legal em casos envolvendo automóveis utilizados pelos proprietários como instrumento para transportar mercadorias sujeitas ao perdimento, em face da preferência dos infratores por esse meio de transporte.

Determina o art. 104, inciso V, do Decreto-lei n. 37/1966, a aplicação da pena de perdimento do veículo: "quando o veículo conduzir mercadoria sujeita à pena de perda, se pertencente ao responsável por infração punível com aquela sanção". No mesmo sentido, o Decreto n. 6.759/2009, em seu art. 688, inciso V, prescreve a referida penalidade: "quando o veículo conduzir mercadoria sujeita a perdimento, se pertencente ao responsável por infração punível com essa penalidade".

A despeito da existência de inúmeras hipóteses que ensejam a aplicação da pena de perdimento de veículo, passa-se a analisar apenas a sanção resultante da conduta descrita abstratamente nos enunciados prescritivos transcritos, por concernir a bem eventualmente objeto de *leasing* financeiro.

Questiona-se no presente tópico a possibilidade de cominação da pena de perdimento de veículo aos casos nos quais, constatada a ocorrência de dano ao erário por ocasião do transporte de mercadorias sujeitas à mesma sanção, o automóvel seja objeto de *leasing* financeiro.

Embora determine o referido inciso V do art. 104 do Decreto-lei n. 37/1966 que o veículo que transportar mercadoria sujeita à penalidade de perdimento será também apreendido, desde que pertencente ao responsável pela condução ilegal, a Receita Federal tem optado por aplicar a pena confiscatória mesmo nas situações envolvendo veículos arrendados.

Esse entendimento, porém, é incorreto, oriundo da exegese do enunciado prescritivo que não considera a própria literalidade do texto legal.

O legislador estabeleceu dois requisitos para a aplicação da regra, a saber: (a) emprego de veículo para transporte de mercadorias sujeitas à pena de perdimento; e (b) o veículo transportador deve ser de propriedade do sujeito responsável pela condução de mercadorias.

No concernente ao primeiro requisito, não há considerações a serem tecidas, salvo a de que a penalidade surge como mecanismo ressarcitório e punitivo reflexo, uma vez que sua incidência encontra-se vinculada ao prévio cabimento da pena de perdimento das mercadorias transportadas.

Quanto ao segundo requisito, o legislador é claro ao dispor que o veículo transportador será apreendido somente se o responsável pelo ilícito aduaneiro for o proprietário do bem. Ocorre que, nas situações envolvendo veículos arrendados, esse pressuposto de aplicação da pena de perdimento não se encontra preenchido.

Na hipótese de introdução ilegal de mercadorias em território brasileiro com emprego de veículo arrendado, o responsável pela infração é, evidentemente, o arrendatário e não a arrendadora. É o arrendatário o sujeito que realizou o ilícito aduaneiro, transportando mercadorias sujeitas à pena de perdimento em operações de comércio internacional, cuja propriedade pressupõe seja sua. O veículo objeto de *leasing*, porém, não se encontra em sua esfera de titularidade, pois detém apenas a posse direta, enquanto a arrendadora é a proprietária do bem.

As situações nas quais não há identificação entre o responsável pela infração e o proprietário do veículo transportador não autorizam a aplicação da pena de perdimento de veículo. Portanto, a conduta dos agentes fiscais de apreender veículos arrendados não atenta à literalidade do inciso V do art. 104 do Decreto-lei n. 37/1966, devendo ser reputada ilegal.

Há quem defenda que, caso o proprietário do veículo tenha participado da infração ou dela se beneficiado, também deve se sujeitar à pena de perda do veículo. Porém, jamais se poderia cogitar na cominação de sanção ao proprietário do veículo transportador que não tem qualquer relação com o cometimento do ilícito aduaneiro. Esse é a situação das instituições financeiras, bancos com carteira de arrendamento mercantil e pessoas jurídicas especializadas em operações de *leasing*.

Adotar tese diversa transcenderia a pena a terceiro de boa-fé que não concorreu para a prática da conduta ilícita.

Segundo a jurisprudência do Tribunal Regional Federal da 3ª Região, a aplicação da pena de perdimento do veículo está condicionada a comprovação da participação do proprietário na infração realizada pelo condutor, ou do prévio conhecimento a respeito do ilícito.[21]

Não cabe, pois, à arrendadora fiscalizar ou acompanhar a destinação que o arrendatário dá ao bem objeto do contrato. Desconhece, pois, a finalidade para a qual o veículo foi arrendado. A arrendadora, conquanto seja proprietária do veículo, não participa da escolha do bem, tampouco aufere qualquer benefício em virtude de sua utilização, ao contrário do que ocorre com o devedor, que o emprega para fins particulares ou o explora comercialmente.

O interesse da arrendadora ao celebrar o contrato de *leasing* é apenas auferir lucro com a operação financeira, sem participar da destinação dada ao veículo arrendado pelo devedor, o qual não tem o dever de informar à credora as suas intenções ao celebrar o contrato de *leasing* financeiro, tampouco se pretende introduzir no país mercadorias de origem estrangeira sem a observância dos ditames legais aplicáveis.

Podem celebrar contratos de *leasing* na posição de arrendadoras apenas as pessoas jurídicas cujo objeto principal de sua atividade seja a prática de operações de arrendamento mercantil, os bancos múltiplos com carteira de arrendamento mercantil e instituições financeiras que estejam autorizadas a contratar operações de arrendamento com o próprio vendedor do bem ou com pessoas jurídicas a ele coligadas ou interdependentes, a teor do disposto no art. 1º da Resolução Bacen n. 2.039/1996. Portanto, não têm qualquer interesse na exploração econômica do bem arrendado, mas apenas no pagamento das contraprestações atinentes ao contrato de *leasing*, de forma a cobrir o valor do bem, os custos operacionais e sua margem de lucro.

Por conseguinte, não concorrem ou se beneficiam com a prática do delito e tampouco tomam conhecimento da destinação dada ao bem, inclusive quanto à ocorrência de ilícitos aduaneiros.

21. TRF-3ª R.: 6ª T., Ap em MS 284.020-MS, Rel. Juiz Ricardo China, j. 3.4.2008, *DJ* 26.5.2008; Turma Suplementar da 1ª Seção, Ap em MS 176.000-MS, Rel. Juiz Carlos Delgado, j. 23.4.2008, *DJ* 12.6.2008.

Essa é a posição reiterada dos Tribunais Regionais Federais em demandas envolvendo a aplicação da pena de perdimento sobre veículos locados, em situações análogas à presente. Em tais casos, a jurisprudência entende que a locadora de veículos, se não concorrer para a condução de mercadorias sujeitas à pena de perdimento, não pode ser responsabilizada e, por conseguinte, ter seu veículo objeto de ato administrativo de apreensão.[22]

Sustentar posição contrária na situação em exame ofenderia o direito à propriedade da arrendadora, erigido a direito fundamental pelo art. 5º, XXII, da Constituição da República. Inaceitável, pois, a cominação de pena de perdimento de veículo objeto de *leasing* por transcender à pessoa do infrator e atingir terceiro alheio à prática ilícita.

7. *Outras razões contrárias à aplicação da pena de perdimento de veículos*

Demonstrada a inviabilidade da aplicação da pena de perdimento de veículo arrendado empregado no transporte de mercadorias sujeitas à mesma pena, cumpre destacar outro fundamento que torna indevida a apreensão do bem. Trata-se da necessária proporcionalidade entre o valor das mercadorias ilicitamente introduzidas no país e o valor do veículo que as conduziu.

Significa dizer que deve ser cotejado o valor do veículo objeto da penalidade com o montante avaliado das mercadorias nele transportadas. Verificada exorbitante superioridade entre o montante alcançado pelo veículo em relação às mercadorias irregularmente importadas não é cabível a pena de perdimento.

O que dizer da apreensão de um veículo cujo valor é significativamente maior que o total das mercadorias apreendidas pelas autoridades fiscais? Exorbitar-se-iam as funções repressiva e ressarcitória da sanção. A primeira seria descumprida ao se apenar em demasia o responsável pela infração aduaneira, e a segunda, ao devolver ao Estado montante superior ao dano ao erário experimentado.

O Superior Tribunal de Justiça[23] adota pacificamente a tese da necessária correspondência entre o valor das mercadorias sujeitas ao perdimento de bens e o veículo que as conduziu para a viabilidade da aplicação da pena ao meio de transporte.

Não há, porém, critério objetivo a determinar a proporcionalidade entre os valores examinados. Tampouco é possível construir um parâmetro seguro de aferição coligindo os julgamentos a respeito do tema. É imperativo observar no caso concreto se há proporcionalidade entre o valor das mercadorias importadas e do veículo apreendido.

Embora a proporcionalidade não se restrinja às situações envolvendo veículos arrendados, nas quais a transcendência da pena deve ser evitada, corresponde à construção jurisprudencial pacífica de imprescindível observância, razão pela qual merece essa menção.

Examinada a proporcionalidade como limite à imposição da pena de perdimento de veículo, cumpre destacar outro pressuposto cujo não atendimento impede a aplicação da sanção administrativa.

Estabelece o art. 688, § 2º, do Regulamento Aduaneiro (Decreto n. 6.759/2009),

22. TRF-4ª R.: 2ª T., remessa *ex officio* em ACi 2008.70.02.007945-0, Rela. Desembargadora Federal Luciane Amaral Corrêa Münch, j. 26.1.2010, *DJ* 18.2.2010; 1ª T., Ap/reexame necessário 2007.70.05.002797-6, Rel. Juiz Federal Marcelo de Nardi, j. 29.4.2009, *DJ* 20.5.2009. TRF-3ª R.: 1ª T., remessa *ex officio* em MS 200.516, Rel. Desembargador Federal Johonsom di Salvo, j. 24.6.2008, *DJ* 1.9.2008; 4ª T., AI 304.720-SP, Rela. Juíza Federal Monica Nobre, j. 15.5.2008, *DJ* 19.8.2008.

23. Nesse sentido são citados apenas alguns julgados que corroboram essa afirmação: STJ, 2ª T., REsp 1.117.775-ES, Rela. Ministra Eliana Calmon, j. 17.9.2009, *DJe* 25.9.2009; 1ª T., REsp 1.072.040-PR, Rel. Ministro Benedito Gonçalves, j. 8.9.2009, *DJe* 21.9.2009; 2ª T., AgR no AI 1.093.623-PR, Rel. Ministro Mauro Campbell Marques, j. 5.5.2009, *DJe* 21.5.2009.

que a pena de perdimento de veículo será aplicada desde que demonstrada, em procedimento regular, a responsabilidade do proprietário do veículo na prática do ilícito. Trata-se de introdução em diploma normativo do enunciado da Súmula 138 do extinto Tribunal Federal de Recursos, segundo a qual: "A pena de perdimento de veículo, utilizado em contrabando ou descaminho, somente se justifica se demonstrada, em procedimento regular, a responsabilidade do seu proprietário na prática do ilícito".

O Regulamento Aduaneiro condiciona a aplicação da pena de perdimento de veículo ao prévio procedimento regular. Consiste, pois, em uma manifestação do devido processo legal no âmbito infraconstitucional, garantia fundamental prevista no art. 5º, inciso LIV, da Constituição de 1988: "ninguém será privado da liberdade ou de seus bens sem o devido processo legal".

Impende frisar que a pena de perdimento, por atingir o direito de propriedade, deve antes oportunizar ao envolvido o exercício dos direitos constitucionais ao contraditório e à ampla defesa, em processo judicial ou administrativo, garantidos pela Constituição da República em seu art. 5º, inciso LV: "aos litigantes, em processo judicial ou administrativo, e aos acusados em geral são assegurados o contraditório e ampla defesa, com os meios e recursos a ela inerentes".

Sendo assim, para que se proceda à apreensão do veículo, compete à Administração demonstrar que o proprietário teria conhecimento da ocorrência ilícita ou concorrido para a prática da infração, em um procedimento administrativo, no qual se assegure o direito constitucional ao devido processo legal, bem como as garantias ao contraditório e à ampla defesa.

Exige-se ainda provas contundentes de que o proprietário estava ciente ou se beneficiou com o ilícito, haja vista a penalidade corresponder a uma grave incursão estatal no direito de propriedade do particular.

Para tanto, é mister analisar a conduta do proprietário do automóvel, pois, como afirma em seu voto o Desembargador Federal Joel Ilan Paciornik: "(...) *a pena de perdimento, analogicamente, também a apreensão ou a retenção do bem, não pode se dissociar do elemento subjetivo nem desconsiderar a boa-fé. O elemento subjetivo, na hipótese, consiste no conhecimento do proprietário acerca da utilização de seu veículo como instrumento à consecução da prática delituosa*".[24]

Ilidida a presunção de boa-fé do proprietário do bem, é aplicável a pena de perdimento pelas autoridades fiscais, vale dizer, comprovada a ciência acerca da infração ou o benefício oriundo do ilícito administrativo.

Nada obstante, é de se ressaltar que o sujeito responsável pela infração aduaneira será sempre o arrendatário e não a arrendadora, o que torna desnecessário o procedimento administrativo, pois o cometimento do ilícito decorre do exercício da posse direta e não da propriedade.[25]

Não há como atribuir a responsabilidade à arrendadora pelo transporte irregular de mercadorias provenientes do exterior, pois as instituições financeiras e empresas especializadas em operações de *leasing* não dispõem de mecanismos de averiguação do uso para qual se destina o veículo no momento da celebração do contrato. Não como exigir, tampouco, que a arrendadora controle a utilização do bem após sua entrega ao arrendatário, o que oneraria em demasia a operação financeira e violaria o direito constitucional à privacidade do devedor.

Portanto, operada a apreensão do veículo em virtude de conduta enquadrada como "dano ao erário", basta à arrendado-

24. TRF-4ª R., 1ª T., reexame necessário 2008.70.02.008407-0, Rel. Desembargador Federal Joel Ilan Paciornik, j. 16.12.2009, i 20.1.2010.

25. Alexandre S. Pacheco, "Dano ao erário – *Leasing* financeiro e alienação fiduciária em garantia de automóveis – Multa e pena de perdimento", cit., p. 32.

ra demonstrar que o veículo é objeto de contrato de *leasing*, o que por si só afasta sua responsabilidade na prática do ilícito e, por conseguinte, torna inaplicável a pena de perdimento.

8. Crítica aos fundamentos favoráveis à aplicação da pena de perdimento de veículos

A aplicação da pena de perdimento sobre veículos objeto de *leasing* financeiro mostra-se equivocada, não apenas por sacrificar direito de propriedade de terceiro não relacionado com a infração aduaneira, mas por outras razões que agora merecem referência. Para tanto, contrapõem-se os argumentos expostos por autoridades fiscais ao fundamentarem os atos administrativos de apreensão de veículos transportadores de mercadorias irregularmente importadas.

Dentre as alegações apresentadas pelo Fisco, destacam-se as seguintes: a arrendadora forneceria os meios materiais para a realização do ilícito, devendo ser responsabilizada pela utilização de veículo de sua propriedade; as convenções entre particulares não são oponíveis à Administração Pública; o interesse público prevalece sobre os interesses privados; e a arrendadora não sofreria prejuízo pela apreensão do veículo, pois poderia exigir do arrendatário as contraprestações remanescentes.

Em primeiro lugar, é desprovido de fundamento o argumento segundo a arrendadora seria responsável pelo ilícito aduaneiro ao viabilizar o transporte ilegal de mercadorias. A arrendadora realiza uma operação lícita ao celebrar um contrato de *leasing*, recebendo do arrendatário o pagamento de prestações periódicas como contrapartida pela cessão da posse do veículo, sem relação alguma com o uso abusivo do bem arrendado. Portanto, a onerosidade do contrato de arrendamento não permite supor que a arrendadora tenha se beneficiado com a prática ilícita, por ser mera decorrência de um contrato lícito, o que afasta a aplicação dos arts. 94 e 95 do Decreto-lei n. 37/1966 e arts. 673 e 674 do Decreto n. 6.759/2009.

O segundo argumento, que defende a impossibilidade de serem opostas convenções particulares em face do Poder Público, não leva em conta que o fundamento para a inaplicabilidade do perdimento de veículo é o direito de propriedade. O contrato de *leasing* é um negócio jurídico realizado entre particulares, o que poderia, à primeira vista, corroborar a tese fazendária. Porém, surte como efeito a manutenção da propriedade na esfera de titularidade da arrendadora e a transferência da posse direta ao arrendatário.

O art. 104, inciso V, do Decreto-lei n. 37/1966 estabelece que a pena de perdimento de bens atingirá o veículo utilizado no transporte de mercadorias desde que o proprietário seja responsável pelo ilícito. Nesse influxo, não há como se desconsiderar os reflexos do contrato *leasing* financeiro ao aplicar a regra sancionatória aduaneira, sob pena de subverter o direito constitucional de propriedade, insculpido no art. 5º, XXII, do texto constitucional.

Ainda, sustenta a Fazenda Pública que o interesse público deve prevalecer sobre os interesses particulares de maneira absoluta, suscitando a ineficácia do contrato de *leasing* perante terceiros, devendo a arrendadora se ressarcir do prejuízo pela perda da garantia do contrato em face do arrendatário.

Quanto à supremacia do interesse público sobre o privado, algumas considerações devem ser tecidas. É inegável que o interesse público é satisfeito ao ser repreendida a importação irregular de mercadorias provenientes do exterior, inibindo a conduta reiterada e induzindo os demais sujeitos a não exercerem comportamentos semelhantes, bem como ao serem ressarcidos os cofres públicos pela perda de arrecadação decorrente da evasão fiscal, além de ser prestigiada a livre-concorrência, princípio fundamental à manutenção da ordem econômica, previsto no inciso IV, do art. 170, da Constituição da República.

Todavia, o interesse público não se encontra em uma relação de primazia apriorística em face do interesse privado. Segundo assevera Humberto Ávila,[26] os interesses público e privado encontram-se vinculados, pois elementos privados estão inseridos nos fins do Estado. Há uma "conexão estrutural" entre ambos, ao invés de uma relação de contradição.

Ressalte-se que o interesse público não é alcançado ao ser invadido o patrimônio de sujeito não relacionado com a infração aduaneira, tampouco se manifesta preferência pela tutela de interesses particulares. Isso porque, não há repreensão à importação ilegal de mercadorias oriundas de outros países ao se apenar a arrendadora por delito praticado por arrendatário, uma vez que a pena recai sobre terceiro de boa-fé que não realizou qualquer ato ou se omitiu para a ocorrência do dano ao erário.

A arrendadora suporta solidariamente os prejuízos decorrentes do ato ilícito e não apenas o arrendatário, o que distorce as funções para as quais foi editada a sanção administrativa e, por consequência, o interesse público tutelado.

Por derradeiro, a apreensão do veículo que conduziu mercadorias irregularmente importadas causa evidente prejuízo econômico à arrendadora, a despeito da posição defendida por autoridades fazendárias.

Sancionar o proprietário do veículo arrendado por conduta lesiva ao erário realizada por outrem gera desequilíbrio no sistema financeiro nacional. Atinge-se a principal garantia do contrato de *leasing* financeiro, implicando o vencimento antecipado e na liquidação do contrato, o que praticamente inviabiliza o adimplemento pelo arrendatário, que não tem mais interesse no veículo, haja vista a perda de sua posse direta.

Por conseguinte, tornar-se-ia mais dispendioso às instituições financeiras e às empresas de *leasing* celebrar operações de arrendamento mercantil, ao estarem sujeitas à perda da garantia assecuratória do cumprimento do contrato, recaindo os efeitos econômicos deletérios nas demais avenças realizadas, incorporando-se o prejuízo no cômputo de novas operações.

Corrobora-se com a solução exposta por Alexandre S. Pacheco, para o qual: "*uma vez apreendido o bem em flagrante delito, há de ser intimado o financiador para retirá-lo, com o compromisso de se proceder à liquidação do contrato e a venda do bem, com a entrega ao Estado do saldo líquido do financiamento*".[27]

Dessa forma, evita-se atingir esfera patrimonial da arrendadora, restringindo-se a penalidade à montante condizente com as prestações adimplidas pelo arrendatário.

Trata-se de uma solução equânime para a tensão entre o interesse público de sancionar o sujeito responsável pelo ilícito fiscal e ressarcir o dano ao erário sem o sacrifício de direito de terceiro de boa-fé.

9. *Conclusão*

A partir das breves considerações desenvolvidas neste trabalho, constata-se a necessidade de mudança de atitude das autoridades fiscais ao aplicarem a sanção de perdimento de veículo objeto de contrato de *leasing* financeiro.

Percebe-se que, a despeito da propriedade do bem se encontrar na esfera de titu-

26. Humberto Ávila, "Repensando o 'princípio da supremacia do interesse público sobre o particular'", in Daniel Sarmento, *Interesses Públicos* ***versus*** *Interesses Privados: Desconstruindo o Princípio da Supremacia do Interesse Público*, Rio de Janeiro, Lumen Juris, 2007, pp. 190-191.

27. Alexandre S. Pacheco, "Dano ao erário – *Leasing* financeiro e alienação fiduciária em garantia de automóveis – Multa e pena de perdimento", cit., p. 36.

laridade da arrendadora, sobre tal veículo recai a sanção administrativa, causando evidente prejuízo a empresas e instituições financeiras desvinculadas da prática de ilícitos aduaneiros.

As empresas de arrendamento mercantil e as instituições financeiras se voltam tão somente à obtenção de lucros, advindos de contratos firmados com arrendatários, os quais são pautados pela licitude. Não dispõem de meios para fiscalizar a utilização do bem arrendado, pois tal exigência inviabilizaria economicamente os financiamentos de veículos automotores.

Conquanto seja louvável a repreensão a condutas contrárias à ordem jurídica, em especial as ofensivas à legislação concernente ao comércio exterior, é preciso considerar a correta exegese no enunciado legal. Mostra-se indevida a imputação da responsabilidade à proprietária do bem arrendado por conduta realizada pelo possuidor direto, devendo tal interpretação da norma ser expungida.

RDT 112

CADERNOS DE DIREITO TRIBUTÁRIO: REGRAS TÉCNICAS OU PROCEDIMENTAIS NO DIREITO TRIBUTÁRIO – PAULO DE BARROS CARVALHO • VARIAÇÕES EM TORNO DA LEGALIDADE DA TRIBUTAÇÃO – SACHA CALMON NAVARRO COELHO • LOS INCENTIVOS FISCALES Y OTRAS MEDIDAS FINANCIERAS DE ESTÍMULO A LA ECONOMÍA EN ÉPOCAS DE CRISIS: LAS SOLUCIONES ADOPTADAS POR ESPAÑA – JAIME ANEIROS PEREIRA • SUJEIÇÃO PASSIVA TRIBUTÁRIA: DOS PRECURSORES DO DIREITO TRIBUTÁRIO BRASILEIRO ATÉ A EDIÇÃO DO CTN – RENATO LOPES BECHO • AS PRESUNÇÕES DE DIREITO PÚBLICO – FLORENCE HARET • SUBSTITUIÇÃO TRIBUTÁRIA E REPETIÇÃO DO INDÉBITO: LEGITIMIDADE PROCESSUAL – MARCELO DE LIMA CASTRO DINIZ • INCONSTITUCIONALIDADE DA EXECUÇÃO DE CONTRIBUIÇÕES PREVIDENCIÁRIAS PELA JUSTIÇA DO TRABALHO – FABIANA DEL PADRE TOMÉ • ***ESTUDOS E COMENTÁRIOS***: NÃO CUMULATIVIDADE DO PIS/PASEP E DA COFINS: IMPLICAÇÕES DA NATUREZA JURÍDICA DO CRÉDITO FISCAL NO REGIME DE APURAÇÃO DO IRPJ E DA CSLL – SOLON SEHN • AS IMPLICAÇÕES DO REsp 1.104.900-ES E A RESPONSABILIDADE TRIBUTÁRIA DO ADMINISTRADOR – POTIRA FERREIRA BRITO DE MACÊDO • A EXECUÇÃO FISCAL TRIBUTÁRIA E O PARCELAMENTO JUDICIAL DO ART. 745-A DO CPC – LUIZ GUSTAVO SANTANA DE CARVALHO • IMPOSSIBILIDADE DE REPETIÇÃO QUANDO OCORRE A TREDESTINAÇÃO DAS CONTRIBUIÇÕES SOCIAIS – FERNANDO GOMES FAVACHO • A IMPOSSIBILIDADE DA INTERPRETAÇÃO ECONÔMICA DO FATO JURÍDICO TRIBUTÁRIO – GIOVANI HERMÍNIO TOMÉ • A RETENÇÃO DO ISS SOBRE SERVIÇO DE MONITORAMENTO EM SÃO PAULO: UMA ANÁLISE DO DISCURSO NORMATIVO – RODRIGO ANTONIO DA ROCHA FROTA • A INCONSTITUCIONALIDADE DA TAXA DE SERVIÇOS ADMINISTRATIVOS COBRADA PELA SUFRAMA – PAULO VICTOR VIEIRA DA ROCHA • ISS E NÃO INCIDÊNCIA SOBRE REEMBOLSOS DE DESPESAS – ANA AMÉLIA PEREIRA TORMIN RAMOS • SANÇÃO PELO DESCUMPRIMENTO DOS DEVERES INSTRUMENTAIS NAS IMUNIDADES, ISENÇÕES, ANISTIA E REMISSÃO – ANDRÉIA FOGAÇA MARICATO • A TRANSCENDÊNCIA DA PENA DE PERDIMENTO DE AUTOMÓVEL OBJETO DE *LEASING* FINANCEIRO APLICADA À INFRAÇÃO COMETIDA POR ARRENDATÁRIO – RAFHAEL WASSERMAN

MALHEIROS EDITORES